本书是国家社会科学基金一般项目
"健康中国战略下农村医养结合型养老服务体系构建研究"
(项目批准号：18BSH165) 的最终研究成果

农村医养结合型
养老服务体系构建研究

郑吉友 ○ 著

中国社会科学出版社

图书在版编目（CIP）数据

农村医养结合型养老服务体系构建研究／郑吉友著.
—北京：中国社会科学出版社，2023.1
ISBN 978-7-5227-1284-0

Ⅰ.①农… Ⅱ.①郑… Ⅲ.①农村—养老—社会
服务—研究—中国 Ⅳ.①D669.6

中国国家版本馆 CIP 数据核字（2023）第 021159 号

出　版　人　赵剑英
选题策划　宋燕鹏
责任编辑　金　燕　史丽清
责任校对　李　硕
责任印制　李寡寡

出　　　版　中国社会科学出版社
社　　　址　北京鼓楼西大街甲 158 号
邮　　　编　100720
网　　　址　http://www.csspw.cn
发 行 部　010-84083685
门 市 部　010-84029450
经　　　销　新华书店及其他书店

印　　　刷　北京明恒达印务有限公司
装　　　订　廊坊市广阳区广增装订厂
版　　　次　2023 年 1 月第 1 版
印　　　次　2023 年 1 月第 1 次印刷

开　　　本　710×1000　1/16
印　　　张　22.5
插　　　页　2
字　　　数　332 千字
定　　　价　118.00 元

凡购买中国社会科学出版社图书，如有质量问题请与本社营销中心联系调换
电话：010-84083683

导　　论

伴随着全面建成小康社会的如期实现，我国开启全面建设社会主义现代化国家新征程，实现社会公平正义的目标越来越凸显。保障广大人民群众的生存权和健康权，是我国推进健康中国战略的内在要求。伴随着健康中国战略在广大农村的持续推进，构建农村医养结合型养老服务体系是实现乡村振兴的重要举措，具有重大经济效益和社会效益。落实健康中国战略在农村的"最后一公里"，始终把人民群众生命安全和身体健康放在首位，是我国坚持以人民为中心发展思想的必然要求。实施积极老龄化战略，为老年人健康发展提供高质量的医疗卫生和养老服务，完善涵盖健康教育、预防、康复、护理及养老等生命周期和疾病周期的健康服务体系，改善老年人健康状况，逐步提高老年人生活质量。习近平总书记指出，我们坚持发挥中国共产党领导和我国社会主义制度的政治优势，集中力量办大事，推动社会保障事业行稳致远；坚持人民至上，坚持共同富裕，把增进民生福祉、促进社会公平作为发展社会保障事业的根本出发点和落脚点，使改革发展成果更多更公平惠及全体人民；坚持制度引领，围绕全覆盖、保基本、多层次、可持续等目标加强社会保障体系建设。

首先，推进健康老龄化是实施健康中国战略的重要任务，发展农村医养结合型养老服务是积极应对人口老龄化的重要举措。建立促进健康老龄化的公共卫生服务体系，凸显了贯穿全生命周期医疗卫生保健服务的重要性，其目的在于延长老年人的"健康余寿"，缩短老年人的带病生存期或失能期。老年人的健康水平是老年人社会福祉水平的集中体现，伴随着中国特色社会主义进入新时代，我国医养结合型养老服务体系先后经历了从供给不足逐渐向供给均等化促进方向发展，在满足公众需求、缓解社会矛盾、促进社会公平、增进老年福祉等方面发挥积极作用，逐步形成了与经济社会发展水平相适应的高质量社会养老服务体系。其次，在界定农村医养结合型养老服务体系基本概念界定的基础上，以协同治理理论和福利多元主义理论作为本书的理论基础，为进一步研究农村医养结合型养老服务体系奠定了重要的理论基础。再次，多层次、多样化的医养结合型养老服务对扩大内需、拉动消费、促进乡村振兴具有积极作用，也为新型养老服务模式的发展开辟了广阔前景。最后，医养结合型养老服务是一项系统性的民生工程，医养结合型养老服务是整合医疗卫生与养老服务资源的需要，构建医养结合型养老服务体系对优化资源配置，促进城乡养老服务资源共享，实现城乡基本公共服务均等化具有积极意义。

第一章绪论，分析了本书的研究背景，阐述了开展本研究的必要性，论述了本研究的主要论域、目的以及意义。在人口居住分散、公共养老资源相对匮乏、政府财政能力制约、社会化养老服务水平较低的农村社区推进医养结合型养老服务，既是一个重大的理论命题，也是一个重大的现实课题。

第二章主要阐述了农村医养结合型养老服务体系构建的理论基础。从概念界定角度论述了健康中国以及医养结合型养老服务的内涵与特征。系统概括了医养结合型养老服务研究的理论基础，并概括福利多元主义理论、协同治理理论对农村医养结合型养老服务的指导价值。

第三章分析了农村医养结合型养老服务供需矛盾。运用扩展线性支出系统模型（ELES）衡量农村医养结合型养老服务的支付能力，利用"标准消费人"方法测算农村老年人的健康保健需求，分析并探讨潜在需求向现实需求转化的条件。基于随机前沿模型（DEA）分析，期望更为准确地描述我国农村医养结合型养老服务的供给效率；同时，构建结构方程模型（SEM）探讨农村医养结合型养老服务供给能力潜在影响因素的作用机理，得出农村老年人的人口特征、生活特征对农村医养结合型养老服务供给能力具有显著影响。

第四章论述了农村医养结合型养老服务体系的内在机理，包括协同供给的主体与效用、目标与方式、优势与动力机制等。政府与多元供给主体的协作关系在协同方式上存在协同增效、服务替代和拾遗补阙等供给功能。农村医养结合型养老服务协同供给的优势在于能够满足老年人多样化的健康管理需求，延长预期健康寿命，提高晚年生活质量，能够为家庭照顾者提供重要支撑，使服务供需双方的福利最大化。采用仿真实验方法，构建系统动力学（SD）模型，主要探讨政府财政投入等对农村医养结合型养老服务供给的影响，并对我国农村医养结合型养老服务供需水平进行仿真预测研究。

第五章总结我国推进农村医疗卫生与养老服务相结合的演进成就。本书将农村医疗卫生与养老服务相结合的演进历程，分为孕育阶段、产生阶段、发展阶段、成熟阶段以及融合阶段五个阶段，农村医疗卫生与养老服务结合进程中，经历了由点到面逐步推进的发展历程，农村医疗卫生与养老服务二者由彼此独立走向高度融合，农村医疗卫生与养老服务相结合由逐步成熟向深度融合阶段迈进，农村医疗卫生与养老服务质量都得到全方位提升。

第六章发达国家医养结合型养老服务的发展经验与启示。由于各国基本国情、政治经济体制模式和历史文化传统的差异，发达国家形成了各具特色的健康养老服务体系。我国建设具有中国特色高质量社会保障体系，将"整合照料"推广至残疾人照料服务、老年福利服务、临时救助服务、精神健康服务等社会福祉领域提供有益参考，通过政府、企业、社会组织、社区等多元主体的积极努力，早日实现健康中国的战略目标。

第七章探讨了我国推进医养结合型养老服务的主要模式，目前，我国医养结合型养老服务主要有四种模式，即合作模式（双向转诊模式）、内设模式、转化模式和输出模式，并分析了城市和农村医养结合型养老服务的主要实践探索，为我国农村医养结合型养老服务体系的构建提供了借鉴与参考。

第八章农村医养结合型养老服务体系构建的对策建议，提出了健全多层次农村医养结合型养老服务保障体系，形成农村医养结合型养老服务协同联动机制，完善农村老年人医养结合型养老服务制度保障体系，构建农村医养结合型养老服务数字信息系统等对策建议。

第九章结论，提出农村医养结合型养老服务应以需求能力为导向实施精准供给，健全多层次农村医养结合型养老服务保障体系，构建农村医养结合型养老服务协同联动机制。

农村医养结合型养老服务以为老年人提供健康照料服务为宗旨，以贯彻健康管理理念为目标，从传统诊疗模式向以慢病管理、健康管理为重点的健康照护和医养结合型养老服务模式转型，推动形成现代医疗卫生与养老服务相结合的新型养老模式。

第一，健全多层次农村医养结合型养老服务保障体系。积极应对农村人口老龄化，以农村老年人需求为导向精准供给医养结合型养老服务。健全社区卫生服务管理组织和体系，提升农村医养结合型养老服务能力，加快建设居家社区机构相协调、医养康养相结合的养老服务体系。运用社会网络分析法（SNA）探讨农村医养结合型养老服务的动态性与阶段性，促成"医疗型社区"与照料社区建设，以"医养结合"为契机，积极推进乡镇卫生院和村卫生室一体化管理，推行嵌入式医养结合模式，实现基层医疗卫生与养老服务机构的无缝对接，以县域医共体为核心发展农村医养结合型养老服务。农村社区可探索乡镇卫生院与敬老院、村卫生室与农村互助幸福院统筹规划、毗邻建设，大力发展家庭医生签约服务，加强"县乡一体、乡村一体"机制建设，探索构建包括医疗联合体在内的各种分工协作模式。第二，形成农村医养结合型养老服务协同联动机制。在健康中国战略的推动下，我国需要构建农村医养结合型养老服务人才培养体系，完善医养结合型养老服务人才支持体系，健全和完善全科医生人才培养与教育体系，创新农村基层医疗护理人才培养的长效机制。系统整合农村多层次医养资源，各级各类医疗卫生和养老机构要积极为老年人提供高质量的医养结合型养老服务，完善医疗卫生与养老机构协作网络，养老机构与基层医疗卫生机构建立紧急救援与双向转诊合作机制，完善社区卫生服务机构的激励补偿机制。在实证分析的基础上提出农村医养结合型养老服务需要构建协同联动机制，推动农村多层次健康保障服务机制实现有序联动，积极推进医疗救助、医疗保险和长期护理保险等制度的有效衔接。第三，完善农村医养结合型养老服务制度保障体系。运用定性与定量相结合的方法对农村医养结合型养老服务供给系统进行仿真研究，健全农村医养结合型养老服务供给机制和需求评估机制，协调推进医疗保障制度之间的有效衔接，建立和完善城乡居民基本医疗保险制度和大病保险制度的衔接机制，探索建立农村长期照护保险制度。将现有的医疗救助拓展为"基础健康服务救助"，构建城乡居民基本养老保险和基本医疗保险的动态缴费调整机制，完善疾病预防控制与健康评估体系。加快建立长期护理制度的政策供给体系和筹融资体系，探索建立社会保险、社会福利和社会救助相衔接的农村长期护理保险制度。第四，构建农村医养结合型养老服务数字信息系统。通过移动互联网、云计算、区块链和传感网络等数字技术推动农村发展医养结合型养老服务，发展"互联网＋"居家养老服务，提高农村社区养老服务的适老化能力和智能化水平。搭建医养结合型养老服务信息共享平台，完善省、市、县、乡、村五级远程医疗服务网络，提高农村社区的数字化健康治理水平。健全和完善"互联网＋"医养结合型养老服务，积极支持"互联网＋"医养康护的发展，将智慧养老和远程医疗融入医养结合型养老服务产业体系。健全和完善医养结合型养老服务的风险分担机制，不断增强医养结合型养老服务体系的韧性。

目　录

第一章 绪论

第一节 研究背景与意义

保障广大人民群众的生存权和健康权，是我国推进健康中国战略的内在要求。伴随着健康中国战略在广大农村的持续推进，构建农村医养结合型养老服务体系是实施乡村振兴战略的重要任务。因此，在人口居住分散、公共养老资源相对匮乏、社会化养老服务水平较低的农村社区推进医养结合型养老服务，既是一个重大的理论命题，也是一个重大的现实课题。

一 研究背景

（一）落实健康中国战略在农村的"最后一公里"

实施积极老龄化战略，为老年人健康发展提供高质量的医疗卫生和养老服务，完善涵盖健康教育、预防、康复、护理及养老等生命周期和疾病周期的健康服务体系。始终把人民群众生命安全和身体健康放在首位，是我国坚持以人民为中心发展思想的必然要求。世界卫生组织（WHO）关于《中国老龄化和健康国家评估报告》指出："中国的疾病谱已经开始从传染病转向非传染性疾病。到 2030 年，慢性非传染性疾病的患病率将至少增加 40%。"[1] 目前，我国已进入全民医保时代，伴

---

[1] 世界卫生组织：《中国老龄化与健康国家评估报告》，世界卫生组织出版处 2016 年版，第 6 页。World Health Organization. China Country Assessment Report On Ageing And Health. World Health Organization，WHO，2015，https：//apps. who. int/iris/handle/10665/194271。

随着我国经济社会持续健康发展，民生保障和生活质量逐步得到提升和改善，健康保障已成为党和政府高度关注的民生问题。2016 年，全国卫生与健康大会对如何"推进健康中国建设"做出全面部署，提出没有全民健康，就没有全面小康。新中国成立 70 多年来，我国从缺医少药到病有所医，从"东亚病夫"到"健康中国"，实现了经济转型与健康转型。国际权威医学期刊《柳叶刀》对全球 195 个国家和地区的医疗质量和可及性（HAQ）指数排名显示，1995 年我国位列第 110 名，2015 年提高到第 60 名，2019 年提高到第 48 名，是全球上升幅度最大的国家之一。[①] 从 2013 年到 2019 年，我国政府在医疗卫生领域累计支出 96132.58 亿元，有效治理了因病致贫的困境，减贫效应逐步显现，基本医疗保障网实现全覆盖，"两不愁三保障"全面实现。党的十九届五中全会明确指出，我国多层次社会保障体系更加健全，卫生健康体系更加完善，脱贫攻坚成果更加巩固，乡村振兴战略全面推进。同时，中共中央、国务院发布《"健康中国 2030"规划纲要》提出，"要为老年人提供治疗期住院、康复期护理、稳定期生活照料、安宁疗护一体化的健康和养老服务"。从老年医学视角开展全生命周期的健康管理服务，加快推进医疗卫生与养老服务相结合，促进医养结合型养老服务持续健康发展，这是新中国成立以来党和政府首次从国家战略高度提出的健康领域的中长期规划。

（二）促进社会公平正义与全面建设社会主义现代化国家新征程

伴随着全面建成小康社会的如期实现，我国开启全面建设社会主义现代化国家新征程中，实现社会公平正义的目标要求越来越凸显。党的十八大以来，党和政府创造性地提出推动"共建共享社会"建设，进一步凸显了公平正义作为建设社会主义现代化国家的本质要求。健康是保障老年人独立自主参与社会发展的前提。以习近平同志为核心的党中央把维护人民健康摆在更加突出的位置，召开全国卫生与健康大会，确立新时代卫生与健康工作方针，印发《"健康中国 2030"规划纲要》，

---

① 程姝、张程程、张康喆、任婕：《冲刺，向着全面小康》，《瞭望新闻周刊》2019 年第39—40 期，第 57 页。

发出建设健康中国的号召，明确了建设健康中国的大政方针和行动纲领，人民健康状况和基本医疗卫生服务的公平性和可及性持续改善。①据国家卫健委公布的数据显示，2019年，农村贫困人口的大病、重病住院医疗费用报销比例达90%左右。针对慢病患者的家庭医生签约服务已有1500多万人，覆盖98%以上的贫困患者。832个贫困县已实现每个县均有一家公立医院，99%以上的乡镇和行政村覆盖卫生院和卫生室，其中，88%的乡镇卫生院和75%的卫生室已完成标准化建设。在健康中国战略的推动下，农村老年人的基本生活质量逐渐得到保障，农村医养结合型养老服务体系逐渐形成。

（三）改善老年人健康状况，逐步提高老年人生活质量

目前，人口深度老龄化意味着高龄化、空巢化、失能化的问题集中出现，尤其是农村留守老人、空巢和失能老人的养老问题日益凸显。高龄、失能、失智、空巢和患病老年人口的增加，使其对生活照料和医疗护理的医养结合型养老服务需求日益显著。据《2020年民政事业发展统计公报》数据显示，截至2020年11月，全国60周岁及以上老年人口26402万人，占总人口的18.7%，其中65周岁及以上老年人口19064万人，占总人口的13.5%。享受护理补贴的老年人81.3万人，同比增长8.6%；享受养老服务补贴的老年人535万人，同比增长2.5%；享受高龄补贴的老年人3104.4万人，同比增长4.4%；享受综合老龄补贴的老年人132.9万人。因此，为老年人、特别是高龄老年人提供医养结合型养老服务已势在必行。党的十九大报告指出"始终坚定地实施健康中国战略"，为农村医养结合型养老服务体系的构建指明了方向。人民健康是中华民族伟大复兴和国家繁荣富强的重要标志，努力为人民群众提供全方位全生命周期的卫生与健康服务，为老年人提供连续的医疗卫生保健服务。党和政府高度重视人口老龄化，促进健康老龄化和积极老龄化对经济社会发展具有重大现实意义。党的十九届五中全

---

① 人民日报评论员：《把人民健康放在优先发展战略地位——论学习贯彻习近平总书记在教育文化卫生体育领域专家代表座谈会上重要讲话》，《人民日报》2020年9月26日第1版。

会首次明确提出实施积极应对人口老龄化的国家战略，是关乎国家长远发展与人民世代福祉的战略举措。[①] 构建敬老、爱老、孝老的政策体系，加快老龄事业和老龄产业发展。完善国民健康政策，促进医养结合型养老服务模式的转变，医养结合型养老服务不仅是深化医疗卫生体制改革，整合和统筹医养服务资源的需要，也是改善老年人健康状况，提高老年人生活质量的需要，医养结合型养老服务已成为推动经济社会持续健康发展的重要前提。

本书从健康中国战略着手进一步深化对农村医养结合型养老服务体系的研究，在实践层面有助于完善农村医养结合型养老服务的互动化养老保障模式。将"健康中国战略"提高到优先发展的战略地位，健康中国建设将成为未来相当长一段时期内我国经济社会持续健康发展的重要内容。

二 研究意义

（一）有助于运用多学科理论进一步拓展研究对象与内容

在研究视角上，本书尝试从经济学、社会学、管理学、人口学、老年学与老年医学等视角，探索多学科、多理论的综合交叉运用，多角度对研究对象进行分析探讨。运用微观经济学的供需关系理论，科学分析医疗卫生与养老服务需求的可支付能力与供给效能等。同时，运用社会心理学家舒茨（W. Schutz）的人际需要理论、埃里克森（E. H. Erikson）的人格发展八阶段理论，分析老年人的健康保障需求和社会参与需求。[②] 运用社会角色理论（Social Role Theory），研究老年人的生命历程。运用福利多元主义理论探讨社会照顾和健康照顾的合作供给，福利多元化的集体行动已成为促进医养结合型养老服务的有效方式。运用公共管理理论中的协同治理理论，如美国著名战略学家安索夫（Ansoff）、

---

① 郑功成：《实施积极应对人口老龄化的国家战略》，《学术前沿》2020 年第 11 期。

② 社会心理学家舒茨（W. Schutz）1958 年提出人际需要的三维理论，舒茨认为，每一个个体在人际互动过程中，都有三种基本的需要，即包容需要、支配需要和情感需要。这三种基本的人际需要决定了个体在人际交往中所采用的行为，以及如何描述、解释和预测他人行为，三种基本需要的形成与个体的早期成长经验密切相关。

原联邦德国物理学家赫尔曼·哈肯（Haken H.）的协同理论，探讨医养结合型养老服务发展过程中的协同治理问题。多学科理论的综合运用有助于在老年学、人口学和社会学领域弥补既有研究对农村医养结合型养老服务体系探讨的不足。在研究内容上，本书加强对理论研究的系统化和世界发达国家典型经验的本土化研究，对于我国医养结合型养老服务发展较为典型省份的深入分析，将综合运用访谈法、参与式观察法和问卷调查法，探索多元化的研究范式和方法，分析农村医养结合型养老服务体系构建问题，推动形成农村医养结合型养老服务多元供给主体、多元保障机制和协同供给机制。在健康中国战略下，引入协同治理理论对农村医养结合型养老服务体系进行系统分析，推动健康中国战略在农村地区的贯彻落实。

（二）有助于补齐农村社区基本公共服务存在的短板

目前，我国推进健康老龄化是实施健康中国战略的重要任务，发展农村医养结合型养老服务是积极应对人口老龄化的重要举措。从健康中国战略着手，进一步深化对农村医养结合型养老服务体系构建的探索，建立促进积极老龄化和健康老龄化的公共卫生服务体系，凸显了贯穿全方位全生命周期医疗卫生保健服务的重要性，其主旨在于延长老年人的"健康余寿"，缩短老年人的带病生存期或失能期。农村医养结合型养老体系建设是一项社会系统工程。目前，我国已初步建成以居家为基础、社区为依托、机构为补充、医养相结合的养老服务体系，健全居家、社区与机构型医养结合型养老服务模式，将经济供养与健康照料功能有机融合，发挥制度优势、医疗技术优势、管理服务优势和中医特色优势为医养结合型养老服务的发展创造有利条件。同时，多层次、多元化的医养结合型养老服务对扩大内需、拉动消费、促进乡村振兴具有积极作用，也为新型养老服务模式的发展开辟了广阔前景。医养结合型养老服务是一项系统性的民生工程，医养结合型养老服务是整合医疗卫生与养老服务资源的需要，完善医养结合型养老服务对优化资源配置，促进城乡养老服务资源共享，实现城乡基本公共服务均等化具有积极意义。

（三）有助于增进农村老年人幸福感

在广大农村地区，实现老有所养，是全面建设社会主义现代化国家的重要任务，老年人的医养结合型养老服务需求已成为"十四五"期间迫切需要解决的重要问题，探究农村医养结合型养老服务体系，有助于推动形成相对稳定的有效供给格局。伴随着我国农村人口老龄化进程的不断加快，老龄化进程与新型城镇化、乡村空巢化、家庭核心化问题相伴而生，与社会经济转型期社会主要矛盾相互交织，农村留守老人的规模和数量不断增加，乡村振兴过程中的农村家庭面临照料者缺失的问题。[①] 农村老年人对于医疗保健、康复护理等刚性需求与日俱增，而我国老年人医疗卫生与养老服务需求尚未得到有效满足。农村医养结合型养老服务具有正外部性，是一种具有社会效益与发展前景的社会化养老服务模式。[②] 在农村社会化养老服务多元供给主体发育尚不成熟和居家照料供给资源有限的双重约束下，农村老年人居家照料需求不断增长，如何有效满足农村社区高龄、空巢、失能老年人的养老服务需求，已成为探索构建农村医养结合型养老服务体系的重大战略任务。由此，推动农村医养结合型养老服务多元协同供给，实现社会政策由照顾型政策向发展型政策转型，有助于缓解农村传统家庭养老功能逐渐弱化的现实压力，为农村老年人提供生活照料、医疗保健、康复理疗、精神慰藉等专业化医养结合型养老服务，打通农村社区老年人医养结合型养老服务"最后一公里"，对提高农村老年人生活质量具有重要战略意义。

第二节　文献述评

一　国外研究现状

医养结合型养老服务研究已受到诸多国内外学者的普遍关注，在基

---

① 郑吉友、李兆友：《基于结构方程模型的农村居家养老服务供给水平分析》，《西北人口》2017 年第 5 期。

② 高鉴国：《中国农村公共物品的社区供给机制》，山东人民出版社 2009 年版，第 156 页。

本原则、指导思想、关键环节、重点领域和发展趋势等方面已达成重要
共识。

（一）关于健康服务与医疗照护服务一体化的研究

国外学者基于世界各国人口老龄化进程的差异性，侧重于社区失
能、半失能老年人的长期照护服务研究。其中，英国、瑞典、美国和日
本等在医养结合型养老服务方面的实践和研究成果较为典型。关于养老
服务水平与效率的研究。根据罗纳德·安德森（Andersen R.）和约
翰·亨利·纽曼（Newman J. F.）的医疗服务利用模型理论，照料需求
与经济状况、养老观念、照料成本、获取照料资源的能力和照料资源利
用倾向等因素密切相关。① 1994 年，安德森作为康复模式发表的"整体
性健康损伤和干预模式（Integrated Health Breakdown And Intervention
Model）"强调，适应过程对护理对象的治疗与康复效果的预测所发挥的
重要作用。安德森模型强调护理人员要满足护理对象要求的复杂性，综
合照料面临操作复杂、监管困境、资金不明晰和文化惯性等困境，健康
系统既存的管理和护理措施可能会阻碍综合护理服务的有效整合。② 澳
大利亚初级卫生网络中的农村卫生服务仅限于与健康相关的门诊服务，
社会门诊服务相对缺乏。城市地区提供急性和非急性医疗护理，而农村
地区的医疗护理仅限于急性护理。③ 由于城乡差异、健康的社会影响因
素以及与交通相关的障碍，农村地区获得医疗保健服务仍然是一个挑
战。④ 信息技术在提高精神卫生保健的可获得性、质量和临床安全性等

---

① Andersen, R., Newman, J. F., "Societal and Individual Determinants of Medical Care Utilization in the United States", *The Milbank Memorial Fund Quarterly（Health and Society）*, Vol. 51, No. 1, 1973, pp. 95 – 124.

② Mahiben Maruthappu, Ali Hasan & Thomas Zeltner., "Enablers and Barriers in Implementing Integrated Care", *Health Systems & Reform*, Vol. 1, No. 4, 2015, pp. 250 – 256.

③ Tabatabaei – Jafari, H. "Patterns of Service Provision in Older People's Mental Health Care in Australia", *International Journal of Environmental Research and Public Health*, Vol. 17, No. 22, 2020, pp. 1 – 18.

④ Nicholas Dowhaniuk, "Exploring Country – wide Equitable Government Health Care Facility Access in Uganda", *International Journal for Equity in Health*, Vol. 20, No. 1, 2021, pp. 1 – 19.

方面具有重要支撑作用。①

（二）关于医疗养护服务需求的研究

农村社区卫生保健人才短缺是提供充分的家庭卫生保健服务的关键障碍，卫生保健服务提供者在干预虐待和忽视老年人（EAN）的知识和技能方面存在差距，② 在农村和偏远地区培训老年人调解员以及为老年人调解服务提供资源。③ 农村家庭医生计划（FPP）的权力关系运作有助于农村健康促进干预的有效实施。医疗护理整合所涉及的人才、组织和团体未能实现较好的协作与沟通。④ 多学科医疗护理人员之间的技能组合，是改善农村家庭保健服务的具有吸引力的解决方案。⑤ 农村社区在搭建心理健康服务网络方面能够有效应对多重障碍，社区精神卫生保健模式的健全和完善，有助于改善人力资源缺乏、服务可及性和成本高昂等状况。⑥ 长期照护保险旨在满足老年人的日常照料和医疗护理服务需求，长期照护保险为因衰老或意外因素导致失能或半失能的被保险人，在家（Care at Home）或护理机构（Nursing Facility）提供医疗卫生护理的补偿性保险，旨在减轻被保险人的经济负担。⑦ 长期护理保险能够有效降低老年痴呆症患者的医疗费用，对于老年痴呆症患者具有降低

---

① Haley, M. LaMonical, Tracey A. Daven, et al., "Optimising the Integration of Technology – Enabled Solutions to Enhance Primary Mental Health Care: a Service Mapping Study", *BMC Health Services Research*, Vol. 21, No. 1, Dec 2021, pp. 1 – 12.

② Mydin F. H. M., Yuen C. W., Othman S., "The Effectiveness of Educational Intervention in Improving Primary Health – Care Service Providers' Knowledge, Identification, and Management of Elder Abuse and Neglect: A Systematic Review", *Trauma, Violence, & Abuse*, Vol. 22, No. 4, 2021, pp. 944 – 960.

③ Herro A., Lee K. Y., Withall A., et al.: "Elder Mediation Services Among Diverse Older Adult Communities in Australia: Practitioner Perspectives on Accessibility", *The Gerontologist*, Vol. 61, No. 7, 2021, pp. 1141 – 1152.

④ Caroline, G., "Breaking Down Barriers: Integrating Health and Care Services for Older People in England", *Health Policy*, Vol. 2, 2003, pp. 139 – 151.

⑤ Nonglak P., Thinakorn N., Penapa H., et al., "From Village Health Volunteers to Paid Care Givers: the Optimal Mix for a Multidisciplinary Home Health Care Workforce in Rural Thailand", *Human Resources for Health*, Vol. 19, No. 1, Jan 2021, pp. 1 – 10.

⑥ Jaime, C. H., Sol, D. A., "Community Mental Health Care in Mexico: a Regional Perspective from a Midincome Country", *International Journal of Mental Health Systems*, Vol. 15, No. 1, Dec 11 2021, pp. 1 – 10.

⑦ Harriett E. Jones, Dani L. Long, "Principles of Insurance: Life, Health, and Annuities", *The Journal of Risk and Insurance*, Vol. 64, No. 4, 1997, pp. 769 – 770.

总智力水平的预期效果,[①] 但也存在供需不匹配等问题。美国老年人医疗保险（Medicare）中居家养老服务支出大幅增加,医疗欺诈和滥用增加需要严控支出增长。[②] 资金不足和护理人才缺乏使长期照护保险制度面临较为严重的困境。[③]

（三）关于家庭护理与社区照顾的研究

学界对于美国 PACE 计划的运行机制和实施效果的探讨中认为,美国农村医院的运营欠佳影响了农村老年人获得医疗护理的机会,难以找到具有可持续性的方法,缺乏相关理论依据和实践支撑。[④] 其中,老年人是研究的重点和核心,服务内容涵盖疾病预防、健康促进、门诊护理、住院急诊护理、长期住院护理。"PACE"计划面向低收入、符合养老院条件的成年人提供基于社区的长期护理服务以及住院服务,提供预防保健和健康促进为主的干预措施,关键在于将服务需求与供给相匹配,[⑤] 有效降低了 PACE 的运行成本和财政风险,确保慢性病老年人的医疗卫生和长期照护需求得到全面、及时和有效供给。[⑥] "PACE"计划

① Moon S., Park H. J., Sohn M, "The Impact of Long – Term Care Service on Total Lifetime Medical Expenditure among Older Adults with Dementia", *Social Science & Medicine*, Vol. 280, 2021, pp. 114072.

② Orsini C., "Changing the Way the Elderly Live: Evidence from the Home Health Care Market in the United States", *Journal of Public Economics*, Vol. 94, No. 1 – 2, 2010, pp. 142 – 152.

③ Wager Richard, William Creelman, "A New Image for Long – Term Care: the Professional Liability Crisis Affecting Nursing Homes Threatens to Make Long – Term Care Ownership a Bad Bet for Hospitals and Health Systems", *Healthcare Financial Management*, Vol. 58, No. 4, 2004, pp. 70 – 74. Chaves, C., Santos, M., "Patient Satisfaction in Relation to Nursing Care at Home", *Procedia – Social and Behavioral Sciences*, Vol. 217, No. 5, 2016, pp. 1124 – 1132. Ghasem, T. N., Reza, K. B., Alireza, H., "The Challenges of Rural Family Physician Program in Lran: a Discourse Analysis of the Introduction to Criticizing Power Imbalance between Rural Health and Mainstream Urban Health", *Social Theory & Health*, 2021, pp. 1 – 27.

④ Smith, S. M., Allwright S., O'Dowd T., "Effectiveness of Shared Care across the Interface between Primary and Specialty Care in Chronic Disease Management", *Cochrane Database of Systematic Reviews*, Vol. 3, 2007, pp. 10 – 31. McCarthy, S., Moore, D., S., W. A., et al., "Impact of Rural Hospital Closures on Health – Care Access", *Journal of Surgical Research*, Vol. 258, Feb 2021, pp. 170 – 178.

⑤ Evashwick, C., The Continuum of Care (3rd ed.). Clifton Park, NY: Thomson Delmar Learning, 2005.

⑥ Gross, D. L., et al., "The Growing Pains of Integrated Health Care for the Elderly: Lessons from the Expansion of PACE", *The Milbank Quarterly*, Vol. 82, No. 2, 2004, pp. 257 – 282.

为美国老年人提供了基于社区的长期服务和支持的国家模式，有助于提供牙科检查等全方位的养老服务，[①] 但医疗保健利用等社会经济因素在一定程度上影响精神卫生保健质量[②]，社区照顾在政策支持、服务内容和人才培养等方面仍需要完善。[③]

（四）关于老年照顾服务供给的研究

人口持续老龄化、人均预期寿命的延长，多重发病、慢性病成为老年照护领域的一大挑战。[④] 在老年照顾服务中，整合照料的提供能够有效应对老龄风险，缓解慢性病及其并发症所带来的老年照护困境。综合照料大致可分为横向整合和纵向整合两方面，通过联合生物模型和心理模型，提供健康服务以促进服务效率最大化。[⑤] Raechel A. 等指出，整合照料以患者为中心组织健康照顾，有助于减少资源浪费和服务分散，提高服务的可及性，改善护理质量。[⑥] 虽然"综合照料"能够整合资源，提高效率，然而在整合过程中需要社会组织和专业人才努力实现较好的沟通与协作。整合型照护中全科和专科医疗、身体和心理健康、社会护理和其他照护支持服务之间的界限模糊不清，操作复杂、管理困难、资源配置不合理等限制了综合照料的有效

① Oishi M. M., Momany E. T., Collins R. J., et al., "Dental Care in Programs of All – Inclusive Care for the Elderly: Organizational Structures and Protocols", *Journal of the American Medical Directors Association*, Vol. 22, No. 6, 2021, pp. 1194 – 1198.

② Liu P. Y., Combs A., Breland J., et al., "Patient Race or Ethnicity, Health Care System Characteristics, and Community Factors Associated with Quality of Antidepressant Medication Management (AMM)", *Health Services Research*, Vol. 56, 2021, pp. 66.

③ Mui, Ada C., "The Program of All – Inclusive Care for the Elderly (PACE): an Innovative Long – Term Care Model in the United States", *Journal of Aging & Social Policy*, Vol. 13, No. 2 – 3, 2002, pp. 53 – 67.

④ Beil M., Flaatten H., Guidet B., et al., "The Management of Multi – Morbidity in Elderly Patients: Ready yet for Precision Medicine in Intensive Care?", *Critical Care*, Vol. 25, No. 1, 2021, pp. 330 – 330.

⑤ Mahiben, M., Ali, H. & Thomas Z, "Enablers and Barriers in Implementing Integrated Care", *Health Systems & Reform*, Vol. 1, No. 4, July 2015, pp. 250 – 256.

⑥ Raechel A. Damarell, et al., "Integrated Care Search: Development and Validation of a PubMed Search Filter for Retrieving the Integrated Care Research Evidence", *BMC Medical Research Methodology*, Vol. 20, No. 1, 2020, pp. 1 – 16.

开展。① Geri R. C. 等提出，地方卫生部门和非营利组织之间的协同行动有助于促进社区健康行为。② P. Davidsson 等基于家庭社会学的分析，提出国家、市场、社区和家庭等是多元社会福利的供给主体。③ Orfila，F. 等提出，宏观福利网络的重构与微观服务质量的提升相结合建设老年居家照顾体系。④⑤ Pedro，G. H. 等提出，在欧盟，市场生产在提供医疗保健服务方面占据主导地位，医疗保健服务主要由公共资金支持。⑥ N. Henk 与 Philip C. B. 认为，对于具有相似需求的群体应该量身定制给予周密的突发医疗照护、社会照护、长期照护等服务与照料。⑦ F. Orfila 等基于西班牙巴塞罗那的 72 个初级卫生保健团队的 829 次对家庭照顾者的研究发现，焦虑和负担感已成为老年家庭护理者的危险因素，需要根据面临的风险级别和类型进行初级和次级预防，⑧ 从而缓解正式照护资源紧张，降低长期照护支付的过度供给。

二　国内研究现状

伴随着日益严峻的人口老龄化趋势，我国学者对于医养结合型养老

①　Gori，C.，Fernandez，J. L.，et al.，"Long – Term Care Reforms in OECD Countries"，*Journal of Pension Economics and Finance*，Vol. 16，No. 2，2017，pp. 266 – 267.

②　Geri Rosen Cramer，et al.，"Evidence that Collaborative Action between Local Health Departments and Nonprofit Hospitals Helps Foster Healthy Behaviors in Communities：a Multilevel Study"，*BMC Health Services Research*，Vol. 21，No. 1，2021，pp. 1 – 12.

③　Satka，M.，Pilvi，H.，"Finnish Eldercare Services in Crisis：the Viewpoint of Rural Home Care Workrs."，*Current Genomics*，Vol. 5，No. 1，November 2014，pp. 1 – 14.

④　Davidsson，P.，Honig，B.，"The Role of Social and Human Capital among Nascent Entrepreneurs"，*Journal of Business Venturing*，Vol. 18，No. 3，May 2003，pp. 301 – 331.

⑤　Orfila，F.，Comasole，M，Cabanas，M.，et al.，"Family Caregiver Mistreatment of the Elderly：Prevalence of Risk and Associated Factors"，*BMC Public Health*，Vol. 18，No. 1，2018，pp. 167.

⑥　Pedro，G. H.，Ignacio A. A.，"The Health Care Sector in the Economies of the European Union：an Overview Using an Input – Output Framework"，*Cost Effectiveness and Resource Allocation*，Vol. 19，No. 1，2021，pp. 1 – 22.

⑦　Henk，N.，Philip，C. B.，"Integrating Services for Older People：A Resource Book for Managers"，*International Journal of Integrated Care*，Vol. 5，No. 20，2005，pp. 1 – 2.

⑧　Francesc，O.，Montserrat，C. S.，Marta，C.，Francisco，C. L.，et al.，"Family Caregiver Mistreatment of The elderly：Prevalence of Risk and Associated Factors"，*BMC Public Health*，Vol. 18，No. 167，2018，pp. 2 – 14.

服务体系构建的必要性和现实意义已达成共识。[①] 普惠的新农合政策已基本实现了农村全覆盖。在精准扶贫、人情支出与农村家庭医疗负担的关系中，精准扶贫政策对农村大病家庭医疗负担具有一定影响。[②] 新农合降低了参合者的给付比例，[③] 具有显著促进医疗服务需求的作用，[④] 基本医疗服务可及性、新农合与分级诊疗制度对农村居民的健康水平具有一定影响。[⑤]

（一）关于医养结合模式优势与必要性的研究

我国老年人慢性病患病率高、生活自理能力下降等老龄社会风险日益凸显，国内学者基于持续照顾理念提出将医疗卫生与养老机构整合协作，促进医养服务资源的整合与优势互补。唐钧等提出，要建立县域老年照护体系，[⑥] 以治病为中心转变为以人民健康为中心的整体健康观，[⑦] 追求医养结合的整体效应必须使两个部分各自的功能有机耦合，最终实现"整体大于部分之和"。[⑧] 鉴于医疗机构的独特优势，医养结合模式是指"医疗卫生机构与养老服务机构之间的多方式结合"，以医疗机构提供医养结合型养老服务较为适宜。戴卫东等认为，医养服务与供给体系、公私合作与管理能力等方面呈现出一系列"碎片化"特征，[⑨] 缺乏适合继续支持性康复治疗的机构和社区，从而造成超期住院和长期押床

① 杨贞贞：《医养结合的社会养老服务筹资模式构建与实证研究》，博士学位论文，浙江大学，2014年，第4页。

② 马志雄、丁士军：《精准扶贫、人情支出与农村家庭医疗负担》，《中国人口科学》2018年第3期。

③ 张晔、程令国、刘志彪：《"新农保"对农村居民养老质量的影响研究》，《经济学（季刊）》2016年第2期。

④ 余央央、封进：《家庭照料对老年人医疗服务利用的影响》，《经济学（季刊）》2018年第4期。

⑤ 余央央、邹文玮、李华：《老年照料对家庭照料者医疗服务利用的影响——基于中国健康与养老追踪调查数据的经验研究》，《劳动经济研究》2017年第6期。

⑥ 唐钧、覃可可：《县域老年照护体系：概念框架与方案设计》，《中国社会工作》2021年第17期。

⑦ 唐钧、李军：《健康社会学视角下的整体健康观和健康管理》，《中国社会科学》2019年第8期。

⑧ 唐钧：《关于医养结合和长期照护服务的系统思考》，《党政研究》2016年第3期。

⑨ 戴卫东、余洋：《中国长期护理保险试点政策"碎片化"与整合路径》，《江西财经大学学报》2021年第2期。

等现象。① 吴宏洛等认为，老年人在医疗机构多以接受日常生活照护与医疗护理服务为主，对于解决医疗机构老年人"押床"问题具有重要的现实意义。② 医养结合过程中的过度诊疗不利于老年人的身心健康，③过度照护易引发老年人生活能力衰退，导致医疗卫生与养老服务资源的过度消耗，从而将加剧医疗卫生与养老服务资源的供需矛盾。

（二）关于医养结合模式内涵、路径与方式的研究

关于医养结合型养老服务的内涵，已有研究认为，医养结合型养老服务主要是指医疗卫生与养老服务资源之间的相互融合。通过在养老机构中设立医疗机构，在医疗机构中设立养老机构，养老机构与医疗机构合作等形式，使医疗卫生与养老服务机构、社区、家庭老年照护服务相互融合与促进的功能整合型服务体系。④ 叶飘、鲍捷，对内设式与合作式医养结合型养老机构老年人的卫生服务利用水平进行横向比较发现，内设式机构特别是公办机构具有获得养老服务项目多、医疗卫生服务条件好、医护人才素质高等公共服务的资源禀赋优势。⑤ 吴炳义认为，在基本养老服务网络的基础上，发挥社区环境在基层卫生服务实践中的健康促进功能，⑥ 注重老年人的健康医疗服务，尤其为慢性病老年人、大病恢复期老年人、残障老年人等提供健康护理服务，使老年人的医疗诊治、护理康复等医疗服务质量不断提高。⑦ 杨贞贞、米红等认为，医养结合机构尚未实现医疗卫生与养老服务的有效衔接，面临资金短缺、专

---

① 戴卫东：《老年慢性病患者"社会性住院"的经济风险》，《中国医疗保险》2017 年第 10 期。

② 吴宏洛、刘莉：《福建省医养护结合模式的实践探索》，《中国社会工作》2019 年第 5 期。

③ 肖云芳、杨小丽：《论医养结合模式下的过度医疗》，《医学与哲学》2017 年第 11 A 期。

④ 杨贞贞：《医养结合——中国社会养老服务筹资模式构建与实证研究》，北京大学出版社 2016 年版，第 19 页。

⑤ 叶飘、鲍捷：《不同医养结合方式养老机构老年人卫生服务利用比较分析》，《中国医院》2019 年第 2 期。

⑥ 吴炳义、董惠玲、武继磊、乔晓春：《社区卫生服务水平对老年人健康的影响》，《中国人口科学》2021 年第 4 期。

⑦ 吴炳义：《机构养老情境下老年人卫生服务利用及路径分析》，《人口与发展》2018 年第 6 期。

业医护人才短缺、床位闲置等问题，医养结合机构自身角色定位、服务对象和服务层次尚不明确。[①] 我国医养结合型养老服务在供给主体、内容与体系、支付模式和人力资源等方面亟待突破与创新，[②] 需要从机构定位、筹资渠道、人才建设、网络构建等方面完善医养结合型养老服务的实施路径。[③④] 袁妙彧认为，"养老院＋医院"模式应将医疗机构的诊疗模式转变为以健康管理、慢病管理为重点的医养融合模式，[⑤] 针对失能失智老年人的养老机构需要向社区拓展居家养老服务。[⑥] 医养结合机构需要对老年人进行健康需求和活动能力评估，划分慢病预防管理区、生活照料区、急病诊治区、大病康复护理区、临终关怀区等不同功能服务区，为不同老年群体提供适应性、异质性的养老服务。[⑦]

（三）关于农村养老服务多元供给研究

伴随着农村家庭养老与照护功能的弱化，农村失能老年人的医养结合型养老服务需求尤为迫切，[⑧] 已有学者基于我国农村社会养老机构服务质量不高以及医疗机构床位利用率较低等问题，提出农村养老服务体系建设、发展与创新的必要性。医养结合机构需要充分利用医疗机构资源优势面向社会提供延伸性服务，从而有利于促进农村老年人健康福祉的提升。米红等基于大样本数据的分析认为，老年人口健康状态变动及

[①] 杨贞贞、米红：《城乡社会养老服务需求预测研究——医养结合的视角》，《公共治理评论》2017 年第 1 期。

[②] 张晓杰：《医养结合养老创新的逻辑、瓶颈与政策选择》，《西北人口》2016 年第 1 期。

[③] 赵晓芳：《健康老龄化背景下"医养结合"养老服务模式研究》，《兰州学刊》2014 年第 9 期。

[④] 高荣：《健康老龄化背景下医养结合养老服务模式的实践探索与建构》，《社会福利（理论版）》2019 年第 9 期。

[⑤] 袁妙彧：《养老机构选址、规模及功能定位对医养结合模式选择的影响——基于扎根理论的探索性分析》，《南方人口》2018 年第 5 期。

[⑥] 袁妙彧、杨佳婧：《社区居家养老与机构养老整合模式探索——基于 11 家养老机构资料的质性分析》，《人口与社会》2020 年第 1 期。

[⑦] 黄佳豪、孟昉：《"医养结合"养老模式的必要性、困境与对策》，《中国卫生政策研究》2014 年第 6 期。

[⑧] 郑吉友：《农村居家养老服务需求水平的影响因素分析——基于 WLS 模型的视角》，《当代经济管理》2019 年第 1 期。

其影响因素中，从健康到半失能变动受社会维度因素影响，[①] 从健康到失能变动受生物维度因素影响。[②] 李放（2019）认为，增强农村社区服务机构的医养功能，有助于农村基层社区医疗卫生服务能力的提升。[③] 何文炯基于老年照护保障体系的整体设计，老龄社会支持体系应多元共治，[④] 明确了失能老年人照护服务补助制度的功能定位。[⑤] 为此，健全和完善农村养老保障服务体系，[⑥] 为农村医养结合型养老服务的政策制定和制度保障提供依据。[⑦]

（四）关于医养护服务的社会支持研究

政府向社会组织购买养老服务已成为社会养老服务供给的主要方式，农村养老服务是需求和供给的双重驱动。[⑧] 覃可可、唐钧认为，在长期照护保险制度试点过程中，政府部门负责长期照护保险制度建设、政策制定与行政监察，而需求评估、待遇给付、资金运营以及服务监督等制度经办管理委托由保险公司负责实施。[⑨] 李军等提出发展"医养护"新型养老模式，构建良好养老环境，进一步推进医养结合的对策与方法。[⑩] 邓大松等认为，建立养老社区为老年人提供经济支持、社会照

---

① 孔栋、王艳丽：《我国农村社区居家养老研究综述：需求、供给与匹配》，《信阳师范学院学报（哲学社会科学）》2021 年第 1 期。

② 米红、刘悦、冯广刚：《中国老年人口健康状态变动的辨识及影响因素的评估分析——基于 SSAPUR 2015－2016 年面板数据》，《人口学刊》2020 年第 4 期。

③ 崔香芬、李放、赵光：《农村社区居家养老服务需求影响因素实证研究——基于江苏省的调研分析》，《江苏大学学报（社会科学版）》2019 年第 3 期。

④ 何文炯、王中汉：《论老龄社会支持体系中的多元共治》，《学术研究》2021 年第 8 期。

⑤ 何文炯、杨一心：《失能老人照护服务补助制度研究》，《社会政策研究》2020 年第 2 期。

⑥ 司明舒：《老年人医养结合机构模式选择与服务供需研究》，博士学位论文，山东大学，2019 年，第 34 页。

⑦ 于长永：《农村老年人的互助养老意愿及其实现方式研究》，《华中科技大学学报（社会科学版）》2019 年第 2 期。

⑧ 丁煜、王玲智：《基于城乡差异的社区养老服务供需失衡问题研究》，《人口与社会》2018 年第 3 期。

⑨ 覃可可、唐钧：《上海、成都和南通长期照护试点的调查报告》，《民主与科学》2019 年第 2 期。

⑩ 李军、杨荣升：《推进医养结合构建良好养老环境》，《人民之声》2017 年第 12 期。

料、心理支援和整体关怀等综合性社区养老服务，[①] 通过人工智能、互联网、物联网、云计算等技术及智能设备在养老服务领域的深度融合，[②] 进一步整合养老服务资源，鼓励政府、企业和社团共同参与，完善医养结合型养老服务的社会支持网络。

（五）关于以社区为依托的养老服务供给的研究

目前，我国社区养老服务以自理老年人为主，失能、半失能老年人的养老服务可及性有待提高、供需不匹配。[③] 农村互助养老能够与现有农村养老保障制度形成优势互补，提升农村老年人的养老服务质量。[④] 农村医养结合养老服务仍具有较大发展空间。[⑤] 农村养老保障制度从以经济支持为主向经济支持与服务保障并重的方向拓展，逐步推进农村养老保障制度的转型与发展。现行的医养结合型养老服务模式探索，有助于增强城乡医养结合机构的服务功能，更好地发挥医养结合机构对高龄、失能老年人在医疗照护服务过程中的专业优势，强化农村医养结合型养老服务的政策性支持，补齐农村养老服务短板。[⑥] 我国亟待探索适合我国农村医养结合型养老服务的发展路径，培养本土化的医养结合型养老服务人才，完善家庭医养服务的支持政策，提升农村医疗卫生与养老服务能力。[⑦] 政府通过整体统筹、多主体联动、分层次推进，加强基本医疗卫生与养老服务的有效供给，增强服务供给主体之间的协同和服务内容的拓展，健全医养结合型养老服务财政投入的长效机制，共同促

---

① 邓大松、李玉娇：《医养结合养老模式：制度理性、供需困境与模式创新》，《新疆师范大学学报（哲学社会科学版）》2018 年第 1 期。

② 赵奕钧，邓大松：《人工智能驱动下智慧养老服务模式构建研究》，《江淮论坛》2021 年第 2 期。

③ 何文炯：《老年照护服务：扩大资源并优化配置》，《学海》2015 年第 1 期。

④ 钟仁耀、王建云、张继元：《我国农村互助养老的制度化演进及完善》，《四川大学学报（哲学社会科学版）》2020 年第 1 期。

⑤ 肖云芳、何宇、杨小丽：《医养结合发展热潮的冷思考》，《卫生经济研究》2017 年第 8 期。

⑥ 丁建定：《推进居家养老服务健康发展的几个问题》，《中国社会工作》2019 年第 23 期。

⑦ 段美枝：《我国民族地区农村医养结合的困境及发展路径研究——基于内蒙古农牧区的调查》，《卫生经济研究》2021 年第 6 期。

进医养护服务深度融合,[1] 试图以医养结合推进健康养老服务的可持续发展，努力实现保基本、促普惠、求公正和增福祉。[2]

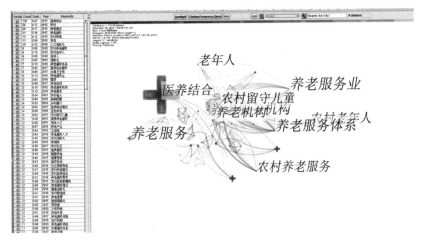

图 1.1　老年健康研究关键词聚类图谱

资料来源：运用可视化分析软件 Citespace 绘制.

表 1.1　　　　　　　　　　高频关键词及频次分布表

序号	高频关键词	频次	中心性
1	医养结合	130	0.43
2	农村	26	0.13
3	养老模式	24	0.17
4	养老服务	21	0.36
5	农村养老	13	0.12
6	养老	11	0.09
7	人口老龄化	10	0.15
8	农村养老服务	9	0.06
9	农村老年人	8	0.15
10	老年人	8	0.08
11	老龄化	7	0.02

① 杨翠迎：《我国社会养老服务发展转变与质量提升——基于新中国成立 70 年的回顾》，《社会科学辑刊》2020 年第 3 期。

② 穆光宗：《论政府的养老责任》，《社会政策研究》2019 年第 4 期。

序号	高频关键词	频次	中心性
12	养老服务体系	7	0.12
13	医养结合服务	7	0.04
14	乡镇卫生院	6	0.06
15	养老服务业	6	0.13
16	需求	5	0.04
17	养老机构	5	0.09
18	养老服务机构	5	0.10
19	养老需求	5	0.13
20	农村老人	5	0.04

资料来源：运用可视化分析软件 Citespace 绘制.

本书以"农村"和"医养结合"为主题词，以"中国知网"为文献数据来源，采用文献计量学方法，[①] 检索 2015 年 1 月至 2020 年 12 月中国学术期刊网络出版总库（CNKI）中的文献，通过筛除报纸、会议通知等非研究性文献及其与主题关联较弱的文献，运用 Citespace 软件进行文献可视化分析，最终纳入 189 篇文献。汇总历年出现频次排名前十位的关键词（见表 1.1）。可知，"农村""医养结合""养老模式""养老服务"在五个时间段中出现频次较高，统计了频次高于五次的关键词及其中心性，表明农村医养结合相关问题的研究是学术界共同关注的焦点。

三 已有研究述评

在我国推进健康中国战略的背景下，健康中国建设应以"尊重老年发展权、推进成功老龄化"为战略取向，实现共建、共融和共享。农村医养结合型养老服务体系以政府为主导，主要涵盖服务主体与功能、客体与效用、目标与方式、优势与动力机制等内容。积极发展政府购买养

---

① 向运华、王晓慧：《国内老年健康的研究现状与反思——基于 CNKI 的文献计量分析》，《华中科技大学学报（社会科学版）》2019 年第 5 期。

老服务，通过政府购买服务、公建民营、民办公助、股权合作等方式，将非营利性组织和志愿者团体纳入医养结合型养老服务体系建设中。农村医养结合型养老服务体系的研究在理论和实践中均是短板，主要体现在：其一，在研究内容上，已有研究多侧重于农村医疗护理与长期照护服务的供需研究，但对于农村医养结合型养老服务的研究尚不充分，对于农村医养结合型养老服务体系构建的研究较少。其二，在研究方法上，注重不同研究方法间的相互印证与支持，但尚需要注重研究方法与研究目的之间的合理选择与匹配，使研究结论更为符合实际。其三，在样本选取上，尽可能做到抽样方法科学，既有研究主要从全国范围内研究农村社会养老服务，对农村医养结合型养老服务体系的构建研究较少。

第三节　数据来源与研究方法

健康是衡量人类社会进步的重要标尺。目前，我国农村高龄化、空巢化、少子化现象日益凸显，农村老年人疾病谱系的变化使慢性病发病率不断提高，如何对农村老年人进行健康管理，提供适宜我国农村老年人的医养结合型养老服务，是积极应对人口老龄化、推动基本公共服务均等化、促进社会公平正义的内在要求。

一　数据来源

本书所使用的数据主要来源于两部分：一是公开的统计数据，本书采用的全国性数据和区域性数据主要来自《中国统计年鉴》《中国农村统计年鉴》《中国人口与就业统计年鉴》《中国劳动统计年鉴》《中国民政统计年鉴》《中国卫生健康统计年鉴》、民政部《社会服务发展统计公报》等统计资料，以及相关政府部门或研究机构的全国性或区域性的调查数据。二是微观的调研数据。运用全国数据分析农村医养结合型养老服务发展的一般性现状，运用辽宁省和其他省份的调研数据分析农村医养结合型养老服务供给的不平衡性，尽最大可能使全国宏观数据与调研地区微观数据在分析问题中相互补充、相得益彰。

本书基于笔者自身处在辽宁省,对农村老年人的生活状况相对熟悉且便于沟通,尽可能打消农村老年人的思想顾虑,有助于获取丰富的调研资料。因此选择辽宁省部分农村社区因地制宜开展农村医养结合型养老服务供需状况的调研。基于农村医养结合型养老服务供需状况的调查显示,农村医养结合型养老服务供需结构性矛盾突出,因此,研究农村医养结合型养老服务的供给问题尤为迫切。然而,目前有关农村医疗卫生与养老服务的研究对象主要局限于乡镇敬老院,未涵盖传统农村医疗卫生与养老机构的服务外溢和具有日间照料功能的乡镇卫生院、农村互助幸福院、村卫生室、家庭养老院等。[①] 本书试图通过"农村老年人医养结合型养老服务供需状况"的实地调研,侧重研究乡镇敬老院、乡镇卫生院、农村社区老年托管中心等农村医养结合型服务机构的服务外溢和农村家庭养老院、农村互助幸福院,村卫生室或将成为农村医养结合型养老服务供给的有益补充。

本书相关的事实获取与数据采集过程具体分为以下三个阶段:首先,资料初步收集与调研阶段。2018 年 6 月至 2020 年 12 月,课题组对农村老年人的医养结合型养老服务需求状况与农村养老服务机构的供给状况进行了调研和访谈,最终形成《农村医养结合型养老服务供需调查问卷——老年人问卷》(见附录 C),问卷调查对象主要是 60 岁以上的农村老年人,主要调查农村老年人的人口特征、家庭特征、经济社会特征以及对农村医养结合型养老服务供给与需求状况等相关数据,了解农村老年人的医养结合型养老服务需求与农村医养结合型养老服务的供给状况。其中,农村老年人养老服务需求调查主要包括农村老年人生活满意度现状调查和农村养老服务的满意度调查两部分,在农村医养结合型养老服务的相关主体中,本书选取农村医养结合型养老服务供给效果较好的部门或机构作为调查研究对象,主要包括:民政部智慧养老基地、民政福利机构、养老服务企业、医养结合机构,从事养老服务的非营利性组织、农村养老机构、乡镇卫生院,社区卫生服务中心、农村互助幸

---

① 郑吉友:《农村居家养老服务需求水平的影响因素分析——基于 WLS 模型的视角》,《当代经济管理》2019 年第 1 期。

福院、家庭养老院及其所在乡镇政府部门等。其次，座谈与考察阶段。2019 年 3 月至 5 月，课题组积极联络沈阳市卫健委医养结合办、中国沈阳医养结合联盟等部门和机构负责人，获得了辽宁省农村医养结合型养老服务发展的基本情况，并与沈阳市民政局农村养老工作负责人进行了座谈。2019 年 6 月至 2020 年 3 月，笔者通过全国社会保障学术会议和全国医养结合会议，进一步了解辽宁省、江苏省、河北省等部分省份医养结合机构和农村社区医养结合型养老服务的发展状况。再次，笔者深度访谈了辽宁省知名养老服务企业，又对长期从事养老服务事业的非营利组织等负责人进行访谈，获得医养结合型养老服务市场发展的整体状况。最后，问卷调查和访谈阶段。笔者于 2018 年 11 月至 2020 年 3 月，先后到辽宁省沈阳市、鞍山市、盘锦市，山西省太原市、介休市，河北省正定县几个较为典型的乡镇（其典型性表现在所在农村地区经济发展水平、地理区位、养老服务资源分布等方面），分别同部分乡镇敬老院、乡镇卫生院、老年托管中心、村卫生室、家庭养老院、互助幸福院等机构的负责人以及所在乡镇和农村社区村委会的负责人进行了访谈，对乡镇敬老院、家庭养老院、老年托管中心、互助幸福院接受医养结合型养老服务的部分老年人和居家老年人进行了访谈和调查。

本书在综合考虑抽样调查的科学性、代表性和可操作性的前提下，依据辽宁省农村社区经济社会发展状况以及农村人口老龄化的形势，以辽宁省中部地区医养结合型养老服务比较具有代表性的沈阳市、鞍山市、辽阳市、盘锦市为抽样框，按照区域经济发展水平和养老服务类型的不同，选择所在农村基层医疗卫生与养老机构及其农村社区开展问卷调查和访谈。按照随机抽样原则随机抽取辽宁省 4 市 8 县（区），8 个乡镇，24 个行政村，每个农村 20 位 60 岁以上老年人。此次农村社区调查共发放问卷 500 份，收回有效问卷 480 份，问卷的合格率为 96%。调研的部分农村社区结构以及养老服务支撑状况（见表 1.2）。调研地区的农村医养资源较为丰富，调研地区的部分单位（见附录 B）。

表 1.2 　　　　　调研农村社区结构以及养老服务支撑状况

调研城市	区（县）	乡镇	社区（村）	社区居民职业结构	产业结构	医养资源分布
鞍山市	千山区	大孤山镇	上石桥村	农业/非农职业	农业、钢铁深加工产业为主	宗教养老机构、乡镇敬老院、乡镇卫生院、老年托管中心
			下石桥村			
			花麦屯村			
			对桩石村			
	铁西区	宁远镇	宁远屯	农业/非农职业	花卉苗木产业、蔬菜批发产业为主	乡镇敬老院、乡镇卫生院、农村养老院、家庭养老院、村卫生室
			双楼台村			
			小台子村			
			大阳气村			
			笔管堡村			
			张忠堡村			
			新堡村			
			丰盛堡村			
			南地号村			
			北地号村			
	铁西区	达道湾镇	邢阳气村	农业/非农职业	观赏鱼养殖业为主	乡镇敬老院、乡镇卫生院、村卫生室
			二台子村			
			大郑台村			
盘锦市	盘山县	古城子镇	夏家村	农业/非农职业	水稻种植业为主	农村养老院、村卫生室
辽阳市	辽阳县	刘二堡镇	前杜村	农业/非农职业	乡村旅游业为主	集中式养老社区
沈阳市	新民市	张家屯镇	柴家窝堡村	农业/非农职业	蔬菜种植业	互助幸福院、村卫生室
	东陵区	白塔堡镇	大羊安村	农业/非农职业	花卉养殖业、农业研发等	乡镇敬老院
			毡匠村			
			火石桥村			
	苏家屯区	七家小镇	官房社区	非农职业		家庭养老院

资料来源：根据笔者的问卷调查数据以及访谈资料汇总而得.

二 研究方法

（一）访谈法和参与式观察法

本书运用深度访谈法和参与式观察法相结合，通过对省、市、区（县）民政部门、慈善部门负责人的访谈，深入部分乡镇政府、社区、农村家庭养老院、互助幸福院等进行参与式观察，开展养老服务机构运营情况、政府、企业、慈善组织以及社区等供给状况、医养结合养老服务的发展状况等内容的收集与分析。

（二）问卷调查法

笔者结合研究主题，设计农村医养结合型养老服务供需调查问卷，通过社会调研获取第一手数据资料，应用质性研究分析方法对调查资料进行分析和处理，通过对农村医养结合型养老服务供需状况的调查数据进行实证分析，得出农村医养结合型养老服务供需存在的结构性问题及其制约因素，为推进农村医养结合型养老服务协同供给提供实证支撑。

（三）计量分析法

本书运用文献计量研究法和社会网络分析法（SNA），应用可视化分析软件 Citespace 进行文献计量分析，发现"农村""医养结合""养老模式""养老服务"等领域在农村医养结合型养老服务相关研究中一直是学术界关注的焦点。运用 Eviews7.2、Stata15 等统计软件分析医养结合型养老服务供给与需求的发展规律，运用 Frontier 软件构建随机前沿 DEA 模型，测度农村医养结合型养老服务供给效率及其影响因素，运用结构方程模型（SEM）分析农村医养结合型养老服务供给能力，运用 Vensim 软件对农村医养结合型养老服务的供给效益进行仿真分析，为系统分析农村医养结合型养老服务有效供给提供实证支撑。

第四节 研究思路与创新之处

一 研究思路

本书基于福利多元主义理论和协同治理理论，重点关注农村医养结合型养老服务体系的构建，将农村医养结合型养老服务的研究范畴拓展为基层医疗卫生与养老机构的服务功能外溢，以及乡镇敬老院、乡镇卫生院、村卫生室、农村家庭养老院和农村互助幸福院等研究载体。从体系构建方面分析农村医养结合型养老服务供给方式、供给效率、供给能力和供给机制等供给体系。

按照上述研究思路，本书的技术路线图（见图1.2）。

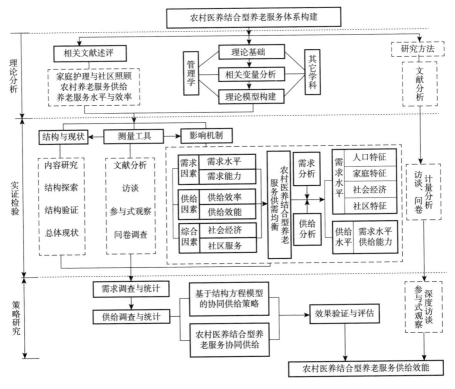

图 1.2　技术路线图

资料来源：笔者绘制。

二　创新之处

（一）运用定性与定量相结合的方法对农村医养结合型养老服务供给系统进行仿真研究

在定性研究方面，本书在界定农村医养结合型养老服务体系基本概念的基础上，以协同治理理论和福利多元主义理论作为本书的理论基础，为进一步研究农村医养结合型养老服务体系构建奠定了重要的理论基础。在定量研究方面，本书综合运用访谈法、参与式观察法等质性分析方法，采用统计年鉴数据和问卷调查数据分析农村医养结合型养老服务体系中各要素相互作用的机理。本书采用 Amos 软件运用结构方程模型测度农村医养结合型养老服务的供给能力等，选用极大似然估计（ML）方法进行参数估计和模型拟合度检验，应用 Vensim 仿真软件进行供给系统的仿真研究，分析了农村医养结合型养老服务协同供给的动力机制。

（二）运用社会网络分析法探讨农村医养结合型养老服务的动态性与阶段性

农村医养结合型养老服务协同供给是在多元供给与有效供给的基础上，以"多元供给"和"有效供给"为基本原则，以农村医养结合型养老服务协同供给为主要目标，通过分析农村医养结合型养老服务的必要性和协同供给的优势，剖析农村医养结合型养老服务供需失衡的原因，探索我国农村医养结合型养老服务供给主体与效用、目标与方式、供给系统的动力机制。本书较为系统地阐释我国推进农村医疗卫生与养老服务相结合的演进成就，将社会网络分析法（SNA）应用于农村医养结合型养老服务的政策网络研究中，分析政策文本时间分布、关键词共现网络、高频关键词及其共现关系，挖掘其在政策目标、政策内容、价值取向等的阶段性特征，我国农村医疗卫生与养老服务相结合由点到面逐步推进，由彼此独立走向高度融合，由逐步成熟向深度融合阶段迈进，农村医疗卫生与养老服务质量都得到全方位提升。

（三）在实证分析的基础上提出农村医养结合型养老服务需要构建协同联动机制

首先，本书基于福利多元主义理论和协同治理理论，较早提出了构建农村医养结合型养老服务体系，从体系构建方面进一步提出了农村医养结合型养老服务的供给方式、供给效率、供给能力和供给机制等供给体系。本书结合宏观数据和调研数据分析农村医养结合型养老服务的供给效能，包括供给效率和供给能力，分析农村医养结合型养老服务供需存在的结构性问题，以及我国发展农村医养结合型养老服务存在问题的原因，提出农村医养结合型养老服务体系构建的必要性，阐释了我国农村医养结合型养老服务体系的内在机理；其次，借鉴发达国家医养结合型养老服务的发展经验，探究我国推进城乡医养结合型养老服务的模式。再次，在仿真实验的基础上，提出有效提高农村医养结合型养老服务供给效益的对策建议，进而提高农村医养结合型养老服务的供给水平，努力构建医养结合型养老服务供给的多元保障机制，健全多层次农村医养结合型养老服务保障体系，形成农村医养结合型养老服务协同联动机制，完善农村医养结合型养老服务制度保障体系，构建农村医养结合型养老服务数字信息系统，推进农村医养结合型养老服务实现协同供给，努力贯彻落实健康中国战略。

第二章　我国农村医养结合型养老服务的研究基础

第一节　基本概念界定

一　健康中国

（一）健康

1948 年，世界卫生组织（World Health Organization，简称 WHO）认为，健康不仅是没有疾病或不受伤害，而且还是生理、心理和社会幸福的完好状态。健康状况不仅是简单地判断一个人是否生病或受伤，它同样意味着一种完全安适状态。[①] 联合国大会于 1991 年 12 月 16 日通过《联合国老年人原则》（第 46/91 号决议），世界各国从老年人权利角度出发确立了关于老年人地位的政策制定原则：自立（Independence）、参与（Participation）、照料（Care）、自我实现（Self – Fullfilment）、尊严（Dignity）。健康养老的政策实践需要一个更具现实性和可操作性的健康理念，健康养老应遵循"助老自助"的基本原则，激发和利用老年人自身的能力去做他们自己想做的事情，以防止过度照护导致老人自身功能的非正常退化。[②] 世界卫生组织《关于老年化与健康的全球报告》中提出，健康是老年人能够完成他们认为重要的事情所具备的根本

[①]　［美］威廉·科克汉姆（William C. Cockerham）：《医学社会学》，杨辉、张拓红译，北京大学出版社 2000 年版，第 2 页。

[②]　Huber, M., Knotnerus, J. A., Green, L., et al, "How Should We Define Health?", *BMJ*, Vol. 343, No. 4163, 2011, pp. 235 –237.

属性和整体属性，因为很多老年个体可能会患有一种或多种疾病，老年疾病在控制良好的情况下对功能发挥的影响甚微。① 按照老年健康程度，可划分为无疾病困扰的"自然健康"和带病生存但尚具有生活自理能力的"功能健康"，多数健康老年人属于功能健康。② 由此，健康养老致力于通过疾病控制、生活方式调整和生活环境改善、功能替代等干预性措施帮助老年人延缓其自主生活能力的衰退，恢复或提高其自主生活能力，需要由多种服务相互配合的连续性服务的持续支持。

（二）健康中国

党的十九大报告中提出"实施健康中国战略"，③ 这是以习近平总书记为核心的党中央站在中华民族永续发展的高度，坚持和发展新时代中国特色社会主义的一项重要战略安排，必将为把我国建成富强民主文明和谐美丽的社会主义现代化强国奠定坚实健康根基。④ 深刻把握实施健康中国战略在新时代中国特色社会主义事业中的重大现实意义，不断满足人民日益增长的美好生活需要。党的十九大报告指出："人民健康是民族昌盛和国家富强的重要标志"，⑤ 这充分体现了党和政府对人民健康重要价值的认识提高到了新高度。实施健康中国战略，增进人民健康福祉，事关人的全面发展和社会全面进步，为实现"两个一百年"奋斗目标和中华民族伟大复兴的中国梦提供坚实健康基础。⑥ 健康中国战略以农村和基层为重点，把健康融入所有政策，人民共建共享全民健康，推动健康领域基本公共服务均等化，构建整合型医疗卫生服务

---

① 世界卫生组织：《世界卫生组织发布〈关于老龄化与健康的全球报告〉》，《中国卫生政策研究》2015 年第 8 期，第 78 页。

② 穆光宗：《低生育时代的养老风险》，《华中科技大学学报（社会科学版）》2018 年第 1 期。

③ 习近平：《决胜全面建成小康社会 夺取新时代中国特色社会主义伟大胜利——在中国共产党第十九次全国代表大会上的报告》，《人民日报》2017 年 10 月 28 日第 1 版。

④ 李斌：《实施健康中国战略》，《人民日报》2018 年 1 月 12 日第 7 版。

⑤ 习近平：《决胜全面建成小康社会 夺取新时代中国特色社会主义伟大胜利——在中国共产党第十九次全国代表大会上的报告》，《人民日报》2017 年 10 月 28 日第 1 版。

⑥ 《中共中央 国务院印发〈"健康中国 2030"规划纲要〉》，《光明日报》2016 年 10 月 26 日第 1 版。

体系，推进老年医疗卫生服务体系建设，推进健康医疗大数据应用，加强健康医疗大数据应用体系建设等措施推动健康中国战略的实施。①实施健康中国云服务计划，全面建立远程医疗应用体系，发展智慧健康医疗便民惠民服务。②推进医疗保障和医药服务高质量协同发展，促进健康中国战略实施，使人民群众有更多获得感、幸福感、安全感。③

　　伴随着我国经济社会持续健康发展，我国医疗卫生服务体系日益健全，积极参与全球健康治理，建立有利于健康的社会治理模式。政府部门系统整合医养资源，综合衡量医疗卫生系统的供需平衡，健全基本医疗保险稳定可持续筹资和待遇水平调整机制。④因此，政府应更多地将医疗卫生与人民群众生命安全和身体健康等相关领域统筹协调，合理监管，实施慢性病综合防控战略，健全政府健康领域相关投入机制，⑤尤其注重对重大疾病防治、基本医疗保险财政补助、公共卫生服务补助、基层医疗服务体系建设、国家基本药物制度的支持力度。⑥实施健康中国战略，完善健康促进政策体系，深化供给侧结构性改革，将为经济社会持续健康发展注入新活力，也是实现人民对美好生活向往的重要支撑。伴随着经济全球化深入发展，跨国公共卫生危机的威胁日益严峻。共建共享是建设健康中国的基本路径。从供给侧和需求侧两端发力，统筹社会、行业和个人三个层面，形成维护和促进健康的强大合力。⑦全面提升医疗卫生服务水平，准确把握实施健康中国战略的核心要义和基本思路。一人之健康是立身之本，人民之健康是立国之基。坚持以人民为中心的发展思想，把健康摆在优先发展的战略地位，立足国情，将促

---

①　申曙光、马颖颖：《新时代健康中国战略论纲》，《改革》2018 年第 4 期。

②　《中共中央 国务院印发〈"健康中国 2030"规划纲要〉》，《光明日报》2016 年 10 月 26 日第 1 版。

③　中共中央党史和文献研究院：《十九大以来重要文献选编（中）》，中央文献出版社 2021 年版，第 446 页。

④　郭清：《健康管理学》，人民卫生出版社 2015 年版，第 9—10 页。

⑤　《中共中央 国务院印发〈"健康中国 2030"规划纲要〉》，《光明日报》2016 年 10 月 26 日第 1 版。

⑥　严成樑：《老年照料、人口出生率与社会福利》，《经济研究》2018 年第 4 期。

⑦　《中共中央 国务院印发〈"健康中国 2030"规划纲要〉》，《光明日报》2016 年 10 月 26 日第 1 版。

进健康的理念融入公共政策制定和实施的全过程，把健康融入城乡规划、建设、治理的全过程。保障人人享有基本医疗卫生服务，是全面深化医药卫生体制改革的内在要求。完善健康筹资机制，加大健康领域投入力度，切实维护人民健康权益。

《健康中国行动（2019—2030）》是落实健康中国战略的重要举措，持续提高人民健康水平，提供全方位、全周期健康服务，不断夯实民生福祉基石。[①] 坚定不移贯彻党中央的新发展理念，坚持新时代卫生与健康的工作方针。坚持预防为主、中西医并重，以农村和基层为重点，推动工作重心下移和资源下沉，突出以改革为创新动力，将健康理念融入社会发展政策，人民共建共享，推动政府、社会、人民群众共同行动，激发积极性和创造性，实现"人人参与、人人享有"。完善国民健康政策，以提高人民健康水平为核心，全方位、全生命周期维护人民健康。从健康的综合影响因素出发，转变创新卫生与健康发展方式，将维护人民健康的范畴从传统生物医学的疾病防治向体育健身、健康管理等社会医学领域拓展。普及健康生活、优化健康服务、完善健康保障、建设健康环境、发展健康产业，实现对人的全生命周期的国民健康信息服务。实施健康中国战略，由过去的强调公平与可及性向质量与效率并重转变，兼顾好可及性、可负担性和可推广性。

坚持基本医疗卫生事业的福利性和公益性，促进社会健康公平。全面建立中国特色基本医疗卫生制度，注重改革的系统性、整体性和协同性，充分发挥政府的宏观调控作用，注重发挥市场的竞争机制，鼓励社会组织等社会力量不断优化服务供给结构。深化医药卫生体制改革，逐步形成医疗、医保、医药的"三医"联动机制。优化医养资源分布与功能整合，明确各级各类医疗卫生机构的功能定位，建立和完善管理紧密型的城市医疗集团、区域专科联盟、县域医疗共同体和远程医疗协作等多种形式的医疗联合体，全面建立分级诊疗制度，形成科学合理的就医秩序。实施健康中国战略，充分结合人的全生命周期实施健康管理，

---

① 林闽钢：《"十四五"时期社会保障发展的基本思路与战略研判》，《行政管理改革》2020年第12期。

通过医疗服务信息化实现在线问诊，建立网络家庭医生，增强医疗服务可及性，全面提升医疗服务质量。[1] 在广大农村，需要提高医疗资源的供给效益和利用效率，加快构建整合型优质高效的医疗卫生服务体系，为居民提供持续性、一体化的健康管理和基本医疗服务，逐步完善"基层首诊、双向转诊、急慢分治、上下联动"的分级诊疗格局，发展健康养老产业，满足广大人民群众多层次、多样化、个性化的健康保障需求。

二 农村社区

（一）农村与农村社区

"社区"作为社会福利领域的核心，最早由德国社会学家滕尼斯先生（Ferdinand Tonnies）在《共同体与社会》一书中对共同体与社会的关系进行了较为全面的阐释。滕尼斯认为，社区是人口同质性较强和价值取向相近的居民生活共同体，存在着共同的习惯和信仰，是建立在血缘、地缘、业缘以及文化共同体基础之上，共同体展现的是持久稳定性和真正的共同生活。[2] 农村社区精神共同体即社群主义所强调的信仰、心理和文化的共同体。滕尼斯将精神共同体诠释为"一种原始的或者天然状态的人的意志的完善的统一体"。[3] 在社区内涵的不断发展和完善过程中，古达尔、鲍曼、桑德斯、罗吉斯、伯德格以及林德夫妇等学者从理论研究和实践探索方面进一步丰富了社区的内涵。[4] 古达尔（Goodall）从人文地理学角度将社区界定为因居住和工作而占有和分享有限地域空间的互动人群，也代表着包容社会日常生活为主要特征的最小空间系统。英国学者齐格蒙特·鲍曼（Zygmunt Bauman）认为社区是

---

① 李未柠、王晶：《互联网＋医疗——重构医生生态》，中信出版社 2016 年版，第 13 页。

② ［德］斐迪南·滕尼斯（Ferdinand Tönnies）：《共同体与社会》，林荣远译，商务印书馆 1999 年版，第 54 页。

③ ［德］斐迪南·滕尼斯（Ferdinand Tönnies）：《共同体与社会》，林荣远译，商务印书馆 1999 年版，第 4 页。

④ ［美］埃弗里特·M. 罗吉斯（Everett M. Rogers），拉伯尔·J. 伯德格：《乡村社会变迁》，王晓毅、王地宁译，浙江人民出版社 1988 年版，第 160 页。

建立在起源、价值或信仰等精神纽带之上，成为人们心灵归属的港湾，是人们在从事社会生活中的那种同处一个"屋檐"下的"心理感觉"。①而美国社会学家桑德斯（Irwin T. Sanders）突破了传统社区中对于"两分法"概念的界定，既不是用社会来界定社区，也不是用国家或社团来界定社区，而是将社区既视为是"一个互动的体系"，亦称为"一个行动的场所"，抑或是"一个行动的场域"。②已有研究关于社区的阐释反映了社区内涵的不同方面，体现了社区的特殊寓意。本书在借鉴既有研究成果的基础上认为，社区是人们共同生活的基本社会治理单元，是时间性、空间性和社会性的有机统一，通过血缘、地缘、业缘等纽带而形成的社会生活共同体。

关于农村社区的研究最早源于美国学者关于农村社会学的研究，主要是盖尔平（Charles Galpin）教授发表的《一个农业社区的社会解剖》的研究报告，其后，在美国、英国、德国、日本等发达国家陆续开展了农村社区社会学的研究。在我国，农村社区研究早在 20 世纪 30 年代就已在国内社会学界悄然兴起，我国著名社会学家费孝通先生认为，社区既指"若干社会群体（家庭、民族）或社会组织（机关、团体）聚集在同一个地域里，形成一个在生活上互相关联的大集体"。伴随着新型城镇化以及乡村振兴战略的双重驱动，新型农村社区的研究已逐渐成为学界关注的领域，既有研究从不同学科的多元化视角进行了深入而缜密的研究。郑杭生先生认为，社区既是指"进行一定的社会活动，具有某种互动关系和共同文化维系力的人类群体及其活动区域"。③农村社区是农村社会生产生活的共同体和社会微观治理单元，是农村居民公共生活的载体，通常基于文化自觉和社会认同的基层社会生活共同体，具有较强的组织性、公共性、内生性和社会性等基本属性，由一个自然村或多个相互关联较为紧密的村落群共同组成的基层社会治理单元，是国家基层社会治理的基础和载体，承载着农村社会的组织、管理与服务等多

---

① ［英］齐格蒙特·鲍曼（Zygmunt Bauman）：《共同体》，欧阳景根译，江苏人民出版社 2003 年版，第 3 页。

② 夏学銮：《社区管理概论》，中共中央党校出版社 2005 年版，第 14 页。

③ 郑杭生：《社会学概论新修》，中国人民大学出版社 2001 年版，第 364 页。

种职能，为实现农村社区的治理和善治发挥了突出重要的作用。传统农村社区是以血缘、地缘为基础的内生性共同体，由于社会分工欠发达、人口同质性较高且流动性较小等特点，使农村居民人际交往的社会群体与组织在数量和结构上较为单一。①

伴随着传统农村社会的变迁和国家治理体系和治理能力现代化，新型农村社区的结构和形态也在悄然地发生着重大转变。新型现代社会中的社区具有外生性、异质性等特点，它使不同的社会群体基于生存和发展的需要融合而成的社会集合体，既包括个体的私人生活空间，也包括社会的公共生活空间。新型农村社区已不再是传统的乡村社区，而是农村社会基本公共服务的有效治理单元，是一个更为智能化、更具灵活性和开放性的自我管理、社会治理的新型综合服务平台，农村社区的协同治理是社会转型、组织发展和制度创新的集中诠释。依据农村社区的建置和边界差异，已有学者将农村社区大致分为"多村一社区""一村多社区""一村一社区""集中建社区"和"社区设小区"等不同类型。②为了增强学术研究的现实针对性，本书涉及的农村社区主要是指"一村一社区"和"集中建社区"两种类型。其中，"一村一社区"是以建制村为基础建立一个社区，由村委会承担社区生产性和生活性公共服务的监督与管理，以生产队或自然村（屯）为单位设立"小区"。如辽宁省农村社区在建制形式上，一般以"一村一社区"为主要形式，"一村一社区"是调研地区多数农村开展社区服务的通行做法，而"集中建社区"主要体现在乡村振兴进程中农民聚集居住的新型农村社区。农村社区的组织形式依托现有村级组织，与村两委有机融合，在资金投入上以政府公共财政投入为主，逐步形成了多元投入保障机制，有助于农村社区形成共建与发展的整体合力，建立和健全服务功能完善、治理水平和服务质效较高的农村社区医疗卫生与养老服务体系，确保广大人民群众的生命安全和身体健康。

---

① 徐永祥：《社区工作》，高等教育出版社 2004 年版，第 12 页。

② 项继权：《论我国农村社区的范围与边界》，《中共福建省委党校学报》2009 年第 7 期。

三 医养结合型养老服务

(一) 医养结合型养老服务的内涵

医养结合型养老服务是医疗卫生服务和养老服务两个词语的合成词，是一种区别于传统养老服务的新型养老服务模式。[①] 当前学术界的共识是将老年人的健康保障需求界定为收入保障、医疗服务和生活照护等方面。[②] 次文化理论 (subculture theory) 认为老年人在社会团体中是一群非主流人群，老年人具有自己的文化特质，拥有不同于文化主流的生活信念、习俗、价值观和道德规范，组成社会的一个次文化群体。[③] 现代工业社会的信息化水平、制度化分配、普遍的教育和就业安排，以及权利意识等使老年人形成追求独立、自主的价值理念。[④]

医养结合型养老服务，即以老年医学为核心，以老年人的医养服务需求为主导，以"病人获益" (patient benefit) 为主要目标，[⑤] 以罹患慢性病的老年人、失能失智的老年人、病后需要康复护理的老年人，以及癌症等大病晚期的老年人为重点，构成整合照料服务的一部分。[⑥] 医养结合型养老服务是以为老年人提供优质高效的医疗卫生与养老服务为目标的新型养老服务，为需要长期照护服务的老年人生产和提供所需的医疗护理和康复服务，注重照料的持续性、长期性和协调性，融合预防保健、生活照料、医疗救治、康复护理和临终关怀等服务为一体，提供连续性医疗卫生与养老服务。医养结合型养老服务中，"医"主要是指

---

① 李长远、张会萍：《医养结合养老服务供给主体角色定位及财政责任》，《当代经济管理》2020 年第 7 期。

② 唐钧：《"最基本的养老服务"就是长期照护》，《中国人力资源社会保障》2019 年第 5 期。

③ 邬沧萍、杜鹏、姚远等：《社会老年学》，中国人民大学出版社 1999 年版，第 48—94 页。

④ 姚远：《我国老年人生活质量研究的创新性成果——读老龄蓝皮书《中国老年人生活质量发展报告 (2019)》》，《老龄科学研究》2020 年第 1 期。

⑤ Kodner, D. L., Spreeuwenberg, C., "Integrated Care: Meaning, Logic, Applications, and Implications—a Discussion Paper", *International Journal of Integrated Care*, Vol. 2, No. 14, February 2002, pp. 1–6.

⑥ Lluch, M., Abadie, F., "Exploring the Role of ICT in the Provision of Integrated Care – Evidence from Eight Countries", *Health Policy*, Vol. 111, 2013, pp. 1–13.

老年健康服务体系，具体包括医疗保健、疾病诊治、康复护理、社会心理支持和安宁疗护服务等；"养"主要是指养老服务体系，涵盖生活照护、医疗保健、精神慰藉和文化娱乐服务等，"结合"可以理解为嵌入、融合、整合与协同等不同层次。① 注重医疗卫生与养老服务的嵌入性与兼得性，兼具正外部性和非排他性，使农村老年人在健康服务需求中形成"养"与"医"全面、精准、高效结合的养老模式。

医养结合型养老服务旨在为老年人提供生活照料和健康管理等服务，以使老年人安享晚年。医养结合型养老服务将医疗卫生与养老服务相结合，通过多元化的参与主体为老年人提供新型养老服务。医养结合型养老服务由于引入了现代医疗技术，能够提供更为专业性、便捷性的养老服务，有效提高老年人的晚年生活质量，重点保障大病康复期、慢性病、老年病患者等在传统养老模式中难以得到较好专业照料的失能老人。医养结合型养老服务兼顾了老年人的医疗卫生与养老服务需求，满足农村老年人"医养共需"的基本生活需要。医养结合具有跨越式的养老理念，是将传统养老保障与现代医疗技术有机结合的一种新型健康养老服务模式。农村老年人在生活方式、价值观念、寻医问药等方面具有乡土特色，农村医养结合型养老服务具有农村社区特色，伴随着乡村振兴战略的稳步推进，医疗卫生与养老服务相结合的供给方式逐渐在广大农村社区得到推广。

（二）医养结合型养老服务与长期照护服务

医养结合型养老服务与以"疾病诊治"为目标的医疗服务具有一定的区别。医养结合型养老服务与长期照护服务，在概念的内涵和外延上既有相似性又有差异性。世界卫生组织于 2000 年颁布了《建立老年人长期照顾政策的国际共识》，首次提出了"长期照顾"的内涵，即长期照顾是由非正式照顾提供者（家庭邻里、朋友）和专业人士（社会、卫生和其他）实施的系统活动，以确保缺乏生活自理能力的老年人能够

---

① Naruse T, Matsumoto H, Fujisaki - Sakai, M. A., et al., "Measurement of Special Access to Home Visit Nursing Services among Japanese Disabled Elderly People: Using GIS and Claim Data", *BMC Health Services Research*, Vol. 17, No. 1, 2017, p. 377.

根据个人需要优先选择，保持最高可能的生活质量，并享有最大可能的独立、自主、参与、个人充实和人类尊严。[①] 世界卫生组织于 2016 年颁布的《关于老龄化与健康的全球报告》中，已把"长期照顾"改译为"长期照护"。长期照护旨在解决"照护依赖"问题，照护依赖是指"当功能发挥下降至没有别人的帮助时，个体就不再能够完成基本的日常生活所必要的活动，此时便会出现照护依赖。"[②] 在《中国老龄化与健康国家评估报告》中，照护依赖是指"频繁地需要他人的照护和帮助，已经超出了健康成年人的正常需求。"[③] 长期照护保障制度与社会保险、社会福利、社会救助相衔接，在实践中可分为资金保障和服务保障，前者是指长期照护保险和社会救助，后者则是指长期照护服务，由老年照护机构进行福利提供。长期照护服务体现了康复护理和权益保护的双重涵义，将长期在医疗机构和养老机构的失能老年人转至社区内护理，融入医养结合型养老服务体系，从单纯的医疗护理转为医养结合型养老服务，将失能失智老人保持"最高可能的生活质量"和"独立、自主、参与、个人充实和人类尊严"作为主要目标。"医养结合"可视为整合照料（Integrating care）的子概念，针对具有共同需求的老年群体提供全方位的服务和照料，[④] 将分散化、碎片化的社会服务进行整合供给，从而提高供给效率，[⑤] 它强调老年照顾中持续性的医疗照护服务，以预防和减缓老年人生理、心理和社会功能的弱化。

（三）医养结合型养老服务的特点

第一，医养结合型养老服务具有较强的公益性、福利性和适度普惠

---

① World Health Organization："Towards an International Consensus on Policy for Long – term Care of the Ageing", Geneva：WHO, 2000, https：//apps. who. int/iris/bitstream/handle/10665/66339/WHO_ HSC_ AHE_ 00. 1_ eng. pdf? sequence = 1.

② World Health Organization："World Report on Ageing and Health. World Health Organization", Geneva：WHO, 2015, https：//apps. who. int/iris/handle/10665/186463.

③ World Health Organization："China Country Assessment Report on Ageing and Health. World Health Organization", Geneva：WHO, 2015, https：//apps. who. int/iris/handle/10665/194271.

④ Henk, N., Philip, C. B., "Integrating Services for Older People：A Resource Book for Managers", *International Journal of Integrated Care*, Vol. 5, No. 20, 2005, pp. 1 – 2.

⑤ Garcia, B. M., "Trends in Integrated Care：Reflections on Conceptual Issues", *Nature*, Vol. 332, No. 6166, 1988, pp. 695 – 699.

性。医养结合型养老服务涵盖服务主体、服务对象、服务内容、服务方式和供给机制等要素，其中服务主体包括政府、企业、非营利性组织、社区和家庭等，既包括老年公寓、护理院、临终关怀院、各级医院、设有老年病科的医疗机构，也包括医疗机构分设和隶属的养老服务机构，与医疗机构开展合作的养老院和福利院等机构、社区居家养老服务中心和社区卫生服务中心等。在农村，主要包括乡镇卫生院、乡镇敬老院、托老所、家庭养老院、村卫生室和农村互助幸福院等载体。

第二，医养结合型养老服务以失能、半失能老年人为主要对象，主要包括大病康复期老年人、慢性病老年人、智障老年人、老年病患者以及绝症晚期老年人等。老年人随着年龄的增长，面临着罹患疾病、功能衰退、认知障碍以及丧失生活自理能力等年老风险，失能老年人主要面临生理功能丧失和社会功能丧失。医养结合型养老服务的提供应根据老年人的失能程度的不同和异质性需求，重视被照料者在照料设计、服务决策等方面的参与程度。

第三，医养结合型养老服务供给内容多元化，即不仅包含日常生活照料、精神慰藉和社会参与服务，也包含预防、保健、治疗、康复、护理和临终关怀等医疗护理服务，其服务提供方式包括社区、居家以及各种医疗和护理机构等提供的服务。医养结合机构的运营方式主要包括公办民营和民办公助等，服务模式主要有养老机构或社区内设医疗机构、医疗机构内设养老机构、养老机构或社区与医疗机构联合（医疗和养老机构协议合作）、医疗机构转型发展、居家上门服务等。在实践中，针对老年人的健康状况选择机构式（养老机构、医疗机构）、社区式和家庭式服务，通过不同类型的服务以提升资源利用效率和服务可及性，将国家、地方和社会各类资源以社区为平台进行有机整合与协同合作，以提供有针对性的医养结合型养老服务。

（四）协同供给

美国学者莱斯特·M.萨拉蒙（Lester M. Salamon）教授认为"有效供给公共服务，应由社会中多元行为主体基于一定的集体行为规则，通过相互博弈、相互调适、共同参与合作等互动关系，形成多样化的公共事务管理制度或组织模式。"① 协同供给是基于一定分工和协作机制的有效供给，是系统性、有效性和协同性的多元供给。政府公共治理以协同治理理论为基础，强调社会治理不再是政府的单一主体行为，而是跨越政府、私人部门、第三部门之间界限的跨域治理，建设服务型政府，推进基本公共服务城乡均等化发展，形成共管与共治的协作模式，不断提高公众满意度，鼓励政府角色由"划桨"向"掌舵"转变。②

本书基于协同治理理论和福利多元主义理论的分析，构建农村医养结合型养老服务体系，协同治理理论为破解服务运行中的复杂性、无序性和不确定性等困境提供了较好的政策分析工具。协同供给主要是以信息化为依托，倡导政府、市场、社会组织、社区、家庭邻里等多元供给主体间的竞争与合作，强调多元供给主体间的密切配合与协同合作。"协同供给"涵盖两个层面：一是政府相关部门之间的横向协同和纵向协同，即协同政府及其社会福利部门之间、不同层级政府部门之间的统筹规划、有机合作和高效运营；二是政府、市场、社会组织、社区等多元主体在基本公共服务治理过程中的协同。③ 由协同治理理论分析得出，系统的结构和层次关系清晰有利于各子系统的协同，协同供给更注重多元供给主体间的协同性，在功能上体现出"1 + 4 > 5"的协同效应。

第二节　协同治理理论及其指导价值

一　协同治理理论的源起

中华优秀传统儒家文化中的"协和""和合""大同"等思想为协同治理理念提供了智慧。美国战略学家安索夫（Ansoff）是现代较早提

---

①　[美] 莱斯特·M. 萨拉蒙（Lester M. Salamon）：《全球公民社会：非营利部门视界》，贾西津、魏玉等译，社会科学文献出版社 2002 年版，第 4 页。

②　[澳] 欧文·E. 休斯（Owen E. Hughes）：《公共管理导论》，彭和平等译，中国人民大学出版社 2001 年版，第 286 页。

③　尹栾玉：《社区融合与社区抗风险能力》，《社会治理》2020 年第 9 期。

出协同理念的学者，1965 年，安索夫在《公司战略》一书中首先阐释了基于协同理念的战略。① 20 世纪中叶诞生的系统论、信息论、控制论以及其后创建的耗散结构理论、协同学、超循环理论、突变论以及混沌理论等系统科学，为人类认识社会提供了新的维度，并被广泛应用于自然科学和社会科学等学科领域。在 20 世纪 70 年代，协同学（Synergetics）是由原联邦德国物理学家赫尔曼·哈肯（Haken H.）创建的一门交叉学科，哈肯（Haken H.）在协同论中描述了临界点附近的行为，阐述了慢变量支配原则（伺服原理）和序参量原理，认为事物演化受序参量的控制，演化的最终结构和有序程度决定于序参量②。协同学是研究开发系统通过内部子系统间的协同作用而形成有序结构机理和规律的学科，是自组织理论的重要组成部分，是关于系统内部各个子系统之间相互竞争、相互合作的科学，竞争协同律是系统论的基本规律。系统科学的进展使人们逐步意识到协同对系统演化的意义，既竞争又协同是系统演化的真正动力源泉，并已成为系统科学的基本范畴。③ 贝塔朗菲（L. V. Bertalanffy）认为，任何整体都是以它的要素之间的竞争为基础，且以"部分之间的斗争"为先决条件，④ 他将竞争视为以协同为基础的竞争，是与协同相互联系的竞争，是与协同与合作不可分离的，进一步揭示了事物是作为系统而存在的。阿柯夫（Ackoff. R. L）认为，系统是由两个或两个以上相互联系的任何种类的要素所构成的集合。⑤ 协同学理论揭示了无生命自然界和有生命自然界的共同运行规律，是以协同学、系统学等不同学科中共同存在的规律特征为研究目的的系统理论，而协同学、耗散结构理论和超循环理论的发展过程证明，系统在从无序走向有序的进程中，竞争与协同均发挥着重要作用。

---

① ［美］安索夫（Ansoff）：《新公司战略》，西南财经大学出版社 2009 年版，第 1—22 页。

② ［德］H. 哈肯（Haken，H.）：《高等协同学》，郭治安译，赵忠芝校，科学出版社 1989 年版，第 6—15 页。

③ 魏宏森、曾国屏：《系统论——系统科学哲学》，清华大学出版社 1995 年版，第 32 页。

④ ［美］L·贝塔兰菲（L. V. Bertalanffy）：《一般系统论》，秋同、袁嘉新译，社会科学文献出版社 1987 年版，第 61 页。

⑤ 汪应洛：《系统工程理论、方法与应用》，高等教育出版社 1998 年版，第 3 页。

二 协同治理理论的主要内容

协同治理理论认为，治理是各种公共或私人部门管理社会共同事务诸多方式的总和，即在公共事务处理和公共产品供给部门的共同参与下，将协同学思想融入治理理论意味着逐步形成平等、合作、多元和网络化的治理体系，协同治理强调供给主体间资源与能力等要素的优势互补，强调协同主体间的共同目标、共同利益和集体行动的一致性。

克里斯·安塞尔和艾莉森·加什（Chris Ansell, Alison Gash, 2007）等学者在赫尔曼·哈肯（Haken, H.）"协同学"理论基础上创立了"协同治理"模式，主张建立由政府、企业、非政府组织、公民等子系统通过平等对话、自愿协商、公平互动的形式来治理地方公共事务的协同治理格局。自 20 世纪 90 年代以来，治理理论已成为学术界专家学者共同研究的焦点，"治理"一词源于拉丁文和古希腊语，原意是操纵、控制和引导。以政府为中心的传统公共管理注重"统治"和"管理"，社会和市场的地位是边际性的。政府通过对行政权力的控制与垄断，建立对社会的科层制控制体系。治理不同于统治，现代社会治理与传统的政府公共事务治理主体不同，西方政治学家和管理学家提出治理理念旨在以治理替代统治。政府和（或）其他民间组织在一个既定范围内运用公共权威管理社会政治事务，维护社会公共秩序，满足公共需要。其中，社区治理理论的兴起源于 20 世纪 90 年代的"全球结社革命"①。"社区治理"涵盖协同共治、跨域共治的内涵，农村治理是国家治理的"末梢神经"，着重于和谐社区共治与政策支持的协同以及社会组织等多主体参与，进而推动能动性的有效发挥，政府与参与协同治理主体具有平等的社会地位，社会组织作为公共治理的参与主体，与政府之间保持协同与合作，可实现公共管理效能的最大化，提升公共服务的质量与效率。协同治理强调除政府外，市场、社会组织也应成为社会治理的主体，以纠正社会资源配置中的政府失灵和市场失灵。② 作为

---

① 俞可平：《治理与善治》，社会科学文献出版社 2000 年版，第 4 页。
② 俞可平：《全球化：全球治理》，社会科学文献出版社 2003 年版，第 8 页。

治理理论创始人之一的美国学者詹姆斯·N·罗西瑙（James N. Rosenau）在其代表作《没有政府的治理》一书中将"治理"界定为，治理是由共同目标所支持，此目标未必出自合法的以及正式规定的职责，而且它也不一定需要依靠强制力量克服挑战而使他人服从。与统治相比，治理的内涵更加丰富，它既包括政府机制，也包含非政府和非正式机制。伴随着政府治理能力的提升，协同治理是当代社会公共管理职能社会化的产物，政府、市场和社会共同构成了社会治理结构的基本单元。① 现代社会的多元性决定了治理的复杂性，治理主体的多元化在一定程度上优越于二元对立的治理模式，能够更好地适应现代社会发展的实际，顺应社会潮流和民众的需要。

协同治理需要社会成员的广泛参与，重构政府与社会组织和公民之间的紧密合作关系，尤其是社会力量的成长与发展要求国家治理结构再造开放式、包容性和协作型的共享治理体系，重构政府与市场、政府与社会、政府与公民间的互动机制，实现共享发展。

三　协同治理理论对医养结合型养老服务的指导价值

第一，农村医养结合型养老服务协同供给与协同治理理论具有内在契合性。农村医养结合型养老服务供给可成为协同治理理论的研究对象，明确各供给主体的权责，运用政府公权力引导多元参与主体，规范供给行为，发挥多元主体治理的优势，各供给主体围绕养老需求开展有机协同，有效治理医养结合型养老服务供需不匹配等困境。以"病患"为中心的整合照料模式致力于将初级照料、次级照料等不同层级的照料资源相整合，以提供不间断的、高质量的照料服务，已成为世界各国医疗卫生和健康照料政策改革的核心任务。② 医养结合型养老服务协同供给并非是一种线性模型，而是非线性的横向与纵向网络模型，医养结合型养老服务协同供给注重的是横向协同和纵向协同的融合：一是横向协

---

① ［美］詹姆斯·N. 罗西瑙（James N. Rosenau）：《没有政府的治理》，张胜军、刘小林等译，江西人民出版社2001年版，第5页。

② Fiona, G., "Integrated Care is What We All Want", *British Medical Journal*, Vol. 344, June 2012, p. e3959.

同，即借助组织性协同、功能性协同与专业性协同以促进社会健康照料的整合与协同，推动医养结合型养老服务供给主体间同向同行、协调互动与协同发力。协同供给经历了从政府、企业、社会组织、社区、家庭邻里各主体的低度协同供给向多元主体的高度协同供给的跃升。横向协同的关键在于各层级部门在政策、理念、组织规则和制度等方面的协同性，即不同类型医养结合型养老服务供给主体间的竞争与合作，协同各个福利性照料机构以实现多种照料方式的有机整合，将健康照料的各个部分整合成为统一的范畴，使政府各相关职能部门能够以"患者"为中心提供整合式的照料，如医疗卫生与养老机构的合作、社区卫生服务中心与社区日间照料中心之间的合作；二是纵向协同，在纵向协同上，医养结合型养老服务也需要构建纵向协同的治理网络，以健康照料为契机，在初级照料、次级照料和高级照料等专业性较强的照料级别之间形成服务梯次序列，凸显不同照料层级间服务递送的可及性、连续性和便捷性，为老年人提供制度化的照料服务。[①] 即相同类型的服务供给主体之间的竞争与合作，是医养结合型养老服务在服务过程不同阶段各供给主体之间的协同，如在农村医养结合型养老服务中村卫生室与乡镇卫生院之间的协作与分工，乡镇卫生院加强对村卫生室的指导和监督，即是纵向协同。横纵维度的双向协同能够有效实现医养结合型养老服务供给的可持续性，克服当前医疗卫生和健康照料等部门提供医养结合型养老服务的碎片化难题，从而提高资源的利用率和服务质量。横向协同与纵向协同共同构成组织严密、衔接有序的医养结合型养老服务协同供给网络。

第二，协同治理理论应用于本书的指导意义在于，协同治理理论的普适意义与农村医养结合型养老服务供给的需要相匹配。农村医养结合型养老服务的协同供给本质上就是从"统治"行动向"治理"实践的转型，打破政府作为唯一管理力量和单一权力中心的格局，实现供给主体的多中心安排与合作机制建构。农村医养结合型养老服务供给正是农

---

① Leichsenring, K., "Developing Integrated Health and Social Care Services for Older Persons in Europe", *International Journal of Integrated Care*, Vol. 4, No. 3, 2004, pp. 1 – 15.

村社区治理理念在医养结合型养老服务中的体现，是农村社区协同治理的有机形式。在协同治理理论指导下，完善政府、市场、社会组织、社区和家庭邻里的多元供给网络，通过多元供给主体间的有效协同达到"善治"的目标。为此，政府、企业、社会组织、社区和家庭邻里协同供给已成为一种更为务实的选择。针对农村医养结合型养老服务供给状况，以政府为主导，增进多元主体间的协同合作，充分发挥供给主体间多元协同优势，提升农村医养结合型养老服务供给质量和效能。

第三，协同治理理论为农村医养结合型养老服务供给明确了重要方向。研究成果表明，以协同治理理论作为理论分析工具，从协同治理角度出发探讨我国农村养老服务体系的演进历程，阐释农村养老政策系统优化的协同效应，具有其现实针对性。[①] 同时，已有学者在协同治理理论基础上，探讨"多中心治理"在推进政府与社会组织等多主体供给农村养老服务的有效途径[②]。协同治理则可理解为在供给系统中多元主体间的协调合作，由此形成供给主体间的耦合与依存，达到行动的一致与风险共担。基于有序的治理结构，推动农村医养结合型养老服务供给的健康可持续发展，进而实现协同供给从低级向高级持续发展。协同治理的实质就在于各供给主体间的密切协作，从而在管理和服务上产生"1＋4＞5"的效应，努力保障农村老年人福利的实现。

第三节　福利多元主义理论及其指导价值

一　福利多元主义理论的源起

自 20 世纪 60 年代以来，经济全球化和人口老龄化的发展，福利国家面临政府财政支出的巨大压力，社区照顾理论逐渐兴起，传统福利模式向发展型社会福利模式转型。继传统古典自由主义、凯恩斯主义、贝

---

① 崔香芬、李放、赵光：《农村社区居家养老服务需求影响因素实证研究——基于江苏省的调研分析》，《江苏大学学报（社会科学版）》2019 年第 3 期。

② 朱汉平、廖梓添：《政府购买居家养老服务中服务人员的 SWOT 分析》，《经济研究导刊》2017 年第 30 期。

弗里奇模式之后，世界各国为应对福利国家危机，福利多元主义思想应运而生。20 世纪 80 年代，福利多元主义最早由现代社会政策理论奠基人蒂特马斯（R. M. Titmuss）提出，是福利国家在社会政策领域新兴的福利理论范式，亦称为混合福利经济（Mixed Economy）。社会政策领域历经了早期工业革命的"家庭失灵"、工业革命时期的"市场失灵"、后工业时期的"政府失灵"再到后危机时代的"志愿失灵"，福利多元主义理论是世界福利国家在社会福利与社会政策领域的理性抉择。其中，罗斯（Rose）在《相同的目标、不同的角色——国家对福利多元组合的贡献》一文中更为明确地阐释了福利多元主义，即福利多元主义是社会福利由国家、市场和家庭共同构成福利供给主体。[1] 之后，约翰逊（N. Johnson）在罗斯（Rose）基础上将志愿部门纳入福利三角框架中，形成了福利四角论，约翰逊认为社会福利的提供是在国家、市场和家庭的"福利三角"基础之上融入了志愿组织，主要涵盖公共部门、商业部门、志愿部门和非正式部门。[2] 福利多元主义凸显了企业和非营利组织的功能与作用，突出了社会治理主体在福利提供中的作用，更为积极而广泛地引入公民参与，发挥了多元主体供给福利的显著优势。在多部门的协同参与下，从福利国家转向福利社会淡化了福利制度的政治色彩，有效降低了公共服务的运行成本，提高了社会福利的供给效能，有助于实现社会融合与社会团结。[3] 伊瓦思（A. Evers）进一步对罗斯的"福利三角论"进行了拓展和延伸，从公共部门、私人部门和正式组织、非正式组织两个方面构建了福利主体的网络结构图。[4] 拉扎维（S. Razavi）在"福利三元论"和"福利四元论"基础上提出了"照顾四边形"理论，即照顾供给者由国家、市场、非营利部门和家庭共同构

① Alcock, P., Powell, M. A., Welfare Theory and Development, SAGE Publications Ltd., 2011, pp. 61 – 88.

② Johnson, N., The Welfare State in Transition: The Theory and Practice of Welfare Pluralism, Amherst: University of Massachusetts Press, 1987, pp. 25 – 31.

③ Pestoff, V., "Citizens and Co - Production of Welfare Services: Childcare in Eight European Countries", *Public Management Review*, Vol. 8, No. 4, Dec. 2006, pp. 503 – 519.

④ Evers, A., Svetlik, I., "Balancing Pluralism: New Welfare Mixer in Care for the Elderly", *Journal of Social Policy*, Vol. 23, No. 3, July 1994, pp. 446 – 448.

成。① 吉尔伯特（N. Gilbert）在约翰逊"四分法"的基础上，强调国家、市场、非营利部门和家庭四个部门嵌入福利国家的公共领域和私人领域，各部门之间既彼此存在又相互交织。②

二 福利多元主义理论的主要内容

福利多元主义关注社会福利的资金来源、服务供给和递送等过程的多元化。福利多元主义理论作为社会政策的宏观理论范式之一，其核心理念是促进福利提供从国家为主向多元共治转型，纠正了过度强调国家提供福利的偏见，强调国家、市场、志愿组织和家庭等多元福利提供者的职能与责任，搭建多元福利提供者的社会结构框架，从福利的国家提供向福利的多元提供转型，市场、社区和非正式组织对服务实施管理、监督与评估。③ 福利提供者与福利享受者共同参与决策，打破政府的行政垄断，建立多元供给主体之间的竞争与合作关系，将市场机制和志愿机制引入社会福利领域，由公共部门、私营部门和社会组织通过财政补助、特许经营、合同承包等社会化供给形式实现公共产品多元供给。④ 福利多元主义以分权和参与为理念，强调去中心化、反科层制和决策参与，主张社会福利是公共福利、财税福利和职业福利之间的相互配合和共同作用，即福利主体多元化。⑤ 福利服务的筹资、提供和递送由政府、市场、非营利组织、社区、家庭和自助互助组织等多个部门共同承担社会福利职责，促进各福利部门之间的优势互补与非营利组织的赋权参与。各供给主体协同参与的关键在于非政府组织参与福利服务提供，以促进社会福利资源的整合，提高社会福利的供给效能。

---

① 彭华民：《福利三角：一个社会政策分析的范式》，《社会学研究》2006 年第 4 期。

② Gilbert, N., "Remodeling Social Welfare", *Society*, Vol. 35, No. 5, July 1998, pp. 8 - 13.

③ 彭华民、黄叶青：《福利多元主义：福利提供从国家到多元部门的转型》，《南开学报（哲学社会科学版）》2006 年第 6 期。

④ ［美］E. S. 萨瓦斯（E. S. Savas）：《民营化与公私部门的伙伴关系》，周志忍等译，中国人民大学出版社 2003 年版，第 5 页。

⑤ ［英］理查德·蒂特马斯（Richard Titmuss）：《福利的社会划分：对追寻公平的一些反思》，刘继同译，《社会保障研究》2007 年第 2 期。

三 福利多元主义理论对医养结合型养老服务的指导价值

第一，福利多元主义理论已成为世界福利国家发展医养结合型养老服务的主要指导思想。福利多元主义的相关理论和实践表明，社会福利是人在社会发展过程中共同享有的权益，社会福利应由政府、市场、非营利组织、社区、家庭等部门共同承担。西方发达国家受福利多元主义的影响深远，在老年健康照料领域积极推行社会化老年福利的改革。社区照料模式已成为世界各国老年福利政策的价值取向，西方社区照顾的改革与发展已不再是服务方式的简单调整，而是方向性的变革与创新，是对传统服务主体的组织整合与融资转型。关注社区照顾的社会经济效益，倡导"去院舍化"和"属地养老"以使老年人回归社区和家庭。其中，医养结合型养老服务也是社会化供给的重要组成部分，政府应减少对服务提供者的行政干预，并通过社区治理等方式对服务进行监管、协调和促进。① 社区照顾应由政府、市场、非营利组织和非正式部门等主体的合作供给，② 不同国家对福利供给主体即国家、市场、非营利部门、家庭等具有不同的政策价值倾向，福利多元化的集体行动已成为促进医养结合型养老服务的有效方式，从而使世界各国形成了多元化的福利体制和老年健康照顾服务模式。

第二，农村医养结合型养老服务的体系构建是福利多元主义理论的实践探索。福利多元主义理论对我国社会保障事业的发展具有科学的指导价值，为农村医养结合型养老服务体系的构建奠定了重要理论基础。在养老服务体系建设中，福利多元主义已成为医养结合型养老服务体系构建的重要分析工具。农村医养结合型养老服务既区别于传统的家庭养老，也迥异于社会化的机构养老，而是运用福利多元主义理论，在传统家庭、宗族等孝道伦理的基础之上，充分利用农村医养资源，激发社会福利多元主体活力的社会养老服务模式，是具有典型性的福利多元主义

① Hatch, I., Mocroft, S., Components of Welfare Voluntary Organisations, Social Services and Politics in Two Local Authorities, London: Bedford Square Press, 1983, pp. 2.

② Graefe, P., "Personal Services in the Post – Industrial Economy: Adding Nonprofits to the Welfare Mix", *Social Policy & Administration*, Vol. 38, No. 5, August 2004, pp. 456 – 469.

理论的有益实践形式。福利多元主义理论主张社会福利的提供需要政府、市场、非营利组织、社区、家庭和自助互助组织等的共同参与，医养结合型养老服务需要由政府、企业、非营利组织等主体的协同供给，其供给内容主要包括服务供给主体与效用、目标与方式、效能与机制等。医养结合型养老服务政策应服务于中央政府和地方政府的不同层面，明确服务的财政责任和基金来源，确定不同供给服务方式与供给服务效果，从而实现医养结合型养老服务的权、责、利之间的动态平衡。

第三，福利多元主义理论能够为农村医养结合型养老服务体系的构建研究提供理论支撑。通过运用福利多元主义理论，阐述农村医养结合型养老服务的演进和成就，为农村医养结合型养老服务体系构建奠定了重要的理论基础。我国农村逐步形成了医养结合型养老服务协同供给格局，根据老年人的经济状况和健康状况，重点为农村"五保"、失能失智老年人提供无偿或低偿健康保障服务，亟待在福利多元主义理论的思想指导下不断发展与完善，逐步构建农村医养结合型养老服务多元供给体系。

有鉴于此，本书试图在既有研究成果的基础上，运用福利多元主义理论和协同治理理论，探讨如何在农村医养结合型养老服务体系的构建中，既保持协同性以实现养老服务的福利性和公益性，又保持多元性以满足农村老年人的异质性需求，从而较好地推动农村医养结合型养老服务的健康可持续发展。政府需要运用协同治理理论和福利多元主义理论，科学引导农村医养结合型养老服务体系构建的实践探索，以期为农村医养结合型养老服务体系的构建做出些许的努力。

第三章　农村医养结合型养老服务供需矛盾分析

第一节　基于 ELES 模型的农村医养结合型养老服务的需求分析

本节内容基于需求意愿和支付能力的视角，结合农村医养结合型养老服务的统计数据，分析农村医养结合型养老服务的供需状况，运用 ELES 模型和"标准消费人"算法衡量农村老年人医养结合型养老服务的支付能力。在此基础上，分析农村医养结合型养老服务的供给效率和能力，并探讨农村医养结合型养老服务供需存在的结构性矛盾及其存在问题的原因，从而提出农村医养结合型养老服务体系构建的必要性。

农村医养结合型养老服务的支付能力是指，老年人用于应对养老风险以及满足老年人医养结合型养老服务需求的经济能力，反映了农村老年人对于医养结合型养老服务需求的支付和承受能力，这种能力的大小主要体现在农村居民家庭的经济收入状况。医养结合型养老服务支出作为农村居民家庭消费支出的组成部分之一，受农村居民家庭人均可支配收入的约束限制，老年人在医疗护理时支付了高于预防保健的费用，则在其他方面的支付能力就会减弱。[1] 农村医养结合型养老服务供给应以不降低老年人的晚年生活质量为前提。因此，本书以农村居民家庭基本生活的消费支出为依据，测度农村老年人对于医养结合型养老服务的支

---

[1] 封铁英、邓晓君、高鑫:《养老机构医疗护理服务需求潜在类别及其影响因素——陕西省调查实例》,《管理评论》2020 年第 5 期。

付能力，为农村医养结合型养老服务体系构建及政策制定提供参考，以使农村老年人在保障基本生活水平的前提下能够享有医养结合型养老服务。基于以上分析，做出以下假设：

（1）农村老年人是理性的经济人，追求个人利益最大化。[①] 根据《新帕尔格雷夫经济学大词典》中的条文，在对经济行为者的许多不同解释中，所谓"经济人"通常是指在工具主义意义上是理性的人，在理想的情形下，经济行为者在其可行的行为结果的范围内，具有完全的充分有序的偏好、完备的信息和无懈可击的计算能力。理性经济人会选择那些能够比其他行为更好地满足自己的偏好（或至少不会比现在更坏）的行为。[②] 西方经济学提出了市场交易行为中人的自利性问题，也就是自利的"经济人"假设。[③] 经济人之间也存在合作，但不是基于利他，而是由于合作更有利于己。因此，人与人之间只有依靠互惠的交易，才能够有序地实现自我利益，进而增进社会共同利益，[④] 实现全社会福利的"帕累托最优"。[⑤]

（2）假设某一时期人们对各种商品（或服务）的需求量，仅取决于家庭年收入和各种养老服务项目的价格；

（3）农户的各种养老需求分为基本需求和超出基本需求之外的需求两部分；

（4）当农村老年人的收入水平高于基本消费需求支出时，认为农村老年人具有医养结合型养老服务支付能力。

一　ELES 模型的构建

1954 年，R. Stone 在需求函数线性支出模型基础上扩展得出用于

---

① 高鸿业：《西方经济学（微观部分）》，中国人民大学出版社 2000 年版，第 20 页。

② ［美］史蒂文 . N. 杜尔劳夫（Steven N. Durlauf）、劳伦斯 . E. 布卢姆（Lawrence E. Blume）：《新帕尔格雷夫经济学大词典（中文版）》第二卷，经济科学出版社 1996 年版，第 57 页。

③ 周国雄：《博弈：公共政策执行力与利益主体》，华东师范大学出版社 2008 年版，第 76 页。

④ 赵成根：《经济人假设在公共领域的适用性论析》，《中国行政管理》2006 年第 12 期。

⑤ ［美］詹姆斯·M·布坎南（James M. Buchanan）：《自由、市场与国家》，平新乔等译，上海三联书店 1989 年版，第 36 页。

分析消费结构的方法，即是扩展线性支出模型（Extend Linear Expenditure System，ELES）。[①] ELES 模型以收入作为基本约束条件，综合考虑了消费需求和价格因素对消费结构的影响以及居民各项消费支出之间的关系，能够全面反映居民消费结构的动态变化，而恩格尔系数只能揭示特定经济社会发展阶段中居民收入与消费结构的关系，在应用时具有一定局限性。已有研究表明，农村老年人的收入水平受养老服务需求的支付能力等因素制约，[②] 收入差距对我国老年人的主观幸福感具有显著的负面影响。[③] 因此，本书运用扩展线性支出模型（ELES）分析农村居民家庭基本消费支出，并以此作为衡量农村老年人是否具有医养结合型养老服务支付能力的依据。[④] 扩展线性支出系统的需求函数为：

$$p_i q_i = p_i r_i + \beta_i \left(I - \sum_{i=1}^{n} p_i r_i \right) \qquad (3-1)$$

该模型表明，在一定收入和价格水平之下，消费者首先满足其对某种商品或劳务的基本需求 $p_i r_i$，在余下的收入 $I - \sum_{i=1}^{n} p_i r_i$ 中，按照 β_i 的比例在消费第 i 种商品和储蓄之间进行分配，消费者的边际储蓄倾向为 $1 - \sum_{i=1}^{n} \beta_i$，且有 $0 < \beta_i < 1$，$\sum_{i=1}^{n} \beta_i \leq 1$。对（3-1）式进行转换为：

$$p_i q_i = \left(p_i r_i - \beta_i \sum_{i=1}^{n} p_i r_i \right) + \beta_i I \qquad (3-2)$$

---

① 1954 年，英国计量经济学家 R. Stone 以该直接效用函数为基础，提出了线性支出系统函数（LES），但是，LES 模型存在以下两个缺陷：一是未考虑到居民把基本消费支出后的余额用于储蓄或投资的因素；二是总预算 v 是对所有商品需求支出之和，为内生变量，无法外生给出，因而模型难以估计。针对这一点，1973 年，经济学家 C. Luich 对 LES 模型做了两处改进：一是以收入代替总支出；二是以边际消费倾向代替边际预算比，这样形成了扩展线性支出系统（ELES）模型，用消费者的收入水平 I 代替了预算总支出 V，用边际消费倾向 β_i 代替了边际预算份额 b_i。

② 石人炳、王俊、梁勋厂：《从"互助"到"互惠"：经济欠发达农村地区老年照料的出路》，《社会保障研究》2020 年第 3 期。

③ 陈利等：《我国城镇居民消费结构研究——基于扩展线性支出系统模型的计量分析》，《中国物价》2008 年第 6 期。

④ 张润清：《计量经济学》，中国农业出版社 2017 年版，第 215 页。

令 $C_i = p_i q_i$ 表示居民对第 i 种商品的实际消费额。则（3-2）式可以改写成计量经济模型：

$$C_i = \alpha_i + \beta_i I + u_i \tag{3-3}$$

结合农村家庭收支情况数据，以农村居民人均消费支出中的食品烟酒、衣着、医疗保健等消费支出 C_i 为因变量，以农村居民人均可支配收入 I 为自变量，其中，α_i 和 β_i 为待估参数，u_i 为随机扰动项。对（3-3）式采用最小二乘估计（OLS），得到参数估计值 $\hat{\alpha}_i$ 和 $\hat{\beta}_i$，然后根据定义：$\alpha_i = p_i r_i - \beta_i \sum\limits_{i=1}^{n} p_i r_i$，对该式两边求和，得到：

$$\sum_{i=1}^{n} \alpha_i = \left(1 - \sum_{i=1}^{n} \beta_i\right) \sum_{i=1}^{n} p_i r_i \tag{3-4}$$

将（3-4）式带入（3-3）式，就可得：

$$p_i r_i = \alpha_i + \beta_i \frac{\sum\limits_{i=1}^{n} \alpha_i}{\left(1 - \sum\limits_{i=1}^{n} \beta_i\right)} \tag{3-5}$$

再由 $\hat{\alpha}_i$、$\hat{\beta}_i$ 和（3-5）式，就可以估计出居民对第 i 种商品的基本需求 $\hat{p}_i \hat{r}_i$。同时可以得出我国农村居民的需求收入弹性为：$\varepsilon_i = \dfrac{\partial C_i}{\partial I} * \dfrac{I}{C_i} = \beta_i * \dfrac{I}{C_i}$

自价格弹性为：

$$\varepsilon_{ii} = (1 - \beta_i) \frac{p_i r_i}{C_i} - 1 \tag{3-6}$$

二　样本描述统计与模型估计

本书选取《中国统计年鉴（2020）》中我国 2013—2019 年农村居民家庭人均可支配收入和生活消费支出相关数据，利用扩展线性支出（ELES）模型对相关参数进行估计，模型中各变量均采用农村居民消费支出中的人均指标，因变量主要选取农村居民人均消费支出中的食品烟酒、衣着、居住、生活用品及服务、交通通信、医疗保健、教育文化娱乐等变量，自变量为农村居民人均可支配收入。结合农村老年人医养结合型养老服务的支付能力，考察农村居民消费结构的数量变化特征，进而分析近年来农村居民生活的改善状况及其改善程度。[①]

（一）模型估计及分析

本书选取《中国统计年鉴（2020）》数据，系统整理农村居民人均可支配收入中的各项人均消费支出相关数据，即我国农村居民家庭人均可支配收入和农村居民人均各项消费支出数据（见表3.1），运用 stata15.0 统计软件进行模型估计，并进行异方差修正，得到 ELES 模型中的 α_i 与 β_i 的估计值及 t 检验值（见表3.2）。

表3.1 　　　2013—2019 年我国农村居民消费支出（单位：元）

年份 指标	2013	2014	2015	2016	2017	2018	2019
农村居民人均可支配收入	9429.6	10488.9	11421.7	12363.4	13432.4	14617.0	16020.7
农村居民人均消费支出	7485.1	8382.6	9222.6	10129.8	10954.5	12124.3	13327.7
食品烟酒	2554.4	2814	3048	3266.1	3415.4	3645.6	3998.2
衣着	453.8	510.4	550.5	575.4	611.6	647.7	713.3
居住	1579.8	1762.7	1926.2	2147.1	2353.5	2660.6	2871.3
生活用品及服务	455.1	506.5	545.6	595.7	634	720.5	763.9
交通通信	874.9	1012.6	1163.1	1359.9	1509.1	1690	1836.8
教育文化娱乐	754.6	859.5	969.3	1070.3	1171.3	1301.6	1481.8
医疗保健	668.2	753.9	846	929.2	1058.7	1240.1	1420.8
其他用品及服务	144.2	163	174	186	200.9	218.3	241.5

数据来源：《中国统计年鉴（2020）》。

本书对各回归方程进行显著性 F 检验，对各回归系数进行显著性 t 检验，模型统计结果均在5%的条件下通过显著性检验，其中，食品烟酒、衣着、医疗保健等各因变量具有较高的拟合优度，且各项均在 0.98 以上。说明因变量中食品烟酒、衣着、医疗保健等与自变量农村居民人均可支配收入间的因果关系较为显著，模型估计的整体拟合效果较好。同时，2013 年—2019 年各项消费支出方程的斜率介于 0 与 1 之

[①] 陈立梅：《基于扩展线性支出系统模型的我国农村居民信息消费结构分析——来自 1993—2009 年的经验数据》，《管理世界》2013 年第 9 期。

间，符合模型中关于 $0 < \beta_i < 1$ 的要求。因此，本书运用 ELES 模型对我国农村居民家庭人均消费支出进行分析具有可行性。

表3.2　　　　2013 年—2019 年我国农村居民边际消费倾向

系数 农村居民消费结构	α_i	β_i	R^2	F 值
食品烟酒	595.177	0.212	0.9945	1355.96
衣着	115.087	0.037	0.9908	486.51
居住	−358.292	0.203	0.9961	1223.67
家庭设备	0.9625	0.048	0.9931	864.38
医疗保健	−555.101	0.152	0.9931	635.81
交通通信	−279.783	0.109	0.9984	2159.15
文教娱乐	−458.697	0.115	0.9878	356.49
其他	9.991	0.014	0.9974	1695.11

数据来源：《中国统计年鉴（2020）》，采用 ELES 模型测算。

在消费结构分析中，消费结构的合理性，可依据消费统计学理论"生存型消费比重是否下降，发展享受型消费比重是否上升"来进行衡量，居民消费结构的合理性不仅反映了居民的消费需求程度，也反映了居民生活质量的高低。我国居民消费结构大致可分为生存型消费和发展享受型消费两种类型。[1] 国内通常采用恩格尔系数、线性支出系统模型（LES 模型）和扩展线性支出系数模型（ELES 模型）。ELES 模型将农民各项消费支出视为相互制约和相互联系的行为，横向上可以反映生存资料所占比重，纵向上能够反映各种消费资料比例关系随收入和价格变动而变化的幅度和趋势，也可以根据时间序列数据估计各类需求支出与需求弹性。ELES 模型较好地契合托底型民生保障水平的内涵，[2] 有助于促进收入分配公平性，对制定合理有效的经济政策具有积极作用。

伴随着农村经济社会发展水平和农村居民人均收入水平的提高，农民边际消费倾向呈下降趋势。农村居民的生存型消费比重下降，但降幅

---

① 易丹辉、尹德光：《居民消费统计学》，中国人民大学出版社 1994 年版，第 6 页。
② 高和荣，夏会琴：《托底型民生保障水平的测度》，《社会保障研究》2020 年第 8 期。

趋缓；发展和享受型消费比重上升，升速降低。2013 年—2019 年，食品和居住支出的边际消费倾向最高，分别为 0.212 和 0.203。除了食品和居住支出以外，医疗保健的边际预算份额次之。食品烟酒、衣着的人均支出占总消费支出的比重有所下降，而属于享受型消费的医疗保健、交通通信、教育文化人均支出的比重有所上升，农村居民医疗保健支出占消费性支出的比重从 2000 年的 5.2% 上升至 2019 年的 10.7%，而随着健康中国战略与乡村振兴战略的双重驱动，农村居民对医疗保健服务的需求收入弹性不断提高，可见，自 2013 年至 2019 年，农民医疗保健支出呈大幅上涨趋势，农村居民的健康保障需求尤为迫切（见表 3.3）。我国政府积极回应人民对于医疗保健和健康保障的迫切需要，不断加大公共医疗卫生服务的基础设施投入，健康扶贫政策得到贯彻落实，基础医疗卫生条件明显改善，促使农村居民医疗保健等消费支出大幅攀升。

表 3.3　　　2013 年—2019 年农村居民人均收支情况（单位：元）

指标 ＼ 年份	2013	2014	2015	2016	2017	2018	2019
农村居民人均收入							
可支配收入	9429.6	10488.9	11421.7	12363.4	13432.4	14617.0	16020.7
工资性收入	3652.5	4152.2	4600.3	5021.8	5498.4	5996.1	6583.5
经营净收入	3934.9	4237.4	4503.6	4741.3	5027.8	5358.4	5762.2
财产净收入	194.7	222.1	251.5	272.1	303.0	342.1	377.3
转移净收入	1647.5	1877.2	2066.3	2328.2	2603.2	2920.5	3297.8
农村居民人均支出							
消费支出	7485.1	8382.6	9222.6	10129.8	10954.5	12124.3	13327.7
食品烟酒	2554.4	2814.0	3048.0	3266.1	3415.4	3645.6	3998.2
衣着	453.8	510.4	550.5	575.4	611.6	647.7	713.3
居住	1579.8	1762.7	1926.2	2147.1	2353.5	2660.6	2871.3
生活用品及服务	455.1	506.5	545.6	595.7	634.0	720.5	763.9
交通通信	874.9	1012.6	1163.1	1359.9	1509.1	1690.0	1836.8
教育文化娱乐	754.6	859.5	969.3	1070.1	1171.3	1301.6	1481.8
医疗保健	668.2	753.9	846.0	929.2	1058.7	1240.1	1420.8
其他用品及服务	144.2	163.0	174.0	186.0	200.9	218.3	241.5

数据来源：《中国统计年鉴（2020）》。

（二）弹性区间的界定及保障标准的测算

需求弹性理论（elasticity of demand）认为，需求收入的弹性系数越趋近于零，表明随着居民收入水平的变化，居民消费品的支出水平所受影响越小，这部分消费品是为满足生存需要的必需品。弹性系数为 1 时，表明随着农村居民人均收入的增加，居民消费品的支出也等比例增加。弹性系数介于 [0，1] 区间内时，居民收入水平的变化会促进相应消费品支出状况发生改变，但居民消费支出的变化程度小于居民收入的变化程度。这部分消费品主要位于缺乏弹性的区间内，可视为维持基本生存需要的生活必需品。当弹性系数大于 1 时，表明随着收入的变化，消费支出的波动状况所受影响愈加明显，农村居民对是否购买发展型商品的选择空间较大，农村居民的基本生活质量能够得到有效保障，老年人具有衣食住行和生活用品等基本生活必需品的购买能力，更加追求发展型和享受型消费品。由此，能够用于测算基本生活保障标准的适宜弹性区间应为 [0，1]。①

伴随着农村老年人生活水平的提高，老年人的消费结构也逐渐由生存型消费向发展型和享受型消费转变，而医疗保健支出和文教娱乐支出则是近年来改善力度较大的商品，农村医养结合型养老服务需求主要由衣食住行和医疗保健需求构成，其中，医疗保健支出的需求收入弹性较高。伴随着农村医疗卫生与养老服务政策的不断健全，农民人均可支配收入的不断增加，农村老年人更为重视医疗保障与健康需求。医疗保健和文教娱乐作为一种发展型消费，在基本消费支出中占较大比重，需求收入弹性较强，与生活消费支出中文教娱乐和医疗保健支出较高的现实相符，与近年来教育和医疗费用上涨密切相关。医疗保健、文教娱乐等发展和享受型消费占比仍较低，交通通信需求的收入弹性由 1.766 降至 1.389，医疗保健、文教娱乐、居住的需求收入弹性较大（见表 3.4）。可见，互联网文化和远程医疗技术的发展促进了传统农村社区向新型农村社区转型升级，农村老年人普遍希望

① 米红、叶岚：《中国农村最低生活保障标准的模型创新与实证研究》，《浙江社会科学》2010 年第 5 期。

通过高等教育转变子孙后代的生活和工作环境，从而阻断贫困代际传递的"链条"。

表3.4　　　　　2013年—2019年我国农村居民需求收入弹性分布

年份 类别	2013	2014	2015	2016	2017	2018	2019
食品烟酒	0.771	0.789	0.933	0.815	0.455	0.839	0.851
衣着	0.751	0.771	0.786	0.799	0.812	0.825	0.837
居住	1.23	0.875	1.183	1.167	1.151	1.137	1.124
生活用品及服务	0.998	0.998	0.998	0.9985	0.999	0.999	0.999
医疗保健	1.632	1.534	1.470	1.419	1.373	1.333	1.295
交通通信	1.37	1.324	1.289	1.262	1.236	1.213	1.191
文教娱乐	1.73	1.614	1.537	1.476	1.422	1.375	1.332
其他	0.929	0.936	0.941	0.945	0.949	0.953	0.957

数据来源：《中国统计年鉴（2020）》，采用 ELES 模型测算。

（三）农村老年人医疗保健消费支出总量估计

我国老年人口受传统文化的影响，其消费水平一般要低于劳动年龄人口的消费水平，农村老年人收入来源不稳定，主要依靠子女和亲属的供养和补贴。当一个人步入老年后，社会角色转变导致与工作有关的服装、应酬、交通等方面的支出减少甚至消失，老年人的自理能力减弱，这就需要其他人的劳动或商品的替代，进而导致了老年人生活服务需求的增长。[1] 健康保健、延年益寿的需求尤其是对健康保健品和相关服务的需求将会不断增加。

利用"标准消费人"（或标准消费单位）来测算一个国家的老年人消费支出总量是一个较为便捷的方法，[2] 标准消费人方法的基本假设是老年人和儿童的消费水平要低于劳动年龄人口。借鉴已有研究按照 0.7 的消费系数将老年人折算为标准消费人，用以分析可支配收入对农村老年人支付能力的影响。据《中国统计年鉴（2020）》的统计

---

① 李建民：《老年人消费需求影响因素分析及我国老年人消费需求增长预测》，《人口与经济》2001 年第 5 期。

② 李建民：《老年人消费需求影响因素分析及我国老年人消费需求增长预测》，《人口与经济》2001 年第 5 期。

数据显示，2019 年，我国总人口为 14 亿人，其中 65 岁及以上的老年人口约为 1.76 亿，如果按照 0.7 折算系数计算，则相当于 1.23 亿标准消费人，全国标准消费人规模为 12.77 亿（见表 3.5）。2018 年，我国居民消费总额为 406621 亿元，平均每个标准消费人的消费水平为 31841 元。由此，2018 年，我国农村老年人消费总支出为 2164.7 万亿元（＝31841 * 6798.4），2019 年，农村人均医疗保健支出为 1420.8 元，农村老年人医疗保健消费总支出为 944.1 万亿元（＝6648 * 1420）。

表 3.5 2010 年、2015 年、2018 年和 2019 年我国标准消费人规模估计

年份	人口（万人）					标准消费人（万人）			居民实际最终消费（亿元）	居民消费水平（元）	农村居民人均医疗保健支出
	总人口	0－14 岁	15－64 岁	65＋岁	农村老年	总规模	老年人	农村老年人	居民	农村居民	农村居民
2010	134091	22259	99938	11894	11560	123844.8	8325.8	8092	158139	4851	——
2015	137462	22715	100361	14386	10392	126331.7	10070.2	7049.1	299445	9365	846.0
2018	139538	23523	99357	16658	9712	127483.7	11660.6	6798.4	406621	13689	1240.1
2019	140005	23492	98910	17603	9498	127676.5	12322.1	6648.7	——	15163	1420.8

数据来源：历年《中国统计年鉴》，按照《中国统计年鉴》中关于老年人年龄的统计口径，此处的老年人和农村老年人是指 65 岁及以上的老年人。各年龄组的消费水平系数假设：0－14 岁组为 0.7，15－64 岁组为 1.0，65＋岁组为 0.7，农村老年人组为 0.7。

综上所述，伴随着农民人均收入水平的提高，农民边际消费倾向呈递减趋势，农民消费结构优化调整趋势放缓。而伴随着中国特色高质量社会保障体系的构建，政府对社会保障事业的财政保障与金融信贷支持力度加大，使农村老年人在医疗保健方面支出比例逐步攀升。农村老年人的生存型消费支出比例仍会降低，对于农村老年人而言，收入层次越高，消费受收入约束越小，农村居民人均消费支出与医养结合型养老服务需求的多元化特征越突出。"十四五"时期，伴随着健康中国战略与乡村振兴战略的有效实施，我国积极老龄化和健康老龄政策的稳步推进，我国农村老年人的健康保健消费需求将有较大幅度的增长，从而促进农村医养结合型养老服务的持续健康发展。

第二节　农村医养结合型养老服务供给效能

农村医养结合型养老服务尚处于构建和探索阶段，伴随着城乡一体化进程的加快，医养结合型养老服务模式逐步向农村拓展，尤其在社会养老服务发展较为滞后的农村地区，推动农村医养结合型养老服务体系的构建，有助于改善农村老年人的生活质量，进一步提高农村医养结合型养老服务的供给效率与能力。①

一　农村医养结合型养老服务供给效率

系统演化的进步是在一定条件下对系统的组织、结构和功能的改进，从而实现耗散最小而效率最高、效益最大的过程。② 目前，国内对产业或行业效率的研究主要集中在制造业、金融业、服务业等领域，对养老服务相关产业投入产出效率的研究并未引起足够关注。目前，关于公共政策评估标准的已有研究为分析医养结合型养老服务供给效率奠定了一定基础，Poister 提出效能、效率、充分性、适当性、公平性、反应性和执行能力 72 项标准；邓恩则提出效果、效率、公正性、回应性和适当性等标准；张金马提出有效性、效率、公平性和可行性评估标准，主要体现为经济可承受性、政策可接受性和管理可行性，尽管已有学者对公共政策的评估框架具有一定差异，但是，成本与效益是主要维度。③ 刘桂海等通过"工资成本""护理成本"和"接济支出"等成本效应实证分析了医养结合影响民营养老机构服务效率的影响效应和作用机制，认为护理成本能够显著降低服务效率。④ 农村老年人的幸福感在

① Sini Eloranta. , *Supporting Older People's Independent Living at Home through Social and Health Care Collaboration*, Turku, Turun Yliopistouniversity of Turku, 2009, p.60.

② 魏宏森、曾国屏：《系统论——系统科学哲学》，清华大学出版社 1995 年版，第 339—353 页。

③ 张金马：《政策科学导论》，中国人民大学出版社 1992 年版，第 267 页。

④ 刘桂海、范雨琪等：《医养结合如何影响民营养老机构的服务效率？——来自北京市的证据》，《管理评论》2020 年第 12 期。

一定程度上反映了农村养老政策的实施效果①。

既有研究对我国健康养老服务事业投入产出效率具有重要意义，但也存在几点不足：其一，模型假设有待于进一步优化。从研究方法上，DEA 是目前国内外学者研究文化产业投入产出效率时使用的主要方法。DEA 中的 CCR 模型存在模型假设偏离实际的缺点，CCR 模型的前提是假设规模报酬不变，这一假设意味着各省份和地区可以在增加一定养老服务投入后等比例增加养老服务产出，该假设并不符合当前我国养老服务快速发展的现状，即全国 31 个省份规模报酬不变的情况与现实存在一定差距；其二，侧重效率研究，对影响因素或影响因素分析尚不全面。CCR 和 BCC 模型更多的是侧重对效率的研究，对于导致非有效单元效率不高的影响因素并未进行分析。DEA 可以考虑环境因素和随机因素，但是已有研究中的影响因素仅局限于经济发展水平、养老福利等因素，对于其他可能影响农村医养结合型养老服务投入产出效率的因素尚未考虑周全。为此，本书基于 DEA 模型，期望更为准确地描述我国农村医养结合型养老服务的供给效率：采用 DEA 方法中的 BCC 模型对农村医养结合型养老服务投入产出效率进行测算，将医养结合型养老服务投入产出效率分解为综合技术效率、纯技术效率、规模效率，探索影响医养结合型养老服务投入产出效率的环境因素，并对农村医养结合型养老服务投入产出有效的省份和地区进行比较分析，得出我国农村医养结合型养老服务供给效率的主要影响因素，为政府的政策建议提供参考依据。

（一）DEA 模型简述

1. 数据包络分析

数据包络分析（Data Envelopment Analysis，简称 DEA）是美国著名

---

① Leisse, M., Kallert, T. W., "Social Intergration and the Quality of Life of Schizophrenic Patients in Different Types of Comlementary Care", *European Psychiatry*, Vol. 15, No. 8, 2000, pp. 450 – 460. 崔红志：《城镇化进程中失地农民的生计状况、成因与对策》，《中州学刊》2019 年第 2 期。

数学家和经济管理学家 A. Charnes 和 W. W. Cooper 等人开创，自诞生之日起，即为管理与运筹学所瞩目，它将数学、经济学、管理学的概念与方法相结合，是研究具有相同类型的部门（或单位）间相对有效性的一种综合评价方法，是处理多目标决策问题和多投入多产出生产前沿的有效工具，其评价依据是根据决策单元的投入数据和产出数据来评价决策单元的效率，即所谓评价决策单元之间的相对有效性。DEA 作为一种有效性评价方法，在理论、方法和应用上发展迅速，主要用于评价具有多个输入和输出决策单元间相对有效性的非参数方法，是一种将多维数据整合为一个综合指标，提出系统改进方向的线性优化绩效分析方法，是具有描述性、预测性和规范性多种特征的数据导向方法。[①]

2. 指标选取和模型构建

a. 指标选取

我国各省份和区域间的人口老龄化进程各有差异，发展不平衡。考虑到地区间差异较大，且评价对象不易区分，因此，分别对中国东、中、西部地区进行效率评价，并在此基础上对三大区域各省份进行效率评价。

b. 模型构建

从使用方法角度大致可分为基于非参数的数据包络分析法（DEA）和基于参数的随机前沿生产函数法（SFA）两种。DEA 模型是 Fried 等提出的一种能够更好地评估 DMU（Decision Making Unit，决策单元）效率的方法，该方法最大特点是能够去除非经营因素。依据 Fried 等对 DEA 模型的研究成果，构建 DEA 模型如下：

利用 DEA 模型分析初始效率，使用原始投入产出数据进行初始效率评价。DEA 模型分为投入导向和产出导向型，由于税收征管规模报酬可变，因此，本书采用投入导向下 BCC 模型，对偶形式下的 BCC 模型为：

---

① ［美］朱乔（Joe Zhu）：《数据包络分析：让数据自己说话》，公彦德、李想译，科学出版社 2016 年版，第 2 页。

$$min\theta - \varepsilon(\hat{e}^T S^- + e^T S^+)$$

$$\text{s. t.} \begin{cases} \sum_{i=1}^{n} X_i \lambda_i + S^- = \theta X_0 \\ \sum_{i=1}^{n} Y_i \lambda_i - S^+ = Y_0 \\ \lambda_i \geq 0, S^-, S^+ \geq 0 \end{cases} \qquad \text{式（3-7）}$$

其中，i 表示决策单元，X 表示投入向量，Y 表示产出向量，S^- 为投入松弛变量，S^+ 为产出松弛变量，ε 为阿基米德无穷小。

本书运用投入导向的 BCC 模型，[①] 分别得到各省 2018 年的技术效率（TES）、纯技术效率（PTE）和规模效率（SE）。

（二）变量说明

借鉴已有的相关研究，本书将主要从以下三个方面对农村医养结合型养老服务的效率进行评价：

第一，投入变量：在养老服务领域，使用投入变量来测量成本，成本的内涵相对比较明确，主要指养老服务机构数以及人员数等指标。由于农村互助幸福院、农村居家养老中心、农村日间照料站等数据不具备可获得性，本书选取农村养老服务机构数、农村居民服务及其他服务业固定资产投资、村卫生室数、农村医疗卫生机构床位数、农村每千人口医疗卫生机构床位数、平均每村村卫生室人员数、每千农业人口村卫生室人员数作为投入变量，所选用的指标中卫生室人员主要指医生、护士及注册助理医生，作为农村医养结合型养老服务投入变量的主要指标来源。

Grossman 认为医疗卫生需求是人们对健康保障所衍生出的一种需求，将健康视为一种人力资本，医疗保健卫生支出是人们对健康的投

---

① 杨俊、陆宇嘉：《基于三阶段 DEA 的中国环境治理投入效率》，《系统工程学报》2012 年第 27 期。

资。[1] 在健康生产函数中,较高的人力资本和较高的教育水平将提高健康生产的效率,较高的受教育程度与高收入、高营养和健康卫生服务高可及性密切相关,个人健康卫生服务的支付能力对提高健康生产的技术效率具有重要作用,主要受年龄、身体状况、家庭因素以及消费能力如收入因素、消费倾向如偏好特征等因素影响。由此,医疗保健卫生需求可视为公民为保持健康状态所进行的人力资本投资行为。[2]

第二,产出变量:目前使用范围较广的复合指标是由联合国开发计划署制定的人类发展指数(HDI),该指标体现在《人类发展报告》中。预期寿命,卫生及其他服务的可及性等指标实际上否定了贫困就是收入水平较低的实质。本书主要使用人均预期寿命来测度服务效率,假定平均预期寿命未改变。由于中国第七次人口普查数据未完全公布,平均预期寿命选取中国第六次人口普查数据,其他数据主要来源于《中国统计年鉴》《中国卫生健康统计年鉴》《中国民政统计年鉴》《中国农村统计年鉴》。

第三,环境变量:选取农村养老服务供给效率的主要影响因素,包括国家宏观经济环境、农村经济社会发展的相关政策、人力资源因素等,如农村居民可支配收入、农村居民消费支出、农村养老服务机构老人数(见表3.6)。道林和怀特海德(Dahlgren & Whitehead)的健康影响层次理论认为人的健康除了受年龄、性别和遗传因素的影响外,并且受个人生活方式、社会和社区网络、生活和工作环境以及社会经济与文化等因素的影响。由此,健康的影响因素主要包括生物学和基因遗传因素、物质环境因素、社会和经济环境因素和医疗体系因素等方面。[3]

---

① Grossman, M., "On the Concept of Health Capital and the Demand for Health", *Journal of Political Economy*, Vol. 80, No. 2, 1972, pp. 223 – 235.

② Cutler, D. M., "The Incidence of Adverse Medical Outcomes under Prospective Payment", *Econometrica*, Vol. 63, No. 1, 1995, pp. 29 – 50.

③ 董维真:《公共健康学》,中国人民大学出版社2009年版,第8页。

表 3.6 2018 年农村医养结合型养老服务供给效率投入与产出数据

	农村养老服务机构服务数（个）	农村居民服务业及其他服务业固定资产投资（亿元）	村卫生室数（个）	农村医疗卫生机构床位数（个）	农村每千人口医疗卫生机构床位数（个）	平均每村卫生人员（人）	每千农村人口村卫生室人员（人）	2010年预期寿命（岁）	农村养老服务机构老人数（个）	农村居民消费支出（元）	农村居民人均可支配收入（元）
全国	20261	96.1	622001	4262661	4.56	2.32	1.54	74.99	149341	7485.2	14617
东部	612	21	211375	1333007	4.28	2.37	1.66	77.28	32503.7	15337.7	18285.7
中部	847.5	36.1	213165	1495753	4.25	2.51	1.54	75.08	35127.5	11513.4	13954.1
西部	475.4	38.9	197461	1433901	4.89	2.05	1.42	72.61	18378.2	10285.2	11831.4
北京	275	0.0001	2493	0.01	0.01	1.72	0.01	80.18	16543	20195.3	26490.3
天津	91	0.4	2511	4156	6.12	2.88	10.65	78.89	3098	16863.3	23065.23
河北	623	0.9	59047	248998	4.51	1.99	2.13	74.97	58592	11382.8	14030.89
山西	545	2.9	28338	105466	4.18	1.84	2.07	74.92	23685	9172.2	11750.01
内蒙古	399	0.7	13539	80889	4.66	2.18	1.70	74.44	23897	12661.5	13802.56
辽宁	693	8	19127	106543	4.86	1.78	1.55	76.38	32917	11455.0	14656.33
吉林	595	0.3	9901	80738	4.64	2.26	1.29	76.18	29587	10826.2	13748.17
黑龙江	397	0.0001	10740	91770	4.12	2.98	1.44	75.98	53609	11416.8	13803.65
上海	190	0.0001	1162	3066	4.51	3.38	5.78	80.26	20341	19964.7	30374.73
江苏	1278	0.3	15311	219311	4.80	4.81	1.61	76.63	122204	16567.0	20845.07

	农村养老服务机构数（个）	农村居民服务业及其他服务业固定资产投资（亿元）	村卫生室数（个）	农村医疗卫生机构床位数（个）	农村每千人口医疗卫生机构床位数（个）	平均每村卫生员（人）	每千农村人口村卫生室人员（人）	2010年预期寿命（岁）	农村养老服务机构老人数（个）	农村居民消费支出（元）	农村居民人均可支配收入（元）
浙江	1315	0.6	11483	145931	4.84	2.42	0.92	77.73	82160	19706.8	27302.37
安徽	459	2.8	15317	171555	3.46	4.33	1.34	75.08	40858	12748.1	13996.02
福建	94	0.3	18283	102755	3.85	1.95	1.33	75.76	2414	14942.8	17821.19
江西	1334	1.5	28309	152401	3.97	2.11	1.56	74.33	1673	10885.2	14459.89
山东	1066	9.6	53246	319250	4.79	2.74	2.19	76.46	16941	11270.1	16297
河南	1892	27	56173	373373	4.01	2.89	1.74	74.57	62445	10392.0	13830.74
湖北	1442	0.2	24411	210816	5.05	2.76	1.61	74.87	13532	13946.3	14977.82
湖南	116	1.4	39976	309589	5.24	1.81	1.23	74.70	55631	12720.5	14092.51
广东	925	0.9	25996	161911	3.35	1.69	0.91	76.49	24829	15411.3	17167.74
广西	122	22.5	20409	145311	3.66	1.90	0.98	75.11	2573	10616.9	12434.77
海南	181	0.0001	2716	21086	3.14	2.71	1.09	76.30	2331	10955.8	13988.88
重庆	539	1	10847	90839	5.41	2.59	1.67	75.70	36562	11976.8	13781.22
四川	2783	5.7	56019	343803	5.64	1.66	1.52	74.75	56515	12723.2	13331.38
贵州	150	1.2	20355	168905	4.55	1.83	1.00	71.10	5190	9170.2	9716.1

续表

	农村养老服务机构数（个）	农村居民服务业及其他服务业固定资产投资（亿元）	村卫生室数（个）	农村医疗卫生机构床位数（个）	农村每千人口医疗卫生机构床位数（个）	平均每村卫生室人员（人）	每千农村人口村卫生室人员（人）	2010年预期寿命（岁）	农村养老服务机构老人数（个）	农村居民消费支出（元）	农村居民人均可支配收入（元）
云南	336	1.1	13404	209735	5.23	3.66	1.22	69.54	21933	9122.9	10767.91
西藏	144	0.0001	5298	8345	3.48	2.60	5.75	68.17	2330	4101.6	11449.82
陕西	529	0.6	24183	120546	4.97	1.67	1.67	74.68	45688	10070.8	11212.84
甘肃	215	5.1	16487	89825	4.59	2.06	1.74	72.23	7736	9064.6	8804.13
青海	117	0.4	4474	21293	4.92	2.24	2.31	69.96	3226	10352.4	10393.34
宁夏	53	0.0001	2300	15097	4.14	2.52	1.59	73.38	3713	10789.6	11707.64
新疆	318	0.6	10146	139313	7.12	2.54	1.32	72.35	11175	9421.3	11974.5

注：东部地区包括北京、天津、河北、辽宁、上海、江苏、浙江、福建、山东、广东和海南等11个省（市）；中部地区有8个省级行政区，分别是山西、吉林、黑龙江、安徽、江西、河南、湖北、湖南；西部地区包括12个省级行政区，分别是四川、重庆、贵州、云南、西藏、陕西、甘肃、青海、宁夏、新疆、广西、内蒙古；资料来源：《中国卫生健康统计年鉴2019》《中国农村统计年鉴2019》《中国民政统计年鉴2019》。其中，2018年农村居民消费支出的东部、中部、西部数据分别为各区域相关省份均值计算而得。

（三）模型结果及分析

本书采用传统 DEA 模型，运用 frontier 软件对 2018 年我国各省（自治区、直辖市）农村医养结合型养老服务供给效率进行测度，结果显示，在不考虑外部环境因素和随机误差的影响下，六个 DEA 有效的省份和地区均属于农村医养结合型养老服务的低投入地区，相对于其他地区或者是东部地区的平均水平，这六个地区农村养老服务方面的投入（如：农村养老服务机构数中，北京 275，上海 190，天津 91，福建 94，湖南 116，宁夏 53）均远低于平均水平 653.6，这六个省份和地区人均预期寿命分别为 80.18、80.26、78.89、75.76、74.70、73.38，可见，福建、湖南为低投入、中产出、高效率地区；北京、上海、天津、宁夏属于低投入、高产出、高效率地区，初始效率值（见表 3.7）。

表 3.7 2018 年我国农村医养结合型养老服务效率模型

DMU	投入导向模型				产出导向型			
地区	综合技术效率	纯技术效率	规模效率	规模报酬	综合技术效率	纯技术效率	规模效率	规模报酬
北京	1	1	1.000	—	1	1	1.000	—
天津	1	1	1.000	—	1	1	1.000	—
河北	0.865	0.883	0.980	irs	0.865	0.951	0.910	drs
山西	0.84	0.851	0.987	irs	0.84	0.934	0.899	drs
内蒙古	0.805	0.809	0.995	irs	0.805	0.933	0.863	drs
辽宁	0.66	0.661	0.999	—	0.66	0.959	0.689	drs
吉林	0.863	0.863	1.000	—	0.863	0.966	0.893	drs
黑龙江	0.821	0.829	0.991	drs	0.821	0.963	0.853	drs
上海	1	1	1.000	—	1	1	1.000	—
江苏	0.725	0.744	0.974	drs	0.725	0.956	0.759	drs
浙江	1	1	1.000	—	1	1	1.000	—
安徽	0.964	0.964	1.000	—	0.964	0.981	0.983	drs
福建	0.823	0.823	1.000	—	0.823	0.961	0.857	drs
江西	0.827	0.841	0.983	irs	0.827	0.952	0.869	drs
山东	0.699	0.705	0.992	Irs	0.699	0.953	0.733	drs
河南	0.777	0.797	0.975	Irs	0.777	0.953	0.816	drs

DMU	投入导向模型				产出导向型			
地区	综合技术效率	纯技术效率	规模效率	规模报酬	综合技术效率	纯技术效率	规模效率	规模报酬
湖北	0.759	0.773	0.982	irs	0.759	0.944	0.804	drs
湖南	0.866	0.892	0.971	irs	0.866	0.95	0.912	drs
广东	1	1	1.000	—	1	1	1.000	—
广西	0.91	0.925	0.984	irs	0.91	0.971	0.937	drs
海南	1	1	1.000	—	1	1	1.000	—
重庆	0.643	0.649	0.991	irs	0.643	0.954	0.675	drs
四川	0.747	0.768	0.973	irs	0.747	0.945	0.791	drs
贵州	0.782	0.84	0.930	irs	0.782	0.908	0.860	drs
云南	0.675	0.744	0.907	irs	0.675	0.882	0.765	drs
西藏	0.854	0.946	0.902	irs	0.854	0.882	0.968	drs
陕西	0.836	0.853	0.980	irs	0.836	0.935	0.894	drs
甘肃	0.826	0.862	0.958	irs	0.826	0.912	0.906	drs
青海	0.768	0.829	0.925	irs	0.768	0.873	0.879	drs
宁夏	1	1	1.000	—	1	1	1.000	—
新疆	0.616	0.659	0.934	irs	0.616	0.912	0.675	drs
全国	0.837	0.855	0.978		0.837	0.953	0.877	

注：TE 为技术效率，PTE 为纯技术效率，SE 为规模效率，TE = PTE * SE，RTS 为规模收益，irs 为规模报酬递增，drs 为规模报酬递减，一为规模报酬不变。

经典 DEA 输出结果，就全国整体而言，综合技术效率均值为 0.837，离效率前沿面尚有 16.3% 的提升空间。全国纯技术效率均值为 0.855，而规模效率均值为 0.978（见表 3.7）。可见，我国农村医养结合型养老服务供给效率较高的原因主要是由纯技术效率较高所致，其中，有 7 个省市的技术效率达到了 1，即处于技术前沿面上，它们分别是北京、天津、上海、浙江、广东、海南、宁夏，其他省区均存在技术效率偏低，特别是辽宁、山东、重庆、云南、新疆等省（区）的综合技术效率尚不足 0.7，效率水平较低，纯技术效率不高亦是各省份技术效率较低的重要原因。

除个别地区外，各省份规模效率均大于纯技术效率，即各省份技术无效率来源于纯技术无效率，而不是规模无效。可见，这一分布与我国经济发展实际及经验判断并不完全一致，比如经济欠发达地区的宁夏等省份属于高效率地区，而辽宁省医养结合型养老服务供给效率仅为0.66，排名在全国第29位，略高于重庆和新疆。有些学者曾试图从效率相对性角度来阐释，认为效率是一个相对指标，经济实力较强的省份，创新产出较大，但其创新投入也相对较大，因而效率不一定高。相反，经济欠发达地区创新产出较小，但由于其投入也较小，效率也不一定低。从 DEA 初始效率的分析可知，纯技术无效是制约农村医养结合型养老服务供给效率不高的主要因素，但在未考虑外部环境和随机误差影响下纯技术效率值是否被低估，规模效率又是否被高估，仍需要进一步分析。

二 农村医养结合型养老服务供给能力

伴随着乡村振兴战略的逐步实施，现代互联网的普及与农业农村现代化的发展，农村居民的健康意识和服务意识不断增强，农村健康养老服务事业的迅速发展使我国农村养老服务的供给能力得到逐步提升，初步形成了由政府、市场、社会组织、社区和家庭邻里等多主体参与供给的医养结合型养老服务体系。

（一）结构方程模型的估计

结构方程模型的估计是在结构模型构建的基础上，为检验模型拟合结论的准确性，首先要判断该结构方程是否为可识别模型，对于可识别的结构方程模型可通过搜集潜变量的相关数据，利用广义最小二乘估计或极大似然估计等方法对未知参数进行估计。模型构建的结果则需要进一步对模型估计与相关数据之间的拟合度进行评估。[1] 基于理论分析与文献研究选取潜变量为农村医养结合型养老服务的供给能力、个体特征、生活特征、养老生活及居家养老生活。其中，供给能力为内源潜变量。本书选择 AMOS23.0 统计软件进行结构方程模型的估计，并构建农村

---

① 王蕾等：《农田水利设施供给水平、农户需求意愿与供给效果研究》，《中国管理科学》2015 年第 1 期。

医养结合型养老服务供给能力潜在影响因素机理示意图（见图3.1）。①

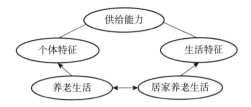

图 3.1 农村医养结合型养老服务供给能力潜在影响因素机理示意图
资料来源：笔者绘制。

（二）研究假设

杜鹏等从提供生产服务、生活服务以及临终关怀等方面探讨了农村养老服务的供给，以乡村振兴战略为契机，正式开启中国农村养老服务体系建设新格局。② 杨宝强等从经济支持、医疗卫生服务和社会服务等维度构建指标体系对农村养老服务供给能力进行测度。③ 基于已有研究关于农村医养结合型养老服务供给研究的理论分析与经验判断，本书提出如下五个假设：

假设1：老年人的个体特征对农村医养结合型养老服务供给能力具有影响。

假设2：除个体特征外，农村老年人的生活特征对供给能力产生显著影响。

假设3：农村社区老年人的养老生活对农村医养结合型养老服务供给能力具有显著性影响，其影响有两条路径，一是直接影响，其二是以农村老年人个体特征为中间变量的间接影响。

假设4：农村社区居家养老生活对农村医养结合型养老服务供给能力具有显著性影响，是通过农村老年人的生活特征为中间变量的间接影响，如较好的农村医养结合型养老服务能够改善供给能力，并通过较好

① 郑吉友、李兆友：《基于结构方程模型的农村居家养老服务供给水平分析》，《西北人口》2017 年第 5 期。
② 杜鹏、王永梅：《乡村振兴战略背景下农村养老服务体系建设的机遇、挑战及应对》，《河北学刊》2019 年第 39 期。
③ 杨宝强、钟曼丽：《农村养老服务供给能力的测度与提升策略——基于海南省 18 个市县的实证研究》，《湖北民族大学学报（哲学社会科学版）》2020 年第 4 期。

的生活特征带来较高的供给能力。

假设5：农村社区养老生活与农村医养结合型养老服务之间相互影响，即较好的养老生活能够改善居家养老生活，较好的居家养老生活也能够改善养老生活，二者相互促进，相得益彰。

（三）关键因素提取与假设验证

农村医养结合型养老服务供给能力主要从个体特征、生活特征、养老生活与居家养老生活四个方面衡量。[①] 经过探索性因素分析、验证性因素分析和路径分析，确定了各潜在变量中的观察变量，以及各潜在变量之间的相互关系，最终归纳农村医养结合型养老服务供给能力的关键影响因素（见表3.8）。

表3.8　　　　农村医养结合型养老服务供给能力指标体系及解释

潜变量	观测变量	观测变量解释	Cronhach'α 系数
农村医养结合型养老服务供给能力（lnsh）	经济支持（ln1）	子女是否给钱花： 1. 是；0. 否；	0.56
	生活照料（ln2）	您的日常生活照料是否由儿子帮助您： 1. 是；0. 否；	
	医疗护理（ln3）	您是否希望社区提供上门护理服务：1. 是；0. 否；	
	精神慰藉（ln4）	子女月探望或电话问候次数： 1. 三次及以上；0. 三次以下；	
农村老年人个人特征（grtz）	年龄（ln）	请问您的年龄： 0. 60 – 69；1. 70 – 79；2. 80 – 89；3. 90 岁及以上；	0.533
	性别（xb）	性别： 1. 男；0. 女；	
	教育程度（jycd）	0. 未上学；1. 私塾；2. 小学；3. 初中；4. 高中、中专及以上；	
	生活自理能力（shzl）	您的日常生活自理能力： 4. 完全自理；3. 相对自理；2. 相对依赖；1. 完全依赖；	

---

① 陈靖：《从"人生任务"看农民的生命价值》，《西北农林科技大学学报》2017年第1期。

潜变量	观测变量	观测变量解释	Cronhach'α 系数
农村老年人生活特征（shtz）	健康医疗（sh1）	社区（村）诊所与乡镇卫生院或乡镇敬老院是否有合作： 1. 是；0. 否；	0.511
	养老支持（sh2）	您是否享有新农保： 1. 是；0. 否	
	社会参与（sh3）	您所在的农村社区是否组织老年人参与志愿服务： 1. 是；0. 否	
	心理健康（sh4）	您是否感觉孤独寂寞： 0. 无；1. 偶尔有；2. 经常有；	
养老生活（ylsh）	子女供养（yl1）	您是否希望家庭养老： 1. 是；0. 否；	0.500
	上门服务（yl2）	您是否愿意享受居家养老服务： 1. 是；0. 否	
	劳动参与（yl3）	您是否需要看孩子： 1. 是；0. 否；	
居家养老生活（jjyl）	法律援助（jj1）	您所在的农村社区是否为老年人提供法律维权服务 1. 是；0. 否；	0.650
	志愿服务（jj2）	您所在的农村社区是否组织老年人参与志愿服务： 1. 是；0. 否；	
	社区医疗服务（jj3）	您对农村社区的医疗服务水平是否满意： 5. 非常满意；4. 满意；3. 一般；2. 不太满意；1. 不满意；	

资料来源：根据笔者的问卷调查数据统计而得。

（四）模型结果及分析

本书采用 Cronhach'α 系数作为评价多维度量表的内部一致性以及量表的整体一致性，从而检验问卷的可信度。表 3.9 中各指标的 Cronhach'α 系数均接近或大于 0.6，表明调查问卷的信度较好，研究变量的数据具有比较高的可靠性。

运用因子分析法对调查问卷的结构效度进行检验，样本的 KMO 统计量和巴特利特（Bartlett）球形检验是主要用于检验指标是否适用于做因子分析，当 KMO 值大于 0.5，且 Bartlett 球形检验结果显著时，适合做因子分析。本书使用主成分分析法以及最大方差旋转法进行因子分析。各层次的 KMO 检验和 Bartlett 球形检验结果（见表 3.9），KMO 值均大于 0.5，且 Bartlett 球形检验在 0.01 的水平上显著，说明研究样本适合做因子分析。

表 3.9　　　　各层次的 KMO 检验和 Bartlett 球形检验

变量	KMO 统计量	Bartlett 球形检验	
农村医养结合型养老服务供给能力	0.560	近似卡方	46.390
		自由度	6
		显著性	0.000
农村老年人个人特征	0.533	近似卡方	27.234
		自由度	6
		显著性	0.000
农村老年人生活特征	0.511	近似卡方	13.359
		自由度	6
		显著性	0.038
养老生活	0.500	近似卡方	7.224
		自由度	3
		显著性	0.065
居家养老生活	0.650	近似卡方	311.833
		自由度	3
		显著性	0.000

资料来源：根据笔者的问卷调查数据统计而得。

本书基于结构方程模型，分析农村医养结合型养老服务不同维度的影响因子与养老生活之间的结构关系，即个人特征、养老生活、生活特征和居家养老四个外生潜变量，对农村医养结合型养老服务供给能力产生影响，而四者之间相互独立（见图 3.1）。采用结构方程模型（SEM），运用 AMOS23.0 软件，利用极大似然估计法进行修正、识别与检验，该模型利用近似误差均方根（RMSEA）等拟合指标来衡量模型的整体拟合度。其中，RMSEA 是较为重要的拟合指标，其值越小表示模型适配度愈佳，如果 RMSEA 值小于 0.05，表明模型的整体适配度非常好；RMSEA 值介于 0.05 至 0.08 之间表示模型适配合理；RMSEA 值介于 0.08 至 0.10 之间，表明模型具有普通适配；当 RMSEA 的值高于 0.1 以上，则表示模型适配度欠佳。[①] 基于此，该模型对提出的假设进行检验，最终修正模型的整体适配度的卡方值为 261.507，显著性概率 P 值为 0.000 < 0.05，接受虚无假设。X2/df 值为 2.01，小于可接受值 3。一般的判别标准为 AGFI 值大于 0.90，表示模型路径图与实际数据具有良好的适配度。假设理论模型与实际数据间可以契合。整体而言，修正后的理论因果模型图与实际数据可以适配（见表 3.10）。

表 3.10　　　　　　　　　　修正后的拟合指标汇总

拟合指数	X2	df	X2/df	CFI	NFI	IFI	RMSEA	AIC	BCC	GFI	AGFI
结果	261.507	130	2.01	0.724	0.585	0.734	0.049	343.507	347.298	0.937	0.917

资料来源：根据笔者的问卷调查数据统计而得。

　　从模型结果中估计的参数，模型对于各路径中的因子负荷系数进行显著性检验，除生活特征外，各估计参数通过显著性检验，均具有统计学意义。根据标准化路径系数，二阶因子（医养结合型养老服务）对于各一阶因子的解释力标准化路径系数分别为 −0.756、−2.783，表明各测量维度与农村医养结合型养老服务供给能力的整体情况呈显著相关关系，结构方程模型的路径系数估计结果中，除假设 2 外，其余四项假设均在 0.05 水平上通过显著性检验（见表 3.11）。其中，个体特征的路径系数最高，在农村社区老年生活中具有重要影响。

表 3.11　农村医养结合型养老服务供给能力模型路径系数估计值

观测变量	潜变量	路径系数	标准误	临界比率	显著性概率 P	是否支持假设
个体特征	养老生活	−2.226	0.979	−2.275	0.023 **	是

---

① 吴明隆：《结构方程模型：Amos 的操作与应用》，重庆大学出版社 2009 年版，第 44 页。

观测变量	潜变量	路径系数	标准误	临界比率	显著性概率 P	是否支持假设
生活特征	居家养老生活	-0.104	0.047	-2.219	0.026**	是
供给能力	个体特征	-0.756	0.353	-2.142	0.032**	是
供给能力	生活特征	-2.783	1.546	-1.800	0.072	否
年龄	个体特征	1.000				
文化程度	个体特征	-2.270***	0.624	-3.639	0.000	是
上门看病	生活特征	1.000				
公益志愿服务	生活特征	-4.223**	1.889	-2.235	0.025	是
收入来源	生活特征	1.461**	0.718	2.035	0.042	是
性别	个体特征	0.539***	0.188	2.865	0.004	是
社区医疗服务	居家养老生活	1.000				
家庭养老	养老生活	1.000				
上门做家务	养老生活	1.782**	0.720	2.476	0.013	是
看孩子	养老生活	1.049	0.535	1.961	0.050	否
法律援助	居家养老生活	-0.089***	0.029	-3.079	0.002	是
志愿服务	居家养老生活	-0.082**	0.033	-2.464	0.014	是
医疗护理	供给能力	-1.075***	0.264	-4.078	0.000	是
生活照料	供给能力	-1.184***	0.281	-4.220	0.000	是
经济支持	供给能力	0.732***	0.177	4.122	0.000	是
精神慰藉	供给能力	1.000				
生活自理能力	个体特征	0.866***	0.290	2.985	0.003	是
心理健康	生活特征	-3.810**	1.752	-2.175	0.030	是

注：*** P<0.001；** P<0.05；* P<0.1。

可见，模型中各潜变量的方差估计值基本有效（见表3.12），从显著性概率值可知，大部分路径系数估计值和方差估计值通过显著性检验，且各路径系数的标准误差值较小，各路径系数的 t 统计量基本大于1.96，说明路径系数的显著性水平较高，模型拟合结果与实际数据可以契合，最终得到结构方程模型的标准化路径系数图（见图3.2），模型的路径分析具有一定的科学性和客观性。

表3.12　　　　　　　模型中各潜变量方差拟合结果

各潜变量	Estimate	S. E.	C. R.	P
居家养老生活	0.443	0.077	5.752	0.000
养老生活	0.005	0.004	1.325	0.185
z2	0.027	0.015	1.759	0.079
z3	−0.001	0.001	−1.040	0.298
z1	0.020	0.009	2.306	0.021
A10	0.150	0.011	13.480	0.000
A9	0.198	0.014	14.493	0.000
A13	0.147	0.010	14.552	0.000
A14	0.560	0.065	8.673	0.000
A12	0.108	0.007	14.485	0.000
A2	0.221	0.016	13.743	0.000
A3	0.963	0.093	10.403	0.000
A7	0.165	0.014	11.808	0.000
A6	0.124	0.009	14.377	0.000
A5	0.224	0.015	14.595	0.000
A11	0.214	0.015	14.489	0.000
A1	0.548	0.041	13.370	0.000
D1	0.091	0.008	11.899	0.000
D2	0.204	0.018	11.422	0.000
D4	0.117	0.011	10.617	0.000
D3	0.209	0.017	12.067	0.000
A4	0.485	0.036	13.577	0.000
A8	0.329	0.024	13.795	0.000

注：（1）模型中各潜变量的对应名称参照图3.2.　（2）＊＊＊P<0.001；＊＊P<0.05；＊P<0.1。

资料来源：根据笔者的问卷调查数据统计而得。

该模型研究假设的检验结果（见表3.13）。其中，农村老年人的个体特征对供给能力的直接影响效应为 −1.17。养老生活对供给能力产生了直接和间接双重影响的整体效应为6.33，通过个体特征的间接影响效应为2.34，居家养老生活对供给能力的间接影响效应为 −0.0279。

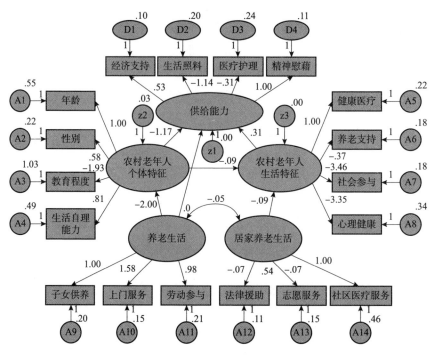

图 3.2　SEM 模型的标准化路径系数图

资料来源：根据笔者的问卷调查数据统计而得。

表 3.13　　　　　　　研究结果假设的检验结果汇总

研究假设	检验结果	整体效应	直接效应	间接效应
假设 1：个体特征对供给能力具有显著的直接影响	接受	−1.17	−1.17	0
假设 2：生活特征对供给能力具有显著影响	拒绝	0	0	0
假设 3：养老生活对供给能力具有显著影响	接受	6.33	3.59	2.34
假设 4：居家养老生活对供给能力具有显著的影响	接受	−0.0279	0	−0.0279
假设 5：养老生活对居家养老生活具有显著的影响	接受	−0.05	−0.05	0

资料来源：根据笔者的问卷调查数据统计而得。

　　通过实证分析可知，首先，农村老年人的个体特征对农村医养结合型养老服务供给能力具有影响，除个体特征外，生活特征对供给能力具有一定影响，但未通过显著性检验。其次，农村社区老年人的养老生活对农村医养结合型养老服务供给能力具有显著性影响。农村社区老年人的居家养老服务对农村医养结合型养老服务供给能力的影响，是以农村老年人生活特征为中间变量的间接影响，如较好的农村社区居家养老服务能够改善农村老年人的生活特征，并通过较好的生活特征享受较好的农村社区养老服务。再次，农村社区养老生活与农村社区居家养老服务之间相互影响，即较好的养老生活质量能够改善居家养老生活，较好的居家养老服务也能够改善养老生活质量，二者相互促进，相得益彰。

综上所述，农村老年人的个体特征对农村医养结合型养老服务的供给能力具有显著影响，而农村社区老年人的养老服务对农村老年人的个体特征具有显著性影响，农村医养结合型养老服务以农村老年人生活特征为中间变量，间接影响农村医养结合型养老服务供给能力。

第三节　农村医养结合型养老服务供需存在的结构性问题

目前，我国在推进医养结合型养老服务发展过程中已取得积极进展，但仍面临供需失衡的困境，主要存在医养结合型养老服务供给缺乏高效协同，医养结合型养老服务人才培养体系尚未完善，医养结合型养老服务供需结构失衡，医养结合型养老服务资源分布不均衡等问题。

一　医养结合型养老服务供给主体缺乏高效协同

从系统角度看，以政府为主导的农村医养结合型养老服务供给主体尚未形成"协同"供给体系，医养结合型养老服务的协同治理体制与多部门合作机制尚未形成，政府部门的行政体制划分、行业管理差异和财务制度分割等因素在一定程度上影响了政策的可行性和可操作性，使得医养结合型养老服务的发展缺乏整合动力，政府、市场等多主体在医养结合型养老服务供给过程中难以实现有效协同。[①] 民政部、卫健委、

---

① 杨团：《农村社会健康治理的思路》，《中国卫生政策研究》2008 年第 3 期。

人社部等部门在医养结合型养老服务体系构建中发挥了重要作用，其中，养老机构由民政部门负责，医疗卫生机构由各级卫健部门管理，医养结合机构的准入和监管由两部门共同负责，而医保报销的核定准入和报销标准则由人社保障部门负责。政府各部门的协同合作有待进一步加强，政策碎片化与管理部门化并存，相对独立的医疗卫生与养老服务体系有待整合，医疗卫生与养老服务的整合缺乏协同创新。

农村基本医疗卫生与养老服务在服务标准、反馈机制等方面统筹不力且衔接不畅，弱化了多层次养老保障制度的协同联动效应，亟待增强医疗卫生与养老保障制度之间的统筹衔接。地方政府在发展农村医养结合型养老服务过程中，结合农村发展实际制定了具有乡土特色的健康保障政策，为农村老年贫困人口提供了从生活救助、医疗救助、临时救助、紧急救助到长期护理保险等的健康保障政策。但由于农村经济社会发展水平的区域性差异和信息化水平不高，仍未构建起医疗卫生与养老保障制度的信息共享与有效衔接机制，老年人的电子健康记录较为缺乏，医疗卫生资源在农村的可及性仍未达到预期效果。同时，长期护理保险制度的独立性和抗风险能力较弱，农村长期护理保险制度尚处于探索和起步阶段，农村老年贫困人口受医疗保险基金的支付能力和给付水平等多重因素制约，难以获得医养结合型养老机构所提供的医疗护理或长期照护服务，甚至易产生逆向选择的道德风险。[①]

在家庭联产承包经营体制下，农村集体经济组织缺乏资金支持，使得医疗卫生与养老服务供给的集体动员机制缺乏，易陷入集体行动的困境。同时，农村社区五保、失能、失智老人居住分散，传统家庭养老功能弱化、上门提供居家照料服务的成本较高，农村医护人才短缺，农村养老服务长期依赖有限的政府财政补贴和福彩公益金支持，金融资本和社会资本不愿进入农村医养服务领域，农村社区的社会组织发育尚不成熟，制约了农村医疗卫生与养老服务的资源整合和效能提升。农村老年人在基层医疗机构与大型医疗机构的双向转诊过程中，基层首诊和双向

---

① 郑吉友、娄成武：《我国农村医养结合型养老服务体系构建研究》，《改革与战略》2021年第2期。

转诊的分级诊疗机制有待进一步健全和完善。农村基层医疗资源辐射农村养老机构的难度较大，面临医疗护理床位利用率不高等难题，不利于农村医养结合型养老服务的持续健康发展。① 因此，积极推动农村老年人家庭支持与社会支持有机结合，促进农村医养结合型养老服务主体的高效协同，有助于为农村老年人提供可及性、便捷性和优质性的社会养老服务。②

二　医养结合型养老服务人才培养体系有待完善

我国全科医生制度起步较晚，医学人才培养周期较长，高等教育中医学专业建设亟待完善，我国高校开设全科医学学科的数量较少，全科医生培养数量增长滞后于专科医生的发展。③ 医疗护理与养老服务等专业人力资源相对不足，社会工作与社会医学专业人才相对匮乏，导致我国全科医学人才数量存在缺口，整体素质不高，主要体现在高学历层次人才不足、知识结构老化、临床经验缺乏等方面。伴随着医疗护理与养老服务等专业人才培养进程不断加快，我国高等院校中医疗照护师、康复专科医师等人才培养已初具规模。老年医学学科发展迅速，老年服务与管理、社区康复、康复理疗、康复护理、健康管理等专业群已初步形成，但面临多学科交叉融合的发展屏障，缺乏中西医结合的交叉学科，亟待培养中西医相互融合与共同促进的老年医学学科，推进全科医学与专科医学持续协调发展，促进老年医疗护理专业人才培养体系的不断完善。

目前，我国城乡区域医疗卫生服务事业的发展不平衡，医疗卫生与养老事业发展不平衡与人民群众健康养老需求之间的矛盾尤为突出。全科医生数量与城乡区域经济发展水平密切相关，城乡社区尤其是农村社

---

① 张志元、郑吉友：《我国农村失能老人居家养老服务多元供给思考》，《河北经贸大学学报》2018 年第 5 期。

② 王飞鹏、白卫国：《农村基本养老服务可及性研究——基于山东省 17 个地级市的农村调研数据》，《人口与经济》2017 年第 4 期。

③ 国际上对全科医生和家庭医生的概念并无实质性差别，家庭医生不仅是根据患者的病情选择合适的医院和医生，其主要具有疾病预防和管理，诊治较高发病率的常见病等。我国家庭医生不仅包括全科医生，也包括基层医疗卫生机构的医师、医技。全科医生也将成为家庭医生的主体，因此，已有学者将家庭医生和全科医生放在同等范畴内考虑。

区医养结合型养老服务的专业人才匮乏，农村社区的预防、保健、康复功能不健全，农村社区老年人的医疗、康复与护理能力有待提高。县级医院作为公立医疗卫生体系的"网底"和农村三级医疗卫生服务网络的"龙头"，需要通过加强县域基础医疗卫生服务设施投入，促进县级医院能力建设，全面提升县级医院综合能力，鼓励三甲医院与县级医院建立对口支援的紧密型协作关系，完善"县乡一体、乡村一体"机制建设，推进农村基层全科人才培养，不断提高农村医疗卫生机构标准化水平。

三　医养结合型养老服务供需结构失衡

目前，我国农村医疗卫生与养老服务供给不足、城乡和区域发展不均衡、医养资源配置效率和效益不高，医养结合型养老服务质量参差不齐。[①] 医养结合型养老机构以公办机构为主，优质资源相对集中在城市，农村社区医养资源供给不足，部分乡镇对养老机构的存量改造和消防安全改造等投入不足，民营医养结合型养老机构在土地使用等方面难以及时得到政策优惠。农村医养结合型养老服务设施较为缺乏，农村养老机构服务质量有待改善，公办医养结合机构供不应求，民营医养结合机构空置率较高，公办养老机构床位"短缺"与民营养老机构床位"闲置"并存，亟待优化医养资源配置，不断提高医养资源的整合度和利用率。乡镇公办养老机构承担五保老人的供养服务，政府给予公办养老机构一定的政策扶持与财政补贴，具有较强的公益性和福利性，民营养老机构尚未充分考虑区域经济发展水平和老年人的经济承受能力，使得农村老年人入住医养结合机构的门槛较高，民营养老机构的风险回避行为使医养结合服务供需结构失衡。

区域性养老服务机构主要提供基本的生活照顾服务，多数农村养老机构主要面向具有生活自理能力的农村老年人，难以满足农村失能失智老年人对医疗护理和康复诊疗等专业化医养结合型养老服务需求。医疗卫生与养老服务需求日益增长的结构性矛盾愈加凸显，面向失能、失智

---

① 刘春梅：《农村养老资源供给能力的区域差异分析》，《农业经济》2015 年第 12 期。

老年人的医养结合型养老机构床位却"一床难求"。老年人对养老服务日益增长的需要与养老服务发展不充分不平衡的矛盾日益突显。据《2020年民政事业发展统计公报》显示，截至2020年底，全国各级各类养老机构和设施32.9万个，养老床位821.0万张，社区养老服务机构和设施29.1万个。其中，农村社区综合服务机构和设施34.9万个，农村社区养老照料机构和设施20.8万个，农村社区互助型养老服务设施13.3万个，农村社区综合服务设施覆盖率为65.7%（见表3.14）。可见，农村社区服务站、社区养老照料机构、社区互助型养老服务设施和社区养老照料机构的数量远高于城市，农村社区老年人的自助与互助养老占比较高。农村医养结合型养老服务面临专业化老年康复与医疗护理机构数量较少，康复设施设备供给不足，需要提高社区老年医疗护理与社区康复能力，提高社区养老照料机构的医护能力。

表3.14　　　　　2020年社区服务机构和设施情况

指标	单位	合计	城市	农村
社区综合服务机构和设施	万个	51.1	16.1	34.9
社区服务指导中心	个	503	496	7
社区服务中心	万个	2.8	1.6	1.2
社区服务站	万个	42.1	10.2	31.8
社区养老服务机构和设施		29.1	8.4	20.8
未登记的农村特困人员救助供养机构	万个	0.4	—	0.3
全托服务社区养老服务机构和设施	万个	2.0	1.1	1.0
日间照料社区养老照料机构和设施	万个	10.9	5.1	5.8
互助型养老服务设施	万个	14.7	1.5	13.3
其他社区服务设施	万个	1.0	0.7	0.4

资料来源：民政部《2020年民政事业发展统计公报》。
http：//images3. mca. gov. cn/www2017/file/202109/1631265147970. pdf.

在农村人口老龄化日益严峻的形势下，农村医养结合型养老服务的供需缺口较大，现有的家庭养老方式难以满足农村老年人多元化的养老保障需求，服务供给滞后于养老服务需求增长速度。农村社区人口居住相对分散，使社区服务的可及性和供给能力受到一定程度的影响。我国农村社区基本养老服务可获得性以乡镇为中心向社区（村、屯）逐渐减弱，呈现离城镇越近，老年人享受服务的可及性愈大，反之则愈小的局面。欠发达地区农村社区医养结合型养老服务在资金投入、人才队伍、信息化建设等方面的体制机制尚不健全，部分农村社区互助型养老机构提供的日间生活照料服务，虽已取得较好的社会经济效益，但相对于城市社区和发达地区的农村社区差距较大，在欠发达地区的农村社区养老服务的可及性和便捷性有待提高。

因此，提升农村社区医养结合型养老服务多元供给能力，对实现城乡社区基本养老服务均等化具有重要作用。但我国农村社区养老服务的托底功能尚未得到有效发挥，需要充分发挥传统家庭养老和邻里互助养老的重要作用，坚持以政府为主导，鼓励社会力量参与满足特殊困难老年人的社会养老服务需求，推进传统家庭养老和社会养老服务的多元协同合作，① 确保农村老年人能够享有公益性和福利性的医养结合型养老服务。

四　医养结合型养老服务资源分布不均衡

长期以来，由于基本公共服务资源配置不平衡，我国优先发展城市医养结合型养老服务，而农村医养结合型养老服务尚处于起步和探索阶段。在推进新型城镇化建设进程中，土地保障功能弱化，农村老年人防范老龄风险的意识淡薄。目前，农村传统家庭养老和社会养老服务供给不足，重机构养老、轻居家养老的问题较为突出。机构养老服务费用较高，待遇给付缺乏制度性保障。在农村社区，养老服务费用主要由社会养老保险、家庭成员转移支付以及个人储蓄共同承担。农村养老以家庭养老、土地养老和互助养老为依托，积极发展社会化养老服务。然而，农村医养结合型养老服务供需比率失调，农村社区养老服务供需不均衡等问题依然存在，农村失能老人的医疗、护理和康复服务需求尤为迫切，从而使得我国农村社区医疗卫生与养老服务存在供需缺口，长期照料服务发展仍处于探索阶段，我国尚未建立农村失能老人长期护理保险制度。在政府公共财政支出规模既定的条件下，积极推进医养结合型养老服务多元供给主体间的有效协同，有助于逐步缓解农村老年人医养结

---

① 张志元、郑吉友：《我国农村失能老人居家养老服务多元供给思考》，《河北经贸大学学报》2018 年第 5 期。

合型养老服务的供需失衡问题。[①]

伴随着我国经济社会发展水平的不断提高，国家公共卫生体系不断完善，医疗卫生资源总量呈现较大幅度的增长，农村医疗卫生服务水平不断提高，城乡医疗卫生与养老服务供给逐步实现均等化。我国医疗资源总量逐年增加，医疗卫生服务水平的城乡差距明显缩小，农村人口的医疗资源供给能力不断提高，农村老年人的健康公平性有所改善，患者医疗费用中个人卫生支出占卫生总费用比重已降至 30% 以内，农村人均医疗卫生支出的减少使农村老年人的经济压力不断减小。[②] 城市每万人医疗机构床位数由 2008 年的 51.7 张增长至 2019 年的 87.8 张，农村每万人医疗机构床位数由 2008 年的 22 张增长至 2019 年的 48.1 张，每万人医疗机构床位数由 2008 年的 30.46 张增长至 2019 年的 63 张（见图 3.3）。但与世界卫生组织提出个人卫生支出占卫生总费用比重为 10% – 15% 的公平筹资体系尚有一定差距。我国城乡医疗卫生与养老服务发展的差距依然存在，区域经济发展不均衡等因素制约着医养结合型养老服务的持续健康发展。

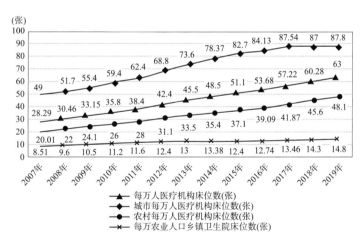

图 3.3 2007 年—2019 年城乡每万人医疗机构床位数（单位：张）

资料来源：《中国统计年鉴（2020）》。

---

① 张志元、郑吉友：《我国农村失能老人居家养老服务多元供给思考》，《河北经贸大学学报》2018 年第 5 期。

② 仇雨临、王昭茜：《从有到优：医疗保障制度高质量发展内涵与路径》，《华中科技大学学报（社会科学版）》2020 年第 4 期。

农村医养结合型养老服务体系构建研究

目前，我国老年医疗卫生服务机构、康复医院、护理院、残疾人专业康复机构等护理康复机构数量有限且区域分布不均衡，失能失智照护和安宁疗护等机构供给不足。城市公办医疗机构支持农村养老服务的能力相对不足，医疗服务提供的"倒三角"格局改观有限，大城市三甲医院自身医疗资源有限，存在医疗纠纷、医患关系紧张等潜在风险，难以为签约合作的养老机构提供全方位、可及性和便捷性的医疗支持，有悖于共享医养资源、优化资源配置的初衷。中小城市优质医疗资源匮乏，乡镇卫生院、社区卫生服务中心和村卫生室等农村基层医疗卫生服务设施功能有限，医疗资源供给不足。自 2009 年—2019 年，基层社区卫生中心（站）的病床使用率从 58.5% 下降至 49.2%，乡镇卫生院的病床使用率从 60.7% 下降至 57.5%（见表 3.15）。农村基层医疗卫生机构难以为老年人提供慢病诊疗等医疗卫生服务，社区医疗卫生与养老服务机构供给能力较为薄弱，难以承担农村老年人的医疗护理与健康管理功能，基层医疗卫生与养老服务资源缺乏有效整合，社区诊疗能力仍需提升。

表 3.15　　　2009 年—2019 年各类医疗卫生机构病床使用率　　　单位：%

年份　　　指标	2009	2010	2011	2012	2013	2014	2015	2016	2017	2018	2019
各类医疗卫生机构病床使用率（%）	77.7	79	80.3	82.8	82.4	81.6	85.4	85.3	85	78.8	78.0
医院病床使用率（%）	84.7	86.7	88.5	90.1	89	88	85.4	85.3	85	84.2	83.6
综合医院病床使用率（%）	85.6	87.5	89.3	91	89.8	88.8	86.1	93.7	86	85.1	84.8
中医医院病床使用率（%）	81.8	84.1	86.3	88.6	88.6	87.3	84.7	87.1	85	84.8	83.5
中西医结合医院病床使用率（%）	—	—	83.4	85.9	85.7	84.2	81.5	80.5	80.7	80	78.2
专科医院病床使用率（%）	83.5	85.7	87	87.6	86.4	86.2	83.2	82.6	81.6	81.3	80.2

· 84 ·

年份＼指标	2009	2010	2011	2012	2013	2014	2015	2016	2017	2018	2019
护理院病床使用率（％）	—	—	80.6	78.8	78.1	78.5	76.5	76.3	75.2	72.2	71.7
基层医疗卫生机构病床使用率（％）	—	58.3	57.3	61	61.9	59.7	59.1	59.7	60.3	58.4	56.3
社区卫生服务中心（站）病床使用率（％）	58.5	54.5	53.5	54.6	56.2	55	54.2	54.1	54.4	51.4	49.2
卫生院病床使用率（％）	60.6	59.1	58.1	62.1	62.8	60.4	59.9	60.6	61.2	59.5	57.4
乡镇卫生院病床使用率（％）	60.7	59	58.1	62.1	62.8	60.5	59.9	60.6	61.3	59.6	57.5
疗养院病床使用率（％）	40.6	50.2	50.6	53	53.2	53.4	53.4	—	53.5	48.2	42.9

资料来源：《中国统计年鉴（2020）》。

第四节　我国发展农村医养结合型养老服务存在问题的原因

在健康中国战略的推动下，构建农村医养结合型养老服务体系，是全面建设社会主义现代化国家、补齐民生短板的重要举措。然而，目前我国农村老年人医养分离问题突出，农村老年人健康养老服务体系尚未健全，农村老年健康保障制度之间统筹不力且衔接不畅，农村医疗卫生与养老服务供给质量仍有待提高等问题依然存在，其制约因素在于医药卫生体制改革有待深化，人才专业化水平有待提高，多层次健康保障制度缺乏有效衔接，长期护理保险制度亟待健全完善等。

一　医药卫生体制改革有待深化

我国医药卫生体制改革已取得良好的阶段性成果，但体制机制改革仍有待于进一步深化，各项医疗保障制度尚未形成无缝衔接，重特大疾病保障机制有待于进一步健全和完善，协调联动机制有待进一步健全。改革开放前，政府在国家财政能力有限的约束下，为了公立医院的生存与发展而暂时性、临时性制定了以药养医政策，具有一定的紧迫性。政府实施医疗机构自主发展、自负盈亏的发展型社会政策，在特殊的历史阶段具有一定合理性。近年来，我国政府卫生总费用占国民收入的比重不断提高，公立医院占医院总收入比例不足 10%，医疗机构依靠政府财政补助和专项补助维持运行与发展，优质医疗资源不断向大型医疗机构集中，县域医疗机构的医疗服务难以维持收支平衡。公立医院为维持正常运行存在过度检查、过度诊疗、过度用药等问题，并通过提高药品加成以弥补医院总收入的不足，导致"以药养医""以械养医""以术养医"等现象依然存在，过度诊疗、过度检查等可能会增加社会医疗保险基金的运行风险。公立医院的公益性有待提高，综合施策控制公立医院医药费用不合理增长，"看病难、看病贵"问题仍未得以根本解决，结构性、体制性和机制性的深层次矛盾依然存在。

我国医养结合型养老服务体系尚未成熟，医疗卫生与养老资源的融合发展仍处于探索阶段，农村老年人对医疗护理服务需求的无限性与医疗保险基金的稀缺性之间的矛盾凸显。同时，医疗机构缺乏提供养老服务的动力以及可能由于床位性质不清晰而带来的潜在风险，医疗机构的运营成本较高且面临"多重监管"所带来的合规风险。为此，亟待深化医药卫生体制改革，为发展医养结合型养老服务创造良好的政策环境。

二　人才专业化水平亟待提高

伴随着乡村振兴战略与精准扶贫战略的深入推进，农村健康扶贫治理的紧迫性日益凸显。我国医疗卫生与养老服务专业人才总量不足，专业人才缺乏，水平参差不齐。据国家统计局数据显示，自 2010 年以来，我国卫生技术人员总量呈现不断增长的态势，由 2010 年的 587.6 万人上升至 2020 年的 1067.1 万人，而我国乡村医生和卫生员数量由 2010 年的 109.19 万下降至 2019 年的 84.23 万，农村卫生技术人员的总量和增长幅度远低于城市。农村卫生技术人员缺口较大，全科医学人才、专业护理与康复人才尤为紧缺。同时，我国医养结合型养老服务的发展受专业人才短缺、职业发展受限以及待遇水平较低等因素影响，且呈现年龄偏高、劳动强度与职业风险高、流动性高和社会地位低、工资报酬与福利待遇低、职业技能低的"三高三低"的特点。长期形成的职业歧视、工作强度与精神压力大，在一定程度上制约了医养结合型养老服务的可持续发展。农村高龄、独居、失能老年人的数量不断增长，传统家庭照护服务中的照料资源难以满足专业化护理服务需求，农村养老服务主要依托乡镇政府筹资兴建的敬老院和托老所，但服务基础配套设施不完善，适老服务水平不高，社会养老服务需求日益增长。① 养老机构及社区机构的护理人员普遍缺乏养老护理等方面的专业系统培训、乡村医护人员的工资待遇不高，导致农村医疗卫生与养老服务的从业人员流动性较大，在职护理员多为外来流动人口或"4050"人员，乡村医生的福利待遇和补偿政策有待于进一步健全。地方政府在教育培训、福利待遇等方面缺乏有力的财政支持与配套政策，基层社区尚不具备吸引医疗卫生人才的激励机制，无法为农村社区老年人提供预防保健、疾病诊疗、康复照护、失智照护等综合性服务，服务功能与制度保障有待逐步健全与完善，这在一定程度上制约了农村健康保障服务质量的提高。②

近年来，农村医养结合型养老服务的发展激发了老年人对全科医生的刚性需求，全科医生在促进国民健康发展方面发挥了主导作用。据统计，2019 年，我国已有执业医师 321.1 万人、注册护士 444.5 万人、执业（助理）医师 386.7 万人、乡村医生和卫生员 84.23 万人，每千农村人口乡村医生和卫生员 0.91 人。③ 在农村医养结合型养老服务发展过程中，社会工作师、健康管理师、心理咨询师等老年医学专业人才较为匮乏，全科医生的短缺以及城乡分布不均衡，制约了医疗卫生与养老服务

① 葛延风、王列军、冯文猛等：《我国健康老龄化的挑战与策略选择》，《管理世界》2020 年第 4 期。

② 郑吉友、娄成武：《我国农村医养结合型养老服务体系构建研究》，《改革与战略》2021 年第 2 期。

③ 国家卫生健康委员会编：《2020 中国卫生健康统计年鉴》，中国协和医科大学出版社2020 年版，第 55 页。

的城乡统筹发展。县级公立医院、乡镇卫生院、村卫生室未能形成合理的人才培养与输送梯队，难以为农村老年人提供健康管理、医疗康复和社会参与等全方位专业化服务。我国亟待健全和完善医养结合型养老服务人才培养体系，提高人才培养的专业化水平，为农村医养结合型养老服务的发展提供人力支撑。

三 多层次健康保障制度缺乏有效衔接

新中国成立 70 多年来，我国社会保障制度历经了从补缺型向适度普惠型的转变，从全民健康覆盖向保障公平性、均等化方向发展。我国贫困老年人口社会保障政策已基本实现了城乡统筹发展，但社会保障的统筹层次不高，保障形式具有临时性与碎片化等特征。农村高龄老人由于罹患综合性慢性疾病的风险较高，面临着多元脆弱性的长寿风险，迫切需要根据农村老年人的健康状况提供相应的保障服务。在我国全面实施城乡居民大病保险的背景下，应加快健全农村多层次健康保障制度，有效提高农村老年人重特大疾病的保障水平。[1] 同时，农村养老服务财政资金投入远低于其他社会事业投入，政府财政收支不平衡以及城乡健康服务资源分布不合理，导致资金利用效率低且难以形成健康保障合力。当前，城乡分级诊疗和双向转诊制度有待于进一步健全，亟须将有限的医养资源与不断增长的老年人健康服务需求有效对接，为农村医养结合型养老服务事业的持续健康发展提供制度保障。[2]

伴随着远程医疗技术的应用与发展，推进紧密型县域医共体建设，健全农村老年人家庭医生签约服务制度，重点为农村五保老人、失能失智老人开设康复病床，开辟双向转诊和紧急救援等医疗救助绿色通道。科学明确公立医院和基层医疗卫生机构的功能定位，农村医养结合型养老服务的重心在于社区居家老年人的健康养老照护，社区卫生服务中心作为医疗卫生与养老服务体系的关键环节，承担着社区居民"六位一

---

① 何文炯：《医疗保障深化改革与健康保险加快发展》，《中国保险》2020 年第 3 期。
② 郑吉友、娄成武：《我国农村医养结合型养老服务体系构建研究》，《改革与战略》2021 年第 2 期。

体"的综合健康管理服务功能。据国家统计局数据显示，2019 年，全国医疗卫生机构诊疗人次共 87.2 亿，其中，乡镇卫生院 11.75 亿人次，社区卫生服务中心（站）6.91 亿人次，二者门诊量之和约占全部诊疗人次的五分之一，乡镇卫生院的诊疗人次不断增加（见表 3.16）。基层医疗卫生机构的病床利用率较高，乡镇卫生院的病床使用率低于综合医院的病床使用率，亟待推进综合医院对乡镇卫生院的支持力度。乡镇卫生院、社区卫生服务中心等基层医疗卫生机构多为公立机构和公益事业单位，实施"收支两条线"管理，养老机构的医护人员在职称评定等方面难以享受与医疗机构从业人员的同等待遇，业绩考核与绩效激励机制不健全使养老机构缺乏提供双向转诊服务的积极性。为此，亟待完善基层医疗卫生制度，优化医养结合机构医师和护士资格评定与管理，健全完善分级诊疗服务体系，建立科学合理的分级诊疗制度，进一步完善农村基本医疗保障制度，提高县域基本医疗服务的公平性和可及性，提升基层医疗卫生服务机构的整体能力,[①] 努力实现全民健康服务全覆盖。

表 3.16　　　　　2010 年—2019 年乡镇卫生院诊疗情况

指标＼年份	2010	2011	2012	2013	2014	2015	2016	2017	2018	2019
乡镇卫生院诊疗人次（亿次）	8.74	8.66	9.68	10.07	10.29	10.55	10.82	11.11	11.16	11.75
乡镇卫生院入院人数（万人）	3630.38	3448.78	3907.51	3937.15	3732.61	3676.06	3799.94	4047.17	3985.09	3909.39
乡镇卫生院病床使用率（%）	59	58.1	62.1	62.8	60.5	59.9	60.6	61.3	59.6	57.5
乡镇卫生院出院者平均住院日（日）	5.2	5.58	5.68	5.92	6.27	6.4	6.4	6.31	6.4	6.48

资料来源：《中国统计年鉴（2020）》。

---

① 李华、徐英奇：《分级诊疗对居民健康的影响——以基层首诊为核心的实证检验》，《社会科学辑刊》2020 年第 4 期。

四　长期护理保险制度亟待健全完善

我国医养结合型养老服务尚未形成独立的运营系统，医疗卫生与养老服务缺乏相应的评估标准和转接机制。农村长期照护服务缺乏资金支持和制度保障，现有的长期照护服务主要依靠医疗保险基金维持运行，医保制度的给付水平与给付能力难以维持长期护理服务的城乡统筹发展，长期照护服务的筹资模式、给付方式和待遇水平等制度保障亟待进一步完善。目前，民政部的社区居家养老服务补贴主要面向 60 岁以上的城乡老年人，服务内容主要涵盖生活照料和生活护理，凡经需求评估具有照护需求的老年人，每月通过财政补贴提供一定的生活照料服务，并根据照护等级的差异，由医疗保险基金支付不同等级的护理服务。人社部和卫健委等实施的高龄老年人医疗护理计划项目中，主要包含基础护理和常用临床护理等内容。在医养资源整合过程中，如果将生活护理与基础护理服务相整合，容易导致对同一服务对象服务内容不合理、生活护理与基础护理服务交叉重叠、基金给付水平过高等问题，通过医疗保险基金支付养老护理支出易产生道德风险，医疗保险基金可持续性压力增大。[①]

目前，农村医养结合型养老服务在筹资方式、给付水平和给付能力等方面需要进一步规范化和系统化，统筹政府各部门的资金来源与待遇给付标准，如医疗保险基金中用于支付老年人在医疗机构和家庭病床的医疗服务费用、民政部门用于机构养老和居家养老服务的专项补贴以及卫健部门用于社区的预防保健经费等。政府探索通过财政资金、中央公积金、福彩公益金等方式拓展基金筹集渠道，有助于缓解社会保险基金的支付压力。因此，我国亟待完善城乡长期护理保险制度，[②] 将长期照护服务从传统医疗服务中分离出来，实现从社会医疗保险向健康保险的探索性发展。

[①] 唐钧：《健康社会政策视域中的老年服务、长期照护和"医养结合"》，《中国公共政策评论》2018 年第 1 期。

[②] 彭青云、赵向红、魏思佳：《老年人走失及其社会支持系统构建》，《中州学刊》2019 年第 12 期。

第五节　农村医养结合型养老服务体系构建的必要性

家庭结构核心化、婚姻脆弱性、生育率较低以及人口流动性迁移不断影响着传统家庭养老功能的发挥，农村家庭养老功能弱化亟待提高农村老年人的健康水平，健康的社会影响因素的变化增加了健康治理风险，运行机制不健全制约了医养结合型养老服务的持续健康发展，医养结合型养老服务体系的构建有助于促进长期照护保险制度的建立。

一　家庭照料功能弱化亟须提高农村老年人健康水平

家户既是历史中国的根基，也对于历史中国的演进具有基础性作用。[①] 自古以来，我国尤为重视家文化的独特功能，农村老年人受家庭结构和传统观念的影响普遍具有恋家怀旧的情结，农村社区以家庭为本位构成的家族谱系，在农村经济社会发展变迁中具有重要的战略地位。传统家庭养老是在"家天下"的伦理观念基础上形成的，由家庭或宗族成员共同承担养老责任的农村传统养老方式。[②] 家庭养老以传统儒家"孝"文化为根基的代际差序格局，构成了我国传统家庭养老的文化基因。[③] 20 世纪 80 年代以来，长期的计划生育政策形成了以独生子女文化为主导的家庭生育观，逐步形成了转型中国"高生育成本—低生育意愿"的生育转变格局，呈现大量的"4 - 2 - 1"核心家庭，几世同堂的大家庭缺乏向心力和凝聚力，独立自由的小家庭备受青睐，老年人在家庭的主导性和权威性地位逐渐丧失。

伴随着新型城镇化的发展和乡城人口流动性的增强，农村空巢化、空心化问题凸显，大量农村青壮年劳动力外出打工，农村留守、高龄和

---

① 徐勇、石健：《社会分工、家户制与中国的国家演化》，《中共杭州市委党校学报》2021 年第 6 期。

② 姚远：《中国家庭养老研究》，中国人口出版社 2001 年版，第 50—57 页。

③ 费孝通：《家庭结构变动中的老年赡养问题——再论中国家庭结构的变动》，《北京大学学报（哲学社会科学版）》1983 年第 3 期。

空巢老年人不断涌现，代际分离易产生"情感疏离"和"赡养脱离"，时空的双重分割严重影响着家庭养老功能的发挥。年轻子女承受着工作和生活的双重压力，承担赡养老人和抚育子女的双重照顾责任，农村传统"养儿防老"功能式微，农村养老服务照料缺口更大。[①] 农村传统家庭养老面临着内在基础薄弱和外在保障缺乏的双重困境。农村原有的养儿防老、多生子女等家庭功能失效，家庭养老的伦理道德基础削弱，传统家庭养老功能逐渐弱化，但未改变农村村级公共产品以农村集体经济为资金主要来源的实质。农村失能老年人对医养结合型养老服务的需求强度较大，且呈现刚性需求，农村老年人对医养结合型养老服务的需求不因子女探望频次、家庭照顾者等因素而递减。在经济社会转型期，传统孝道已显现一定程度的滑坡，农村社区传统家庭的供给能力有限，而新的孝道伦理尚未形成。[②] 同时，土地养老保障功能的弱化进一步激发了农村老年人对养老服务的迫切需求，留守老人、空巢老人既要承担土地耕种和家务劳动，又需要照料孙辈，传统家庭照料缺乏使家庭养老功能弱化。

二 健康的社会影响因素的变化增加了健康治理风险

伴随着人类社会健康水平的提升和积极老龄政策的推进，世界各国关于老龄化社会的理念逐步向积极老龄化与健康老龄化转型。健康老龄化政策理念的转变，促使各国健康养老服务供给侧的结构性转变，各国致力于提供连续性照顾服务，尽可能地维持晚年生活的可行能力，甄别和应对健康风险因素，将积极老龄化和健康老龄化视为人口发展问题，为世界各国制定和完善健康老龄政策产生了积极影响。2002 年，世界卫生组织在《积极老龄化政策框架》中赋予健康老龄化以积极的内涵，即"尽可能地为步入老年阶段的人提供健康、参与和保障的机会"，以

---

① 陈欣欣、陈燕凤、龚金泉、贾媛、孟琴琴、王格玮、王亚峰、颜力、杨鹏、赵耀辉：《我国农村养老面临的挑战和养老服务存在的突出问题》，《中国农业大学学报（社会科学版）》2021 年第 4 期。

② 张志元、郑吉友：《我国农村失能老人居家养老服务多元供给思考》，《河北经贸大学学报》2018 年第 5 期。

提高老年人的生活质量，提升健康期望寿命和生命质量。[1] 2018 年，世界卫生组织批准了《2019－2023 年第十三个工作总规划》，该规划以可持续发展为目标，以全民健康覆盖、卫生安全和改善健康与福祉为战略重心，旨在帮助各成员国实现健康领域的可持续发展，提高服务的普惠性和公平性。世界卫生组织认为健康的影响因素主要包括社会经济因素、结构性因素和社会发展等因素，[2] 如社会经济地位、社会政策、社会心理因素等，[3] 社会经济地位高的人通常拥有更好的健康状况、身体素质和活动能力，[4] 其作用机制在于社会经济因素、结构性因素和社会发展等因素的相互影响与协同推进（见图 3.4）。

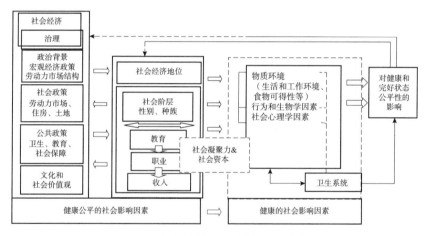

图 3.4　健康的社会影响因素基本框架

资料来源：Solar O.，Irwin A.，"A Conceptual Framework for Action on the Social Determinants of Health"，Social Determinants of Health Discussion Paper 2（Policy and Practice），Geneva，World Health Organization，2010，p.35.

我国人口老龄化面临疾病谱系、生态环境、生活方式、心理健康等

①　世界卫生组织：《积极老龄化政策框架》，中国老龄协会译，华龄出版社 2003 年版，第 1 页。

②　Solar，O.，Irwin A.，"A Conceptual Framework for Action on the Social Determinants of Health"，Social Determinants of Health Discussion Paper 2（Policy and Practice），Geneva，World Health Organization，2010，pp.35.

③　Schweda Mark et al.，"Planning Later Life：Bioethics and Public Health in Ageing Societies"，Taylor and Francis，2017，pp.250.

④　石智雷、顾嘉欣、傅强：《社会变迁与健康不平等——对第五次疾病转型的年龄—时期—队列分析》，《社会学研究》2020 年第 6 期。

多元变化，多重疾病威胁并存、多种影响因素交织的复杂局面。老年人随着年龄的增长健康状况较差，身体活动能力受限，患慢性病的风险增加。[①] 社会心理学家舒茨（W. Schutz）的人际需要理论、埃里克森（E. H. Erikson）的人格发展八阶段理论，较早地提出了终生发展和终生教育的观点，[②] 在人生八个阶段的最后阶段即老年期，表现出对人的生命历程的漫长的回顾和总结，健康保障和社会参与是这一阶段的主要矛盾。老年人对慢病管理、健康管理和医疗照护等健康养老服务需求程度增强，为机构、社区和居家等不同类型的老年人提供医养结合服务提出了专业化要求。

健康老龄化能够有效化解农村老年人的健康贫困，政府将慢病管理纳入健康管理制度范畴，根据慢性病和健康贫困的差异性提供多元化服务，从而有效治理农村老年人的健康养老风险，让广大人民群众享有公平可及、系统连续的健康服务。其中，精神和心理健康已被视为重要的基本公共健康治理问题，老年人的生活质量和精神健康状况影响着老年人心理健康和精神文化富裕程度。老年人的家庭和晚年婚姻生活是影响其身心健康和生活满意度的主要变量，[③] 在一定程度上反映了老年人照料资源的稀缺性。Umherson 的婚姻保护机制理论认为，配偶通过日常生活照顾、意外事故防范、精神慰藉、良好社会关系的维持等对老年健康具有保护作用，[④] 配偶健在的老年人能够通过婚姻关系在经济资源、健康促进、健康监测与压力疏解等方面获得慰藉。[⑤] 贫穷、丧偶以及缺

① Puts, M. T. E., Lips, P., Ribbe, M. W., et al., "The Effect of Frailty on Residential/Nursing Home Admission in the Netherlands Independent of Chronic Diseases and Functional Limitations", *European Journal of Ageing*, Vol. 2, No. 4, 2005, pp. 264–274.

② [美] 爱利克·埃里克森（Erik H. Erikson）：《童年与社会》，高丹妮、李妮译，世界图书出版有限公司北京分公司 2017 年版，第 227–249 页。

③ Connidis, I. A., Campbell, L. D., "Closeness, Confiding and Contact among Siblings in Middle and Late Adulthood", *Journal of Family Issues*, Vol. 16, No. 16, 1995, pp. 722–745.

④ Umberson, D., "Gender, Marital Status, and the Social Control of Health Behaviors", *Social Science and Medicine*, Vol. 34, No. 8, 1992, pp. 907–917.

⑤ 孙鹃娟：《新健康老龄化视域下的中国医养结合政策分析》，《中国体育科技》2020 年第 9 期。

乏社会参与在一定程度上制约着老年人生活质量与健康水平的提升,[①]晚年丧偶严重影响着老年人的身心健康,甚至增加老年人陷入健康贫困的风险。[②] 精神慰藉有助于老年人健康养老,农村老年人亟待通过社区志愿参与和精神慰藉服务,获得心理上的幸福感和满足感。健康对老年人劳动参与具有一定影响,[③] 社会参与和老年人健康呈正相关。[④] 社会参与和劳动参与是老年人缓解孤独感、消除心理障碍、增加幸福感、保持身心健康的有效途径。[⑤] 世界卫生组织所倡导的健康公平和人权的价值取向,反映了健康的社会影响因素不仅在整个生命周期影响人们的健康行为,而且是老年人是否参与社会的重要因素。

健康老龄化能够抵御劳动能力和自理能力丧失所导致的内生性养老风险,家庭支持的弱化和社会支持的匮乏引发的是老年失能等"外生性养老风险",而社会保护能够抵御外生性养老风险。[⑥] 政府需要加大养老保障投入力度,健全农村养老服务体系,推进家庭养老功能与养老服务政策的良性互动及"互融",增进老年人之间的健康信息交流,让老年人感受社会的互助和信任,[⑦] 破解健康养老服务需求增长与家庭照料缺失的矛盾,[⑧] 老年人形成健康的生活方式对于老年人的健康风险防范和心理健康促进具有重要意义。[⑨]

---

① Hom, N. C., "Depression among Elderly Living in Briddashram (Old Age Home)", *Advances in Aging Research*, Vol. 3, No. 1, 2014, pp. 6 – 11.

② Umberson, D., "Family Status and Health Behaviors: Social Control as a Dimension of Social Integration", *Journal of Health and Social Behaviors*, Vol. 28, No. 3, 1987, pp. 306 – 319.

③ 童玉芬、廖宇航:《健康状况对中国老年人劳动参与决策的影响》,《中国人口科学》2017年第6期。

④ 傅昌:《中国老年人社会参与和健康的相关性研究》,博士学位论文,武汉大学,2018年,第4页。

⑤ Benjamin D., Brandt L., Fan J. Z., "Ceaseless Toil? Health and Labor Supply of the Elderly in Rural China", *William Davidson Institute Working Paper Series*, 2003, pp. 1 – 4.

⑥ 穆光宗:《低生育时代的养老风险》,《华中科技大学学报(社会科学版)》2018年第1期。

⑦ 乐章、梁航:《社会资本对农村老人健康的影响》,《华南农业大学学报(社会科学版)》2020年第6期。

⑧ 王金营、马志越、李嘉瑞:《中国生育水平、生育意愿的再认识:现实和未来——基于2017年全国生育状况调查北方七省市的数据》,《人口研究》2019年第3期。

⑨ 王增文:《社会保障家庭要素融入及政策的演进考量》,《东岳论丛》2020年第2期。

三 运行机制不健全制约了医养结合型养老服务的健康发展

目前，由于我国医疗卫生与养老服务资源有限、医养资源匹配不均，城乡老年慢性病患者就医流向不合理易造成"社会性住院"和养老床位空置现象并存，服务供给效率不高。[①] 在医疗服务系统中，大型医疗机构和基层社区卫生服务机构缺乏有效衔接，未能实现可持续性的分级诊疗。基层社区医疗卫生机构在初级诊疗和双向转诊中，囿于自身资源和能力有限，其所具有的医务能力辐射农村养老机构的可能性较小，社区卫生服务机构的医养功能未得到充分体现，难以满足老年人的有效需求，农村老年人的健康保障问题尚未得到根本解决。

在实际运行过程中，农村医养结合型养老服务以政府为主导，主要依托五保供养机构、家庭邻里等提供自助互助式服务供给。城乡居民养老保险制度的合并实施在一定程度上有助于改善农村老年人的生活质量，但仍不能成为农村老年人养老生活的主要经济来源，政府和社会应在农村社区医疗卫生与养老服务提供中承担更多的责任。目前，我国面向农村老年人提供医养结合型养老服务的供给能力有限，非营利组织等发育尚不健全，亟待逐步健全和完善农村医养结合型养老服务运行机制。农村医养结合型养老服务只是对现有医疗卫生与养老服务资源的重组与结合，需要从农村老年人的个性化需求出发合理设计具有针对性的服务项目，促进资源的整合与融合。农村老年人居住分散，家庭收入来源比较单一，因病致贫、因病返贫、缺医少药现象在欠发达地区依然存在。新型农村合作医疗保险的异地就医服务机制需要在推进医疗卫生与养老服务运行过程中逐步完善。同时，在农村社会化养老服务体系尚未健全的形势下，农村养老服务供给也存在注重潜在需求而忽视有效需求和实际支付能力，注重设施改造而忽视资源利用效率，农村养老服务的运行尚未针对农村老年人的居家生活习惯和失能状况，进行需求评估与

---

① 戴卫东：《老年慢性病患者"社会性住院"的经济风险》，《中国医疗保险》2017年第10期。

特殊规划设计等问题，① 因而，农村养老服务尚存在"供需错配"等现象。

四　医养结合型养老服务的发展促进长期照护保险制度的建立

我国老年健康保障制度总体上有待于进一步健全和完善。贫困恶性循环理论认为，贫困者生存质量差，受教育机会少，在医疗卫生服务利用等方面处于劣势地位。传统农业社会中的家族力量和宗族制度提供家庭照料的可能性不断减小，女性在家庭照料中的照料者角色受现代职业化发展的影响，其功能和地位也在逐渐弱化，使家庭邻里的互助性支持受到一定影响。部分低收入群体、低保边缘户应对疾病风险的能力较弱，偶发性公共卫生危机可能使其重新陷入贫困，增加了精准扶贫的帮扶力度和治理难度。同时，政府通过财政支持和政策引导完善社区养老服务，既包括"五保供养"，又包括村集体提供的自助互助服务，主要通过乡镇敬老院、乡镇卫生院、农村互助幸福院、社区日间照料中心、村卫生室和家庭养老院等提供综合性服务，② 村集体发挥集体动员的优势，对农村老年贫困人口予以自助与互助式精准帮扶，但尚未真正解决农村医疗卫生与养老服务资源匮乏的问题。

因此，农村老年人医疗卫生与养老服务体系的不断健全，是全面建设社会主义现代化国家的内在要求。医养结合型养老机构的协同发展一定程度上与其提供的服务质量密切相关，③ 推动老年医学和老年健康服务事业发展为老年人提供多元化的优质服务，尤其针对农村失能、失智、残疾老年人等特殊困难群体迫切需要建立农村长期护理保险制度，不断增强农村老年人长期照护服务的制度保障。"十四五"规划指出，

---

① 张志元、郑吉友：《我国农村失能老人居家养老服务多元供给思考》，《河北经贸大学学报》2018 年第 5 期。

② 郑吉友、娄成武：《我国农村医养结合型养老服务体系构建研究》，《改革与战略》2021 年第 2 期。

③ Swan，J. H.，Benjamin，A. E.，"Medicare Home Health Utilization as a Function of Nursing Home Market Factors"，*Health Services Research*，Vol. 25，No. 3，1990，pp. 481 – 500.

推动养老事业和养老产业协同发展，健全基本养老服务体系，发展普惠型养老服务和互助性养老，支持家庭承担养老功能，培育养老新业态，构建居家社区机构相协调、医养康养相结合的养老服务体系，健全养老服务综合监管制度。① 我国农村老年人健康需求涵盖保健、预防、治疗、护理、康复、安宁疗护的综合性、连续性的服务体系，创新医防协同机制，稳步建立长期护理保险制度。

---

① 《中共中央关于制定国民经济和社会发展第十四个五年计划和二〇三五年远景目标的建议》，《光明日报》2020 年 11 月 4 日第 1 版。

第四章　我国农村医养结合型养老服务体系的内在机理

在探讨如何构建农村医养结合型养老服务体系之前，首先需要考虑由谁来提供农村医养结合型养老服务，如何满足服务需求以及采用何种方式提供医养结合型养老服务等，本章重点分析了农村医养结合型养老服务协同供给的主体与效用、目标与方式、优势与动力机制等。

第一节　农村医养结合型养老服务体系构建的相关主体

在农业农村现代化和乡村治理进程中，国家的主导地位仍将发挥重要作用，[1] 公共服务治理主体分为设计者、生产者和消费者，[2] 公共服务制度框架的核心是政策制定者、服务提供者和服务消费者或委托人，治理主体呈现多元化特征。[3]

一　政府

伴随着新型城镇化和乡村振兴战略的不断推进，为农村社区提供基本公共养老服务，建立健全农村医养结合型养老服务供给体系，已成为

---

[1]　康晓光：《行政吸纳社会的"新边疆"》，《南通大学学报（社会科学版）》2020 年第 2 期。

[2]　［美］E. S. 萨瓦斯（E. S. Savas）：《民营化与公私部门的伙伴关系》，周志忍等译，中国人民大学出版社 2003 年版，第 68 页。

[3]　俞可平等：《中国的治理变迁（1978—2018）》，社会科学文献出版社 2018 年版，第 3 页。

我国政府义不容辞的重要职责。福利多元主义理论指出，社会福利应由政府、市场、非营利组织、社区、家庭等多部门共同承担。政府作为农村医养结合型养老服务协同供给的管理者、规范者和引导者，将医养结合型养老服务以政府购买、委托代理和契约外包等方式实现社会组织、企业和社区等主体共同提供。[①] 政府职能优化的重点在于制定医养结合型养老服务的法律制度与政策体系，宏观指引医养结合型养老服务的发展方向，量化评估服务质量与协调监管供给主体间的供给行为与供给方式，创造公平竞争的营商环境。政府在服务生产与提供相分离的基础上承担养老服务的组织者、管理者、引导者和监督者角色，恪守职能权力和职责边界，发挥医养结合机构的外溢功能，优化配置社会资源，[②] 从而提高农村医养结合型养老服务的经济社会效益。

（一）组织者：财政支持

尼尔·吉尔伯特（Neil Gilbert）提出的"能促型国家"（the enabling state）理念，主张国家在社会福利领域的主要职能不是直接提供社会福利或者服务，而是促使社会福利提供者提高自身整体能力，从而更好地承担福利提供的职责。[③] 农村公共产品供给理论认为中央和地方政府在农村公共服务供给中承担财政责任，[④] 我国推动城乡统筹的基本公共服务财政保障制度建设，对于政府在社会服务的筹资和递送中实现服务的公平和高效具有挑战性。[⑤] 政府亟待建立财政专项资金预算管理制度，拓展政府财政的多渠道筹集机制。在合同承包安排中，理想的政府角色是公共物品和服务需求的确认者、理性的购买者、对所购买产品和服务具有经验的检查者和评估者、公平税赋的有效征收者、谨慎的支出

---

① 陈立行、柳中权：《中国老年社会福祉研究的新视角》，社会科学文献出版社 2007 年版，第 15—18 页。

② 胡宏伟、蒋浩琛：《多维脆弱与综合保护：困难家庭老年人群体比较与反贫困政策迭代》，《社会保障研究》2020 年第 4 期。

③ 顾昕：《医疗卫生健康治理现代化的挑战与解决路径》，《公共行政评论》2018 年第 6 期。

④ 韩俊等：《中国农村改革（2002—2012）：促进"三农"发展的制度创新》，上海远东出版社 2012 年版，第 194 页。

⑤ Magazines E., Review E., "World Development Report 1993 — Investing in Health", *Communicable Disease Report Cdr Weekly*, Vol. 3, No. 30, 1993, pp. 137.

者，适时适量对承包商进行支付。① 医疗卫生健康事业的善治离不开协同治理机制发挥的重要作用，转变政府职能将社会福利服务交由社会治理，而政府通过政策引导与财政支持使企业、非营利组织等主体积极参与农村医养结合型养老服务，促进农村医养结合型养老服务能够有效满足农村老年人多元化的养老服务需求。如吉林省积极通过财政政策支持社会组织参与社会服务，推进医养结合养老服务体系建设，吉林省居家养老协会、颐乐康复中心、康复辅助器具协会和白城市夕阳红老龄事业发展基金会等省级社会组织积极参与社会服务，构建医养结合型养老服务人才培养长效机制，全面提升医养结合型养老服务供给质量和效能。

（二）管理者：制度保障

政府作为政策制定者是制度执行的主要推动者，制度能力关乎一个国家利用可获得的资源和技术的能力，为经济社会发展提供重要的制度保障。② 高效的政府治理能力是建设安全高效的经济体制与社会政策的核心，作为决策管理者提升公共部门绩效的能力建设尤为关键。增进人民福祉，事关社会全面进步和人的全面发展，为老年人的社会福利给予法律保障是社会文明进步和现代化发展的必然要求，政府部门通过政策法律等形式保障老年人的合法权益，加强对人民群众健康水平的制度保障，这是我国政府不断坚持和完善卫生健康制度的总体目标。明确医养结合养老服务的政策理念与发展目标，精准识别农村老年人的医疗卫生与养老服务需求，使老年人有尊严、有质量、有保障地度过晚年生活。医养结合型养老服务供给不仅包括政府、企业、非营利性组织、慈善机构、社区等主体提供的正式照料，也包括家庭邻里等其他社会组织提供的非正式照料。政府在医养结合型养老服务供给中发挥制度保障作用，即倡导先进理念、制定发展政策，发挥政府组织和引导的制度保障作

---

① ［美］E. S. 萨瓦斯（E. S. Savas）：《民营化与公私部门的伙伴关系》，周志忍等译，中国人民大学出版社 2003 年版，第 73 页。

② Grindle, M., Hilderthbrand, M., "Building Sustainable Capacity in the Public Sector: What Can Be Done？", *Public Administration and Development*, Vol. 15, No. 5, 1995, pp. 144—163.

用,① 努力协调政府部门参与管理的程度和限度。2018 年，政府机构改革将全国老龄办调整到国家卫生健康委，赋予了国家卫生健康委健全和完善老年健康服务体系的职能，使政府各部门在维护公共医疗卫生与养老服务方面共同发挥积极作用。政府各部门应减少政策的冲突、重叠与交叉，放开养老服务市场，鼓励社会组织发展养老服务以促进服务有效供给，提高供给效能，形成政府、市场、社会组织、社区、家庭等多元主体协同供给。

（三）引导者：政策导向

从传统农业社会向现代工业社会转型的历史进程中，政府治理模式已从统治型管理迈向社会公共治理模式，是政府积极回应社会公众需求，采取积极、公平、正义、高效的服务满足公众需求与利益的有效途径。② 社会公共治理植根于民主政治的"委托责任关系"理论，以"主权在民"为基础，强调政府权力来源于人民，以广大人民意愿为旨向行使公共权力。③ 社会公正理论从本质上强调政府在社会发展中的主体责任，无论是罗尔斯（Rawls）在社会正义中实现初级产品的公平分配，还是阿马蒂亚·森（Amartya Sen）保障每个公民的可行动能力，抑或是诺齐克（Nozick）的程序和权利公平，均强调政府承担的重要主体责任，政府的制度保障是实现社会公平正义的前提和基础。④ 经济学家哈耶克认为，欲使责任有效，责任必须是明确且有限度。⑤ 我国政府正由管理型政府向责任政府、服务型政府转型，政府作为社会福利事业的引导者，在我国医养结合型养老服务中承担主体责任，其主要职能在于为医养结合型养老服务体系的建立和发展提供政策保障，发挥社会组织介

---

① 史云桐：《"政府造社会"：社区公共服务领域的"社会生产"实践》，《社会发展研究》2016 年第 4 期。

② ［美］格罗弗·斯塔林（Starling, G.）：《公共部门管理》，陈宪等译，上海译文出版社 2003 年版，第 145 页。

③ ［法］卢梭（Jean - Jacques Rousseau）：《社会契约论》，何兆武译，商务印书馆 1979 年版，第 28—31 页。

④ 吕炜、郭曼曼、王伟同：《教育机会公平与居民社会信任：城市教育代际流动的实证测度与微观证据》，《中国工业经济》2020 年第 4 期。

⑤ ［英］哈耶克（Friedrich August Hayek）：《自由秩序原理》，邓正来译，生活·读书·新知三联书店 1997 年版，第 99 页。

于政府与市场间的纽带与协调作用，鼓励和引导社会组织充分利用社区资源建设托老机构、日间照料中心、互助幸福院、村卫生室、家庭养老院等服务机构，协调多方资源提供医养结合型养老服务，发挥规模效应为广大农村老年人提供优质、低偿的专业服务。从制度上保障以农村老年人需求为导向的医养结合型养老服务供给机制。

我国医养结合型养老服务供给体系的主要原则体现在：其一，政府将农村医养结合型养老服务政策与经济社会发展政策统筹规划，既要考虑城乡社会统筹发展的经济社会效益，又需要兼顾城乡老年人的健康福祉，[①] 既要保障老年人的基本生存权益，而且要使老年人能够与其他社会群体共享经济社会发展的成果；其二，在推进新型城镇化和农村健康扶贫进程中，农村失能失智老年人是社会上多维脆弱的群体，农村医养结合型养老服务需要侧重对农村失能失智老年人的特殊保障作用；其三，要注重对家庭照顾者的舒缓、保护与支持作用，有助于继承和发扬中华民族优秀的孝道文化传统；其四，政府统筹兼顾医养结合型养老服务政策与国家健康保障政策，使医养结合型养老服务供给体系成为养老服务体系和健康支撑体系的重要组成部分；其五，健全和完善医养结合型养老服务的政策支持体系，促进社会救助、社会保险与社会福利制度的有效衔接，推动医养结合型养老服务供给体系愈加完善。

（四）监督者：监督评估

没有规矩不成方圆。政府对医养结合型养老服务发展的职责还体现在对各供给主体的监督与评估，进而规范市场行为。《中华人民共和国老年人权益保障法》第三条规定，"老年人有从国家和社会获得物质帮助的权利，有享受社会服务和社会优待的权利，有参与社会发展和共享发展成果的权利"。[②] 如果缺少政府的监督与管理，养老服务的公益性和福利性难以得到充分保障，老年人的权益难以得到有效维护。政府各

---

① 刘世爱、张奇林：《中老年家庭灾难性医疗支出的测度及影响因素——基于 CHARLS 数据的实证》，《南方人口》2020 年第 2 期。

② 《中华人民共和国老年人权益保障法》，法律出版社 2020 年版，第 6—7 页。

部门的协作治理能力有待提高，各供给主体缺乏实质性的协同联动与有效合作。政府对医养结合型养老服务资金来源、土地使用、床位设置等进行监管，但对护理专业性、护理人员比例、康复状况等相关指标缺乏明确规定，养老服务的监管考核和质量评估有待健全和完善，政府部门的监管有限、权责不明确在一定程度上引发医养结合机构的"道德风险"。为此，政府需要增强对医养结合机构的有效管理与监督，制定医养结合型养老服务的标准和规范，切实保护老年人的合法权益。在政府向社会组织购买养老服务的过程中，政府是组织者，社会组织是生产者，而老年人是享受者。政府将医养结合型养老服务以竞争性购买、委托代理、契约外包和市场化方式，使医养结合型养老服务中的供给主体在政府监管下协同供给。

二 市场

詹姆斯·梅志里（James Midgley）的"社会发展理论"认为，从制度视角提出了发展型社会政策的福利观，将公民社会和商业组织均纳入促进社会福利政策发展的过程中。[1] 为了克服公共部门在医疗服务提供过程中的内在效率不足，发达国家通过签订合同等方式将诊所和非诊所提供的服务外包由民营部门承担，服务外包引入竞争机制，既能够保持对服务提供过程的有效监管，又有助于提高服务的供给效率，提升老年照料者的生命价值。

如果政府的职责在于"掌舵"，政府逐步将部分权力和责任"让渡"给市场，让不同供给主体积极参与服务供给。[2] 伴随着我国医疗卫生与养老服务事业的迅猛发展，医养结合型养老服务供给主体多元化，营利性服务占有较大比重。企业作为市场提供健康养老服务的载体，已成为我国农村医养结合型养老服务供给主体之一。企业所承担的责任是供给多元化的农村养老服务，以满足农村老年人多元化的养老服务需

---

① ［英］安东尼·哈尔（Anthony Hall），［美］詹姆斯·梅志里（James Midgley）：《发展型社会政策》，罗敏、范酉庆等译，社会科学文献出版社 2006 年版，第 43 页。

② ［美］E. S. 萨瓦斯（E. S. Savas）：《民营化与公私部门的伙伴关系》，周志忍等译，中国人民大学出版社 2003 年版，第 5 页。

求。以辽宁省为例，辽宁省非企业之外的市场主体增长迅速，为农村社
会养老服务的多元化发展营造了较好的市场环境。辽宁省以优化营商环
境为基础全面深化改革，简政放权成效显现。据辽宁省市场监督管理局
公布的数据显示，2020 年，辽宁省共有新登记市场主体 1.7 万户，其
中，新登记企业 4.7 万户，同比分别增长 11.77% 和 5.08% 。辽宁省积
极营造高效良好的营商环境，激发市场主体活力。企业通过发展智能化
家居系统提高老年人居住的适老化水平，为老年人提供医疗、康复和教
育等全方位、多功能的智能照料，赋予老年人一定的自由度和安全感，
从而促进老年人在社区生活的独立性。① 在生产领域，医养结合型养老
服务的市场主体应对城乡老年群体多元化需求实施精准识别，根据老年
人的年龄、经济状况和健康状况等差异提供多元化的服务保障，从而提
高服务的质量和效能。

三　社会组织

"社会组织" 作为中文语境下的概念，具有广义和狭义的双重内
涵，广义的社会组织是指除党政机关、企事业单位以外的社会中介性组
织；狭义的社会组织，是指由各级民政部门作为登记管理机关，纳入登
记管理范围的社会团体、民办非企业单位、基金会三类社会组织，本书
主要涉及狭义上的社会组织。非营利组织有时亦称为第三部门，是医养
结合养老服务的主要提供者，包括志愿者团体、慈善组织等。非营利组
织以使命为先，并通过组织的使命吸引、凝聚员工和志愿者，而不是通
过工资和福利待遇吸引员工和志愿者。② 莱斯特·M. 萨拉蒙（Lester
M. Salamon） 提出非营利组织具有组织性、非政府性、非营利性、自治
性和志愿性五个特征。

我国的社会组织既具有西方国家非营利组织或非政府组织的特点，

---

① Bujnowska – Fedak, M. M., Grata – Borkowska U., "Use of Telemedicine – based Care for
the Aging and Elderly: Promises and Pitfalls", *Smart Homecare Technology and Telehealth*, Vol. 20,
No. 3, 2015, pp. 91 – 105.

② ［美］彼得·德鲁克（Peter Ferdinand Drucker）:《非营利机构的管理》，吴振阳等译，
机械工业出版社 2009 年版，第 3—6 页。

又具有中国特色社会主义制度赋予的特征，① 公共性是人类与生俱来的根本属性之一，是人们在社会实践中形成的社会关系。马克思在揭露资本主义社会的本质时提出并论证了超越私人利益的"公共利益"的存在及其内在机制，进而预判未来社会将通过公共性实现形态上的"自由人联合体"。社会组织在我国社会场域中所依循的是不同于西方的行动逻辑，奠定了社会组织在我国农村社会福利治理中的重要地位。改革开放以来，原先以种地为生的农民转变为以打工为主的农民工群体，进而逐渐孕育着理性的个人主义价值观，早前费孝通先生称乡土中国的"熟人社会"逐渐演变为今天的"半熟人社会"，传统社会中的家庭宗族观念逐渐减弱，家族力量和宗族制度提供家庭照料的可能性逐渐减小。改革开放后，我国农村较早出现了纯民间组织，农村非营利组织场域要素的互动，所呈现的是来自对现实农村生活经验的具象演绎和抽象概括，是农村集体行动过程中行动逻辑的主要结构性要素，是维持农村合作关系网络的关键节点。② 农村社会组织具有连带性吸纳功能，是基于一定经济基础上的福利供给能力，在农村社会养老服务产生和发展过程中发挥了重要作用。

伴随着我国老年人口的增加，农村老年协会、老年活动中心等代表老年人次文化团体的机构或组织在逐年增加。农村社区形成以村委会为中心的第三部门组织合作，通过互助组织或代际社会支持小组缓解老年人的健康照料问题，通过系统整合与优化配置社会资源为社区的高龄、失能和失智老年人提供助餐、助医、助急、助浴、助洁等养老服务。在运转机制上，村委会仍是老年福祉的核心供给主体之一，以农村老年人需求为导向，发挥橄榄式、扁平化的现代治理功能，以使其发挥更具能动性和参与性的志愿精神。乡镇企业、村庄乡贤等社区权威力量是通过农村基层社区组织提供养老服务。第三部门在医养康护服务领域的拓展，有助于整合不同类型的民间组织团体，发挥政府、市场、社区、家

---

① 王浦劬、[美] 莱斯特·M. 萨拉蒙（Lester M. Salamon）：《政府向社会组织购买公共服务研究：中国与全球经验分析》，北京大学出版社 2016 年版，第 6 页。

② 狄金华：《"权力—利益"与行动伦理：基层政府政策动员的多重逻辑——基于农地确权政策执行的案例分析》，《社会学研究》2019 年第 4 期。

庭邻里等福利部门之间的资源互补与竞争合作的协同效应。① 在农村社会养老服务市场发育尚不成熟的环境下，社会组织提供农村医养结合型养老服务尚处于起步和探索阶段，农村社会组织数量较少，具有专业服务技术和服务经验的专业人员较为缺乏。社会工作者介入医养结合型养老服务具有独特优势，医务社会工作和老年社会工作是社会工作体系中的重要领域，社会工作者凭借其专业理念和工作方法，发挥自身潜能，协调社会关系，化解健康和养老照料风险，为农村老年人提供经济支持、生活照料、医疗护理、情感支持等多元化专业化服务，已成为农村养老服务事业不可或缺的中坚力量。② 但社会组织普遍存在资金匮乏、参与不足，③ 对政府依赖性较强以及自身建设能力薄弱等问题。政府各部门可采取政府购买、公建民营、民办公助等方式为老年人提供多样化、多层次的医养结合型养老服务，充分发挥社会组织的拾遗补阙作用，增强对公益慈善组织和助老志愿服务的支持和培育力度，培育农村社会组织重构乡土公共精神，④ 鼓励公益志愿组织协同供给医养结合型养老服务，给予老年人专业化的关爱照护服务。

四　社区

作为老年人家庭之外的重要生活空间，社区在我国传统社会福利提供中发挥重要作用。农村社区与城市不同，是由彼此联系且具有共同利益与共同地域的共同体，⑤ 是具有归属感与认同感的"熟人社会"，是以人情、感情、信任和互惠为基础的地域性互动网络，使社区具备了血缘和地缘的双重优势，奠定了农村社区支持的坚实基础，农村居民与自身所属的地方社区和家庭宗族之间具有更为密切的联系。伴随着农民集

---

① 韩央迪：《第三部门视域下的中国农民福利治理》，上海三联书店 2014 年版，第141—180 页。

② 杨菊华：《人口转变与老年贫困》，中国人民大学出版社 2011 年版，第 2 页。

③ 同春芬、王珊珊：《老龄社会转型背景下老龄服务社会化的推进——基于福利社会范式的视角》，《求实》2017 年第 11 期。

④ 罗晓辉：《乡土公共性建构：破解农村互助养老发展困境之道》，《长白学刊》2021 年第 4 期。

⑤ ［美］埃弗里特·M. 罗吉斯（Everett M. Rogers），拉伯尔·J. 伯德格：《乡村社会变迁》，王晓毅、王地宁译，浙江人民出版社 1988 年版，第 164 页。

体福利的提升，社区应成为企业和社会组织提供服务的互动平台。① 集体福利需要互助、团结与凝聚，② 村委会作为中国农民自治性质的正式组织，具有自我管理与自我服务的组织使命，试图以社区力量实现福利服务的递送和供给。③ 村委会、村民代表大会即村小组是社区组织的基本形式，通过村委会提供福利服务和社会支持，促进集体福利的资源分配和福利共享。村集体发挥集体动员优势，对农村失能失智老年人予以重点帮扶，能够有效拓展健康养老资源，促进社会参与。政府通过财政支持与政策扶持，完善村集体的财政保障机制，完善社区养老服务供给机制，增强农村医养结合型养老服务的供给能力。农村互助式养老主要通过政府财政转移支付、村委会自治与老年人的自助互助相结合，既包括村集体提供的"五保供养"服务，也包括村集体提供的养老补贴、年节慰问等经济与社会支持。农村社区作为农村医养结合型养老服务的供给主体之一，在医养结合型养老服务供给中发挥沟通与协调作用，是我国农村医养结合型养老服务体系的"网底"。农村医养结合型养老服务协同供给依托社区网络信息平台和社会组织，充分挖掘现有组织资源，实现对社会养老服务的有机整合。

五 家庭邻里

家庭是人类社会生活的重要支柱，家庭邻里的浓厚意识源于敬老爱老、邻里互助的优良传统和强有力的社会支持体系。④ 在传统农业社会，老年人的赡养主要以家庭照顾为主，宗族、社区、邻里等扮演着辅助性角色。传统农业社会建立在家庭系统之上，而家庭宗族是血缘共同体，具有天然的血缘基础，又构成社会互动的伦理道德基础，⑤ 而邻里

---

① 陈友华、庞飞、曾伟：《老年人居住意愿满足问题与社会工作介入策略》，《社会发展研究》2018 年第 4 期。

② 刘妮娜：《中国农村互助型社会养老的定位、模式与进路》，《云南民族大学学报（哲学社会科学版）》2020 年第 3 期。

③ 韩央迪：《第三部门视域下的中国农民福利治理》，上海三联书店 2014 年版，第 137 页。

④ 丁煜、王玲智：《基于城乡差异的社区养老服务供需失衡问题研究》，《人口与社会》2018 年第 3 期。

⑤ 潘屹：《中国农村福利》，社会科学文献出版社 2014 年版，第 104 页。

是村庄生活共同体，是地缘共同体，[1] 也是最持久的人类群体生活的社会模式。[2] 在我国古代"家国一体"的宗法社会中，以家庭为本位的忠孝文化源远流长，家庭是传统农业社会家庭宗亲的基本团体，是兼具养老、哺幼、经济、教育以及娱乐功能的资源共同体，承载着自助、互助与支持等多重功能，堪与现代社会福利制度相媲美。"家国同构"确立了国家和政府的主导地位。我国社区福利文化中素有"守望相助，邻里相恤"等邻里文化传统，非正式护理人员中的亲属、邻里或社区等非正式服务网络在对失能老年人提供生活照料服务中发挥了重要作用。在人民公社制度下，农村养老服务以家庭等非正式照顾为主，辅之以集体村社的社会救助与机构养老，农村养老服务供给采取集体动员式决策机制与社会共同筹资的多元筹资机制，政府在家庭养老基础上在农村社会的互助与救助中发挥重要作用。[3] 改革开放后，伴随着人民公社的解体，传统农业社会结构发生较大变化，社会福利的责任和职能逐渐回归社区。在社会福利的角色分工中，社区和家庭邻里是我国农村社会福利的基础，主要体现在对政府、社区、家庭邻里所承载的福利功能上。家庭作为社会的最小核心单元，承载着对老年人的赡养义务与职责，[4] 是我国农村老年人社会支持的主要来源。家庭成员代际之间的经济供养、生活照料以及精神慰藉等具有较强的抵御老龄风险的能力，且体现出服务的长效性等特点，是与生俱来的社会照料服务提供者。[5]

伴随着我国农村经济社会不断发展，社会和家庭具有赡养老年人的共同责任，更为凸显家庭责任和社会责任并重，[6] 家庭作为养老服务的供给主体，是养老服务的主要提供者。居家式医养结合型养老服务则是

---

[1] ［德］斐迪南·滕尼斯（Ferdinand Tönnies）：《共同体与社会》，林荣远译，商务印书馆1999年版，第65页。

[2] 王思斌：《中国社会工作研究（第一辑）》，社会科学文献出版社2002年版，第65页。

[3] 郑吉友：《辽宁省农村养老服务模式的历史演进》，《党政干部学刊》2019年第1期。

[4] Wong, L., "Community Social Services in the People's Republic of China", *International Social Work*, Vol. 35, No. 4, 1992, pp. 455–470.

[5] 秦智颖、李振军：《我国农村养老服务供给主体多元化研究——基于协同治理理论视角的分析》，《中国集体经济》2016年第1期。

[6] Susan, M. H., Georgia, M. B., *Aging, the Individual and Society*, Wadsworth Publishing Company, 1999, pp. 12.

将家庭医疗、康复护理、健康管理与上门服务相结合。农村老年人仍希望在健康状况允许时在熟悉的社区环境中享受居家照顾，居家式医养结合型养老服务能够兼顾家庭养老满足情感慰藉的优势，已逐渐成为老年人养老生活的理想选择。福利多元主义已嵌入我国医养结合型养老服务供给网络中，政府应优先重点解决失能失智老年人的长期照护服务需求，构建家庭助老脱贫政策体系，[①] 在重构家庭政策的基础上引导并支持现代家庭建设，医养结合型养老服务在生产、管理、运营、供给、递送等过程以需求为导向逐步形成社会力量的协同供给（见表4.1）。

表4.1　　　　　　我国农村养老服务供给主体的协同发展脉络[②]

	计划经济时期（20世纪50年代–70年代末）	家庭承包责任制时期（20世纪80年代–21世纪初）	农村税费制度改革后（2006年至今）
时代背景	物资匮乏，百废待兴。	社会福利体制改革。	家庭养老功能弱化，养老服务需求增长。
供给主体	政府、村集体。	多元化发展的萌芽。	多元化趋势日益明显。
供给责任	以非正式照顾为主，辅之以低水平的救助和粗放式的机构养老。	强化家庭责任，凸显市场力量。	凸显政府和社会责任。
筹资对象	政府、集体经济组织。	政府、村集体、村两委。	政府、企业、社会组织、社区、家庭邻里。
决策机制	"自上而下"。	"自上而下"与"自下而上"。	"自上而下"与"自下而上"相结合。
供给特点	家庭是供给主体，政府承担有限责任。	政府主导，供给主体不断增多，市场、社会组织各主体之间的协同逐步显现。	供给主体间的竞争与合作不断增强，主要体现在职责与功能的整合。

资料来源：王永梅、吕学静：《收入水平对老年人养老服务利用的影响与机制研究——以北京数据为例的调节效应》，《人口与发展》2019年第5期，第10—20页。

伴随着我国经济社会的城乡统筹发展，农村老年人的养老服务需求日益多元化，探索适合我国农村社会发展实际的医养结合型养老服务体系，各供给主体间的分工与协作能够较好地实现社会养老服务资源的汲

---

① 汪连杰：《老年贫困多元主体协同治理：理论阐释与实证研究——基于家庭禀赋、社会资本维度的考察》，博士学位论文，武汉大学，2019年，第2页。

② 王永梅、吕学静：《收入水平对老年人养老服务利用的影响与机制研究——以北京数据为例的调节效应》，《人口与发展》2019年第5期。

取和整合，健全和完善医养结合型养老服务体系，努力推进农村医养结合型养老服务协同供给，是医养结合型养老服务可持续发展和高效协同的有效治理方式。① 医养结合型养老服务协同供给呈现阶段性、动态性变化发展的过程，各供给主体的服务理念、服务者、服务对象和服务机构各具特色（见表4.2）。在农村老年人的老年福利需求与经济社会体制改革的双向互动中，农村医养结合型养老服务需要政府、市场、非营利组织、社区、家庭邻里等多元供给主体的协同治理，实现多部门提供福利的风险共担与效益共享，创生了多元福利供给主体和而不同的"和合"境界。

表4.2　　　　　　　农村医养结合型养老服务供给主体与功能

	政府	市场	社会组织	社区	家庭邻里
服务理念	把人民群众生命安全和身体健康放在首位。	效率、利益。	慈善、志愿精神、社会准则、公众尊敬、宗教伦理。	共同体责任	传统文化、互助、互惠。
服务者	公共部门的工作者。	企业组织的雇员。	志愿者或志愿组织的雇员、签约者。	社区工作人员或购买服务人员。	家庭护理员或家属成员、朋友、邻里。
服务对象	以"五保"老人、失能失智老人为重点的农村老年人。	具有购买意愿和支付能力的老年人。	具有捐赠需求的老年人。	农村社区具有医养结合养老意愿的老年人。	家庭中具有医养结合养老服务需求的老年人。
服务机构	中央和地方政府及各级民政福利机构。	企业	志愿组织、慈善团体、公益社团。	社区养老机构、互助幸福院、乡镇卫生院、村卫生室、村两委、村老年协会、妇女协会。	家庭养老院

资料来源：笔者自制。

---

① 郑吉友、娄成武：《我国农村医养结合型养老服务体系构建研究》，《改革与战略》2021年第2期。

第二节 农村推进医养结合型养老服务协同供给的目标与方式

伴随着农村经济社会发展水平不断提高，政府对农村医养结合型养老服务的供给侧改革给予高度重视。农村医养结合型养老服务体系的构建，以改善农村老年人的生活水平为目标，充分发挥政府提供公共服务的引导作用，增强医养结合型养老服务的普惠性，农村医养结合型养老服务网络已初步形成，农村医养结合型养老服务供给主体在为老年人提供和递送服务的过程中形成了不同的供给方式。

一 农村推进医养结合型养老服务协同供给的目标

（一）充分发挥政府提供公共服务的引导作用

农村医养结合型养老服务各供给主体以老年人的需求为导向产生自组织运动，其决定性序参量是农村老年人的医养结合型养老服务需求。农村医养结合型养老服务需求这一序参量的作用是供给系统自组织演化的内驱动力，农村老年人对医养结合型养老服务需求的满足是整个供给系统的真正价值所在。根据需求内容的不同，将医养结合型养老服务需求分为经济支持、生活照料、精神慰藉和社会参与等方面，各供给主体分别依据老年人需求的差异性和多样性，提供多元化的养老服务，如政府主要通过政策支持提供制度保障，市场依据农村老年人的可支付能力提供生活照顾、医疗护理和精神慰藉等服务，社会组织以老年人的多元化需求为导向提供社会慈善捐赠和社会公益等服务；依据农村社区养老服务需求强度的分类，紧急救援等无弹性类服务使各供给主体在外界物质和能量的支持下能够得到优先发展，而农村老年人医养结合型养老需求强度的高低役使着各供给主体间的相互作用与变化，它也成为衡量系统协同程度的重要参量。同时，自组织的序参量在系统竞争与协同作用下，主宰着其自组织整体演进行为。因此，农村医养结合型养老服务的有效需求是实现协同供给的前提条件，是衡量供给水平的主要依据，推动着整个供给系统有序结构的形成，实现社会福利最大化。

在医养结合型养老服务协同供给机制中的供给主体职能定位各有不同，政府在协同供给中居于主导地位，① 政府通过组织领导、财政支持和政策引导为农村"五保""空巢""失能"老年人提供福利保障服务，② 在公共部门机构、公私部门之间之间引入竞争机制，让私营部门与第三部门等其他社会主体参与公共服务供给。③ 市场主体积极发展养老服务和老龄健康产业，为老年人提供多元化的养老服务；慈善组织、志愿团体等非营利组织是医养结合型养老服务的重要主体之一。社区在老年人的社区照顾中发挥补充作用，④ 社区需要为社会力量搭建良好的服务平台，而家庭等其他主体提供非正式照料服务，⑤ 因此，建立健全医养结合型养老服务协同供给机制，各协同供给主体以养老需求为导向产生自组织行为，共同为农村老年人提供多元化医养结合型养老服务，实现政府角色转换和社会权力回归，从而有效提高服务供给质量和效能，⑥ 逐步推进农村医养结合型养老服务供给主体之间的协同供给。

（二）增强医养结合型养老服务的普惠性

农村医养结合型养老服务由政府委托村庄自治组织供给的基本福利，为农民赋权增能具有普惠性和福利性。政府在农村医养结合型养老服务发展过程中，承担养老服务政策规划者的角色，制定发展规划、采

---

① ［美］戴维·奥斯本（David Osborne）等：《改革政府——企业精神如何改革着公营部门》，周敦仁译，上海译文出版社1996年版，第11—12页。

② 艾莉丝·伊格利（Alice Eagly）提出了社会角色理论认为，在社会发展历程中，劳动分工主要以性别为基础，男性外出工作，女性从事家务劳动，这种劳动的性别角色分工具有深远的社会影响，即社会成员期望男性与女性各自所具有的属性与其角色相符，期望女性比男性更加友善。在我国，由于农村已婚中青年大量外出打工创业，部分年轻子女将孙子女留给家中老人看护照料，由此就产生了老年人和孙子女共同生活的祖孙隔代家庭，按其对家庭养老功能的划分，也被视为准空巢家庭。

③ 丁煌：《西方行政学说史》，武汉大学出版社2004年版，第378页。

④ Yunjeong Yang, "The Role of NGOs in Enabling Elderly Activity and Care in the Community: A Case Study of Silver Wings in South Korea", *Journal of Cross Cult Gerontol*, Vol. 33, 2018, pp. 217 - 228.

⑤ 郑吉友：《农村居家养老服务协同供给体系构建研究》，《广西社会科学》2019年第6期。

⑥ 叶响裙：《公共服务多元主体供给：理论与实践》，社会科学文献出版社2014年版，第17页。

取积极扶持政策、进行协调、监督与管理等。当前，我国农村医养结合型养老服务通过政府向社会组织购买服务，实现公私协力供给，促进政府与社会组织间的良性互动，使政府与社会组织构建平等合作与功能互补的新型关系，以保障农村老年人享有基本养老服务。农村医养结合型养老服务的发展具有相对稳定的制度保障，医养结合型养老服务主要依靠各级政府部门的协同联动，中央财政对老年福利投入与转移支付力度不断增强，地方政府需要充分挖掘社会组织、社区和家庭的协同合作优势，使医养结合型养老服务由补缺型向适度普惠型转变。① 在市场或企业为主体的供给中，农村医养结合型养老服务具有一定的选择性，并通过市场运营和私营企业的专业化运作实现了部分的福利供给；而非营利组织供给具有自治性，是第三部门通过草根组织的自我行动所创生的福利供给；农村老年人的福利来源呈发散性，由非营利组织等专业机构为农村老年人提供具有普惠性、制度化和多元化的服务，任何可能的资源都将成为福利供给的基础。农村医养结合型养老服务以农村老年人需求为导向，需要吸纳具备较高专业资质与能力的社会工作者参与医养结合型养老服务，增强农村医养结合型养老服务的福利性和普惠性，增进老年人对医养结合型养老服务的政策认同，有助于推动农村养老服务的专业化发展和供给效能提升。

（三）改善农村老年人的健康保障水平

老年人的健康水平是老年人社会福祉水平的集中体现。2021 年，中央一号文件指出，将"农村现代化"与"农业现代化"一并作为"三农"工作的总目标，成为中央一号文件重要的指导思想。伴随着新型城镇化的推进以及农村经济发展水平的提高，农村集体经济、农村土地流转等收益分配应充分考虑农村老年人的健康养老保障问题。伴随着我国医疗卫生与养老服务制度的不断健全，城乡基本医疗保险制度已基本实现全覆盖，社区医疗卫生与养老服务制度逐步完善，医养结合型养老服务政策体系和体制机制已逐步完善。农村医养结合型养老服务的协

---

① 张志元、郑吉友：《我国农村失能老人居家养老服务多元供给思考》，《河北经贸大学学报》2018 年第 5 期。

同供给，需要以较为完善的社会保障制度和社会化养老服务水平的不断提升为基础和支撑。农村医养结合型养老服务体系的构建与完善有助于加强农村基础设施建设，提高农村公共服务能力，不断提升医养结合型养老服务水平，健全乡村治理体系，改善农村老年人的生活水平。基层医疗卫生机构的初级卫生保健与以医院为基础的二级医疗保健相对应，注重疾病预防和公共卫生保健，二级和三级医疗机构为老年人提供挂号预约、健康检查等便利服务的就医绿色通道。医养结合型养老服务机构能够以不同形式为老年人提供医疗卫生与养老服务，为老年人提供居家上门服务的能力得到明显提升，不断满足农村老年人的医养结合型养老服务需求，农村医疗卫生与养老服务资源努力实现有序共享，城乡覆盖、规模适度、功能合理、综合连续的医养结合型养老服务网络已基本形成。

二 农村推进医养结合型养老服务协同供给的方式

从发掘和利用老年群体资源优势角度看，农村医养结合型养老服务的方式应涵盖老龄事业和老龄产业两部分，其中，老龄事业主要是通过政府财政保障机制提供产品和服务，老龄产业主要是通过市场机制提供产品和服务，前者旨在保障健康老年群体的基本生活需求，后者旨在满足亚健康的失能失智老年人的发展型生活需求，农村老年人的多元化医养结合型养老服务需求为政府之外的其他组织机制的介入创造了条件。[①] 由于供给主体不同，农村医养结合型养老服务供给主体在为老年人提供和递送服务的过程中形成了不同的供给方式，即政府供给、市场供给、社会组织供给和多元主体协同供给。

政府、市场和非营利组织等多主体协同供给作为医养结合型养老服务供给方式之一，[②] 具有各自的运行特征与有效作用条件。农村医养结合型养老服务多元供给主体之间并非单一的线性关系，而是复杂的网络

---

① 姚远：《老年群体更替：积极应对人口老龄化必须考虑的问题》，《西南民族大学学报（人文社科版）》2016 年第 11 期。

② ［美］福罗拉（C. B. Flora，J. L. Flora）：《农村社区资本与农村发展》，肖迎译，民族出版社 2011 年版，第 11—13 页。

协同关系，不是政府、市场与社会组织的非此即彼，而是多主体的协同合作。任何单一的供给模式与制度安排均无法实现农村医养结合型养老服务的协同供给，不能全面地肯定或否定某一种方式，也无法单独采用某一种方式而排斥另一种方式。在农村社区，社会组织力量较为薄弱，市场和社会组织等供给主体发育尚不成熟，新型农村社区的平台作用尚未得到有效发挥，使医养结合型养老服务供给主体的协同合力作用有限。而政府在医养结合型养老服务供给中的有限性，产生了对市场竞争机制与社会协同机制的功能需求，这是市场供给与社会组织供给等相互协同的主要原因。为此，农村医养结合型养老服务体系构建的整体目标，在于追求经济效益和社会效益的双重提升，逐步建立具有有效选择与相互联动的协同机制。

多元供给主体根据资源优化配置的交易成本最小化原则与经济合理性原则，努力寻求政府、市场与社会组织在供给过程中的均衡点，建立政府、市场与社会组织等供给农村医养结合型养老服务的多元化制度安排。公私合作伙伴关系被视为一种高效的制度安排，避免政府直接生产或提供养老服务的单一供给，从而实现政事、政社分开，通过政府购买服务等 PPP 模式促进政府职能转型升级，推动养老服务生产和递送过程的转变，提升服务质量和效能。当前，跨主体内部的协同供给已逐渐成为农村医养结合型养老服务协同供给的有效方式，在服务生产者中任何一个供给主体都可能与其他主体形成相互竞争与协作关系，从而形成网络式互动结构。① 农村医养结合型养老服务的多元协同供给需要政府、市场、社区、非营利组织等主体的协同合作与优势互补，从而更好地为农村老年人提供医养结合型养老服务。

农村医养结合型养老服务以老年人需求为导向的多元协同供给方式，是政府、企业、非营利组织等多元主体以农村老年人的满意度为价值取向，在医养结合型养老服务协同供给过程中所形成的价值体系。基于协同治理理论的分析框架，供给方式可分为协同供给与非协同供给。

---

① 张勇杰：《多层次整合：基层社会治理中党组织的行动逻辑探析——以北京市党建引领"街乡吹哨、部门报到"改革为例》，《社会主义研究》2019 年第 6 期。

医养结合型养老服务供给方式的运作机理在于养老服务供给主体明确各自责任边界基础上的协同供给。[①] 农村医养结合型养老服务协同供给作为供给方式之一，是供给体系发展过程的高级阶段。农村医养结合型养老服务从非协同的多元供给迈向多元协同供给需要供给主体间的协同联动，即政府、市场、机构、社区、家庭等主体的有机融合，其中，家庭照料是以家庭养老为主，家族（宗族）与社会服务的嵌入相结合；社区因素是由村两委组织、家庭邻里的通力合作实现协同供给；民间因素即由草根组织、老年协会、自助与互助团体等乡社关系的有机整合；机构因素即由政府财政投入的乡镇敬老院、乡镇托老中心和乡镇卫生院等诸要素的优势互补与有机整合；市场因素是由企业、农村信用合作社等市场要素的协同供给；社会因素是由慈善组织、公益团体、企业家捐赠、志愿者等非营利组织的协同供给。

农村医养结合型养老服务协同供给方式按照制度规范化程度可分为制度化、经常化、偶发式、低度协同供给四个阶段，其中，制度化供给是多元供给主体发育健全，社会化养老服务体系发育较为成熟的供给形态。目前，农村医养结合型养老服务由于经济社会发展水平尚不成熟，尚处于偶发式低度协同供给阶段，偶发式供给或个别主体的协同如机构、社区、家庭的单一供给，且只有低度、少量和水平较低的协同，大量的高度协同尚未在真正意义上实现。协同供给所体现的精神主旨是在政府、市场和社会之间探索混合福利经济的崭新领域，在政府提供福利、市场供给服务和第三部门供给之间逐步开辟多元福利体系，构建政府、企业和非营利组织等多主体供给医养结合型养老服务的协同联动机制。农村医养结合型养老服务从非协同供给向协同供给转化，从低度协同向高度协同转化，由个别主体协同向制度化、整体性协同转化，在养老服务协同供给过程中尤为重要，是未来的基本运作模式（见表4.3）。可见，农村医养结合型养老服务协同供给方式体现了多元供给的形态，而协同供给是多元供给的形态之一。

---

① 汪杰贵：《村庄治理现代化进程中农民自组织公共参与逻辑与进路——基于3个典型案例的研究》，《农业经济问题》2020年第4期。

表 4.3 农村医养结合型养老服务协同供给方式

服务供给部门	供给主体	供给内容	供给方式
社区	村两委、乡镇或村卫生室、家庭养老院。	送米、面、油，送医、送药、提供娱乐设施等。	政府、村两委、家庭协同供给。
家庭	子女、孙子女。	家居生活用品等。	购买服务
邻里	邻居、亲属	家居生活用品等。	志愿供给
机构	政府民政福利机构、乡镇敬老院、托老中心、乡镇卫生院。	生活照料、医疗护理与康复等。	政府购买
市场	企业、农村信用合作社、社区医院、村卫生室。	养老产品、服务等。	合同制
民间社会	非营利组织、企业家捐赠、公益团体。	养老生活用品等。	凭单制、政府购买

资料来源：笔者自制。

奥斯本和盖布勒曾说："当家庭、居民点、学校、志愿组织和企业公司健全时，整个社区也会健康发展，而政府最基本作用就是引导社会机构和组织健康发展。"[1] 政府应通过增强内力、协同外力，鼓励非正式养老资源积极介入，最终形成内源式生长和外源式强力支持的农村养老保障模式。在支持系统中，政府、企业、非营利组织、社区和家庭等为农村老年人提供社会养老支持，使社会力量相互融合、相互促进，共同为农村医养结合型养老服务的协同供给形成合力。在整体上，农村医养结合型养老服务供给主体协力促进农村老年福利的多元性与协同性的实现，从而提高农村老年人的福祉。

第三节　农村构建医养结合型养老服务体系的供给效用

目前，我国农村医养结合型养老服务尚处于初创阶段，但尚未充分实现多元协同供给。本书以协同治理理论为基础，分析协同治理理论与

---

[1] 叶响裙：《公共服务多元主体供给：理论与实践》，社会科学文献出版社 2014 年版，第 16 页。

农村医养结合型养老服务协同供给的契合性,[①] 并从相变、序参量和自组织等方面分析农村医养结合型养老服务协同供给,这个供给系统经历了从政府、市场、社会组织各主体单一供给向多元主体协同供给的相变过程,农村医养结合型养老服务供给效率、供给能力和养老需求是整个供给系统的序参量,而养老需求是决定性参量,各供给主体围绕养老服务需求产生了协同作用。从效用角度出发,政府与多元供给主体的协作关系存在协同增效、服务替代和拾遗补阙等供给效用。[②]

一　协同增效

协同增效是强调政府、企业与社会组织间的共同努力,政策支持与制度信任使各主体之间形成一种互动协调关系。多主体提供各自特有的资源,承担各主体相应的职能与责任,以实现单一主体无法完成的农村医养结合型养老服务供给。目前,医养结合的协同发展环境已初步形成,从"家庭照料"向"社区照料"不断拓展照料范围。然而,农村医养结合型养老服务供给总量较少,供给主体发育尚不成熟,难以满足农村老年人的生活照料、医疗保健、精神赡养、社会参与等养老需求,各供给主体对不同群体、不同层次的养老需求满足的落差,激发了供给系统的协同效应。[③] 福利多元主义注重多中心治理,即将政府的福利责任由市场、社会组织与家庭邻里等主体共同承担,鼓励社会力量介入社会服务的生产和递送,旨在帮助社区、家庭、个人进行选择性的公共风险治理,提供暂托服务等家庭内部给予的支持以及交通服务、支持小组等家庭外部给予的支持。家庭内部代际支持已成为老年人生活照料的主要来源,以家庭为本的健康照护服务和以社区为本的老年人日间照护中心等服务作为健康和社会福利的有机组成部分,能够在提供社会保护的过程中为老年贫困人口提供社会支持。在农村社区,长期重病和永久性

① 李放:《持续深入推进医养结合 提高居家养老服务水平》,《北京人大》2019 年第6 期。

② 汪锦军:《公共服务中的政府与非营利组织合作:三种模式分析》,《中国行政管理》2009 年第 10 期。

③ 郭治安:《协同学入门》,四川人民出版社 1988 年版,第 28—29 页。

残疾是农村老年人陷入健康贫困的重要风险，在破解失能老年人护理困境的非正规护理政策中，应对由于家庭结构变化而导致的护理资源萎缩，扩大非正规部门护理服务的供给，通过粮食和现金等转移支付向妇女儿童和老年人等弱势群体搭建安全保障网，[①] 有助于维持健康教育和健康促进等基本公共服务对农村贫困人口的可及性，增进社会融合。

伴随着社会转型期农村养老服务的社区化发展，家庭承担老年照料的功能式微，农村老年人面临老龄照料风险愈加严峻。社区需要在家庭照顾基础上，搭建多功能综合信息平台，充分发挥健康管理在老龄风险治理中的优势，通过提供医疗保健、康复护理和健康咨询等服务，从而保障老年人的基本生存权和发展权，努力实现生活照料、医疗保健、康复理疗和紧急救援等服务的全方位融合发展。[②] 近年来，我国重点在安徽省天长市、阜南县和福建省尤溪县等500个县开展县域医共体建设，提高了基层医疗卫生服务水平。政府对农村医养结合型养老服务给予政策支持，积极组织和培训社区基层社会工作者，如村级互助组织——老年协会、妇女联合会等，因此，农村医养结合型养老服务体系的合理建构与有效传递需要具备坚实的组织基础，不但倚重本社区所产生发展的草根社会组织，还包括农村社区外的各类社会组织。政府运用"互联网＋"吸纳和挖掘公益慈善、志愿服务等福利资源的注入和转化，[③] 促进农村医养结合型养老服务协同供给，提高医养结合型养老服务供给的质量和效能，形成多元共治的长效机制，[④] 改善农村老年人的健康福祉。

二 服务替代

服务替代模式是指原本由政府供给农村养老服务，但由于市场、社

---

① Holzmann, R., Jorgensen, S., "Social Risk Management: A New Conceptual Framework for Social Protection and Beyond", *International Tax and Public Finance*, Vol. 8, 2001, pp. 529–556.

② 杨博维、杨成钢：《社会化机构养老：要素集成与协同的系统工程》，《社会科学研究》2013年第6期。

③ 王辉：《老年人参与和乡村治理有效：理论建构与实践机制》，《农业经济问题》2021年第5期。

④ 黄国武、仇雨临：《医疗保险治理现代化：内在逻辑和路径推演》，《四川大学学报（哲学社会科学版）》2019年第2期。

会组织等主体具有农村养老服务供给的优势，政府将服务职能转交由市场或社会组织等主体共同承担。社会组织作为政府以外具有集体性质的公共产品供给者具有其存在的功能需求，市场、社会组织承担着农村养老服务供给的替代性功能，替代机制中的第三部门在职能边界上更本能地体现了组织的自主性。老年人是积极老龄化的践行者，基于能动性和组织弹性积极参与乡村治理，通过社会支持小组、心理治疗等提供传统照顾服务等工具性服务以及能够根据老年人需求的差异性提供药物注射、服药换药和情感认知等服务，促进各类组织信息互通、资源互补。①

在 PPP 养老服务模式下，公私合营模式助力医养结合型养老服务协同发展，特许经营、公私合作以及管理外包等是 PPP 养老服务项目运作的主要方式，其中特许经营如 BOT（Build—Operate—Transfer，即建设—运营—转让）、BOOT 等，公私合作如 BOO（Build—Own—Operate，即建设—拥有—运营）以及管理外包等模式。BOT 运作模式和 BOO 运作模式是多数 PPP 养老服务项目主要采用的运作模式。在特许经营的 BOT 模式下，政府通过公开招标的方式竞争性选择社会投资主体，政府指定的出资主体与其共同进行医养结合机构的投资建设和运营管理，而 BOO 模式是由 BOT 运作模式演变而来，由民营资本投资建设并运营，政府提供土地等优惠政策，二者主要区别在于 BOO 模式下社会资本拥有项目所有权。目前，医养结合型养老服务的市场主体主要为中小型企业，具有代表性的主要有二毛照护、颐佳等企业，其主要运营模式为"B2B"和"B2C"模式，其中，"B2B"模式主要由政府出资委托或资助专业养老机构在社区承办居家养老服务站，并进行管理和运作，为辖区内老年人提供居家养老服务；而"B2C"模式则主要直接面向老年人提供服务，主要由个人或商业保险公司支付服务费用，如泰康保险公司通过建立北京燕园、成都蜀园、上海申园和广东粤园等全国连锁式医养社区，较好地利用和整合地方优质资源发展医养结合型养老服务。服务

---

① Angel, R. J., Angel, J. L., Who Will Care Us?: Aging And Long - Term Care In A Multicultural America, New York: New York University Press, 1997, pp. 103.

替代模式采取"公办民营""民办公助"等形式实现社会资源共同参与，通过市场化的营利性服务引入竞争机制，而具体选择何种合作供给模式主要取决于市场主体供给能力、市场需求规模等要素，不仅能够有效弥补非营利性服务供给的不足，也能够让具有支付能力的农村老年人享受个性化和专业化服务。[1]

三　拾遗补阙

拾遗补阙模式是指政府与市场、社会组织、社区、家庭邻里之间的功能互补，各主体之间并非真正合作，是具有一定程度的沟通协调关系，在农村养老服务的功能上相互补充。社会组织中的公益慈善组织是养老服务的"生力军"，已成为我国农村养老服务供给中的重要主体，帮助政府"拾遗补阙"，在养老服务供给中发挥着不可替代的重要作用，是医养结合型养老服务体系构建的有益补充。我国积极探索政府、市场和社会组织共同参与的健康养老治理模式，弥补单一主体供给的不足，提升社会组织自身潜能，以协同治理来应对市场失灵和志愿失灵，有效地整合社会医养资源，最大限度地满足农村社区老年人多元化养老需求。民间非营利性团体、慈善养老机构等能够有效弥补公办养老机构的不足，社会组织以红十字会为依托，整合社会慈善公益组织，集体动员社会力量积极投入健康扶贫、医务下乡、救孤安老等农村健康养老服务事业，[2] 富有爱心的社会公益团体等慈善要素为农村医养结合型养老服务予以支撑，而民间慈善资源的潜在辐射效应使社区养老服务产生强大的社会吸引力。社会组织积极参与农村医养结合型养老服务供给，开展关爱失能、失智老年人的健康监测，为失能失智老年人提供医养资源和健康养老服务。提高农村医养结合型养老服务的供给能力，社会组织的迅猛增长及其在社会保护中的作

---

① 郑吉友：《辽宁省农村养老服务模式的历史演进》，《党政干部学刊》2019 年第 1 期。

② 秦智颖、李振军：《我国农村养老服务供给主体多元化研究——基于协同治理理论视角的分析》，《中国集体经济》2016 年第 1 期。

用彰显拓展社会包容力与多元化格局。[①] 健全和完善医养结合型养老服务的制度保障体系，政府给予社会组织政策支持，拓宽筹融资渠道，通过财政税收、政府补贴、土地征收等优惠政策引导社会力量积极参与健康养老服务，发挥社会组织在农村医养结合型养老服务体系中的拾遗补阙作用。[②] 地方政府积极鼓励和支持社会组织参与养老服务事业的发展。因此，拾遗补阙是协同程度较低的供给方式。

协同治理理论的实质在于凸显系统发展过程中其内部各子系统之间的竞争性、合作性和集体性的趋势和特征，在自组织的作用下诸多子系统能够形成宏观而有序的结构，[③] 使系统产生有别于原始状态的由量变到质变的过程。协同治理理论为破解政策运行过程中的不确定性、复杂性和无序性等问题提供了良好的分析工具。系统的结构和层次越清晰越有助于各子系统的协同，需要厘清农村医养结合型养老服务协同供给的逻辑。构建农村医养结合型养老服务体系，在服务主体方面，推动政府、市场、社会组织各主体在农村医养结合型养老服务供给中的竞争与合作。在服务内容方面，从生活照料等基本生活需求向精神关怀、社会参与等发展型、享受型高层次需求拓展，根据老年人生活照顾的需要及其对家庭的依赖程度，毗邻建设农村敬老院、农村互助幸福院、乡镇托管中心、社区医疗服务中心、乡镇卫生院等医养结合型养老服务机构。农村医养结合型养老服务供给以养老服务需求为导向，从内部协同向外部协同拓展，从低度协同向高级协同拓展，争取得到农村医疗卫生服务系统、最低生活保障系统等其他供给系统的协同合力与有效衔接，以促成政策系统在健康保障领域的协同发展。

---

① 王名：《共建共治共享格局下多元主体的权利边界及公共性之源》，《国家治理》2019年第28期。

② 李玉玲、胡宏伟：《京津冀养老服务协同发展研究——基于 SWOT 框架的分析》，《人口与发展》2019年第5期。

③ 白列湖：《深刻理解新时代乡村振兴战略的理论价值》，《中国社会科学报》2019年10月30日第6版。

第四节　农村构建医养结合型养老服务体系的显著优势

农村医养结合型养老服务能够满足老年人多元化的养老保障需求，延长健康预期寿命，提高老年人的健康福祉，为家庭照顾者提供重要支撑，使服务供需双方的福利最大化。[①] 构建农村医养结合型养老服务体系是对农村社区老年人社会真实需求和美好愿望的有效回应，其显著优势在于分散老龄社会的健康治理风险，进一步发挥政府财税政策的杠杆作用，充分发挥协同供给主体的竞争与合作效应，优化整合健康养老资源提供优质服务。

一　化解老龄社会的健康治理风险

伴随着我国经济社会发展进入新时代，我国工业信息化、新型城镇化和农业现代化逐步实现了深度融合与互动发展。"健康老龄化"是我国应对人口老龄化的必由之路，其核心理念是促进老年人保持身心健康，具有良好的适应社会能力。WHO 认为公民健康保障是人们在一个可支付的水平上，获得基本的健康促进、预防、治疗和康复的健康促进措施，将健康提到公民福利和国家义务的使命之中。[②] 健康保障是所有国民都享有的基本权利，为每一个国民提供基本必需的医疗、护理及药品服务，体现了政府的责任与使命。

近年来，我国老年健康保障水平不断提升，我国疾病谱已发生较大变化，老年人期望寿命和人均预期寿命的持续延长已达到全球平均水平。老年人随着年龄的增长，生理功能衰退，健康老龄风险因素增多，传染病对老年人的健康影响明显下降，而慢性常见病已成为影响老年人健康的主要因素。老年人患有慢性病以及消耗性并发症的可能性增大，

[①] 李玉玲、胡宏伟：《京津冀养老服务协同发展研究——基于 SWOT 框架的分析》，《人口与发展》2019 年第 5 期。

[②] 杨燕绥：《社会保障法》，人民出版社 2015 年版，第 125 页。

面临患病率高、多病共存、长期失能等多重风险。农村高龄、失能或者身患重病的老年人长期护理需求较高，应对环境突发情况的能力下降，易出现跌倒、坠床、走失、噎食等安全风险，重大疾病、慢性病的健康治理对农村家庭和社会经济的发展提出了新的要求。高血压、糖尿病、慢性阻塞性肺部疾病（COPD）、肿瘤患者以及呼吸系统、循环系统等是老年慢性病的主要患病类型。心脑疾病、恶性肿瘤、呼吸系统疾病、老年神经退行性疾病阿尔茨海默症（AD）和帕金森病（PD）已成为导致我国老年人死亡的主要病因。据《中国统计年鉴（2020）》显示，心脏病死亡率居农村居民死因的首位，农村为 23.81%，城市为 23.65%。心脏病、脑血管病、恶性肿瘤、呼吸系统疾病构成农村居民疾病猝死率和死因构成的主要原因。协助健康老年人预防慢性病、促进能力衰退老年人生活自理。[1] 为老年人提供可及性、持续性和优质高效的健康养老服务，提升老年人的晚年生活质量和健康预期寿命，对农村医养结合型养老服务体系构建提出更高需求。[2] 我国亟待在全面提升农村养老服务供给水平的基础上，进一步促进区域经济社会协调发展，加大中西部省份农村养老服务体系的投入力度，化解农村老龄社会的健康治理风险。

二　进一步发挥政府财税政策的杠杆作用

福利多元主义倡导由多元力量共同参与多元福利的整合与供给，政府在福利提供上承担着重要角色，如资金筹融资渠道与资源优化配置的主导与保障，良性发展条件的维系与创造等。其中，"整合"强调各子系统和各要素间的一致性和一体化，而"协同"则在协同治理理论基础上通过各子系统和各要素间复杂的相互作用，形成整体效应或协同效应。因此，整合可以视为实现协同的基础和前提，是协同过程中的重要

---

① 杜鹏、王雪辉：《"医养结合"与健康养老服务体系建设》，《兰州学刊》2016 年第 11 期。

② 李迎生：《论我国农民养老保障制度改革的基本目标与现阶段的政策选择》，《社会学研究》2001 年第 5 期。

阶段。①

"健康中国 2030"战略提出,到 2030 年,我国主要健康指标基本达到中等发达国家水平。据《中国统计年鉴(2020)》数据,2000 年—2019 年,我国政府卫生支出占卫生总费用的比重从 15.47% 上升至 27.36%。其中,2019 年,政府、社会、个人卫生支出占卫生总费用支出占比分别为 27.36%、44.27% 和 28.36%。政府卫生支出占卫生总费用的比重在逐步提高,个人卫生支出占卫生总费用的比重在不断减少,政府卫生支出不断增加,政府为农村医疗卫生与养老服务的发展提供了较强的财政支持,加强农村居家照护设施建设与医养服务设施建设。② 在财政补助政策上,要向农村预防和保健倾斜。对乡镇卫生院的预防保健工作实行全额补助;争取对经济不发达地区的集体所有制乡镇卫生院,实行与全民所有制卫生院相同的补助政策;对老少边穷地区乡镇卫生院的经费实行全额补助,为促进农村基层医疗卫生机构的发展提供财政支持。农村医养结合型养老服务多元协同供给是以家庭为基础,以社区为依托,社区和家庭等多主体的协同供给。社区社会组织的协同提高了医疗卫生与养老服务的效率,增强了医养结合型养老服务协同供给的能力。非营利组织与公共部门和私营部门相较,具有"特别含糊且混合的结构",在生活照料、医疗护理和精神慰藉等服务提供中具有专业性优势。③ 因此,慈善组织和志愿者团体等非营利组织通过政府购买等方式,积极参与医养结合型养老服务供给。政府为多元主体参与医养结合型养老服务创造公平竞争的市场环境。④ 政府运用财政杠杆撬动其他资源积极提供专业化服务,充分发挥财政资金"四两拨千斤"的作用,助力农村医养结合型养老服务持续发展,努力实现养老服务的

---

① 郑刚、梁欣如:《全面协同:创新致胜之道——技术与非技术要素全面协同机制研究》,《科学性研究》2006 年第 8 期。

② 龙玉其:《孝道与生计:农村失能老人子女照护需求、照护冲突与调适》,《云南民族大学学报(哲学社会科学版)》2021 年第 3 期。

③ 黄黎若莲、张时飞、唐钧:《比较优势理论与中国第三部门的研究》,《江苏社会科学》2007 年第 4 期。

④ Connell, B. O., "What Voluntary Activity Can and Cannot Do for America", *Public Administration Review*, Vol. 49, No. 5, 1989, pp. 487 –491.

协同供给。

三　发挥供给主体的竞争与合作效应

农村医养结合型养老服务协同供给是一个竞争与合作的动态过程。从竞争与合作双重角度看，"合作"是文明社会的本质属性，为形成与完善合作关系进行着历史性准备，[①] 而竞争是个体与社会发展的统一过程，是个体价值实现与社会福利增进的双重体现，通过竞争达到合作，在合作之中又促进竞争，竞争又导致新的合作，新的合作之中会激励新的竞争。在一个具有协同作用的相对稳定系统中，竞争造成系统的涨落，系统发生质变，从而进入新的稳定协同状态。在新的协同整合状态之中，促进事物或系统不断向前发展。[②] 系统论的竞争协同律是系统内部的要素之间以及系统与环境之间，既存在整体同一性又存在个体差异性，前者表现为协同因素，后者表现为竞争因素，通过竞争与协同相互依赖，相互对立，相互转化，推动系统演化发展。[③] 医养结合型养老服务协同供给的优势在于将政府、市场、社会组织等多元供给主体在同一复杂系统内，积极发挥协同供给主体各自优势推动养老服务实现协同供给，通过彼此竞争与合作发挥养老服务供给主体的协同效应。[④] 由于政府与非营利组织均具有各自的资源禀赋，二者之间是双向的互动合作伙伴关系，并非是单向依赖与依附关系。[⑤] 吸引社会资本参与，推动政府与社会资本合作，其本质在于集聚政府与市场资源的综合优势，构建具有内在激励、降低交易费用的制度安排。政府与非营利组织的互助合作过程是双方的相互依赖和资源交换过程。[⑥] 医养结合型养老服务突破了

---

① 张康之：《合作的社会及其治理》，上海人民出版社 2014 年版，第 6 页。

② 李兆友：《一种颇为有益的思维方法——竞争协同法》，《党政干部学刊》1997 年第 4 期。

③ 魏宏森、曾国屏：《系统论——系统科学哲学》，清华大学出版社 1995 年版，第 312—320 页。

④ 张康之：《合作的社会及其治理》，上海人民出版社 2014 年版，第 23 页。

⑤ Saidel，J.，"Resource Interdependent：the Relationship Between State Agencies and Nonprofit Organizations"，*Public Administration Review*，Vol. 51，No. 6，1991，pp. 543 – 553.

⑥ 曹锦清、张贯磊：《道德共同体与理想社会：涂尔干社会理论的再分析》，《中南民族大学学报（人文社会科学版）》2018 年第 1 期。

农村老年人养老照料中的资金困境、照顾困境和被动式养老困境，是未来有效解决农村老年人健康照料问题的重要路径。

四　系统整合医养资源提供优质服务

2018 年，新修订的《中华人民共和国老年人权益保障法》第七章明确规定："保障老年人合法权益是全社会的共同责任，国家机关、社会团体、企业事业单位和其他组织应当按照各自职责，做好老年人权益保障工作"，[①] 使我国老年保障政策法规日益完善，为我国社会养老服务的多元化发展指明了方向。目前，农村医养结合型养老服务供给从政府主导、单一主体供给逐渐转向以政府为主导、多主体参与的协同供给。目前，村卫生室的协同供给主体存在村办、乡办、联合办、私人办和其他办等情况（见图 4.1）。农村养老服务的社会支持日益多元化，由正式支持（包括社会福利与救助，社会养老保险、社会慈善和福利等）、非正式支持（包括子女、亲属、配偶或邻里）提供经济和社会支持，体现了政府、社会、家庭的责任共担。政府、市场、NGO、NPO 构成了公共服务的协同治理主体。[②] 在市场经济条件下，非营利组织的"非约束分配特征"使其具有提供公共服务的天然优势，能够满足公共服务多样性和异质性需求，是政府有益的公私合作伙伴。目前，世界上许多国家对非营利组织给予一定财政信贷支持，种类齐全、结构合理、信用良好的非营利组织是政府购买服务的优先选择，也是社会福利改革发展的方向。在既定养老服务资源约束的条件下，政府需要引导多元化养老服务协同供给以保证服务的质量和效益，整合资源实现有效利用。[③] 政府购买养老服务通过引入竞争机制、纠正市场失灵以优化政府职能，[④] 是非营利组织参与医养结合型养老服务的主要方式，有效弥补

---

①　《中华人民共和国老年人权益保障法》，法律出版社 2020 年版，第 8 页。

②　汪锦军、王凤杰：《激发乡村振兴的内生动力：基于城乡多元互动的分析》，《浙江社会科学》2019 年第 11 期。

③　［美］W. 理查德·斯科特（W. Richard Scott）：《制度与组织——思想观念与物质利益》，姚伟、王黎芳译，中国人民大学出版社 2010 年版，第 202 页。

④　包先康：《农村养老服务协同供给模式建构研究》，《社会科学辑刊》2016 年第 5 期。

单一主体供给养老服务资源有限、服务效率不高等问题，从而有效降低服务成本和提高服务质量。①

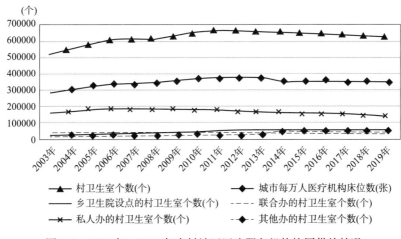

图 4.1　2003 年—2019 年农村社区医疗服务机构协同供给情况
资料来源：根据国家统计局数据整理而得。

第五节　我国农村构建医养结合型养老
服务体系的系统动力学分析

1956 年，系统动力学（System Dynamics，SD）最早由福瑞斯特教授创始于美国麻省理工学院，是一门分析研究复杂信息反馈系统的学科。② 系统动力学模型构建主要包括模型变量选取、边界界定、因果关系构造、流图构建、模型检验、模型运行与仿真。其中，因果关系图描述了反馈结构的基本逻辑关系，而流图则是在此基础上运用更为直观的符号阐释系统各要素之间的逻辑关系，明确系统的反馈形式和控制规律。③ 系统动力学原理在我国农村医疗卫生与养老服务领域中的应用已

---

①　［美］唐纳德·凯特尔（Donald F. Kettl）：《权力共享：公共治理与私人市场》，孙迎春译，北京大学出版社 2009 年版，第 131 页。
②　王其藩、李旭：《从系统动力学观点看社会经济系统的政策作用机制与优化》，《科技导报》2004 年第 5 期。
③　李旭：《社会系统动力学：政策研究的原理、方法和应用》，复旦大学出版社 2013 年版，第 41 页。

成为学界的共识,① 本书运用系统动力学方法,探求现有政策积极应对农村人口老龄化的能力,探讨政府财政支出对农村医养结合型养老服务供给的影响,并对我国农村医养结合型养老服务供需水平进行仿真预测研究,进一步优化政府政策与制度安排,充分利用现有资源,鼓励社会力量协同供给农村医养结合型养老服务。

一 农村医养结合型养老服务供给系统动力学模型构建

(一) 系统动力学模型假设

本书旨在研究农村医养结合型养老服务的供需匹配,即运用量化分析的方法模拟和预测农村医养结合型养老服务的供给效益,建立模型提出如下假设以支持模型的量化。

第一,农村医养结合型养老服务以农村老年人的需求为导向,具有适度普惠性,是面向农村老年人的普惠性养老服务政策,受财政支持力度、人口自然增长率以及人均寿命延长等因素影响。按照《中国统计年鉴 (2020)》中关于人口年龄结构的划分,本系统将农村医养结合型养老服务对象界定为 65 岁及以上的农村老年人,暂且不考虑其经济状况和健康因素。

第二,在农村医养结合型养老服务体系中,政府的财政投入对农村医养结合型养老服务供给发挥主导作用,而暂且不考虑其他因素。依据柯布—道格拉斯 (Cobb – Douglas) 生产函数可知,技术投入、劳动投入和固定资产投入决定了社会总产值。依据巴罗内生增长理论中对生产性政府服务的公共物品模型的界定,每个企业的生产都呈现对劳动和资本投入的不变规模报酬,能否促进经济内生增长,关键在于公共物品是否带来要素的边际产品。本书假设农村医养结合型养老服务中的政府投入和社会资本投入对经济发展具有积极的促进作用。

第三,本书从政府角度研究医养结合型养老服务体系的构建,假定

---

① 李丽清、赵玉兰、袁诗懿、张红丽:《系统动力学在我国卫生服务领域中的应用及动态演进分析》,《中国卫生经济》2020 第 3 期。

政府的供给量不受社会组织和其他供给主体的影响。

（二）SD 模型因果关系图的建立

本书根据农村医养结合型养老服务的特征和模型构建的重点指标，将农村医养结合型养老服务系统分为经济子系统、人口子系统和医疗卫生与养老服务子系统三部分，子系统中各变量之间相互影响，其关键影响因素主要有 GDP 及其增长、农村老年人口、乡镇卫生院诊疗人数与病床使用率、卫生与社会工作人员及其工资水平、农村居民人均可支配收入、农村居民消费水平、政府卫生支出和养老服务财政支出等（见图4.2）。基层医疗机构服务利用、合理的医师薪资制度、健全的医养结合型养老服务政策已成为农村医养结合型养老服务体系构建的关键性因素，提高农村医养结合型养老服务质量尤为重要，可为政府的制度优化提供参考性建议。

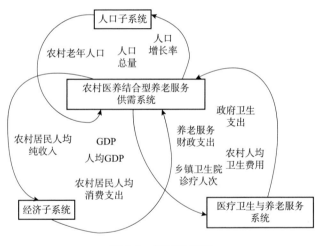

图 4.2　模型子系统

（三）SD 模型流图绘制

本模型通过因果关系分析，并综合考虑各指标变量的影响因素，绘制农村医养结合型养老服务供给的系统流图（见图4.3）。

（1）医养结合型养老服务人数与老年总人口的关系

农村医养结合型养老服务人数即为享受医养结合型养老服务的农村老年人，医养结合型养老服务人数与老年人口数呈正相关，老年人口数越多，享受医养结合型养老服务的老年人口越多。

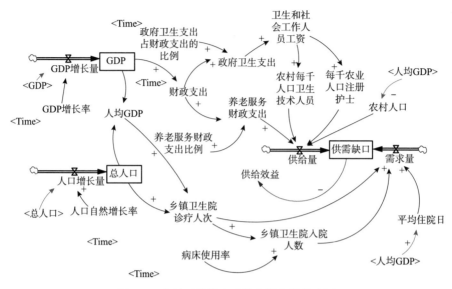

图 4.3　农村医养结合型养老服务供给流图

（2）农村医养结合型养老服务需求人数与基层医疗卫生机构的医疗服务利用的关系

其中，乡镇卫生院入院人数、乡镇卫生院诊疗人次、病床使用率、平均住院日和农村每千人口卫生技术人员呈正相关。伴随着农村医养结合型养老服务需求的增加，农村老年人对农村基层医疗卫生技术人员的需求逐步增加。

（3）农村医养结合型养老服务供给效益与医养结合型养老服务补贴和医养结合型养老服务人员工资的关系

伴随着乡镇卫生院就诊人数的增加，政府卫生支出的增加、农村老年人医疗保健消费支出的增长，农村人均卫生费用不断增加，卫生和社会工作人员工资也不断提高。农村医养结合型养老服务需求增加时，进而会增加农村医养结合型养老服务的财政总供给，农村医养结合型养老服务与财政总供给呈正相关。

（4）人均 GDP、农村居民人均可支配收入与财政支出的关系

本模型假定医疗卫生与养老服务供给的增量与政府的财政投入之间呈正相关关系。人均 GDP 与农村居民人均可支配收入呈正相关，即人

均 GDP 水平越高，农村居民人均消费支出水平也相应提高，政府财政支出水平也随之增加。人均 GDP 与农村居民人均可支配收入、政府卫生支出呈正相关，即人均 GDP 水平越高，政府对农村医养结合型养老服务的财政支持力度将会增大。

（四）SD 模型结构方程的建立

表 4.4　　农村医养结合型养老服务供给体系的变量及方程设计

系统	变量名称	方程设置
经济子系统	GDP（单位：亿元）	INTEG（GDP 增长量，88189.6）
	人均 GDP（单位：元）	（GDP＊10^4）/总人口
	GDP 增长量（单位：亿元）	GDP 增长量＝GDP＊GDP 增长率
	GDP 增长率（单位：%）	GDP 增长率＝表函数
人口子系统	总人口（单位：万人）	总人口＝INTEG（人口自然增长量，126743）
	人口自然增长率（单位：%）	人口自然增长率＝表函数
	人口自然增长量（单位：万人）	人口自然增长量＝总人口＊人口自然增长率
	农村人口（单位：万人）	农村人口＝ －0.3914827＊人均 GDP ＋80725.79
医疗卫生与养老服务子系统	财政支出（单位：亿元）	财政支出＝0.1175＊GDP^1.056 －8030
	政府卫生支出（单位：亿元）	政府卫生支出＝财政支出＊政府卫生支出占财政支出的比重
	政府卫生支出占财政支出的比重（单位：%）	表函数
	养老服务财政支出（单位：亿元）	养老服务财政支出＝财政支出＊养老服务财政支出比例
	养老服务财政支出比例（单位：%）	表函数
	卫生和社会工作人员工资（单位：元）	卫生和社会工作人员工资＝5.17161＊政府卫生支出＋10725.4
	平均住院日（单位：日）	平均住院日＝0.0000411＊人均 GDP ＋3.945265
	农村每千人口卫生技术人员（单位：人）	农村每千人口卫生技术人员＝0.4541＊卫生和社会工作人员工资^0.2461 －3.11

系统	变量名称	方程设置
医疗卫生与养老服务子系统	每千农业人口注册护士（单位：人）	每千农业人口注册护士 = 1.566 * 10^（ - 5）* 卫生和社会工作人员工资 + 0.2631
	乡镇卫生院入院人数（单位：万人）	乡镇卫生院入院人数 = 69.34595 * 病床使用率 * 100 + 148.6113 * 乡镇卫生院诊疗人次 - 1870.191
	乡镇卫生院病床使用率（单位：%）	表函数
	乡镇卫生院诊疗人次（单位：亿人次）	乡镇卫生院诊疗人次 = 0.0000756 * 人均GDP + 6.473039
	需求量（单位：亿人）	需求量 = （乡镇卫生院入院人数 * 10000 * 平均住院日 + 乡镇卫生院诊疗人次 * 10^8 * 0.5）/ （365 * 10^8）
	供给量（单位：亿人）	供给量 = （农村每千人口卫生技术人员 + 每千农业人口注册护士）* 农村人口 * 6）/ 10^8
	供需缺口（单位：亿人）	总缺口 = 供给量 - 需求量

注：在需求量的方程设计中，乡镇卫生院入院人数和乡镇卫生院诊疗人次两个变量是一年的就诊人数，故除以365天，乘以0.5是指一般的门诊大概需要半天时间能看完，乡镇卫生院入院人数 * 10000 是由于乡镇卫生院入院人数单位是万人，乡镇卫生院的门诊人数和住院人数可以完整地表达系统需求量，故未将农村人口作为辅助变量。

二 供给因素分析及参数估计

目前，农村医养结合型养老服务供给系统的影响因素主要包括人口因素、经济因素和社会因素等，[1] 农村医养结合型养老服务属于社会福利和公共服务的范畴，其供给能力受政府财政支持力度的制约。[2] 因此，本模型将人口总量变化、财政支出结构以及经济增长等纳入同一系统来进行分析，选取的供给因素主要有 GDP、人均 GDP、GDP 增长率、政府卫生支出、养老服务财政支出、农村人均卫生费用、卫生和社会工

[1] 康蕊、朱恒鹏：《养老服务投入对经济发展的影响研究——基于 PPP 模式的分析》，《财政研究》2019 年第 5 期。
[2] 汤少梁、龚颖：《"互联网 +" 医联体背景下分级诊疗的系统动学分析》，《卫生经济研究》2020 年第 9 期。

作人员工资、乡镇卫生院的服务利用等指标为基础变量，以 GDP、人口增长率、养老服务财政支出比例等为调整参数，观测农村医疗卫生与养老服务供给相关指标的变化情况。系统的指标数据均来自于 2000 年—2020 年《中国统计年鉴》，本系统的仿真模拟时间设置为 2000 年—2035 年，步长为 1 年。

（一）人均 GDP 与农村居民人均可支配收入的关系

GDP 是衡量一个国家经济社会发展水平的重要宏观经济指标之一，人均 GDP 是宏观把握国家经济状况的有效工具，是衡量人民生活水平的重要标尺。为了客观衡量经济发展水平，本模型选取 GDP、人均 GDP 等反映经济社会发展的重要指标作为该系统的主要构成要素，并将 GDP 的初始值设置为 88189.6 亿元，人均 GDP 的初始值设置为 7078 元，GDP 增长率的初始值设置为均值 9.01%。

表 4.5　　　2000 年—2019 年我国农村社会经济发展数据

年份	农村居民人均消费支出（元）	人均 GDP（元）	GDP（亿元）	GDP 增长率（%）	农村居民人均可支配收入（元）	农村居民人均可支配收入增长率（%）
2000	1670.13	7078	88189.6	8.5	2253.4	1.9
2001	1741.1	8717	110863.1	8.3	2366.4	4.6
2002	1834.3	9506	121717.4	9.1	2475.6	4.6
2003	1943.3	10666	137422	10.0	2622.2	5.9
2004	2184.7	12487	161840.2	10.1	2936.4	11.9
2005	2555.4	14368	187318.9	11.4	3254.9	10.8
2006	2829.0	16738	219438.5	12.7	3587.0	10.2
2007	3223.9	20505	270092.3	14.2	4140.4	15.4
2008	3660.7	24121	319244.6	9.7	4760.6	14.9
2009	3993.5	26222	348517.7	9.4	5153.2	8.2
2010	4381.8	30876	412119.3	10.6	5919.0	14.8
2011	5221.1	36403	487940.2	9.6	6977.3	17.8
2012	5908.0	40007	538580.0	7.9	7916.6	13.4
2013	7485.15	43684	592963.2	7.8	9429.59	19.1
2014	8382.57	47173	643563.1	7.4	10488.88	11.2
2015	9222.59	50237	688858.2	7.0	11421.71	8.9

年份	农村居民人均消费支出（元）	人均GDP（元）	GDP（亿元）	GDP增长率（%）	农村居民人均可支配收入（元）	农村居民人均可支配收入增长率（%）
2000	1670.13	7078	88189.6	8.5	2253.4	1.9
2016	10129.78	54139	746395.1	6.8	12363.41	8.2
2017	10954.53	60014	832035.9	6.9	13432.43	8.6
2018	12124.27	66006	919281.1	6.7	14617.03	8.8
2019	13327.67	70892	990865.1	6.1	16020.67	9.6

资料来源：《中国统计年鉴（2020）》。

我国国民生产总值受城乡居民消费水平的影响，农村居民消费水平与农村居民家庭人均可支配收入相关联，经测算，农村居民家庭人均可支配收入的增长率为11.2%（见表4.5），农村居民家庭人均可支配收入的提高则会促进农村居民消费能力的提升，老年人的健康状况受收入水平、养老金待遇和医疗保障水平等因素影响。[1] 2019年，我国农村人均医疗保健支出为1420.8元（见表3.1），按照标准人算法，农村老年人医疗保健消费总支出为944.1万亿元，并将其设定为初始值（见表3.5）。

（二）农村医养结合型养老服务的财政支出

我国农村医养结合型养老服务以政府为主导，政府的财政支出尤其是政府卫生支出是影响农村医疗卫生事业发展的重要经济因素。农村医养结合型养老服务财政支出尚未列入政府财政预算，故本模型通过民政部门的老年福利费用和卫健部门的农村人均卫生费用加以衡量，选取政府卫生支出和养老服务财政支出作为农村医养结合型养老服务的财政投入指标，其中，主要包括养老服务财政支出和政府卫生费用指标，而2009年—2014年养老服务财政支出数据缺失，故取2000年—2008年和2015年—2019年的均值计算，2015年—2019年养老服务财政支出选取民政事业费支出中的老年福利费加以计算。农村医养结合型养老服务供给主要依靠政府财政支出中的政府卫生支出和养老服务财政支出，2000

---

① Michalos, A. C., Hubley, A. M., Zumbo., B. D., "Health and Other Aspects of the Quality of Life of Older People", *Social Indicators Research*, Vol. 54, 2001, pp. 239 – 274.

年—2019 年，政府卫生费用持续增加，且呈逐年上升的趋势。养老服务财政支出比例在 2003 年达到高峰 3.4‰后，呈先下降后上升的趋势。2019 年，养老服务财政支出比例数值通过 2000 年—2018 年支出比例的均值测算而得，2000 年—2019 年养老服务财政支出比例的均值为 2‰。我国卫生筹资的公平性不断改善，2000 年—2019 年，个人卫生费用占卫生总费用的比重逐渐降低，由 59% 下降至 28.36%，[①] 农村人均卫生费用的年均增长率为 10.8%，农村人均卫生费用仅有 2000 年—2014 年的数据，根据农村人均卫生费用年增长率测算 2015 年—2019 年的数值（见表 4.6）。

近年来，伴随着农村医养结合型养老服务财政支出的不断增加，农村医养结合型养老服务不断健全和完善，本模型将医养结合型养老服务财政支出比例初始值设定为 1‰、2‰和 3‰。

表 4.6 2000 年—2019 年我国医疗卫生与养老服务财政投入相关数据

年份	财政支出（亿元）	养老服务财政支出（亿元）	养老服务财政支出比例（‰）	卫生费用							
				卫生总费用（亿元）	政府卫生支出（亿元）	政府卫生支出占财政支出的比重（%）	社会卫生支出（亿元）	个人医疗卫生支出（亿元）	个人医疗卫生支出占卫生总费用的比重（%）	农村人均卫生费（元）	农村人均卫生费增长率（%）
2000	15886.50	46.6	2.9	4586.63	709.52	4.47	1171.94	2705.17	59	214.93	—
2001	18902.58	53.6	2.8	5025.93	800.61	4.24	1211.43	3013.88	59	244.77	13.9
2002	22053.15	63.7	2.9	5790.03	908.51	4.12	1539.38	3342.14	58	259.33	5.9
2003	24649.95	84.6	3.4	6584.10	1116.94	4.53	1788.50	3678.67	56	274.67	5.9
2004	28486.89	56.9	2.0	7590.29	1293.58	4.54	2225.35	4071.35	54	301.61	9.8
2005	33930.28	59.3	1.7	8659.91	1552.53	4.58	2586.41	4520.98	52	315.35	4.7
2006	40422.73	70	1.7	9843.34	1778.86	4.40	3210.92	4853.56	49	361.89	14.6
2007	49781.35	95	1.9	11573.97	2581.58	5.19	3893.72	5098.66	44	358.11	-1.05
2008	62592.66	113.5	1.8	14535.40	3593.94	5.74	5065.60	5875.86	40	455.19	27.1
2009	76299.93	124.1	1.6	17541.92	4816.26	6.31	6154.49	6571.16	37	561.99	23.5

---

① 根据《中国卫生健康统计年鉴》中，关于卫生总费用的指标界定，卫生总费用是指一个国家或地区在一定时期内，为开展卫生服务活动从全社会筹集的卫生资源的货币总额，按来源法核算。它反映一定经济条件下，政府、社会和居民个人对卫生保健的重视程度和费用负担水平，以及卫生筹资模式的主要特征和卫生筹资的公平性合理性。2007 年起，卫生总费用按新的统计口径核算。人均卫生费用即某年卫生总费用与同期平均人口数之比。

年份	财政支出（亿元）	养老服务财政支出（亿元）	养老服务财政支出比例（‰）	卫生费用							
				卫生总费用（亿元）	政府卫生支出（亿元）	政府卫生支出占财政支出的比重（%）	社会卫生支出（亿元）	个人医疗卫生支出（亿元）	个人医疗卫生支出占卫生总费用的比重（%）	农村人均卫生费（元）	农村人均卫生费增长率（%）
2010	89874.16	109.9	1.2	19980.39	5732.49	6.38	7196.61	7051.29	35	666.3	18.6
2011	109247.79	232.2	2.1	24345.91	7464.18	6.83	8416.45	8465.28	35	879.44	31.9
2012	125952.97	319.5	2.5	28119.00	8431.98	6.69	10030.70	9656.32	34	1064.83	21.1
2013	140212.10	397.6	2.8	31668.95	9545.81	6.83	11393.79	10729.34	34	1274.44	19.7
2014	151785.56	480.9	3.2	35312.40	10579.23	6.97	13437.75	11295.41	32	1412.21	10.8
2015	175877.77	192.7	1.0	40974.64	12475.28	7.09	16506.71	11992.65	29	1564.72	10.8
2016	187755.21	261.2	1.3	46344.88	13910.31	7.41	19096.68	13337.9	29	1733.72	10.8
2017	203085.49	293.9	1.4	52598.28	15205.87	7.48	22258.81	15133.6	29	1920.96	10.8
2018	220904.13	370.1	1.6	59121.91	16399.13	7.42	25810.78	16911.99	29	2128.4	10.8
2019	238858.37	382.2	1.6	65841.39	18016.95	7.54	29150.57	18673.87	28	2358.3	10.8

资料来源：依据《中国统计年鉴（2020）》《中国民政统计年鉴（2019）》《中国卫生健康统计年鉴（2019）》统计和测算而得。

（三）高龄津贴

高龄津贴是指政府通过财政支出对享受养老服务和护理服务的老年人提供的服务补贴，兼具社会救助和社会福利性质的社会保障政策，高龄津贴的补贴标准在一定程度上影响农村医养结合型养老服务的效能和水平，是医养结合型养老服务供给的影响因素。不同区域老年人口的健康状况、养老服务需求的差异使养老服务补贴标准在一定程度上有所不同。本模型从东部、中部、西部选取代表性地区高龄津贴的补贴标准（见表4.7），设置历史数据的均值作为人均高龄补贴标准的初始值，即每人每年1200元。

表4.7　　　　　　　部分省市现行高龄津贴财政补贴标准

省市	年龄标准（周岁）	补贴标准（元/每年）
北京	90－99	每人1200元/年
	≥100	每人2400元/年

省市	年龄标准（周岁）	补贴标准（元/每年）
上海	65 - 79	轻度失能，3600 元/年
		中度失能，4800 元/年
		重度失能，6000 元/年
	≥80	轻度失能，1800 元/年
		中度失能，2400 元/年
		重度失能，3000 元/年
江苏	80 - 99	每人 1200 元/年
	≥100	每人 3600 元/年
深圳	70 - 79	每人 2400 元/年
	80 - 89	每人 3600 元/年
	90 - 99	每人 6000 元/年
	≥100	每人 12000 元/年
陕西	70 - 79	每人 600 元/年
	80 - 89	每人 1200 元/年
	90 - 99	每人 2400 元/年
	≥100	每人 3600 元/年
黑龙江	80 - 89	每人 600 元/年
	90 - 99	每人 1200 元/年
	≥100	每人 3600 元/年

资料来源：由各地政策报告整理而成。

（四）农村医养结合型养老服务人员及工资

已有研究认为，物质资本投资和人力资本均会对医疗卫生支出的经济增长效应起到中介作用。[1] 农村医养结合型养老服务人才及其工资待遇水平对于农村医疗卫生事业的发展至关重要。目前，国家统计局关于农村医养结合型养老服务人员的统计数据，考虑到数据的可得性，主要将农村基层医疗卫生机构（乡镇卫生院、村卫生室）、乡村医生和卫生员、每千农业人口卫生技术人员等作为农村医养结合型养老服务的工作人员的统计指标，其中，2002 年每千人口卫生技术人员、执业（助理）医师、

---

[1]　朱铭来、胡祁：《医疗卫生支出与经济增长——基于医疗保障制度调节效应的实证研究》，《上海经济研究》2020 年第 5 期。

注册护士的指标数值选取 2000—2004 年均值计算（见表 4.8）。2019 年，乡村医生和卫生员占农村 65 岁以上农村老年人口的 0.009%，可见，农村医疗卫生与养老服务人员的缺口较大。

表 4.8　　2000—2019 年我国农村医养结合型养老服务工作人员

年份	乡村医生和卫生员（万人）	每千农业人口卫生技术人员（人）	每千农业人口执业（助理）医师（人）	每千农业人口注册护士（人）
2000	131.94	1.66	0.81	0.54
2001	129.06	1.64	0.81	0.37
2002	—	1.28	1.28	1.28
2003	86.78	1.48	0.65	0.34
2004	88.31	1.46	0.64	0.34
2005	91.65	2.69	1.26	0.65
2006	95.75	2.70	1.26	0.66
2007	93.17	2.69	1.23	0.70
2008	93.83	2.80	1.26	0.76
2009	105.09	2.94	1.31	0.81
2010	109.19	3.04	1.32	0.89
2011	112.64	3.19	1.33	0.98
2012	109.44	3.41	1.40	1.09
2013	108.11	3.64	1.48	1.22
2014	105.81	3.77	1.51	1.31
2015	103.15	3.90	1.55	1.39
2016	100.03	4.08	1.61	1.50
2017	96.86	4.28	1.68	1.62
2018	90.71	4.63	1.82	1.80
2019	84.23	4.96	1.96	1.99

资料来源：《中国民政统计年鉴（2019）》《中国卫生健康统计年鉴（2020）》.

　　由于农村从事不同事业服务的工作人员的工资待遇不同，2019 年，我国农、林、牧、渔业其他单位就业人员平均工资为 3.93 万元，卫生和社会工作人员平均工资为 10.89 万元。以卫生和社会工作人员工资来替代医疗卫生与养老服务工作人员工资可能低估了医疗卫生与养老服务工作人员的工资待遇水平。[1] 医疗卫生与养老服务工作人员的合法收入低，其他收入渠道得不到规范，激励机制尚不健全。本模型将农村医养结合型养老服务工作人员的工资设置为卫生和社会工作平均工资，略高于社会平均工作水平（见表4.9）。

表4.9　　　2000—2019年我国农村医养结合型养老服务人员工资　单位：元

年份	公共管理、社会保障和社会组织工作人员平均工资（元）	农、林、牧、渔业其他单位就业人员平均工资（元）	卫生和社会工作人员平均工资（元）	社会平均工资（元）
2000	—	5184	10930	9371
2001	—	5741	12933	10870
2002	—	6398	14795	12422
2003	15533	6969	16352	14040
2004	17609	7611	18617	16024
2005	20505	8309	21048	18364
2006	22546	9269	23590	20856
2007	27731	10847	27892	24721
2008	32296	12560	32185	28898
2009	35326	14356	35662	32244
2010	38242	16717	40232	36539
2011	42062	19469	46206	41799
2012	46074	22687	52564	46769
2013	49259	25820	57979	51483
2014	53110	28356	63267	56360
2015	62323	31947	71624	62029
2016	70959	33612	80026	67569
2017	80372	36504	89648	74318
2018	87932	36466	98118	82413
2019	94369	39340	108903	90501

资料来源：《中国统计年鉴（2020）》。

---

[1] 《中国统计年鉴》中的卫生和社会工作人员工资，数据包括医生、护士、管理人员、勤杂人员等各类人员的数量。

（五）投资收益率

我国社会保障基金的投资渠道主要以银行和国债为主，农村医养结合型养老服务是社会福利事业，具有公益性、福利性和救助性，其供给效益既包括经济效益，又包括社会效益，其投资回报率较低，资金回收周期较长，本模型整理了 1999—2019 年的年利率，鉴于银行一年内需多次调整存款利率，每年银行存款利率的均值为 2.38%（见表 4.10），但由于农村医养结合型养老服务财政投入有限，投资融资难度较大，因此，在未来一段时间投资收益有限，即将供给效益设定为银行利率。

表 4.10　　　　1999—2019 年我国银行存款一年期年利率　　　　单位：%

年份	1999 年	2001 年	2002 年	2003 年	2004 年	2005 年
利率	3.02%	2.25%	2.2%	1.98%	2.1%	2.25%
年份	2006 年	2008 年	2009 年	2010 年	2011 年	2012 年
利率	2.35%	3.54%	2.25%	2.625%	3.25%	3.125%
年份	2013 年	2015 年	2016 年	2017 年	2018 年	2019 年
利率	3.125%	1.625%	1.50%	1.50%	1.50%	1.50%

资料来源：《中国统计年鉴（2020）》。

三　需求因素分析及参数估计

（一）人口总量与农村老年人口

根据既有研究，人口老龄化将会增加社会保障支出，从而增加政府的财政负担。[①] 据《2019 年民政事业发展统计公报》显示，2015—2019 年，60 周岁及以上老年人口及其占全国总人口比重分别为 16.1%、16.7%、17.3%、17.9% 和 18.1%，故取均值为 17.22%。总人口的初始值设定为 2000 年的人口总量 126743 万人。

---

① 朱墨藜、严明义：《人口老龄化与财政支出结构——基于中国经验的 SD 分析》，《统计与信息论坛》2019 年第 11 期。

表 4.11　　　　　　　　2000—2019 年我国农村老年人口

年份	人口总量（万人）	65 岁以上人口（万人）	老年人口抚养比（%）	农村人口（万人）	农村老年人口（万人）	出生率（%）	死亡率（%）	人口自然增长率（%）
2000	126743	8821	9.9	80837	13920	14.03	6.45	0.79
2001	127627	9062	10.1	79563	13701	13.38	6.43	0.73
2002	128453	9377	10.4	78241	13473	12.86	6.41	0.67
2003	129227	9692	10.7	76851	13234	12.41	6.40	0.62
2004	129988	9857	10.7	75705	13036	12.29	6.42	0.59
2005	130756	10055	10.7	74544	12836	12.40	6.51	0.59
2006	131448	10419	11.0	73160	12598	12.09	6.81	0.56
2007	132129	10636	11.1	71496	12312	12.10	6.93	0.52
2008	132802	10956	11.3	70399	12123	12.14	7.06	0.51
2009	133450	11307	11.6	68938	11871	11.95	7.08	0.50
2010	134091	11894	11.9	67133	11560	11.90	7.11	0.48
2011	134735	12288	12.3	65656	11306	11.93	7.14	0.48
2012	135404	12714	12.7	64222	11059	12.10	7.15	0.49
2013	136072	13616	13.1	62961	10842	12.08	7.16	0.49
2014	136782	13755	13.7	61866	10653	12.37	7.16	0.51
2015	137462	14386	14.3	60346	10392	12.07	7.11	0.51
2016	138271	15003	15.0	58973	10155	12.95	7.09	0.54
2017	139008	15831	15.9	57661	9929	12.43	7.11	0.56
2018	139538	16658	16.8	56401	9712	10.94	7.13	0.46
2019	140005	17603	17.8	55162	9498	10.48	7.14	0.36

资料来源：《中国统计年鉴（2020）》。

（二）乡镇卫生院入院人数与病床使用率

农村医疗护理床位的需求总量不仅取决于具有需求的农村老年人，还取决于床位的使用情况与资源利用效率。借鉴既有研究，本模型选取乡镇卫生院病床使用率和平均住院日作为医养结合型养老服务的利用效率指标纳入分析框架。[1] 伴随着农村医养结合型养老服务体系不断健全和完善，医护床位及注册护士等医疗系统资源较为紧缺的困境将得到有效缓解。近年来，乡镇卫生院入院人数不断增加，平均住院日大幅度延长，康

---

① 方律颖、宋阳：《上海市医养整合系统的人力与床位供需仿真模拟——基于因果关系模型构建》，《中国初级卫生保健》2020 年第 9 期。

复期的老年人对医养结合型养老服务的需求量增大,病床使用率较高。[①]

表4.12　　2000年—2019年乡镇卫生院和村卫生室的医疗服务利用情况

年份	诊疗人次 (亿人次)	入院人数 (万人)	病床使用率 (%)	平均住院日 (日)	村卫生室 (个)
2000	8.24	1708.33	33.3	4.6	709458
2001	8.24	1705	31.3	4.5	698966
2002	7.10	1625	34.7	4.0	698966
2003	6.91	1608	36.2	4.2	514920
2004	6.81	1599	37.1	4.4	551600
2005	6.79	1621.92	37.7	4.6	583209
2006	7.01	1836.05	39.4	4.6	609128
2007	7.59	2662.15	48.4	4.8	613855
2008	8.27	3312.72	55.8	4.4	613143
2009	8.77	3807.72	60.7	4.8	632770
2010	8.74	3630.38	59.0	5.2	648424
2011	8.66	3448.78	58.1	5.6	662894
2012	9.68	3907.51	62.1	5.7	653419
2013	10.07	3937.15	62.8	5.9	648619
2014	10.29	3732.61	60.5	6.3	645470
2015	10.55	3676.06	59.5	6.4	640536
2016	10.82	3799.94	60.6	6.4	638763
2017	11.11	4047.17	61.3	6.3	632057
2018	11.16	3985.09	59.6	6.4	622001
2019	11.75	3909.39	57.5	6.5	616094

资料来源:《中国统计年鉴(2020)》。

(三)乡镇卫生院诊疗人次与平均住院日

在农村医养结合型养老体系的动力机制中,系统有效控制了乡镇卫生院的医护床位数量,稳定了医护床位供给。乡镇卫生院的平均住院日变化趋势中,系统动力学的"寻的"行为,使得平均住院日指标逐渐向理想值靠近。农村医养结合型养老服务体系的构建,有助于降低乡镇卫生院的平均住院日和提高诊疗人次,促进农村住院患者合理流动,有效缓解了医疗床位的供需困境,满足了老年人医疗卫生与养老服务需

---

① 李星辉:《上海市医养整合人力与床位供需仿真模拟——基于系统动力学模拟干预研究》,《中国初级卫生保健》2020年第9期。

求，对于医疗卫生与养老服务体系的优化尤为重要。

表4.13　　　　　　2009 年—2019 年医疗卫生机构诊疗情况

指标	2009	2010	2011	2012	2013	2014	2015	2016	2017	2018	2019
医疗卫生机构诊疗人次（亿次）	54.88	58.38	62.71	68.88	73.14	76.02	76.99	79.32	81.83	83.08	87.2
乡镇卫生院诊疗人次（亿次）	8.77	8.74	8.66	9.68	10.07	10.29	10.55	10.82	11.11	11.16	11.74
社区卫生服务中心诊疗人次（亿次）	2.61	3.47	4.09	4.55	5.08	5.36	5.59	5.63	6.07	6.39	6.91
社区卫生服务中心入院人数（万人）	164.24	218.06	247.34	268.66	292.06	298.06	305.55	313.71	344.25	339.54	339.5
社区卫生服务中心病床使用率（%）	59.8	56.1	54.4	55.5	57	55.6	54.7	54.6	54.8	52	49.7
社区卫生服务中心出院者平均住院日（日）	10.55	10.4	10.15	10.05	9.83	9.86	9.8	9.7	9.5	9.9	9.7
社区卫生服务站诊疗人次（亿次）	1.16	1.37	1.37	1.44	1.49	1.49	1.47	1.56	1.59	1.60	1.68

资料来源：《中国统计年鉴（2020）》。

四　仿真模拟分析

本书在真实数据趋势分布和现实情况分析的基础上，对模型进行真实性检验，是在现有农村医疗卫生与养老服务供给水平基础上进行的优化研究，通过对不同情景下进行相应的仿真模拟。运用模型软件测试检验了量纲的一致性，并使系统方程中的量纲保持统一。由于模型中各种因素之间的作用关系错综复杂，因此，需要计算各仿真变量的均方百分比误差来检验模型的仿真效果，采用如下的计算方法：

$$RMS_i = \sqrt{\sum_{i}^{n} a_{ij}^2 / n} \qquad\qquad 式（4-1）$$

其中，RMS_i 为第 i 个变量的均方百分比误差，n 为样本观测年份。已有研究认为，在各种检验统计量中，RMS 更具有普遍意义，对检验模型系统的总体拟合度更为有效。变量的 $RMS_i < 5\%$ 表示模型拟合很好，大于 5% 小于 10% 也是可以接受的。[1] 由于本模型中所涉及的变量、

---

[1]　李子奈：《计量经济学》，高等教育出版社 2000 年版，第 7 页。

参数和关系式较多，仿真模拟是针对初始情况进行相关参数的改变与调整，调整的变量主要有 GDP、总人口、人口自然增长率、养老服务财政投入比例、乡镇卫生院病床使用率。通过调整表函数以及变量的函数对模型进行模拟，将运行结果和实际数据进行误差计算，使真实数据和仿真数据间的相对误差控制在 ±5% 之内，均方百分比误差均在 10% 以内，使误差率的结果通过统计学检验，表明模型具有一定的科学性和有效性。

根据上述公式，利用 2000—2019 年政府卫生支出、养老服务财政支出、乡镇卫生院平均住院日、卫生和社会工作人员工资的现实值和仿真值，求出的相对误差控制在 ±5% 之内，均方百分比误差均在 10% 以内（见表 4.14 和表 4.15）。

表 4.14　　　　　政府卫生支出和养老服务财政支出的检验

年份	政府卫生支出（亿元）				养老服务财政支出（亿元）			
	真实数据	仿真数据	相对误差	RMS	真实数据	仿真数据	相对误差	RMS
2000	709.52	544.092	30.4%		46.6	33.57	27.96%	
2001	800.61	717.959	11.51%		53.6	47.41	11.54%	
2002	908.51	804.248	12.96%		63.7	56.61	11.13%	
2003	1116.94	1054.89	5.88%		84.6	79.17	6.41%	
2004	1293.58	1325.27	−2.39%		56.9	58.38	−2.60%	
2005	1552.53	1621.49	−4.25%		59.3	60.18	−1.49%	
2006	1778.86	1905.45	−6.64%		70	73.62	−5.17%	
2007	2581.58	2900.84	−11.01%		95	106.19	−11.79%	
2008	3593.94	3916.45	−8.23%		113.5	122.82	−8.21%	
2009	4816.26	4772	0.93%	8.99%	124.1	121.00	2.50%	9.27%
2010	5732.49	5857.94	−2.14%		109.9	110.18	0.26%	
2011	7464.18	7601.93	−1.81%		232.2	233.73	0.66%	
2012	8431.98	8323.47	1.30%		319.5	311.04	2.65%	
2013	9545.81	9464.84	0.86%		397.6	388.02	2.41%	
2014	10579.23	10581.4	−0.02%		480.9	485.81	−1.02%	
2015	12475.28	11606.6	7.48%		192.7	163.70	15.05%	
2016	13910.31	13255	4.94%		261.2	232.55	10.97%	
2017	15205.87	15078.9	0.84%		293.9	282.23	3.97%	
2018	16399.13	16684.2	−1.71%		370.1	359.67	2.79%	
2019	18016.95	18400.8	−2.09%		382.2	390.47	−2.16%	

资料来源：根据《中国统计年鉴》数据整理计算。

表 4.15　各乡镇卫生院平均住院日、卫生和社会工作人员工资的检验

年份	乡镇卫生院平均住院日（日）				卫生和社会工作人员工资			
	真实数据	仿真数据	相对误差	RMS	真实数据	仿真数据	相对误差	RMS
2000	4.6	4.23	7.91%		10930	13539.2	−19.27%	
2001	4.5	4.30	4.37%		12933	14438.4	−10.43%	
2002	4.0	4.34	8.40%		14795	14884.7	−0.60%	
2003	4.2	4.38	4.37%		16352	16180.9	1.06%	
2004	4.4	4.45	1.33%		18617	17579.2	5.90%	
2005	4.6	4.53	1.40%		21048	19111.1	10.13%	
2006	4.6	4.63	0.72%		23590	20579.6	14.63%	
2007	4.8	4.79	0.25%		27892	25727.4	8.41%	
2008	4.4	4.93	12.20%		32185	30979.8	3.89%	
2009	4.8	5.02	4.65%	4%	35662	35404.3	0.73%	7.14%
2010	5.2	5.21	0.27%		40232	41020.4	−1.92%	
2011	5.6	5.44	2.83%		46206	50039.6	−7.66%	
2012	5.7	5.58	1.94%		52564	53771.2	−2.25%	
2013	5.9	5.74	2.70%		57979	59673.8	−2.84%	
2014	6.3	5.88	6.60%		63267	65448.5	−3.33%	
2015	6.4	6.01	6.09%		71624	70750	1.24%	
2016	6.4	6.17	3.59%		80026	79275.3	0.95%	
2017	6.3	6.41	1.78%		89648	88707.7	1.06%	
2018	6.4	6.65	4.03%		98118	97009.5	1.14%	
2019	6.5	6.85	5.52%		108903	105887	2.85%	

资料来源：根据《中国统计年鉴》数据整理计算。

（一）国民生产总值与农村医养结合型养老服务供给量

本模型通过调整参数设置，将国民生产总值的初始值设定为88189.6，之后分别设定为 98189.6、108189.6、118189.6 亿元。根据上述对应的情景进行仿真模拟，保持其他变量的参数不变，最终得到农村医疗卫生与养老服务需求量和供需缺口的仿真结果（见图 4.4）。

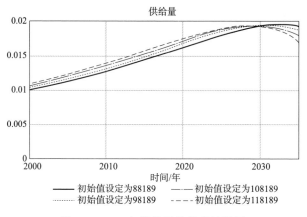

图 4.4 GDP 与供给量的仿真结果图

我国农村医疗卫生与养老服务事业主要依靠政府的财政投入，国民生产总值的增长能够促进民生保障水平的提升。随着经济社会的发展和国民生产总值的增长，农村居民人均可支配收入的提高，老年人的健康关注度和重视度不断提升，农村老年人的就医意愿不断提高，农村医养结合型养老服务的需求量逐步提高。随着新型城镇化进程的加快，农村人口空心化问题严峻，农村人口的逐渐减少，乡村医生和卫生员数量的减少，从而对服务的供给量产生一定影响。健康中国战略和乡村振兴战略的实施，政府卫生支出和养老服务财政支出在农村医养结合型养老服务的发展中发挥主导作用，农村医养结合型养老服务供需缺口在 2030年—2035 年期间呈现平稳下降的趋势（见图 4.5）。可见，医养结合型养老服务供需缺口呈现先上升后下降的趋势。

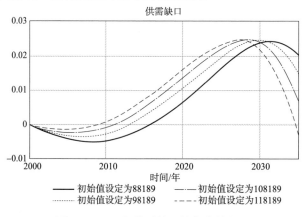

图 4.5 GDP 与供需缺口的仿真结果图

（二）人口自然增长率与农村医养结合型养老服务需求量

2019 年，我国出生人口降至 1465 万，65 岁及以上人口占比达 12.6%，在"十四五"时期，人口总量将不可避免进入负增长。系统仿真模型设置人口增长率的初始值为 3.6‰，通过不断调整参数，将人口增长率设定为 5‰、4‰和 3‰。农村医养结合型养老服务的发展受人口因素、经济因素和技术条件等因素的影响，人口增长率的降低会使人均 GDP 的水平不断上升，农村老年人的医疗保健支出不断提高，老年人的就医需求不断增强，农村医养结合型养老服务的需求量呈现逐步增长的趋势（见图 4.6）。其中，乡镇卫生院入院人数和诊疗人次在 2020—2035 年不断增加（见图 4.7），农村医养结合型养老服务将会在未来具有宽阔的发展前景。

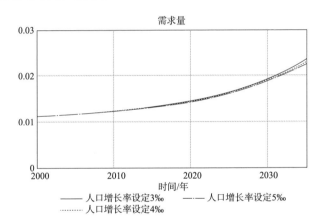

图 4.6　需求量仿真结果图

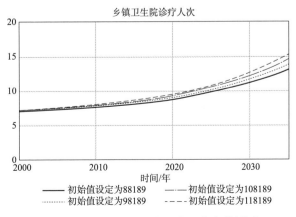

图 4.7　乡镇卫生院诊疗人次的仿真结果图

（三）养老服务财政支出比例与农村医养结合型养老服务供给量

在国民生产总值和人口增长率不变的情况下，系统通过调整养老服务财政支出的参数，将养老服务财政支出比例分别设置为 1‰、2‰ 和 3‰ 时，养老服务财政支出比例对于医养结合型养老服务供需缺口的作用分析。研究发现，政府卫生支出、养老服务支出比例的增加有助于促进供给量的增加，通过调整养老服务财政支出比例的参数，不断提高卫生和社会工作人员的工资水平，有助于形成基层社区医疗卫生工作人员的激励机制。随着政府卫生支出和养老服务财政支出比例的增长，2015—2035 年，养老服务财政支出呈现逐步上升的发展趋势（见图 4.8）。

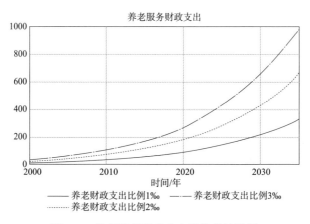

图 4.8　养老服务财政支出的仿真结果图

（四）农村医疗卫生服务相关指标

分级诊疗制度和双向转诊制度促进了医疗卫生服务体系供给效率的提高，提高了病床使用率和资金周转率。[①] 在不改变其他变量参数的前提下，设置其初始值为 33.3%，通过调整 GDP、乡镇卫生院的病床使用率的指标参数，分别提升至 34.3%、35.3% 和 36.3%，农村医疗卫生与养老服务的需求量稳步提高（见图 4.9），乡镇卫生院入院人数的数量不断增加（见图 4.10），农村医疗技术人员的工资待遇水平能够逐步改善。

---

①　杨力萌、梁峰、陈伟涛、王谦：《分级诊疗背景下双向转诊机制的演化博弈及仿真分析》，《工业工程与管理》2020 年第 7 期。

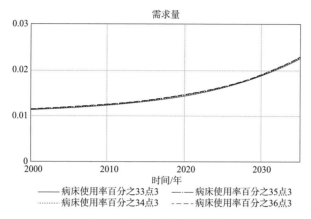

图 4.9　需求量仿真结果图

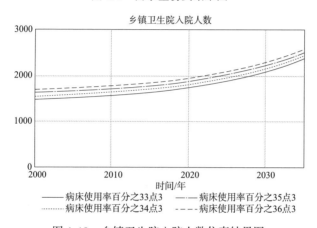

图 4.10　乡镇卫生院入院人数仿真结果图

在原有仿真模型基础上，本系统通过调整 GDP、人口自然增长率、养老服务财政支出比例、乡镇卫生院病床使用率的参数设置，研究发现农村医养结合型养老服务的供需缺口呈现阶段性和动态性变化趋势，在2000—2010 年不断下降，在 2010—2020 年稳步提升，在 2030—2035 年缓慢下降。在情景一的预测中，供需缺口由 0.0246832 亿人下降至0.0147803 亿人；在情景二的预测中，供需缺口由 0.0240521 亿人下降至 0.00680759 亿人；在情景三的预测中，供需缺口由 0.0219889 亿人下降至 -0.00344699 亿人（见表 4.16 和图 4.11）。农村医养结合型养老服务体系的构建有助于提高政府财政资金的使用效率，提高卫生和社会工作人员工资水平，增加乡村医疗技术人员的数量，改善乡村医生待遇，提高乡村医生工作积极性。

表 4.16　农村医养结合型养老服务体系的仿真情景预测

指标	情景一					情景二					情景三				
	2000	2010	2020	2030	2035	2000	2010	2020	2030	2035	2000	2010	2020	2030	2035
GDP	88189.6	190395	411048	887422	1.30E+06	88189.6	190395	411048	887422	1.30E+06	88189.6	190395	411048	887422	1.30E+06
总人口	126743	133225	140038	147199	150916	126743	133225	140038	147199	150916	126743	133225	140038	147199	150916
政府卫生支出	694.586	2169.78	5494.87	12989.6	19743.3	694.586	2169.78	5494.87	12989.6	19743.3	694.586	2169.78	5494.87	12989.6	19743.3
养老服务财政支出	11.5764	36.163	91.5812	216.494	329.056	23.1529	72.326	183.162	432.988	658.112	34.7293	108.489	274.744	649.482	987.167
GDP	98189.6	211984	457657	988048	1.45E+06	108190	233573	504267	1.09E+06	1.60E+06	118190	255163	550879	1.19E+06	1.75E+06
财政支出	13931.3	41471	103545	243462	369543	16299.8	46809.4	115578	270584	410262	18680.6	52175.7	127674	297848	451195
政府卫生支出	835.881	2488.26	6212.73	14607.7	22172.6	977.985	2808.56	6934.69	16235	24615.7	1120.83	3130.54	7660.44	17870.9	27071.7
卫生和社会工作人员工资	15048.3	23593.7	42855.2	86270.7	125393	15783.2	25250.2	46588.9	94686.6	138028	16521.9	26915.4	50342.2	103147	150730
每千农业人口注册护士	0.498756	0.632577	0.934212	1.6141	2.22676	0.510264	0.658518	0.992683	1.74589	2.42462	0.521833	0.684594	1.05146	1.87837	2.62353
供给量	0.0104095	0.0131136	0.016677	0.0194352	0.0188101	0.0106871	0.0135207	0.0171113	0.0194252	0.0180601	0.0109545	0.0139021	0.0174898	0.0192889	0.0171055
需求量	0.0113834	0.0124794	0.0147834	0.0197387	0.0241552	0.0114886	0.012699	0.0152492	0.0207579	0.0246917	0.0115939	0.0129192	0.0157178	0.021789	0.0272525
供需缺口	0	-0.0027418	0.0102977	0.0246832	0.0147803	0	-0.000859843	0.0133985	0.0240521	0.00680759	0	0.000856233	0.0159438	0.0219889	-0.00344699
乡镇卫生院诊疗人次	7.05872	7.67597	8.94372	11.5476	13.7455	7.11837	7.79848	9.19535	12.0644	14.4862	7.17802	7.921	9.44698	12.5812	15.2269

设定条件：养老财政支出比例 1‰、2‰、3‰；GDP 设定为 98189、108189、118189 亿元

续表

设定条件	指标	情景一					情景二					情景三				
		2000	2010	2020	2030	2035	2000	2010	2020	2030	2035	2000	2010	2020	2030	2035
GDP 设定为98189、108189、118189亿元	乡镇卫生院入院人数	1467.23	1558.96	1747.36	2134.32	2460.96	1476.09	1577.16	1784.75	2211.12	2571.03	1484.96	1595.37	1822.15	2287.93	2681.1
	农村人口	77692.9	74496.6	67931.7	54448.2	43066.4	77384	73862.2	66628.7	51772	39231	77075.1	73227.8	65325.7	49095.7	35395.4
	平均住院日	4.26368	4.59924	5.28846	6.70403	7.89896	4.29611	4.66585	5.42525	6.98499	8.30162	4.32853	4.73245	5.56206	7.26597	8.70429
人口增长率设定为5%、4%、3%	总人口	126743	133225	140038	147199	150916	126743	131905	137277	142868	145748	126743	130597	134568	138660	140753
	乡镇卫生院诊疗人次	6.99908	7.55346	8.6921	11.0307	13.0049	6.99908	7.56427	8.73672	11.1689	13.2365	6.99908	7.5752	8.78229	11.3114	13.4765
	乡镇卫生院入院人数	1458.36	1540.75	1709.97	2057.51	2350.89	1458.36	1542.36	1716.6	2078.05	2385.31	1458.36	1543.98	1723.37	2099.23	2420.98
	平均住院日	4.23125	4.53264	5.15166	6.42307	7.4963	4.23125	4.53852	5.17592	6.49819	7.62221	4.23125	4.54446	5.2007	6.57566	7.75272
病床使用率设定为34.3%、35.3%、36.3%	需求量	0.011 3829	0.012 3725	0.0144 477	0.018 8899	0.022 8282	0.011 4633	0.012 4586	0.014 5456	0.01 9012	0.022 9707	0.011 5437	0.012 5447	0.014 6434	0.019134	0.023 1131

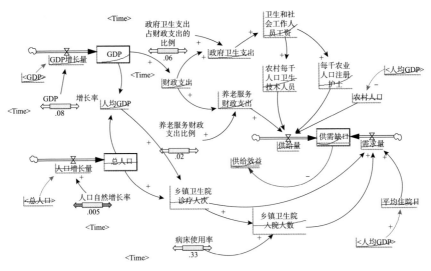

图 4.11　仿真模拟优化方案

　　可见，农村医疗卫生与养老服务资源的融合与整合有助于提高供给效益。伴随着农村医疗保障水平的稳步提升，县乡村三级医疗卫生服务体系不断健全和完善，乡镇卫生院的诊疗水平和服务能力不断提高，分级诊疗制度实施效果显现。加强乡镇卫生院对村卫生室的指导，提高农村基层医疗机构的紧急救援能力，将村卫生室纳入乡统管，增强"村卫生室 + 乡镇卫生院"的基层医疗卫生服务的托底功能。《十四五规划》提出"优化生育政策，增强生育政策包容性"，全面放开三孩的积极人口政策能够为卫生和社会工作人才的增长发挥促进作用。农村基层医疗服务能力涉及服务供给能力要素，如基层医疗卫生机构需要具备一定的技术水平、设备条件和承接患者诊疗服务的医师资源。农村医养结合型养老服务的发展，有助于缓解农村医疗卫生技术人才紧缺的困境，提高农村医养结合型养老服务的质量和效能，有助于改善医疗资源向大城市流动的虹吸效应，县域医疗保障水平的提升有助于分级诊疗与双向转诊制度的落实，乡村基层首诊有助于降低乡镇卫生院的"压床"现象，降低平均住院日，提高诊疗人次，提升县域医疗服务能力。促进社区首诊的实现，能够不断满足老年人日益增长的医养结合型养老服务需求，提升农村基层医疗卫生与养老服务的供给能力和供给效益。

第五章 我国推进农村医疗卫生与养老服务相结合的演进成就

新中国成立 70 多年来，我国医疗卫生与养老服务政策不断完善与优化，逐步从部分覆盖向全民福利的发展目标迈进。我国乡村治理与融合发展先后经历了家庭联产承包责任制、农村税费改革、医疗卫生与养老服务社会化变革等经济社会的制度变迁。① 同时，我国农村社会保障制度经历了萌芽、产生、发展和完善的发展阶段。②

第一节 农村医疗卫生与养老服务相结合的演进历程

通过借鉴相关专家学者对农村养老服务发展的历史分期，以及农村产权制度改革和农村合作医疗制度建立为重要节点，对农村医疗卫生与养老服务相结合的发展进行历史分期，本书将农村医疗卫生与养老服务相结合的演进历程，分为孕育阶段、产生阶段、发展阶段、成熟阶段以及融合阶段五个阶段。③ 农村医疗卫生与养老服务相结合经历了由点到面逐步推进的发展历程，农村医疗卫生与养老服务二者由彼此独立走向高度融合，农村医疗卫生与养老服务相结合由发展成熟逐步向融合阶段迈进，农村医疗卫生与养老服务质量都得到全方位提升。

---

① 姜晓萍、许丹：《新时代乡村治理的维度透视与融合路径》，《四川大学学报（哲学社会科学版）》2019 年第 4 期。

② 王立剑：《新中国 70 年中国农村社会保障制度的演进逻辑与未来展望》，《农业经济》2020 年第 2 期。

③ 黄俊辉：《农村养老服务供给变迁：70 年回顾与展望》，《中国农业大学学报（社会科学版）》2019 年第 5 期。

一 农村医疗卫生与养老服务相结合的孕育

新中国成立后，中国共产党将大力发展人民福利事业作为新中国社会建设的重要内容。[①] 农村社会保障是我国经济社会持续健康发展的重要组成部分，确立和发展人民福利事业，提高人民生活质量，是社会主义制度的重要内容和社会主义优越性的具体体现。自新中国成立至改革开放前的计划经济时期是农村医疗卫生与养老服务相结合的政策孕育期。新中国成立伊始，农村面临人口基数大、医疗条件差、缺医少药以及疾病高发等突出问题，党和政府高度重视农村医疗卫生事业的发展，以人民健康为目标开展了具有中国特色的爱国卫生运动，积极探索建立以预防为主、防治相结合的三级医疗卫生网络。1950 年 8 月，第一届全国卫生工作会议的召开，制定了"面向工农兵、预防为主、团结中西医"的卫生工作方针，农村医疗卫生政策重视工人、农民和士兵的卫生保健服务，强调了预防为主、重视中西医结合、医疗保健与群众运动相结合，[②] 并逐步建立健全以县设卫生院、区设卫生所、乡设卫生委员、村设卫生员为组织要素的农村基层卫生体系。

1954 年，新中国第一部《宪法》第三章第九十三条规定："劳动者在年老、疾病或丧失劳动能力的时候，有获得物质帮助的权利。"[③] 伴随着农业合作化运动的开展，农村集体医疗保障政策得到逐步落实。1956 年，《高级农业生产合作社示范章程》首次赋予了农村集体组织承担农村社会成员医疗保障的主体责任。合作医疗、赤脚医生和三级医疗预防保健网络曾是农村卫生工作的三大支柱。1960 年，中共中央转发卫生部《关于人民公社卫生工作几个问题的意见》，使农村合作医疗制度促进了农村三级医疗卫生服务网络的形成。同年 4 月，《1956 年到

[①] 宋学勤、肖平：《中国共产党社会保障思想的百年演进》，《河北学刊》2021 年第 4 期。

[②] 陈佳贵、吕政、王延中：《中国社会保障发展报告》，社会科学文献出版社 2001 年版，第 270 页。

[③] 《中华人民共和国宪法》，人民出版社 1954 年版，第 27 页。

1967 年全国农业发展纲要》以国家立法的形式建立了农村五保制度，这是具有中国特色的农村集体福利保障制度。① 由此，农村五保制度拓展至医疗保健和住房福利等方面，进一步巩固了农村社会福利体系。20世纪 60 年代中期，党和政府将工作重心由城市转向农村，政府依托农村集体经济，积极发展农村医疗卫生事业，重视对赤脚医生的技能培训。1975 年，我国赤脚医生达到 130 万人，乡村赤脚医生的不断涌现为农村疾病预防与分级诊疗政策的产生起到促进作用。我国农村基本建成了以县级医院为龙头、以乡镇卫生院为枢纽、以村卫生室为网底的三级医疗预防保健网络，县、社、队三级医疗卫生预防保健组织各自分工、互助合作，建立了具有中国特色的赤脚医生制度和农村合作医疗制度，展现了中国传统医者"悬壶济世"的医德精神。② 在人民公社时期，农村合作医疗制度和农村五保供养制度得到了巩固和发展，其中，农村五保供养制度为农村弱势群体提供了兜底式保障，通过建立敬老院对孤寡老残社员提供集中供养，使五保老年人能够有尊严地享有基本养老保障，更加凸显了社会主义制度的优越性。新中国成立后至改革开放前，我国构建了以赤脚医生为主体的农村医疗保障体系。③ 农村集体福利制度以农村五保供养制度与农村合作医疗制度的建立为主要标志，促进了农村集体组织内部成员的互助与合作，提升了农民的健康水平，推进了我国农村医疗卫生与养老事业的发展，推动了健康乡村建设的发展。

表 5.1　我国农村医疗卫生与养老服务相结合孕育阶段的主要政策

序号	时间	政策名称	发文机关	政策要点
1	1950 年 8 月	《关于健全和发展全国基层卫生组织的决定》	卫生部	要求区设卫生所，乡设卫生站，村设卫生室，培训和配备乡村卫生员。

① 郑功成：《中国社会保障 70 年发展（1949—2019）：回顾与展望》，《中国人民大学学报》2019 年第 5 期。
② 何佳馨：《新中国医疗保障立法 70 年——以分级诊疗的制度设计与进步为中心》，《法学》2019 年第 9 期。
③ 李培林、魏后凯：《中国扶贫开发报告（2016）》，社会科学出版社 2016 年版，第 6—7 页。

序号	时间	政策名称	发文机关	政策要点
2	1956 年	《高级农业生产合作社示范章程》	中华人民共和国主席令	合作社要吸收老、弱、孤、寡、残疾的人入社。农业生产合作社对于缺乏劳动力或者完全丧失劳动力、生活缺乏依靠的老、弱、孤、寡、残疾的社员,在生产上和生活上给以适当的安排和照顾,保证其吃、穿和柴火的供应,实现幼有所育和老有所养。①
3	1960 年	《1956 年到 1967 年全国农业发展纲要》	中国共产党中央委员会	实行"五保",优待烈属和残废革命军人,供养和尊敬父母。教育青壮年男女供养和尊敬自己的父母,使年老的丧失劳动能力的人,在生活上得到合理的照顾,在精神上得到充分的安慰。
4	1961 年	《农村人民公社工作条例》	中共中央办公厅	一些地方只对生活没有依靠的老、弱、孤、寡、残疾的社员,家庭人口多劳动力少的社员,实行供给或者给以补助,其余的社员都按劳动工分的多少,进行分配。
5	1963 年	《关于开业医生暂行管理办法》	卫生部	个体开业医生是脑力劳动者,是社会主义卫生事业的补充,可允许极少数适合开业的医生个体开业。
6	1965 年	《关于把卫生工作重点放到农村的报告》	卫生部	组织城市卫生人员到农村去为农民健康服务;培养农村卫生人员;整顿农村卫生组织;尽可能保证农村药品、医疗器材的需要。

资料来源:民政部、原国家卫计委文件整理而得.

二 农村医疗卫生与养老服务相结合的产生

伴随着我国经济社会体制改革的深入推进,我国医疗卫生与养老服

---

① 郑吉友:《辽宁省农村养老服务模式的历史演进》,《党政干部学刊》2019 年第 1 期。

务体系经历了国家福利性供给、社会多主体供给、市场多元化供给的发展历程。[①] 农村医疗卫生与养老服务事业从计划经济体制向社会主义市场经济体制转型。政府在农村社会福利供给体系中居于主导地位，积极探索多元主体参与提供社会福利，充分调动了社会力量参与农村医疗卫生与养老服务事业发展的积极性。

改革开放后至 21 世纪初期是我国医疗卫生与养老服务的产生期，20 世纪 80 年代末至 90 年代，我国启动了医疗卫生体制改革，我国医疗卫生与养老服务政策最早肇始于"家庭病床"政策的建立。1985 年，卫生部《关于加强我国老年医疗卫生工作的意见》提出，"大力发展家庭病床，以老年人为服务对象，促进老年病人的病后康复"。探索发展家庭病床的居家照顾服务作为改善医院管理、建立现代医疗制度的有效途径。同年，原卫生部《关于卫生工作改革若干政策问题的报告的通知》（国发［1985］年 62 号）指出，鼓励城市医院通过"医联体"形式支援农村医疗卫生事业的建设。可见，家庭病床政策可被视为我国医养结合型养老服务政策发展的雏形。家庭联产承包责任制实施后，农村集体经济供给的五保供养制度转变为政府、农村社区和家庭邻里的供给。1986 年，民政部提出社区服务，明确了社区作为公共服务递送的基本治理单元，居家养老服务作为社会养老服务的重要组成部分，为多层次养老服务体系的发展奠定了良好的基础。1993 年，党的十四届三中全会提出"建立多层次社会保障体系"，对医疗保险制度和养老保险制度的改革提出了新的要求。在农村养老服务发展的过程中，农村养老服务主要是面向特殊群体的兼具救助性和福利性的五保供养制度。1994 年，国务院颁布的《农村五保供养工作条例》进一步强化了农村集体组织的五保供养责任，其中，四川省、湖南省、湖北省、安徽省对社会散居的孤寡老年人给予重点帮扶。[②] 1997 年，《关于卫生改革与发展的决定》（中发［1997］3 号），提出新时期"以农村为重点"的卫生工作方针，发挥农村个体医生和民办医疗机构的积极作用。稳步推行农村

---

① 张思锋：《中国养老服务体系建设中的政府行为与市场机制》，《社会保障评论》2021年第 1 期。

② 李荣时：《中国民政统计年鉴（1994）》，中国统计出版社 1994 年版，第 150 页。

合作医疗保健制度，农村合作医疗制度对于保证农民获得基本医疗服务、落实预防保健任务、防止因病致贫具有重要作用，为实现人人享有卫生保健提供社会保障。同年 5 月，国务院转发《关于发展和完善农村合作医疗若干意见的通知》（国发［1997］18 号）指出，农村合作医疗制度是适合我国国情的农村居民医疗保障制度，乡（镇）卫生院和村卫生室要改善服务态度，提高服务水平，积极开展社区和家庭医疗预防保健服务，扩大群众受益面。农村合作医疗制度促进了农村三级医疗预防保健网的建设，巩固与发展了农村基层卫生队伍，使农民的基本医疗保健需求具有政策性保障。

20 世纪 90 年代末，农村社区积极探索以乡镇养老机构为支撑发展农村养老服务，这是农村经济社会发展效益的集中体现，也是积极应对人口老龄化政策体系的重要组成部分。2000 年 3 月，中共中央、国务院颁布《关于进行农村税费改革试点工作的通知》，标志着我国农村开始实施税费改革。同年，《关于加快实现社会福利社会化意见的通知》（国办发［2000］19 号），在养老方式上探索以居家为基础、以社区为依托、以社会福利机构为补充的社区养老服务发展方式，鼓励以政府为主导、社会力量积极参与发展社会福利事业。[①] 逐步健全和完善以预防保健、生活照料、医疗护理、体育健身和法律援助等为主要内容的老年健康照料服务体系。2002 年，中共中央、国务院颁布《关于进一步加强农村卫生工作的决定》提出，实行卫生扶贫，"建立和完善农村合作医疗制度和医疗救助制度"，"各级政府要积极组织引导农民建立以大病统筹为主的新型农村合作医疗制度"，农村医疗保障制度开始由农民互助合作向由政府资助和个人缴费的新型合作医疗制度转化。[②] 可见，农村医疗卫生与养老服务相结合的政策提出伊始就明确了以社区为依托，为居家老年人提供生活照料、医疗护理、社会参与、法律服务、精神慰藉等全方位服务的政策理念。政府对居家、社区和机构养老服务三者的作用与功能进行了较为明晰

---

① 郑吉友：《辽宁省农村养老服务模式的历史演进》，《党政干部学刊》2019 年第 1 期。
② 张禧、毛平、朱雨欣：《乡村振兴战略背景下的农村基本公共服务问题研究》，中国农业出版社 2020 年版，第 78 页。

的界定和阐释，探索建立政府、企业、社会与个人分担的供给机制，初步形成了农村医疗卫生与养老服务相结合的政策体系（见表5.2），以政府为主导的农村医疗卫生与养老服务相结合的发展取得阶段性进展。[①]

表5.2　我国农村医疗卫生与养老服务相结合产生阶段的主要政策

序号	时间	政策名称	发文机关	政策要点
1	1978年3月	《中华人民共和国宪法》	全国人民代表大会	鼓励和支持农村集体经济组织、国家企业事业组织和街道组织举办各种医疗卫生设施，开展群众性的卫生活动，保护人民健康。中华人民共和国公民在年老、疾病或者丧失劳动能力的情况下，有从国家和社会获得物质帮助的权利。
2	1980年8月	《关于允许个体开业行医问题的请示报告》	卫生部	各地开业医生中，中医、针灸、正骨、推拿、按摩、镶牙等技术，是国家和集体医疗机构中比较薄弱的科目。到他们那里去看病，手续简便，随到随看，并且可以出诊，特别对一些儿童、老年人和慢性病人，就医方便，群众感到满意。
3	1983年3月	《关于中医医院要加强中药使用、管理的通知》	卫生部	各级中医医疗机构要注意发挥中医辨证施治的特长，使用中药要以饮片为主，中成药为辅；对中成药要坚持以购进治疗性成药为主的原则；医院要加强对中药制剂室的管理；要适当增加中药人员的编制，提高现有人员的专业水平。
4	1985年1月	《关于加强我国老年医疗卫生工作的意见》	卫生部	各级医疗机构在开展家庭病床工作时，应注意解决老年慢性病人的收治，把家庭病床作为解决老年人住院难的便民措施。

---

① 郑吉友：《辽宁省农村养老服务模式的历史演进》，《党政干部学刊》2019年第1期。

续表

序号	时间	政策名称	发文机关	政策要点
5	1985 年 4 月	《关于卫生工作改革若干政策问题的报告的通知》（国发〔1985〕年62号）	卫生部	村卫生机构可以由集体经济、乡村医生和卫生员开办；办好县、乡镇医疗卫生机构，支持集体、个体办医疗卫生事业；鼓励城市医院、医药院校等下去设点，办"联合体"，支援农村医疗卫生事业的建设。
6	1989 年 1 月	《关于扩大医疗卫生服务有关问题的意见》（国发〔1989〕10号）	卫生部、财政部、人事部、国家物价局、国家税务局	允许城乡医疗卫生事业单位和人员开展有偿业余服务；调整医疗卫生服务收费标准；允许卫生事业单位"以副补主"。
7	1990 年 3 月	《我国农村实现"2000 年人人享有卫生保健"的规划目标》	卫生部、国家卫计委	明确提出："2000 年人人享有卫生保健"的各种最低目标。
8	1991 年 1 月	《关于改革和加强农村医疗卫生工作的请示》（国发〔1991〕4号）	国务院、卫生部、农业部、国家计委、国家教委、人事部	把解决农民基本医疗保健问题作为卫生工作的重点，完善农村三级医疗预防保健网，推行合作医疗保健制度。
9	1992 年 9 月	《关于深化卫生改革的几点意见》（卫办发〔1992〕34号）①	卫生部	拓宽卫生筹资渠道，完善补偿机制。转换运行机制，推进劳动人事及工资制度改革。改革医疗保健制度，完善健康保障体系。
10	1992 年 1 月	《县级农村社会养老保险基本方案（试行）》（民办发〔1992〕2号）	民政部	建立农村社会养老保险制度，要从我国农村的实际出发，以保障老年人基本生活为目的；国家予以政策扶持；坚持社会养老保险与家庭养老相结合；由点到面，逐步发展。

---

① 卫生部：《关于深化卫生改革的几点意见〔卫办发（1992）第34号〕》，《中国农村医学》1993 年第 12 期。

序号	时间	政策名称	发文机关	政策要点
11	1992 年 9 月	《关于加强农村卫生工作若干意见的通知》	卫生部、财政部	以自愿互利为原则，建立合作医疗，受益群众、全民、集体企业事业单位和社会团体全方筹集资金。
12	1993 年 11 月	《关于建立社会主义市场经济体制若干问题的决定》	中共中央	提出："要发展和完善农村合作医疗制度"。
13	1994 年 1 月	《农村五保供养工作条例》（国务院令第 141 号）	国务院	五保供养的内容提出：及时治疗疾病，对生活不能自理者有人照料；妥善办理丧葬事宜。
14	1997 年 1 月	《关于卫生改革与发展的决定》（中发［1997］3 号）	中共中央、国务院	加强农村卫生组织建设，完善县乡村三级卫生服务网；要积极稳妥地发展和完善合作医疗制度；巩固与提高农村基层卫生队伍。
15	1997 年 5 月	《关于发展和完善农村合作医疗若干意见的通知》（国发［1997］18 号）	国务院、卫生部、国家计委、财政部、农业部、民政部	坚持民办公助、自愿量力、因地制宜。乡、村集体经济的投入是农村合作医疗资金的重要组成部分。村提留公益金中应有一定数额用于农村合作医疗。加强三级医疗预防保健网和农村卫生队伍建设。
16	1998 年 10 月	《关于农业和农村工作若干重大问题的决定》	中共中央、国务院	发展农村卫生、体育事业，使农民享有初级卫生保健。
17	2000 年 2 月	国务院办公厅转发民政部等部门《关于加快实现社会福利社会化意见的通知》（国办发［2000］19 号）	民政部、国家计委、财政部、劳动保障部、卫生部等部门	积极支持社区卫生服务机构开展老年医疗、预防、保健、康复、健康教育等工作，鼓励并扶持社会力量兴办以老年人、残疾人、孤儿为服务对象的非营利性医疗机构。
18	2000 年 8 月	《关于加强老龄工作的决定》（中发［2000］13 号）	中共中央、国务院	各级医疗卫生机构要大力开展多种形式的老年医疗保健服务，逐步建立起完善的社区卫生服务机构，健全老年医疗保健服务网络，提高服务质量。

序号	时间	政策名称	发文机关	政策要点
19	2001 年 5 月	《关于农村卫生改革与发展的指导意见》（国办发［2001］39号）	国务院体改办、国家计委、财政部、农业部、卫生部	重视发展农村初级保健工作；调整农村卫生服务网络功能，乡镇卫生院坚持预防保健与医疗服务相结合，村卫生室提供常见伤病诊治、公共卫生和预防保健任务。
20	2002 年 10 月	《关于进一步加强农村卫生工作的决定》（中发［2002］13号）	中共中央、国务院	对农村贫困家庭实施医疗救助。加强农村公共卫生工作；推进农村卫生服务体系建设，推进乡镇卫生院改革；加大财政投入力度；建立和完善农村合作医疗制度和医疗救助制度。

资料来源：民政部、原国家卫计委文件整理而得。

三　农村医疗卫生与养老服务相结合的深入发展

21 世纪初至党的十八大召开前是我国农村医疗卫生与养老服务相结合的发展期，农村医疗卫生与养老服务事业取得了阶段性进展，确立了"新农合"在农村医疗卫生服务中的基础性地位，县域医疗卫生体系逐步健全，不断完善以社区为依托的农村医疗卫生与养老服务体系。2003 年，党的十六届三中全会首次提出"农村养老保障以家庭为主，同社区保障、国家救济相结合"。加强农村社区服务，农村社区以建立农村社会服务体系和公共管理制度为核心，不断提升农村老年人的社会福利水平。2005 年，党的十六届五中全会明确指出"建设社会主义新农村是我国现代化进程中的重大历史任务"，要统筹城乡经济社会发展，推进现代农业建设，全面深化农村改革，大力发展农村公共事业。[①] 党的十六届四中全会提出要健全社会救助、社会保险、社会福利和慈善事业相衔接的社会保障体系。我国社会保障制度的建立与完善，为解决养

---

① 郑吉友：《辽宁省农村养老服务模式的历史演进》，《党政干部学刊》2019 年第1 期。

老问题提供了物质保障。① 2006 年，国务院《关于加强和改进社区服务工作的意见》（国发〔2006〕14 号）指出，进一步促进社会福利社会化，加快发展社区居家养老服务业。同年，《关于加快发展养老服务业的意见》（国办发〔2006〕6 号）中指出，逐步建立和完善以居家养老为基础、社区服务为依托、机构养老为补充的服务体系。我国社会养老服务以居家、社区和机构"三位一体"的服务体系已初具雏形。② 伴随着农村社区建设的稳步推进，社区作为机构照料和家庭照顾有机衔接的纽带和平台，在增进农村老年人健康福祉中发挥着积极作用。③ 党的十七大报告明确指出，将城乡社区建设成为管理有序、服务完善的社会生活共同体，为我国基层政府自上而下实施均等化的公共养老服务提供了实践路径。④ 2007 年，国家发改委和民政部联合印发《"十一五"社区服务体系发展规划》（发改社会〔2007〕975 号），明确提出发展居家养老服务，依托社区为老年人及其家庭提供商品递送、医疗保健、日间照料、老年护理等服务，提供老年护理服务，尤其为高龄、失能、空巢老年人提供社区服务。⑤ 政府应重点为失能失智老年人、计划生育特殊家庭等经济困难的老年人提供无偿或低偿服务，充分发挥公办养老机构的兜底保障功能。2009 年，国家深化医药卫生体制改革，出台了《关于深化医药卫生体制改革的意见》，确定了"新农合"为农村基本医疗保障制度的地位，提出大力发展"农村医疗卫生服务体系"，建立县医院为龙头，乡镇村卫生室为基础的卫生服务网络。⑥ 健全和完善特困人员救助供养制度、医疗救助制度、城乡居民基本医疗保险制度、大病保险制度等补充性兜底保障政策，稳步提高农村老年人的健康保障水平

---

① 郭瑜、张寅凯：《代际关系、养老保险与中国城镇养老新图景》，《社会学研究》2021年第 2 期。

② 郑吉友：《辽宁省农村养老服务模式的历史演进》，《党政干部学刊》2019 年第 1 期。

③ 郑吉友：《辽宁省农村居家养老服务供给研究》，博士学位论文，东北大学，2017 年，第 25 页。

④ 孙薇薇、景军：《乡村共同体重构与老年心理健康——农村老年心理干预的中国方案》，《社会学研究》2020 年第 5 期。

⑤ 郑吉友：《辽宁省农村养老服务模式的历史演进》，《党政干部学刊》2019 年第 1 期。

⑥ 周文、方茜：《当代中国马克思主义政治经济学研究》，上海人民出版社 2020 年版，第 262 页。

（见表5.3）。

表5.3 我国农村医疗卫生与养老服务相结合发展阶段的主要政策

序号	时间	政策名称	发文机关	政策要点
1	2003年1月	《关于建立新型农村合作医疗制度意见的通知》（国办发〔2003〕3号）	卫生部、财政部、农业部	新型农村合作医疗由政府组织，农民自愿参加；实行个人缴费、集体扶持和政府资助相结合的筹资机制，以县（市）为单位进行统筹；建立新农合管理体制。
2	2003年11月	《关于实施农村医疗救助的意见》（民发〔2003〕158号）	民政部、卫生部、财政部	明确了农村医疗救助制度的目标原则、救助对象、救助办法、申请审批程序、基金筹集和管理等内容。
3	2006年2月	《关于加快发展养老服务业的意见》（国办发〔2006〕6号）	全国老龄委办公室、发展改革委、民政部、劳动保障部、财政部、卫生部等部门	鼓励发展居家老人服务业务。要通过政策引导，鼓励社会资本投资兴办以老年人为对象的老年生活照顾、家政服务、心理咨询、康复服务、紧急救援等业务。
4	2006年4月	《关于加强和改进社区服务工作的意见》（国发〔2006〕14号）	国务院	推进社区卫生和计划生育服务。完善社区卫生服务运行机制，发挥社区卫生服务的健康保障功能，努力实现人人享有初级卫生保健的目标。有条件的地方，可以开展农村社区服务的试点，逐步实现城乡社区服务统一规划，统筹发展。
5	2006年4月	《农村卫生服务体系建设与发展规划》（卫规财发〔2006〕340号）	卫生部、国家中医药管理局、国家发展和改革委员会、财政部	把建立稳定的农村卫生投入保障机制，深化农村卫生管理体制改革，加强农村卫生服务队伍建设和机构管理等作为完善农村公共卫生体系的主要任务。
6	2007年5月	《"十一五"社区服务体系发展规划》（发改社会〔2007〕975号）	国家发展改革委、民政部	本规划主要适用于城镇社区，有条件的地方，可参照有关要求，积极推动农村社区服务体系发展。

序号	时间	政策名称	发文机关	政策要点
7	2009 年 3 月	《关于深化医药卫生体制改革的意见》（中发［2009］6 号）	国务院	健全以县级医院为龙头、乡镇卫生院和村卫生室为基础的农村医疗卫生服务网络；建立城市医院对口支援农村医疗卫生工作的制度；建立覆盖城乡居民的基本医疗保障体系。 健全基层医疗卫生服务体系。要建设结构合理、覆盖城乡的医疗服务体系，逐步实现社区首诊、分级医疗和双向转诊，健全基层医疗卫生服务体系。
8	2009 年 7 月	《关于医药卫生体制五项重点改革2009 年工作安排》（国办函［2009］75 号）	国务院	健全基层医疗卫生服务体系，加强基层医疗卫生机构建设。 加强以全科医生为重点的基层医疗卫生队伍建设。
9	2010 年 5 月	《关于鼓励和引导民间投资健康发展的若干意见》（国发［2010］13 号）	国务院	鼓励民间资本参与发展医疗事业。 鼓励民间资本参与发展社会福利事业。
10	2010 年 12 月	《关于建立健全基层医疗卫生机构补偿机制的意见》（国办发［2010］62 号）	国务院	推进基层医疗卫生机构综合改革，部分乡镇卫生院可转为公立医院，或将其超出定位的资源整合到县级医院。
11	2010 年 10 月	《关于印发健全农村医疗卫生服务体系建设方案的通知》（发改社会［2010］2507 号）	国家发改委、卫生部、国家中医药管理局	以全体农村居民公平享有公共卫生和基本医疗服务为出发点，以完善农村医疗卫生机构功能和提高服务能力为核心，以县级医院建设为重点，健全农村医疗卫生服务网络。
12	2011 年 3 月	关于印发《护理院基本标准（2011版）》的通知（卫医政发［2011］21 号）	卫生部	明确规定护理院是为长期卧床患者、晚期姑息治疗患者、慢性病患者、生活不能自理的老年人以及其他需要长期护理服务的患者提供医疗护理、康复促进、临终关怀等服务的机构。

序号	时间	政策名称	发文机关	政策要点
13	2011 年 7 月	《关于进一步加强乡村医生队伍建设的指导意见》（国办发［2011］31 号）	国务院	将村卫生室纳入基本药物制度与新农合实施范围；完善乡村医生补偿和养老政策。
14	2011 年 9 月	国务院关于印发《中国老龄事业发展"十二五"规划》	国务院	明确了未来医养结合型养老机构的发展方向，要求"加大财政投入和社会筹资力度，推进供养型、养护型、医护型养老机构建设"。
15	2011 年 12 月	国务院办公厅关于印发《社会养老服务体系建设规划（2011—2015 年）》	国务院	面向所有老年人，提供包括生活照料、康复护理、精神慰藉、紧急救援在内的设施、组织、人才和技术要素形成的网络，以及配套的服务标准、运行机制和监管制度。

资料来源：民政部、原国家卫计委文件整理而得。

四　农村医疗卫生与养老服务相结合的不断成熟

伴随着社会主义市场经济体制的不断完善，我国经济社会发展已迈向全面小康。2012 年，党的十八大以来，中国特色社会主义进入新时代，以习近平同志为核心的党中央团结带领全国人民开创性地坚持和发展中国特色社会主义，对新时代中国特色社会主义事业进行战略部署。自此，我国养老服务政策体系进入不断完善发展的关键期，是我国农村医养结合型养老服务政策的完善期，发展农村医养结合型养老服务体系是健全养老服务体系的重要途径，是增进广大人民群众获得感、幸福感、安全感的必然要求。2012 年，国务院颁布《卫生事业发展"十二五"规划》要求，发挥基本医保、大病保险、医疗救助、多种形式补充保险和公益慈善的协同互补作用，逐步形成基层首诊、分级医疗、上下联动、双向转诊的诊疗模式。在此阶段性发展的关键时期，为了促进医养结合政策的有效衔接，政府各部门多措并举推动医养结合型养老服务的统筹发展，推进医护型、养护型、供养型养老服务设施建设，推动居家、社区和机构型医养结合养老服务的协同发展，促进医疗机构、养老机构、社区和家庭等医养结合型养老服务资源的整合效用最大化，不断健全和完善农村社会化养老服务体系，[①] 逐步形成了医疗卫生与养老服务体系的结合、融合与整合的发展趋势（见表5.4）。

表5.4　　　　我国农村医养结合养老服务成熟阶段的主要政策

序号	时间	政策名称	发文机关	政策要点
1	2012年10月	国务院关于印发《卫生事业发展"十二五"规划的通知》（国发〔2012〕57号）	国务院	新增医疗卫生资源重点投向农村和城市社区等薄弱环节。加强农村三级卫生服务网络建设。继续加强乡镇卫生院和村卫生室建设。积极推进乡镇卫生院和村卫生室一体化管理。加快突发公共事件卫生应急体系建设。
2	2013年2月	国务院办公厅《关于巩固完善基本药物制度和基层运行新机制的意见》（国办发〔2013〕14号）	国务院	要求乡镇卫生院对村卫生室和乡村医生进行技术指导、药品器械配送管理和绩效考核；优化乡村医生队伍，实施欠发达农村地区助理全科医生培训。
3	2013年9月	国务院《关于加快发展养老服务业的若干意见》（国发〔2013〕35号）	国务院	推动医养融合发展，探索多种医疗和养老结合方式。
4	2013年9月	国务院《关于促进健康服务业发展的若干意见》（国发〔2013〕40号）	国务院	推进医疗机构与养老机构等加强合作。发展社区健康养老服务，提高社区为老年人提供医疗护理、康复保健等服务的能力。
5	2014年6月	《关于组织开展面向养老机构的远程医疗政策试点工作的通知》（发改高技〔2014〕1358号）	国家发改委、民政部、原国家卫生计生委	加强医疗机构与养老机构合作，建立养老机构远程医疗发展长效机制。

① 赵定东、卢瑶玥：《农村医养结合养老服务的"供需错配"及政策可及性问题》，《长安大学学报（社会科学版）》2020年第6期。

农村医养结合型养老服务体系构建研究

续表

序号	时间	政策名称	发文机关	政策要点
6	2014 年 9 月	国家发改委、民政部等部门《关于加快推进健康与养老服务工程建设的通知》(发改投资〔2014〕2091 号)	国家发改委、民政部、财政部、国土资源部、住房城乡建设部、国家卫生计生委等部门	加快推进医养结合设施工程的建设:(1)建设针对老年人的健康服务体系;(2)建设以日间照料中心为核心的养老服务体系。
7	2015 年 2 月	民政部等 10 部门《关于鼓励民间资本参与养老服务业发展实施意见》(民发〔2015〕33 号)	民政部、发展改革委、教育部、财政部、人力资源社会保障部、国家卫生计生委等部门	鼓励养老机构内设医疗机构或与医疗卫生机构合作;对有条件的医养结合机构可申请纳入医保定点范围。
8	2015 年 3 月	国务院办公厅《关于印发全国医疗卫生服务体系规划纲要(2015—2020 年)的通知》(国办发〔2015〕14 号)	国务院	支持有条件的医疗机构设置养老床位,支持有条件的养老机构设置医疗机构。鼓励为医养结合机构预约就诊开通绿色通道,注重健康管理。
9	2015 年 4 月	国务院办公厅《关于印发中医药健康服务发展规划(2015—2020 年)的通知》(国办发〔2015〕32 号)	国务院	中医药与养老服务相结合发展,支持养老机构开展融合中医特色的健康管理服务,开展中医药与养老结合试点。
10	2015 年 4 月	国务院办公厅《关于全面推开县级公立医院综合改革的实施意见》(国办发〔2015〕33 号)	国务院	优化县域医疗资源配置,提升县级公立医院服务能力;改革管理体制,探索现代医院管理制度。

序号	时间	政策名称	发文机关	政策要点
11	2015 年 9 月	国务院办公厅《关于推进分级诊疗制度建设的指导意见》（国办发〔2015〕70 号）	国务院	合理确定县级公立医院数量和规模；加强临床专科建设，全面提升县级公立医院综合能力。
12	2015 年 11 月	国务院办公厅转发卫生计生委等部门《关于推进医疗卫生与养老服务相结合指导意见的通知》（国办发〔2015〕84 号）	原国家卫生计生委、民政部、发展改革委、财政部、人力资源社会保障部、全国老龄办、中医药局等部门	将为医养结合机构的建设提供投融资支持、财税优惠、用地支持、多层次长期照护保障、人才培养、信息支撑等。支持养老机构开展医疗服务。
13	2016 年 2 月	国务院《关于印发中医药发展战略规划纲要（2016—2030 年）的通知》（国发〔2016〕15 号）	国务院	大力发展健康服务业，拓宽中医药服务领域。深化医药卫生体制改革，加快推进健康中国建设。
14	2016 年 3 月	中国人民银行、民政部、银监会、保监会《关于金融支持养老服务业加快发展的指导意见》（银发〔2016〕65 号）	中国人民银行、民政部、银监会、保监会	完善促进居民养老和养老服务业发展的多层次金融组织体系。
15	2016 年 4 月	国家卫生计生委办公厅、民政部办公厅《关于印发医养结合重点任务分工方案的通知》（国卫办家庭发〔2016〕340 号）	国家卫生计生委办公厅、民政部办公厅	推进基层医疗卫生机构和医护人员与社区、居家养老结合，与老年人家庭建立签约服务关系，为老年人提供连续性的健康管理服务和医疗服务。充分依托社区各类服务和信息网络平台，实现基层医疗卫生机构与社区养老服务机构的无缝对接。

序号	时间	政策名称	发文机关	政策要点
16	2016 年 4 月	民政部、卫生计生委《关于做好医养结合服务机构许可工作的通知》（民发〔2016〕52 号）	民政部、原国家卫生计生委	要求各部门按照首接责任制原则，打造申请医养结合机构"无障碍"审批通道，为医养结合机构申请提供方便。
17	2016 年 6 月	民政部、卫生计生委《关于确定第一批国家级医养结合试点单位的通知》（国卫办家庭函〔2016〕644 号）	民政部、原国家卫生计生委	确定北京市东城区等 50 个市（区）作为国家级医养结合试点单位，2016 年底前每省份至少启动 1 个省级试点。
18	2016 年 6 月	原国家卫生计生委、国务院扶贫办等部门《关于实施健康扶贫工程的指导意见》（国卫财务发〔2016〕26 号）	原国家卫生计生委、国务院扶贫办、国家发展改革委、民政部、财政部、人力资源社会保障部、国家中医药管理局、中国残联等部门	与深化医药卫生体制改革紧密结合，针对农村贫困人口因病致贫、因病返贫问题，突出重点地区、重点人群、重点病种，进一步加强统筹协调和资源整合。建立基本医疗保险、大病保险、疾病应急救助、医疗救助等制度的衔接机制，发挥协同互补作用，形成保障合力。
19	2016 年 6 月	民政部《民政事业发展第十三个五年计划》	民政部	强调医养结合是十三五期间的重要任务，促进医疗卫生和养老服务相结合，创新养老服务投融资机制，探索建立长期照护保障体系。
20	2016 年 7 月	人社部《关于开展长期护理保险的指导意见》（人社厅发〔2016〕80 号）	人社部	积极鼓励和支持长期护理服务机构和平台建设，促进长期护理服务产业发展。探索建立多层次长期护理保障制度。

序号	时间	政策名称	发文机关	政策要点
21	2016 年 7 月	民政部财政部《关于中央财政支持开展居家和社区养老服务改革试点工作的通知》（民函〔2016〕200 号）	民政部、财政部	支持依托农村敬老院、行政村、较大自然村利用已有资源建设日间照料中心、养老服务互助幸福院、托老所、老年活动站等农村养老服务设施。
22	2016 年 9 月	原国家卫计委《关于确定第二批国家级医养结合单位的通知》（国卫办家庭函〔2016〕1004 号）	原国家卫计委、民政部	确定北京市等 40 个市（区）作为第二批国家级医养结合试点单位。
23	2016 年 10 月	民政部《社区老年人日间照料中心服务基本要求》（国家标准 GB/T 33168—2016）	民政部	为社区内自理老年人、半自理老年人提供膳食供应、个人照料、保健康复、精神文化、休闲娱乐、教育咨询等日间服务的养老服务设施。
24	2016 年 10 月	发展改革委《关于印发促进民间投资健康发展若干政策措施的通知》	发展改革委	从促进投资增长、改善金融服务、落实完善相关财税政策、降低企业成本、改进综合管理服务措施、制定修改相关法律法规等六个方面提出了具体措施。
25	2016 年 10 月	国务院《"健康中国 2030"规划纲要》①	国务院	到 2030 年医疗卫生资源与养老服务在多方面实现融合。
26	2016 年 12 月	国务院办公厅《关于全面放开养老服务市场提升养老服务质量的若干意见》（国办发〔2016〕91 号）	国务院	为养老机构开办老年病院、康复院、医务室等医疗卫生机构设置审批绿色通道。

---

①　中共中央、国务院印发《"健康中国 2030"规划纲要》，《光明日报》2016 年 10 月 26 日第 1 版。

序号	时间	政策名称	发文机关	政策要点
27	2016 年 12 月	国务院《关于印发"十三五"卫生与健康规划的通知》（国发［2016］77号）	国务院	推动医疗卫生与养老服务资源融合，建立双方业务协作机制。
28	2016 年 12 月	国家卫计委颁布《关于开展医疗联合体建设试点工作的指导意见》（国卫医发［2016］75号）	原国家卫计委	全面推进全国范围内医联体建设，明确将医联体分为：医联体、医共体、专科联盟和远程医疗协作网络四种主要组织模式。

资料来源：民政部、原国家卫计委文件整理而得。

五　农村医疗卫生与养老服务的深度融合

习近平总书记在党的十九大报告中提出"实施健康中国战略"，为广大人民群众提供全方位全周期健康服务。坚持预防为主，加强健康干预与健康促进，倡导健康文明的生活方式，塑造自主自律的健康行为。2017 年至今，是我国农村医疗卫生与养老服务的深度融合期，农村医疗卫生与养老服务体系建设关乎我国农村和广大农民的切身利益，伴随着健康中国战略在广大农村的持续推进，构建农村医养结合型养老服务体系是实现乡村振兴的重要举措和内在要求。农村医疗卫生服务连续性的关键在于促进预防、医疗、保健、康复等服务的无缝衔接;[①] 坚持防治结合与急慢分治，有效防范老龄社会的健康治理风险，有利于延长老年人的健康预期寿命，降低我国未来的赡养压力,[②] 全面提升公共卫生服务水平。2017 年 1 月，国务院印发《"十三五"卫生与健康规划》指出，"发展健康养老服务，支持医疗机构提供养老服务"，从而促进了医养结合政策的进一步健全和完善。原国家卫计委《关于确定第二批国

---

① 高梦阳等：《农村卫生服务网络连续性存在的问题及对策》，《医学与社会》2016 年第4 期。

② 高明华：《早期社会心理风险对健康的影响效应———基于中国健康与养老追踪调查数据》，《中国社会科学》2020 年第 9 期。

家级医养结合试点单位的通知》，确定北京市朝阳区、天津市南开区等40个市（区）作为第二批国家级医养结合试点单位。中央政府和试点地区医养结合政策的推进与发展为试点工作提出了明确任务。2019年1月，国家卫健委发布《关于开展"互联网＋护理服务"试点工作的通知》，对"互联网＋护理服务"的发展进行了实质性探索，确定北京、天津、上海、江苏、浙江、广东先行试点"互联网＋护理服务"。各省份和地区通过启动"新家庭计划——家庭发展能力建设"和"计划生育家庭养老照护试点"工程，完善老年综合医疗服务体系，着重培养并提高家庭养老照护能力，逐步发展"安宁疗护"服务，推进全生命周期、全过程、全方位健康管理，提高农村老年人健康水平和生命质量。政府颁布关于《互联网诊疗管理办法》《互联网医院管理办法》《"互联网＋护理服务"试点工作方案》等"互联网＋护理服务"的相关政策将网络问诊限定在医疗复诊以及具有实体医院支撑的框架之内，注重网络诊疗的质量监管与风险防范。我国医养结合养老服务体系建设以全国第一、第二批90个医养结合试点城市的确定为契机，已从各地自发探索迈向自觉的国家治理新阶段，推动了医养结合政策的协同创新（见表5.5）。"互联网＋"养老服务，有助于推动养老事业和养老产业协同发展，系统整合医疗卫生与养老服务资源，积极促进供需有效匹配，更好满足老年人多样化、多层次和个性化需求，[①]促进养老服务的专业化、智能化和标准化，提高养老服务的水平和质量。

表5.5　　我国农村医养结合养老服务融合阶段的主要政策

序号	时间	政策名称	发文机关	政策要点
1	2017年2月	财政部民政部《关于印发〈中央财政支持居家和社区养老服务改革试点补助资金管理办法〉的通知》（财社〔2017〕2号）	财政部、民政部	支持依托农村敬老院、行政村、较大自然村利用已有资源建设日间照料中心、养老服务互助幸福院、托老所、老年活动站等农村养老服务设施，满足城乡老年人特别是空巢、留守、失能、失独、高龄老年人的养老服务需求。

---

①　青连斌：《"互联网＋"养老服务：主要模式、核心优势与发展思路》，《社会保障评论》2021年第1期。

序号	时间	政策名称	发文机关	政策要点
2	2017 年 2 月	国务院《"十三五"国家老龄事业发展和养老体系建设规划》（国发〔2017〕13号）	国务院	为医养结合机构转诊开通通道，为老年人提供临终关怀一体化服务，以居家为基础、社区为依托、机构为补充、医养相结合的养老服务体系初步形成。
3	2017 年 3 月	国家卫生计生委国家中医药局关于印发《基层医疗卫生服务能力提升年活动实施方案》的通知（国卫办基层函〔2017〕238号）	国家卫生计生委、国家中医药局	大力推进家庭医生签约服务。根据分级诊疗的需要，基层住院服务重点向社区护理、康复方向发展，有条件的可设置安宁疗护、老年养护病床。
4	2017 年 3 月	国家中医药局《关于促进中医药健康养老服务发展的实施意见》	国家中医药局	加快中医药健康养老服务体系建设，包括出台政策、标准规范、制度建设、医疗机构、社会非医疗性中医养生保健机构与养老机构合作等。
5	2017 年 3 月	民政部 财政部《关于印发〈中央财政支持开展居家和社区养老服务改革试点工作绩效考核办法〉的通知》（民发〔2017〕55号）	民政部、财政部	进一步规范和加强专项彩票公益金管理，提高资金使用效益。
6	2017 年 4 月	国家卫生计生委《关于印发国家基本公共卫生服务规范（第三版）》（国卫基层发〔2017〕13号）	国家卫生计生委	继续做好建档立卡贫困人口慢性病签约服务。
7	2017 年 4 月	国务院办公厅《关于推进医疗联合体建设和发展的指导意见》（国办发〔2017〕32号）	国务院	县域内组建医疗共同体，探索形成以县级医院为龙头、乡镇卫生院为枢纽和村卫生室为基础的三级联动的县域医疗服务体系。
8	2017 年 5 月	原国家卫生计生委 国务院医改办《关于做实做好2017年家庭医生签约服务工作的通知》（国卫基层函〔2017〕164号）	原国家卫生计生委、国务院医改办	建立电子健康档案、优先预约就诊、转诊绿色通道、慢性病长处方、健康教育和健康促进、预防接种、重点疾病健康管理以及儿童、老年人、孕产妇重点人群健康管理等服务，满足居民基本健康服务需求。

序号	时间	政策名称	发文机关	政策要点
9	2017年6月	国务院办公厅《关于制定和实施老年人照顾服务项目的意见》（国办发［2017］52号）	国务院	全面建立针对经济困难高龄、失能老年人的补贴制度，并做好与长期护理保险的衔接。将符合最低生活保障条件的贫困家庭中的老年人全部纳入最低生活保障范围，实现应保尽保。加大推进医养结合力度，鼓励医疗卫生机构与养老服务融合发展，逐步建立完善医疗卫生机构与养老机构的业务合作机制，倡导社会力量兴办医养结合机构，鼓励有条件的医院为社区失能老年人设立家庭病床，建立巡诊制度。
10	2017年8月	财政部、民政部、人力资源社会保障部《关于运用政府和社会资本合作模式支持养老服务业发展的实施意见》（财金［2017］86号）	财政部、民政部、人力资源社会保障部	提出医养健融合发展，鼓励养老机构与医疗卫生机构、健康服务机构开展合作，发展以健康管理为基础、以养老服务为核心、以医疗服务为支撑的全生命周期养老服务链。
11	2017年9月	原国家卫生计生委、国务院扶贫办综合司《关于做好贫困人口慢病家庭医生签约服务工作的通知》（国卫办基层函［2017］928号）	原国家卫生计生委、国务院扶贫办综合司	各地扶贫部门要与卫生计生部门对接建档立卡农村贫困人口信息，进一步核实核准农村贫困人口中的慢病患者，并纳入家庭医生签约服务管理，优先覆盖高血压、糖尿病、结核病等慢病患者，逐步扩大到全部慢病人群。
12	2017年10月	原国家卫生计生委《关于印发康复医疗中心基本标准、护理中心基本标准规范（试行）的通知》（国卫医发［2017］51号）	原国家卫生计生委	明确鼓励社会力量举办康复医疗中心、护理中心，要"打通专业康复医疗服务、临床护理服务向社区和居家护理服务延伸的'最后一公里'"。
13	2017年11月	原国家卫生计生委等13部门《关于印发"十三五"健康老龄化规划重点任务分工的通知》（国卫办家庭函［2017］1082号）	发展改革委、民政部、财政部、人力资源社会保障部等部门	明确"医养结合示范工程"由国家卫生计生委牵头，民政部、国家发改委配合。

序号	时间	政策名称	发文机关	政策要点
14	2017 年 11 月	原国家卫生计生委办公厅《关于养老机构内部设置医疗机构取消行政审批实行备案管理的通知》（国卫办医发［2017］38 号）	原国家卫生计生委	主要为服务对象提供健康管理、疾病预防、老年保健，常见病、多发病的一般诊疗、护理，诊断明确的慢性病治疗，急诊救护，安宁疗护等服务，有条件的可以采取家庭病床、巡诊等服务方式。完善医疗卫生与养老机构协作网络。
15	2017 年 12 月	《关于加强农村留守老年人关爱服务工作的意见》（民发［2017］193 号）	民政部、财政部、人力资源社会保障部、卫生计生委、全国老龄办等部门	以促进农村留守老年人安享幸福晚年生活为落脚点，着力完善关爱服务网络，提升关爱服务能力，健全关爱服务体制机制。
16	2018 年 1 月	国务院办公厅《关于改革完善全科医生培养与使用激励机制的意见》（国办发［2018］3 号）	国务院	强化县级综合医院继续医学教育基地建设；完善全科医生聘用管理办法；加强贫困地区全科医生队伍建设。
17	2018 年 4 月	国务院办公厅《关于促进"互联网＋医疗健康"发展的意见》（国办发［2018］26 号）	国务院	推进远程医疗服务，覆盖全国所有医疗联合体和县级医院，并逐步向社区卫生服务机构、乡镇卫生院和村卫生室延伸，提升基层医疗服务能力和效率。
18	2018 年 8 月	国家卫生健康委办公厅印发了《关于确定首批老龄健康医养结合远程协同服务试点机构的通知》（国卫办老龄函［2020］570 号）	国家卫生健康委	在全国确定了 174 家医养结合机构作为首批试点机构，为入住老年人提供远程医疗、慢病管理、复诊送药、照护指导、人员培训、科普讲座等远程协同服务，切实提升老年人的获得感和满意度。
19	2018 年 9 月	国家卫生健康委《关于印发建档立卡贫困人口慢病家庭医生签约服务工作方案》（国卫办基层函［2018］562 号）	国家卫生健康委	贫困地区要根据方案要求，着力提升乡村医生对主要慢性病的健康管理能力。

序号	时间	政策名称	发文机关	政策要点
20	2019 年 1 月	中共中央国务院《关于坚持农业农村优先发展做好"三农"工作的若干意见》	中共中央、国务院	提升农村公共服务水平。加快推进农村基层综合性文化服务中心建设。完善农村留守儿童和妇女、老年人关爱服务体系,支持多层次农村养老事业发展,加强和改善农村残疾人服务。
21	2019 年 1 月	国家卫生健康委办公厅《关于开展"互联网+护理服务"试点工作的通知》(国卫办医函 [2019] 80 号)	国家卫生健康委	充分考虑不同人群的健康特征和对护理服务迫切需求,以"人民健康"为中心,统筹发展机构护理、社区护理和居家护理服务,增加护理服务供给,不断满足人民群众多样化、多层次的健康需求。
22	2019 年 2 月	国家发改委、民政部、国家卫健委联合发布《城企联动普惠养老专项行动实施方案》(发改社会 [2019] 333 号)	国家发改委、民政部、国家卫健委	医养结合要落地,要使"医养结合始终"贯穿项目中,既不能有养无医,也不能以医代养。
23	2019 年 2 月	国家发改委等 18 部委联合发布《加大力度推动社会领域公共服务补短板强弱项提质量促进形成强大国内市场的行动方案》	国家发改委等 18 部委	提出到 2022 年,全面建成以居家为基础、社区为依托、机构为补充、医养相结合,城乡统筹的养老服务体系,社区日间照料机构覆盖率大于 90%,居家社区养老紧急救援系统不断完善,"一刻钟"居家养老服务圈基本建成。
24	2019 年 4 月	国家卫生健康委办公厅《关于做好 2019 年家庭医生签约服务工作的通知》(国卫办基层函 [2019] 388 号)	国家卫生健康委	各地要结合优质服务基层行动,社区医院建设试点和紧密型县域医共体试点工作,提高基层医疗服务能力,改善服务质量,满足签约居民的健康服务需求。
25	2019 年 5 月	国家卫健委、民政部、市场监管总局、国家中医药局联合发布《关于做好医养结合机构审批登记工作的通知》(国卫办老龄发 [2019] 17 号)	国家卫健委、民政部、市场监管总局、国家中医药局	深化医疗和养老服务"放管服"改革,优化医养结合机构审批流程和环境,进一步促进医养结合发展。

序号	时间	政策名称	发文机关	政策要点
26	2019 年 7 月	国家卫生健康委等六部门《关于印发解决贫困人口基本医疗有保障突出问题工作方案的通知》（国卫扶贫发〔2019〕45 号）	国家卫生健康委、国家发展改革委、财政部、国家医保局等部门	加强县医院能力建设，包含加大支持力度、强化对口帮扶、推进远程医疗等。加强"县乡一体、乡村一体"机制建设，包含加强县乡村人员培训，统筹使用县域卫生人力资源，推进县域医共体建设等。加强乡村医疗卫生机构标准化建设。
27	2019 年 9 月	民政部《关于进一步扩大养老服务供给促进养老服务消费的实施意见》	民政部	提出建立保险、福利和救助相衔接的长期照护保障制度。
28	2019 年 10 月	国家卫生健康委等部门《关于深入推进医养结合发展的若干意见》（国卫老龄发〔2019〕60 号）	国家卫生健康委、民政部、人力资源社会保障部等部门	加强医养结合信息化支撑。充分利用现有健康、养老等信息平台，打造覆盖家庭、社区和机构的智慧健康养老服务网络，推动老年人的健康和养老信息共享、深度开发和合理利用。
29	2020 年 12 月	国家卫生健康委《关于印发医疗卫生机构与养老服务机构签约合作服务指南（试行）的通知》（国卫办老龄发〔2020〕23 号）	国家卫生健康委	医疗卫生机构为签约养老服务机构入住老年人提供的医疗卫生服务内容主要包括：基本公共卫生服务、疾病诊疗服务、医疗康复服务、医疗护理服务、中医药服务、精神卫生服务、安宁疗护服务、家庭病床服务、急诊急救绿色通道服务、双向转诊服务、药事管理指导、专业培训、传染病防控和院内感染风险控制指导、远程医疗服务等。可根据医疗卫生机构的类型与资质有所侧重地提供相关服务，如综合医院、中医医院可重点提供疾病诊疗、中医药服务、急诊急救绿色通道、专业培训等服务，康复医院（康复医疗中心）、护理院（站、中心）、安宁疗护中心可重点提供医疗康复、医疗护理、安宁疗护、专业培训等服务，基层医疗卫生机构可重点提供基本公共卫生服务、疾病诊疗、中医药服务、家庭病床、专业培训等服务。医疗卫生机构还可与具备条件的养老机构内设医疗卫生机构开展双向转诊、远程医疗服务。

序号	时间	政策名称	发文机关	政策要点
30	2020 年 12 月	国家卫生健康委办公厅、国家中医药管理局办公室《关于加强老年人居家医疗服务工作的通知》（国卫办医发〔2020〕24 号）	国家卫生健康委、国家中医药管理局	鼓励重点对有居家医疗服务需求且行动不便的高龄或失能老年人，慢性病、疾病康复期或终末期、出院后仍需医疗服务的老年患者等提供相关医疗服务。居家医疗服务主要包括适宜居家提供的诊疗服务、医疗护理、康复治疗、药学服务、安宁疗护、中医服务等医疗服务。医疗机构可以通过家庭病床、上门巡诊、家庭医生签约等方式提供居家医疗服务。通过医联体、"互联网＋医疗健康"、远程医疗等将医疗机构内医疗服务延伸至居家，创新居家医疗服务方式。
31	2020 年 12 月	国家卫生健康委办公厅《关于进一步推进"互联网＋护理服务"试点工作的通知》（国卫办医函〔2020〕985 号）	国家卫生健康委	将"互联网＋护理服务"与家庭医生签约、家庭病床、延续性护理等服务有机结合，为群众提供个性化、差异化的护理服务。

资料来源：国务院政策文件以及国家卫生健康委员会、民政部等部门官方网站。

第二节　农村医疗卫生与养老服务结合进程中取得的成就

伴随着中国特色社会主义进入新时代，我国医养结合型养老服务体系经历了从供给不足逐渐向供给均等化促进的方向发展，[1] 在满足公众需求、缓解社会矛盾、促进社会公平、增进老年福祉等方面发挥重要作用，逐步形成了与经济社会发展水平相适应的高质量社会养老服务体系。农村医疗卫生与养老服务政策的完善与发展对全面实施健康中国战

---

[1]　俞可平等：《中国的治理变迁（1978—2018）》，社会科学文献出版社 2018 年版，第 3 页。

略具有重要意义。

农村医养结合型养老服务体系构建的研究是公共卫生与社会网络分析相结合的焦点问题，其中以医疗护理、健康支援以及社区领域的成果较为突出。[①] 本书运用社会网络分析法（SNA）梳理和总结了自 1949 年 10 月至 2020 年 12 月中央政府颁布的与农村医疗卫生与养老服务相关的政策法规 100 项，其中政策标题含有"医养结合"关键词的核心文件 8 项；联合行文 37 项、单独行文 63 项；"通知" 37 项、"意见" 32 项、"规划" 7 项、"决定" 6 项、"方案" 4 项、"报告""办法"和"条例"各 2 项，"法律""请示""纲要""章程""报告""标准""规范""工作安排"各 1 项（见表 5.1 至表 5.5）。通过《中国民政统计年鉴》《中国卫生统计年鉴》等历史文献搜集到共计 100 条有效政策文本，综合运用 Rost6.0 词频分析软件和人工方式提取关键词，将社会网络分析法应用于农村医疗卫生与养老服务的政策网络研究中，分析政策文本时间分布、关键词共现网络、高频关键词及其共现关系，[②] 探究政策网络密度的中心性、结构洞指数和关键词频度，分析挖掘其在政策目标、政策内容、价值取向等的阶段性特征和变化趋势。研究发现，我国农村医疗卫生与养老服务相结合的演进主要在于解决各历史时期存在的主要问题与阶段性矛盾。农村医疗卫生与养老服务相结合旨在全民共建共治共享的基础上向纵深推进，保障服务是根本目标，促进公平是核心价值，供需均衡是基本要求。回归基本医疗卫生与养老服务的公益性和福利性，为人民群众提供全方位全周期健康服务，支持社会办医以促进医疗卫生服务供给主体与供给方式多元化。

一 我国农村医疗卫生与养老服务相结合由点到面逐步推进

在农村医疗卫生与养老服务相结合的孕育和产生阶段，"农村"

---

① 曹海军、陈宇奇：《社会网络分析在医疗和公共卫生中的应用》，《中国公共卫生》2020 年第 3 期。

② 王家合、赵喆、和经纬：《中国医疗卫生政策变迁的过程、逻辑与走向——基于 1949—2019 年政策文本的分析》，《经济社会体制比较》2020 年第 5 期。

"养老""医疗""护理""卫生""医疗机构""养老机构"等关键词出现频率较高。[①] 在政策的发展阶段，"医疗卫生""养老服务""健康""康复""预防""医养结合机构""规划""试点""改革""探索""合作""建设"等关键词在政策文件中出现频次较高。在政策的完善阶段，"医养结合""医养结合机构"等关键词出现频次较高。农村医疗卫生与养老服务相结合的政策得到不断完善和发展，并被列入健康中国战略和乡村振兴战略中。在健康中国战略实施之后，医养结合型养老服务政策创新的效应显著，"互联网""签约服务""远程""居家医疗服务""县域""建档立卡""绿色通道"等关键词出现频次较高（见表5.6）。据《全国第六次卫生服务统计调查报告》显示，2018年，87.1%的居民在县域内医疗机构就诊，农村居民在县域内医疗机构就诊的比例超过90%。"互联网+"护理服务、远程医疗在县域医共体建设过程中得到广泛应用，推动了农村医养结合型养老服务政策体系的完善、发展和创新。

表5.6　农村医疗卫生与养老服务相结合演进阶段的关键词分布情况

高频关键词	孕育阶段（新中国成立至改革开放前）	产生阶段（改革开放后至21世纪初）	发展阶段（21世纪初至党的十八大召开前夕）	成熟阶段（党的十八大召开－健康中国战略提出之前）	融合阶段（健康中国战略提出以来）
农村	4	33	11	19	15
养老	0	4	3	70	47
医疗	3	37	3	67	71
机构		28	95	63	44
护理	0	11	42	19	36
卫生	2	42	11	50	38
养老机构	0	13	40	18	0
养老服务	0	12	3	40	29

---

① 司建平等：《政策工具视角下我国医养结合政策文本书》，《中国卫生政策研究》2020年第6期。

高频关键词	孕育阶段（新中国成立至改革开放前）	产生阶段（改革开放后至21世纪初）	发展阶段（21世纪初至党的十八大召开前夕）	成熟阶段（党的十八大召开－健康中国战略提出之前）	融合阶段（健康中国战略提出以来）
医疗机构	0	11	31	10	9
医养结合机构	0	0	0	9	0
医疗卫生	0	0	24	9	0
医养结合	0	0	0	25	12
老年人	0	7	3	18	23
健康	8	4	2	25	42
预防	2	1	0	4	0
治疗	1	0	2	9	6
康复	1	6	21	4	14
规划	0	2	4	12	4
试点	0	7	1	8	7
改革	0	3	13	4	5
探索	0	5	10	8	4
合作	0	0	0	5	5
建设	0	4	12	31	17
签约服务	0	0	0	0	15
互联网	0	0	0	3	6
远程	0	0	3	4	8
贫困	0	0	1	6	13
居家医疗服务	0	0	0	0	8
县域	0	0	0	3	5
建档立卡	0	0	0	2	4
绿色通道	0	0	0	2	4

资料来源：根据这一时期的政策文本，运用图悦在线词频分析工具统计而得。

二　农村医疗卫生与养老服务二者由彼此独立走向高度融合

贝森（Benson）认为，一群或复杂的组织因资源依赖而彼此结盟，又因资源依赖结构的中断而相互区别。[①] 借鉴已有学者的研究，本书利用政策网络密度分析来测量农村医疗卫生与养老服务政策网络的内聚性，阐释农村医疗卫生与养老服务在孕育、产生、发展、成熟和融合过程中的共性与差异性，并由此来反映政策行为者互动、沟通与协调的疏密程度。[②]

在农村医疗卫生与养老服务发展的过程中，政府部门之间的统筹与协调尤为重要。在政策网络中，资源和信息是联结行为者的基本要素，政策网络中行为者互动与沟通的紧密程度是政策网络整体行动能力的重要衡量指标。同时，对共词矩阵与聚类结果进行了可视化分析，以关键词的度中心性来度量点的大小，以共现频次的高低来度量边的权重，各关联词按照聚类所得类团输出共词社会网络关系图谱。在农村医疗卫生与养老服务的孕育期，该网络图的网络密度为 0.592，政策网络内部各节点间联系的紧密度有待提高。在政策的产生期，农村医疗卫生与养老服务的政策网络已初步形成，其中，原国家卫计委发挥了关键性作用。在农村医疗卫生与养老服务政策的成熟与融合时期，农村医疗卫生与养老服务的整合程度不断提升，政策的整体网络密度逐步增大，政策网络的辐射关系呈现逐步增强的态势，政策网络中的节点数量逐渐增多，且节点之间的连线数量逐渐增多，各阶段的整体网络密度逐渐增大，分别为 0.592、0.591、0.656、0.587、0.6786，政府部门之间的横向联系不断增强，协同与合作更为紧密。

在政策网络中，如果一个部门位于其他两个节点之间的路径上，则反映政策网络中的信息中介者具有重要的战略地位，该部门在政策网络

---

① Marsh, David & Rhodes, R. A. W., Policy Networks in British Government , Oxford: Clarendon Press, 1992, pp. 13.

② O" Toole, B. L. J., Jr., "The Selection of Policy Instruments: a Network – based Perspective", *Journal of Public Policy*, Vol. 18, No. 3, 1998, pp. 213 – 239.

中具有较好的沟通和协调能力。政策引导者如何将拥有不同组织资源的部门相互衔接而形成集体行动，是其中介能力的重要体现。如果政策引导者在政策网络中居于优势地位，那么它将拥有较多的社会资源和较强的信息中介能力，从而在政策子系统中获得更多的资金支持和制度信任，并对政策的总体效果产生重要影响。为此，本书运用中间中心度指标，测度农村医疗卫生与养老服务政策网络中，政府各部门的信息中介服务能力。

其一，农村医疗卫生与养老服务相结合的孕育期，农村医疗卫生与养老服务政策的关键词数量较少，且关键词之间的共词关系较为稀疏，原卫生部在政策的孕育期并未体现出信息的中介作用（见图5.1）。① 在农村医疗卫生与养老服务的产生期，多个政府部门在这一时期的中间中心度变化较大，信息的中介作用有所加强，中间中心性达到2.000。按照中间中心性的节点顺序排列，"中共中央""国务院""卫生部""财务部"在政府部门中发挥重要作用，"农村""医疗""卫生"在关键词的共词社会网络关系中发挥重要的中介作用（见图5.2）。

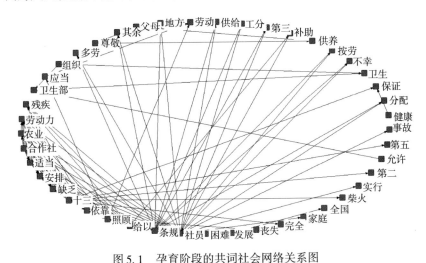

图5.1 孕育阶段的共词社会网络关系图

---

① 付舒：《我国养老服务政策行为者行动特征及其协同治理挑战——基于政策网络视角的文本量化分析》，《南通大学学报·社会科学版》2019年第4期。

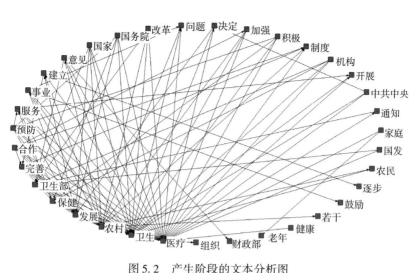

图 5.2　产生阶段的文本分析图

　　其二，在农村医疗卫生与养老服务相结合的发展期，"卫生部"和"财政部"在政府部门的中介作用显著，中间中心性均提升至 7.500（见图 5.3）。国家中医药管理局在政策创新期的信息中介程度达到 16.000，中医药工作部际联席会议制度在协调各相关部门，统筹推进中医药事业发展，推进中医药融入经济社会发展全局发挥重要作用。在农村医疗卫生与养老服务相结合的成熟期，财政部、民政部和原国家卫计委在共词网络关系中的信息中介能力均为 6.1，政府各部门的信息中介能力明显提升，各级政府部门由卫健部门牵头向多部门协同发展（见图 5.4）。

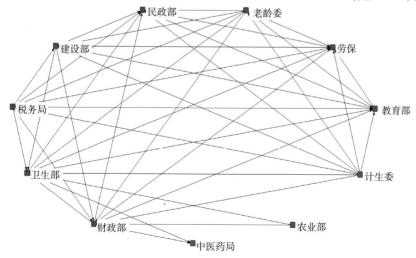

图 5.3　发展阶段政府各部门的信息中介能力

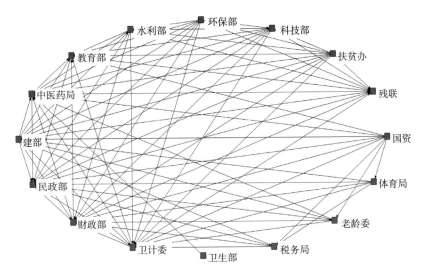

图 5.4 成熟阶段政府各部门的信息中介能力

本书分析了农村医疗卫生与养老服务相结合的孕育、产生、发展、成熟和融合进程中各阶段关键词的结构洞指数，本书主要测度了度中心性（degree Centrality）、有效规模（effsize）、限制度（Constraint）、等级度（Hierarchy）等。结构洞的计算可通过罗纳德·波特（Ronald S. Burt）提出的结构洞指数来测量。通过对不同时期结构洞指数的分析发现，政策网络的节点越居于网络的中心位置，它的结构洞数量可能越多，所受到的网络限制度越小，且等级度也越低。[①] 中心性分析是社会网络分析的重要指标，网络中心性主要衡量个体或组织在社会网络中所处的重要战略位置，反映了该节点在网络中的重要程度。[②] 节点的度中心性越高，意味着该节点在政策网络中就越重要。度的中心性是指在政策网络中，一个节点与其他节点具有较多的直接联系，整体中心度指的是该点在整体网络中的战略重要性，局部中心度指的是局部某点对其邻点而言的相对重要性。[③] 中间中心度是指一个中介机构出现的频次作为两个机

---

① Ronald, S. B. , Structural Holes: The Social Structure of Competition. Cambridge, MA: Harvard University Press, 1992, pp. 779 – 781.

② 网络中心性主要涵盖对关联词的点度中心性、中间中心性、接近中心性以及特征向量中心性等。

③ ［美］约翰·斯科特（John Scott）：《社会网络分析法》，刘军译，重庆大学出版社2007 年版，第 68 页。

构之间最短路径上的桥梁，反映其在网络中的协调作用和沟通能力。可见，各个类团之内的政策关键词存在明显的主题相关性与阶段相似性。[①]

农村医疗卫生与养老服务相结合的孕育时期，进一步对共词网络进行社会网络分析发现，"农村""卫生""卫生部""供给""分配""补助"等成为政策网络中的高频关键词，其中，"医生""安排""残疾"等关键词的有效网络规模和限制度相对较高，而"农村""农业""卫生""照顾"等关键词的限制度为0.557，等级度为0.001，但部分关键词如"缺乏""社员"等有效网络规模相对较低，其限制度和等级度较低，有效网络规模不高。农村老年人的生存型需求政策相对完善，而发展型需求相对薄弱（见表5.7），农村医疗卫生与养老服务相结合处于孕育阶段，农村医疗卫生与养老服务供给相对缺乏，政府部门中原卫生部的作用较为凸显，农村老年福利制度初步建立，集体经济的社会保障职能较为突出。

表5.7 孕育阶段的部分关键词的结构洞指数（新中国成立至改革开放前）

	度中心性 degree	网络密度 Density	有效规模 effsize	限制度 Constraint	等级度 Hierarchy	中间中心性 betweeness	紧密度 closeness
社员	26	0.175	21.615	0.300	0.006	0.000	4.000
卫生	2	1.000	1.000	1.007	0.010	0.000	4.000
给以	13	0.615	5.615	0.241	0.036	27.533	58.000
农业	9	1.000	1.000	0.331	0.000	0.000	68.000
合作社	9	1.000	1.000	0.331	0.000	0.000	68.000
依靠	12	0.712	4.617	0.257	0.015	17.533	59.000
条规	14	0.209	11.286	0.268	0.446	63.000	60.000
适当	9	1.000	1.000	0.331	0.000	0.000	68.000
残疾	5	1.000	1.000	0.329	0.000	0.000	69.000
劳动力	9	1.000	1.000	0.331	0.000	0.000	68.000
卫生部	3	0.333	2.333	0.611	0.052	2.000	3.000

---

① 胡钞源、靳小怡：《中国养老政策供给的地区差异性研究》，《中国人口·资源与环境》2020年第7期。

	度中心性 degree	网络密度 Density	有效规模 effsize	限制度 Constraint	等级度 Hierarchy	中间中心性 betweeness	紧密度 closeness
缺乏	10	0.889	2.000	0.300	0.006	11.200	61.000
照顾	12	0.561	5.833	0.230	0.012	98.000	65.00
保证	2	0.000	2.000	0.500	0.000	34.000	93.000
安排	10	0.889	2.000	0.300	0.006	11.200	61.000
补助	2	1.000	1.000	0.560	0.001	0.000	78.000
供给	2	1.000	1.000	0.557	0.001	0.000	78.000
分配	2	1.000	1.000	0.557	0.001	0.000	78.000

资料来源：根据这一时期的政策文本，运用 Rost 软件测算而得。

在农村医疗卫生与养老服务相结合的产生期，"医疗""卫生""保健""建立"成为核心关键词，其中，"建立""改革""机构"关键词的等级度较低，"医疗""卫生""建立"和"发展"的中介中间性较高（见表 5.8），说明该点居于网络的核心位置，其对语词网络的控制力较大。在这一时期的农村医疗卫生与养老服务的产生过程中，政府发挥重要的主导作用，农村公共服务体系逐步健全，农村老年人的生活质量得到有效提升，为农村医疗卫生和养老服务相结合的产生和发展奠定了坚实的基础。

表5.8 产生阶段的部分关键词的结构洞指数（改革开放后至21世纪初）

	度中心性 degree	网络密度 Density	有效规模 effsize	限制度 Constraint	等级度 Hierarchy	中间中心性 betweeness	紧密度 closeness
服务	6.000	0.800	2.000	0.332	0.029	1.000	67.000
健康	1.000	0.000	1.000	1.000	1.000	0.000	73.000
医疗	28.000	0.175	23.286	0.127	0.151	280.317	40.000
卫生	22.000	0.255	16.636	0.171	0.161	92.483	48.000
机构	4.000	0.833	1.500	0.342	0.008	0.250	69.000
发展	13.000	0.462	7.462	0.219	0.085	20.567	57.000
预防	7.000	0.810	2.143	0.344	0.031	0.950	66.000
保健	10.000	0.578	4.800	0.262	0.065	6.700	62.000
改革	4.000	1.000	1.000	0.353	0.001	0.000	68.000
建立	5.000	0.600	2.600	0.279	0.008	33.000	66.000

资料来源：根据这一时期的政策文本，运用 Rost 软件测算而得。

在农村医疗卫生与养老服务相结合的发展期，"医疗""卫生""保健""建立"成为核心关键词（见图5.5），其中，"农村""社区""服务"和"建立"的中介中间性较高（见表5.9），在这一时期，农村社区服务在发展过程中发挥了较为重要的作用，以农村老年慢性病患者、残疾人、五保户老人、失能失智老人等为重点保障对象，为农村社区老年人提供预防保健、健康教育、医疗康复等服务和老年常见病、慢性病的诊疗服务，为农村医疗卫生和养老服务资源的整合搭建了平台，农村医疗卫生与养老服务相结合由产生阶段向发展成熟阶段迈进。

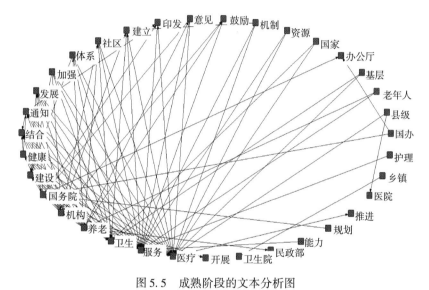

图5.5　成熟阶段的文本分析图

资料来源：根据这一时期的政策文本，运用 Rost 软件测算而得。

表5.9　发展阶段的部分关键词的结构洞指数 (21 世纪初至党的十八大召开前)

	度中心性 degree	网络密度 Density	有效规模 effsize	限制度 Constraint	等级度 Hierarchy	中间中心性 betweeness	紧密度 closeness
服务	17.000	0.338	11.588	0.177	0.039	87.212	41.000
养老	3.000	1.000	1.000	0.580	0.016	0.000	66.000
医疗	4.000	1.000	1.000	0.483	0.004	0.000	64.000
卫生	10.000	0.600	4.600	0.262	0.028	13.367	49.000
社区	13.000	0.359	8.692	0.203	0.055	46.473	46.000
发展	8.000	0.571	4.000	0.318	0.029	15.567	56.000

	度中心性 degree	网络密度 Density	有效规模 effsize	限制度 Constraint	等级度 Hierarchy	中间中心性 betweeness	紧密度 closeness
建立	14.000	0.396	8.857	0.215	0.050	60.523	44.000
完善	9.000	0.639	3.889	0.271	0.024	7.000	54.000
农村	12.000	0.333	8.333	0.187	0.029	89.740	47.000

资料来源：根据这一时期的政策文本，运用 Rost 软件测算而得。

在农村医疗卫生与养老服务相结合的成熟期，"医疗""卫生""养老""服务""健康"等成为核心关键词（见图5.6），其中，"医疗""养老""机构"和"服务"的中介中间性较高（见表5.10），农村医疗卫生与养老服务政策网络中，"医疗""卫生""健康""服务"的局部中心度具有相对重要性。在这一时期，农村医疗卫生与养老服务相结合经历了试点的探索式发展，由点到面逐步完善和成熟，农村医疗卫生与养老服务政策逐步健全，农村老年人的健康水平不断提升，老年人的生活质量得到明显改善，为健康中国战略的实施奠定了坚实的基础。

表5.10　　　　　　　成熟阶段的部分关键词的结构洞指数
（党的十八大召开至健康中国战略提出之前）

	度中心性 degree	网络密度 Density	有效规模 effsize	限制度 Constraint	等级度 Hierarchy	中间中心性 betweeness	紧密度 closeness
服务	16.000	0.458	9.125	0.126	0.111	34.500	43.000
养老	16.000	0.433	9.500	0.202	0.097	57.183	49.000
健康	8.000	0.964	1.250	0.283	0.002	0.500	57.000
医疗	22.000	0.277	16.182	0.160	0.139	159.500	42.000
卫生	16.000	0.458	9.125	0.216	0.111	34.500	49.000
机构	15.000	0.486	8.200	0.208	0.076	46.683	50.000
社区	5.000	1.000	1.000	0.301	0.000	0.000	63.000
基层	2.000	1.000	1.000	0.555	0.000	0.000	72.000
发展	7.000	1.000	1.000	0.280	0.000	0.000	58.000
建设	9.000	0.806	2.556	0.276	0.022	3.050	56.000
护理	1.000	0.000	1.000	1.000	1.000	0.000	74.000

资料来源：根据这一时期的政策文本，运用 Rost 软件测算而得。

在农村医疗卫生与养老服务相结合的融合期，"医疗""卫生""养老""服务""健康"等成为核心关键词（见图5.6），其中，"服务""健康""医疗""卫生"的局部中心度较高，"医疗""养老""服务"和"机构"的中介中间性较高（见表5.11），农村医疗卫生与养老服务政策逐步完善，不断健全农村医养结合型养老服务体系，如在政策法规、制度规范、监督评估、体制机制等政策引导，以及财政支持、人才培养、土地保障、信息技术等方面的有效衔接，包括医疗卫生与养老服务的质量标准与制度规范等，从而促进农村医养结合型养老服务体系的健全与发展。

表5.11　融合阶段的部分关键词结构洞指数（健康中国战略提出以来）

	度中心性 degree	网络密度 Density	有效规模 effsize	限制度 Constraint	等级度 Hierarchy	中间中心性 betweenness	紧密度 closeness
服务	27.000	0.202	21.741	0.126	0.102	197.4	31.000
养老	8.000	0.679	3.250	0.311	0.047	3.017	50.000
健康	12.000	0.576	5.667	0.238	0.056	7.033	46.000
医疗	18.000	0.340	12.222	0.179	0.103	57.833	40.000
卫生	18.000	0.353	12.000	0.193	0.108	43.750	40.000
机构	9.000	0.694	3.444	0.264	0.021	3.217	49.000
社区	8.000	0.714	3.000	0.291	0.024	2.350	50.000
基层	4.000	1.000	1.000	0.384	0.001	0.000	55.000
发展	6.000	0.733	2.333	0.334	0.040	2.500	53.000
建设	2.000	1.000	1.000	0.609	0.010	0.000	55.000
护理	7.000	0.810	2.143	0.290	0.018	0.900	51.000
居家	5.000	1.000	1.000	0.372	0.001	0.000	54.000
家庭	10.000	0.533	5.200	0.248	0.075	10.450	48.000
康复	5.000	1.000	1.000	0.338	0.001	0.000	53.000
签约	8.000	0.607	3.750	0.287	0.060	3.750	51.000
结合	5.000	1.000	1.000	0.311	0.200	0.000	53.000

资料来源：根据这一时期的政策文本，运用Rost软件测算而得。

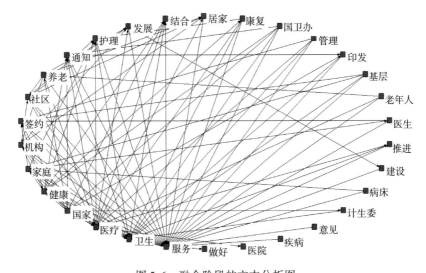

图 5.6　融合阶段的文本分析图

资料来源：根据这一时期的政策文本，运用 Rost 软件测算而得。

三　农村医疗卫生与养老服务相结合由逐步成熟向深度融合阶段迈进

从新中国成立到改革开放前，从农村五保制度到社会救助，从农村合作医疗到义务教育，人民公社创建了农村社会主义福利制度，农村养老服务由传统农业社会的家庭养老为主逐步转向以农村集体保障为主的发展阶段。在社会主义建设时期，农村卫生保健体系主要由三级医疗制度、合作医疗制度和赤脚医生制度构成，已成为国家医疗卫生体系的重要支柱。[①] 农村医疗卫生与养老服务以政府为主导，以集体经济为依托，由政府、集体和家庭共同承担责任。政府通过乡镇敬老院向农村集中供养的"五保户"提供养老服务，农村集体负责建立和管理包括赤脚医生和合作医疗在内的医疗保健系统。我国农村医疗卫生制度的显著特点在于通过农业合作社的投资与集体互助建立医疗合作基金，体现了福利性、公益性、集体主义、社会公平与团结互助。[②] 但由于农村社会经济发展水平的制约，农村医疗卫生与养老服务尚处于以集体保障为

①　潘屹：《中国农村福利》，社会科学文献出版社 2014 年版，第 154 页。

②　蔡仁华：《中国医疗保障制度改革实用全书》，中国人事出版社 1998 年版，第 342 页。

主、家庭保障为辅的生存型保障阶段，[1] 为农民生活提供了基本的医疗卫生与养老保障。

改革开放作为具有深远历史意义的伟大变革，对我国经济社会发展产生了持续而深远的影响。社会主义市场经济体制改革持续向前推进，社会主义市场经济的建立促进了农村经济的发展，农村经济的发展使农民生活质量不断提高，培养了以私营经济和民营经济为核心的新生社会力量。[2] 社会主义新农村的福利制度提升了农民的基本生活保障水平。加大农村公共服务的财政转移支付力度，推进了城乡基本公共服务的均等化发展。大力推进基本公共服务供给的市场化和社会化，在医疗卫生服务领域引入竞争机制，积极鼓励和吸纳市场和社会组织参与基本公共服务供给，引入政府购买服务和绩效评估等新型治理工具。基本公共服务供给的央地责任不断明确，[3] 乡镇民营机构、社会组织的供给责任逐渐回归。农村医疗卫生与养老服务体系基本建立，疾病预防体系不断完善，农村医疗卫生与养老服务政策支持体系逐步健全，推动医疗卫生与养老服务的融合发展，在一定程度上满足了农村老年人多元化、多层次的健康保障需求。

健康中国战略提出以来，政府各部门的横向协同联动进一步加强，2018 年 9 月，国家卫健委设立"老龄健康司"，将原有全国老龄办的职能由老龄健康司承担，扭转了医疗卫生与养老服务"多龙治水"的格局，促进了跨部门的协同监管，努力实现了供给主体多元化，服务人才专业化和监督管理科学化。多中心治理的社会网络关系逐渐形成，政府各部门之间形成了较为紧密的协同合作关系，政府部门之间的协同效应逐渐显现，进而推进农村医养结合型养老服务的供给效能的提高。[4]

党的十九大以来，我国医疗卫生与养老服务事业取得突破性进展，

---

①　杨翠迎：《我国农村社会保障制度的演变及评价》，《西北人口》2001 年第 4 期。

②　林卡：《百年变迁与新时代：中国社会转型的阶级基础和社会环境》，《社会发展研究》2021 年第 2 期。

③　李友梅：《中国社会治理转型（1978－2018）》，社会科学文献出版社 2018 年版，第170 页。

④　熊尧、徐程、习勇生：《中国卫生健康政策网络的结构特征及其演变》，《公共行政评论》2019 年第 6 期。

医疗保障制度的改革与发展从传统医保制度向新型医保制度全面转型。[1] 人民健康和医疗保障水平不断提高，国民主要健康指标均高于中高收入国家平均水平。农村养老服务经历了"先机构后社区和居家"的发展路径，大力推进居家、社区和机构式养老互补融合发展，农村养老服务的发展重心由机构养老逐渐转向社区和居家养老，机构养老的作用由"补充"转为"支撑"，促进居家养老和机构养老的协调发展，不断增强医养结合资源的整合与辐射能力，[2] 逐步形成以居家为基础、社区为依托、机构为支撑、医养融合的"养、医、康、护"于一体的医养结合型养老服务体系，推动我国医疗卫生与养老服务体系由发展成熟向融合阶段迈进（见表 5.12）。

表 5. 12　新中国成立以来我国农村医疗卫生与养老服务政策的发展特点与方向

政策时期	政策目标	价值取向	政策内容
孕育时期（新中国成立至改革开放前）	通过在农村建立社会主义的集体制度，政府、集体以多种形式共同为农民提供健康保障	福利性、公益性、集体主义、社会公平与互助。	农村集体福利制度的建立与发展以农村五保供养制度、合作医疗制度和三级卫生体系为主要标志，是农村集体组织成员的互助与合作。
产生时期（改革开放后至 21 世纪初）	积极调动社会力量参与医疗卫生与养老服务，转变国有和集体医疗机构和养老机构单一供给的格局，探索多元主体参与提供公共服务。	政府在农村医疗卫生与养老服务供给体系中处于主导地位，乡镇民营机构、社会组织、社区的供给责任逐渐回归。	家庭病床的居家照顾服务作为改善医院管理，建立现代医疗制度的有效途径，为居家医养结合型养老服务的产生奠定基础。
发展时期（21 世纪初至党的十八大召开前）	政府积极探索建立以农村老年人需求为导向的社会化医疗卫生与养老服务体系，努力实现初级卫生保健的共建共享。	探索建立政府、企业、社会与个人分担的机制。	发挥社区卫生服务的健康保障功能，推动了农村医疗卫生与养老服务的不断发展。

---

[1]　郑功成、桂琰：《中国特色医疗保障制度改革与高质量发展》，《学术研究》2020 年第 4 期。

[2]　冯梦成：《推进居家社区机构养老融合发展》，《学习时报》2020 年 12 月 2 日第 7 版。

政策时期	政策目标	价值取向	政策内容
成熟时期（党的十八大召开－健康中国战略提出之前）	重点推进医养结合型养老服务主体的资源整合效用最大化。	改善民生、健康公平。	强调居家、社区和机构医养结合型养老服务的协调发展。
融合时期（健康中国战略提出以来）	实施健康中国战略。	为人民健康服务。	全方位全周期提供卫生健康服务。

资料来源：根据农村医疗卫生与养老服务不同阶段的政策梳理归纳而得。

四　农村医疗卫生与养老服务质量都得到全方位提升

"十四五"时期是我国开启全面建设社会主义现代化国家新征程的关键时期，是我国医疗卫生与养老保障事业改革发展的战略机遇期，也是医疗卫生与养老服务高质量发展的重要战略机遇期，[1] 党的十九届五中全会《建议》将"民生福祉达到新水平"作为"十四五"时期我国经济社会发展的主要目标之一，把保障人民群众的生命安全和身体健康放在优先发展的战略位置，[2] 明确了医养结合型养老服务的发展目标和价值理念，完善国民健康促进政策，健全全民健身公共服务体系，织密国家公共卫生保障网。坚持基本医疗卫生事业的公益属性，健全和完善农村公共卫生事业的财政投入机制，加大农村医疗卫生与养老服务基础设施的投入力度。加快优质医疗资源扩容和区域均衡发展，注重基本医疗卫生服务标准化建设，强化农村基层医疗卫生服务能力，促进农村医疗卫生与养老服务资源的有机整合，使生活照料、医疗保健和康复护理等服务相融合，提高基层医疗卫生与养老服务的质量和效益，有效保障农村老年人的生活质量和健康水平。[3] 政府通过为社区赋权增能提高服

---

① 陈功、赵新阳、索浩宇：《"十四五"时期养老服务高质量发展的机遇和挑战》，《行政管理改革》2021 年第 1 期。

② 青连斌：《积极应对人口老龄化要"两手抓"的战略选择和政策建议》，《西北大学学报（哲学社会科学版）》2021 年第 2 期。

③ 李培林：《"十四五"如何增进民生福祉?》，《人民日报》2021 年 1 月 12 日第 9 版。

务递送效率，以及使服务者对社区居民的需求更具反应的灵敏性，[1] 满足农村老年人多元化的医养结合型养老服务需求。

健康是人民最具普遍意义的美好生活需要。党的十九大报告中指出，将"实施健康中国战略"作为国家发展基本方略的重要内容。伴随着健康中国战略的实施，积极应对人口老龄化，发展医养结合促进健康老龄化，[2] 不断满足老年人口的医养结合型养老服务需求。"十四五"时期，我国农村医养结合型养老服务政策和制度体系不断完善，[3] 以科技创新积极应对人工智能时代的社会保障挑战，[4] 需要我们注重社会保障制度的顶层设计，[5] 完善老年健康保障体系。[6] 以习近平新时代中国特色社会主义思想为指导，积极应对人口老龄化，加快农村老龄事业和老龄健康产业发展。在供给侧方面，强化政府供给责任，立足于全生命周期式健康管理，政府主导、部门联动、社会协同的医养结合型养老服务多元协同供给体系逐步形成，新时代中国医疗保障制度以基本医疗保险为主体，多层次共同发展的医疗保障体系。多层次之间边界清晰、权责明晰、协同发力，实现全社会"共建共治共享"，[7] 为构建有效应对人口老龄化的政策体系和建设共建共治共享社会奠定了坚实基础。[8]

---

① Fidler, A. H. , "The Role of the Private Sector in Health Financing and Service Delivery", *European Journal of Public Health*, Vol. 19, No. 5, 2009, pp. 450 – 451.

② 彭丹丹：《健康老龄化、医养结合及其投资问题研究》，中央财经大学博士学位论文，2019 年，第 2 页。

③ 邬沧萍：《积极应对人口老龄化理论诠释》，《老龄科学研究》2013 年第 1 期。

④ 赵艳：《健康老龄化背景下我国农村养老服务供给多元合作模式研究》，博士学位论文，内蒙古农业大学，2021 年，第 137 页。

⑤ 高和荣：《人工智能时代的社会保障：新挑战与新路径》，《社会保障评论》2021 年第 3 期。

⑥ 边恕：《老龄群体：不可忽视的社会生产力》，《理论与改革》2021 年第 5 期。

⑦ 吕国营：《新时代中国医疗保障制度如何定型?》，《社会保障评论》2020 年第 7 期。

⑧ 陆杰华：《新时代积极应对人口老龄化顶层设计的主要思路及其战略构想》，《人口研究》2018 年第 1 期。

第六章　发达国家医养结合型养老服务的
发展经验与启示

健康是人类的一项基本权利，一个人享受的健康照料公共服务不应由于个人的支付能力和收入差异而有所不同。据《世界人口展望报告2019》的统计数据预测，2025 年—2050 年，我国与世界不同收入水平的国家和地区高龄化趋势相比，高龄老年人口增速逐渐加快，将由2025 年的 2% 提升至 2050 年的 8%。[①] 世界各国因人口高龄化所引发的失能老年人医养结合服务需求不断增加。为不断满足老年人的医疗卫生与养老服务需求，英国、瑞典、美国、德国、日本、新加坡等国家陆续颁布了一系列政策法律、行业标准和管理制度等，以确保服务供给质量的提高，世界人口老龄化和全球一体化使世界各国健康养老服务体系具有相似性，通过提高健康保障服务能力让老年人实现"老有尊严""病有良医"。

第一节　发达国家医养结合型养老服务的发展经验

伴随着新型城镇化进程的不断加快，为农村社区提供基本养老服务，完善农村医养结合型养老服务供给体系已成为我国政府义不容辞的重要职责，我国政府积极借鉴发达国家医养结合型养老服务的典型经验，在公共健康治理领域健全和完善健康养老服务政策，[②] 为我国农村医养结合型养老服务协同供给体系的构建提供有益参考。

---

① 刘远立：《中国老年健康研究报告》，社会科学文献出版社 2019 年版，第 7 页。

② Faith，H.，"Analyzing High – Profile Panel Discussion on Global Health：An Exploration with MAXQDA"，*Qualitative Social Research*，Vol. 16，No. 1，2015，pp. 1 – 20.

面对世界人口老龄化程度的不断加深和高龄老人的持续增加，高龄化的人口结构和产业结构的急剧变化使各国政府财政入不敷出，长期照护保险制度提供服务人员短缺，资金有限和介护人才不足，从业人员工资待遇有限等是制约长期照护保险制度发展的主要因素。近年来，护理需求和照护资源已成为福利国家转型的焦点，[①] 世界各国积极倡导整合照料模式，能够有效应对不同照料部门服务的分割式管理，改善各层级政府分散化的服务供给，[②] 满足不同类型老年人口的多元化服务需求，已成为推动多中心健康治理的政策工具之一。自 20 世纪 80 年代以来，联合国就人口老龄化问题通过了《老龄问题国际行动计划》等政策决议，其中，《第二次老龄问题世界大会——政治宣言》第四条指出，"鼓励国际社会进一步推动所有有关行动者之间的合作"，[③] 倡导建立以长期护理制度为基础的医养结合型养老服务体系。世界各国在基本国情、政治经济体制和历史文化传统的差异性，使其医养结合型养老服务体系在政策取向、制度体系和政策标准等方面有所不同，发达国家形成了各具特色的医养结合型养老服务体系，其服务的供给水平和供给方式也存在明显的差异性。英、美、日等发达国家在积极应对人口老龄化的进程中，逐步形成了政府、企业和社会组织共同参与的整合照料供给模式。

一　英国社会福利由"国家照顾"向"社区照顾"转变

在欧洲，英国社会保障制度起源较早，制度相对完善，在 1942 年的《贝弗里奇报告》中明确提出以社会福利制度完善福利国家功能的设想，使英国成为世界上第一个福利国家。

---

① Barbara Da Roit. , Strategies of Care Changing Elderly Care in Italy and the Netherlands, Amsterdam University Press, Amsterdam, 2010, pp. 9 – 11.

② 李海荣、李兵：《"整合照料"：理论框架、国家实践及政策意义》，《中共福建省委党校学报》2019 年第 1 期。

③ 联合国：《联合国大会第二次老龄问题世界大会第 197/9 号决议》，2002 年 4 月 8 日，https：//www. un. org/zh/documents/treaty/files/A－CONF－197－9. shtml。

（一）完善的法律制度为健康服务保驾护航

英国作为高福利国家的典型，以法律的形式明确了对老年人提供服务的制度体系。英国以预防为主的医疗卫生体制，家庭医生遍及全国各大城市和乡村，通过有组织的健康干预，建立家庭医生制度，能够及时预防筛查疾病，能够有效预防慢性疾病的发生，控制医疗卫生费用，促进健康公平的实现。[①] 1944 年，英国为全体国民提供免费医疗服务，提出国家卫生服务的宗旨和理念，医疗卫生服务分为中央医院服务、地区医疗服务和地段初级服务三部分，服务经费全部或部分由国家税收支出。1948 年，英国政府颁布了《国家健康服务法》，建立国民医疗保健服务体系（National Health Service，NHS），NHS 注重以社区为基础的基层医疗卫生保健，通过社区和医疗机构之间的密切合作，将各个层级的医疗服务与各种社会资源相结合，实现医疗资源的有效整合。政府允许私立医疗机构与 NHS 公立医院形成竞争，并以 NHS 的价格接纳患者，公立医院与私立医院之间的竞争与合作不断增强。在英国，英格兰、苏格兰、威尔士和北爱尔兰四个 NHS 是相互独立并自主管理。初级卫生保健服务作为 NHS 体系的主体，由家庭诊所和社区诊所等组成，75% 的 NHS 资金应用于此。[②] 初级医疗卫生保健构成了卫生服务体系的第一道防线，全科医生解决了 90% 居民的健康问题，与签约居民建立了长期信任的合作关系，真正实现了全科医生是健康"守门人"的角色，促进了大型医疗机构与社区医疗卫生资源的有效整合。

1989 年，英国政府颁布了《社区照顾白皮书》为社区照顾服务保驾护航，为专业社会机构提供财政支持用以购买社区照顾服务，促进了养老服务的社会福利性与公益性。1990 年，英国政府颁布《全民健康服务与社区照料法案》，鼓励地方政府向营利性组织购买服务，倡导建立政府财政补贴与个人给付相结合的筹资机制，照料服务与经济状况相

---

① 连鸿凯、郝义彬、丁凡：《国内外医疗服务体系及分级诊疗管理现状》，郑州大学出版社 2016 年版，第 23 页。

② 连鸿凯、郝义彬、丁凡：《国内外医疗服务体系及分级诊疗管理现状》，郑州大学出版社 2016 年版，第 23 页。

关联，享受公共养老服务需要进行需求评估和家计调查，严格限制公共养老服务的使用人数。[①] 英国社区照顾中的公办民助主要体现在作为"从摇篮到坟墓"的福利国家中政府的主导作用。1998 年，英国颁布的《政府与志愿组织及社区合作框架协议》，促进了政府与机构之间契约关系的形成，英国政府建立一套涵盖项目申报、执行、监督、报告和评估等环节，从工作人员到志愿者以及其他社会成员的完整规范管理和评价体系，有助于促进政府与第三部门之间的合作关系，提升医疗卫生与养老服务质量。

（二）政府在社区养老服务中承担重要职能

早在 20 世纪初，英国就提出社区照顾的构想，且英国社区照顾制度的改革与发展均对世界各国产生深远的影响。社区照顾服务主要由政府建立的基层组织运作，由国家以福利的形式提供，服务所需资金大部分由国家承担。20 世纪 60 年代，西方国家提出了"在合适环境中养老"（Aging in Place）的理论，首先在英国推行社区老年照顾，主要由经过专业培训的医护人员为社区的疾病康复老年人、慢性病老年人和临终老年人提供家庭照护和医疗保健服务。老年照料服务长期由地方政府直接供给，为社区照顾的实施成立了地方服务局，建立了社区老年照护服务支持系统。至 20 世纪 80 年代，社区老年健康照护服务体系已经较为健全，[②] 涵盖了社区居家养老服务设施、改造老年人住房、老年人长期护理费用补贴以及雇佣服务人员等，政府为社区照顾服务给予财政扶持等制度保障促进居家养老服务的发展。英国社区照顾服务系统中，基于大城市、城市、农村、小农村等社区类型与人口规模的差异，规定了不同社区类型的护理水平（见表 6.1）。伴随着英国地方社会服务局的成立，社区照顾中"在社区照顾"的理念已被付诸实践，其照顾责任由中央监管单位逐步转为地方社会服务局管理。同时，英国注重发展以风险为导向的评估方式（Risks – led Assessment），高风险人群与低风险

---

① 钟慧澜、章晓懿：《从国家福利到混合福利：瑞典、英国、澳大利亚养老服务市场化改革道路选择及启示》，《经济体制改革》2016 年第 5 期。

② Phillipson, C., Family Care of the Elderly in Great Britain, Sage Publications. Inc, 1992, pp. 212 –214.

人群相比较更容易得到政策性支持。[①] 可见，社区照顾已成为英国政府破解人口深度老龄化问题的主要途径，英国政府在社区服务建设和发展中承担养老服务供给的重要职责。

表6.1 英国农村卫生服务：提供优质护理体系的政策框架

类别	人口（单位：人）	护理水平
大城市	175000 +	高度专业化的护理照料，满足周边社区和卫生部门的第三期护理需求。
城市	75000～175000	专业医疗，外科和重症监护，以满足从大型医疗区域广泛转诊的区域性护理需求。
小城市	20000～75000	一般住院治疗和一些专门服务（如普通外科、重症监护和住院精神病学），诊断，心理健康团队。
农村	3500～20000	一些专门的急性服务（如围产期和日间手术服务），在所有社区普遍可提供住宿护理和辅助生活服务。
		有限的一般住院护理，以满足当地人口基本的急症护理需求，公共卫生、心理健康和基本服务利用，住宿护理和社区提供的辅助生活服务。
小农村	1000～3500	满足大多数人口的初级卫生和社区照顾需求，在某些地方提供可能发生紧急和基本紧急照顾，紧急运输机制至关重要。儿童探访、青少年家庭心理健康和成瘾外展服务。
远程	0～1000	以急救和护士为主导的护理，以满足偏远人口的紧迫需求。可能包括初级流动的设施和满足基本健康需求的社区照顾。
		社区太小而且分散，以维持当地的健康服务。邻近社区的卫生服务需求得到就近解决。

资料来源：Ministry of Health. Rural Health Services in BC："A Policy Framework to Provide a System of Quality Care: Cross Sector Policy Discussion Paper"，British columbia，2015，pp. 1 – 45.

（三）推动居家养老服务由国家照顾向社区照顾转变

在发达国家的社区照顾理论与实践探索中，英国"医养结合"模式肇始于20世纪70年代英国"综合照料"模式。1979年，英国政府

---

① Waterson，J.，"Redefining Community Care Social Work: Needs or Risks Led？"，*Health and Social Care in the Community*，Vol. 7，No. 4，1999，pp. 276 – 279.

在服务供给中引入竞争机制，通过招投标等方式积极购买养老服务，在社区建立各种私营社会服务机构，为缓解人口老龄化所带来的社会问题发挥积极作用。以撒切尔夫人为首的保守党政府为了提高国家竞争力，大力削减社会福利开支，将养老服务的供给责任由中央政府转移至地方政府和社区，从而推动社会福利由"国家照顾"模式向"社区照顾"模式转型。1987年，英国政府颁布的《步入高龄化白皮书》中指出，社区照顾的实质在于照顾老年人等弱势群体，由地方政府、私人组织、非营利性组织以及家庭邻里等非正式网络为老年人等提供照顾服务。[1] 由于家庭和社区照顾能够减轻政府财政负担，更具经济社会效益，是对机构护理的良好替代。[2] 失能老年人更偏好于居住在自己家中，接受居家服务的老年人比享受养老机构照顾的老年人更加感到身心愉悦，[3] 能够使老年人不脱离所生活和熟悉的社区，在社区内享受服务，社区老年服务主要由家庭、邻里和社区提供综合性支持，注重非正式照顾者的责任，诸多社会团体和社区组织参与到社会公共服务供给中，[4] 从而满足老年人的多元化需求。同年，英国政府颁布的《公众照顾》白皮书，提出了社区照顾是为年长、残障人士提供服务与支持，使他们尽可能独立地生活在其所在的家庭或社区。1989年，英国政府颁布《关心人民》白皮书指出，在老年照顾领域实行政府购买服务，政府角色由服务提供者逐渐向授权者转变，鼓励非营利组织参与老年照顾供给。政府的主导作用在于制定社区照顾政策，社区养老服务基本由政府购买服务，由原来医护人员的职责转变为社会工作者介入，将长期患病由医院护理的老年人转移至社区照顾，通过减少入院时间从而降低医疗卫生支出，并使整合照料服务延伸至社区。2002年，英国政府对包括苏格兰在内的所

---

① Means, R., *Community Care: Policy and Practice*, New York: Palgvwe Macmillan, 1998, pp. 32.

② Darton, R., Knapp, M., "The Cost of Residential Care for the Elderly: the Effects of Dependency, Design and Social Environment", *Aging and Society*, Vol. 4, No. 2, 1984, pp. 157 – 183.

③ Linsk, N. L., Keigher, S. A., Simon – Rusinowitz L, et al., *Wages for Caring: Compensating Family Care of the Elderly*, New York: Praeger Publishers, 1992, pp. 78 – 99.

④ 叶响裙：《公共服务多元主体供给：理论与实践》，社会科学文献出版社2014年版，第102页。

有老年人提供免费的专业医疗护理服务，同时，苏格兰的《健康和社区护理法案》规定，所有的个人无论在家中还是养老机构中，均能够免费享受生活照料。① 在福利国家发展过程中，英国全科医学发展较早，医疗卫生保健体系较为完备，预防性健康照护主要由家庭医生承担社区照料服务者的角色，社区护士、区域护士、社区精神护士、心智障碍者护士、健康家访员等在社区内提供专业照护，维持基本健康照护。在养老服务方面，涵盖上门做饭、清洁卫生、代为购物等生活照料，政府发放养老补贴鼓励老年人居家养老，养老机构集中护理失能老年人，社区老年人活动中心提供社交和文化娱乐场所，健全的社区养老服务既为老年人提供生活照顾，又有助于减少家庭子女的身心负担。②

英国作为欧洲首个实施养老服务市场化改革的国家，部分护理院由慈善组织兴建管理运营，③ 地方政府兴建运营的护理机构数量和直接提供服务的比重逐年下降，④ 由私人运营的护理机构数量不断提高。大部分居家照料服务由营利组织提供，私人组织是地方政府服务外包的主体，仅有少量的照顾服务由非营利组织承担，私人组织和非营利组织共同提供家庭照料的时间总和接近于地方政府的两倍。⑤ 英国构建了从生活照料、物质支援、心理支持和整体关怀等全方位养老服务体系，以满足老年人不同层次需求。

二 北欧国家福利体制与社区服务融为一体

北欧福利模式是经过一百多年的历史沿革和经验积累而发展形成

---

① Bell, D., Bowes, A. M., *Financial Care Models in Scotland and the UK*, York: Joseph Rowntree Foundation, 2006, pp. 103.

② Marianna Fotaki, Alan Boyd, "From Plan to Market: A Comparison of Health and Old Age Care Policies in the UK and Sweden", *Public Money & Management*, Vol. 25, No. 4, 2005, pp. 237 – 243.

③ 王莉莉、吴子攀：《英国社会养老服务建设与管理的经验与借鉴》，《老龄科学研究》2014 年第 7 期。

④ 王莉莉：《英国老年社会保障制度》，中国社会出版社 2010 年版，第 173 页。

⑤ Sue Yeandle, Teppo KrÖger, Bettina Cass, "Voice and Choice for Users and Carers? Developments in Patterns of Care for Older People in Australia, England and Finland", *Journal of European Social Policy*, Vol. 22, No. 4, 2012, pp. 432 – 445.

的，是世界上首屈一指的高福利制度，以税收为财政来源，使每个公民均能够享受普遍社会福利的权利。在养老服务中，除了丹麦的所有北欧国家都被视为普遍主义的实例，芬兰是一种较弱的普遍主义模式，由于老年人口不是社会投资的主要对象，关于老年人的社会政策倾向于私有化和非正式化，实现政府对老年人及其看护者的人力资源能够得到有效利用。普遍主义最强的表现形式存在于日间照料体系以及基本社会保障领域。① 20 世纪 70 年代至 80 年代，北欧福利国家注重积极的劳动力市场的转型、对社会服务的拓展以及对性别平等的重视，出现了以挪威、瑞典、芬兰、丹麦和冰岛为代表的北欧模式。② "北欧模式"被视为全球福利国家的典型范式，其成功实现了经济社会协调发展，包括经济增长、民主政治、个体自由和健全的社会保障体系，备受世界各国学者的高度关注，其中，瑞典在世界福利国家中占据着特殊而重要的位置。二战后，瑞典政府逐步将养老服务的监管职能下放至地方政府，中央、省、市各级政府的养老服务职能纳入《社会服务法》，地方政府可根据实际情况通过征税提升服务能力。除了将养老服务的直接供给责任剥离出去，部分国家和地区还将养老服务标准制定、评估和监管等以各种形式交由非政府部门协同治理。瑞典等福利国家通过实施以普惠为特征的社会福利政策，使各阶层均被融入统一的社会福利体系之中，在最大程度上实现了社会团结与互促和谐。③

（一）地方政府对老年福利服务发挥主导作用

北欧各国素有地方自治的传统，老年社会福利的提供主要由地方政府负责，瑞典各地方政府为了满足老年人的居家养老服务需要，建立了全方位和系统化的订餐送餐、医疗卫生、安全监护、陪同散步等居家照顾服务体系。瑞典老年人和残疾人照顾主要分为中央、区域和地方三个

---

① [芬兰] 安内莉·安托宁：《北欧福利国家遭遇全球化：从普遍主义到私有化和非正式化》，《社会保障研究》2010 年第 1 期。

② [丹] 哥斯塔·埃斯平·安德森（Gosta Esping - Andersen）：《转型中的福利国家：全球经济中的国家调整》，杨刚译，商务印书馆 2010 年版，第 17 页。

③ [挪威] 斯坦恩·库恩勒（Stein Kuhnle）、[中国] 陈寅章，[丹麦] 克劳斯·彼得森（Claus Peterson）[芬兰] 保利·基杜伦（Pauli Kettunen）：《北欧福利国家》，许晔芳、金莹译，复旦大学出版社 2010 年版，第 1—10 页。

层次：即中央政府主要负责政策立法、政府补贴和服务监管等；在区域一级，郡议会负责初级保健与医院护理；在地方一级，市民在法律上义务提供社会服务，包括为所有年龄段需要居家照顾护理的人群。① 丹麦作为具有典型北欧模式特征的福利国家，为 70 岁以上老年人提供特殊免费服务，照顾老年人的支出主要来自城市税收，而剩余部分来自国家税收。丹麦政府鼓励为老年人提供社会交往等辅助服务，在社区网络中促进老年人的社会参与。② 社区设立老年人康复中心和日托中心为精神障碍患者提供"家居关怀"服务（Care - at - Home）。③ 地方政府积极探索订餐送餐、医疗护理等家政服务，为身体孱弱的老年人提供出行服务、医疗服务、精神慰藉与社会支持。其中，申请家政服务的人群不仅涵盖老年患者，也包括生活贫困人口，家政服务所涉及的内容包括做饭清洁、洗衣洗浴、住房改建、安装报警系统等，为具有特殊需要的老年人提供交通服务，建立老年人活动中心，

（二）社区服务与国家福利体制融为一体

北欧国家基于公民资格和居住资格的普遍式老年福利，增加了社会团结和社会融合的程度，其法律更为注重政府在老年人生活照料中的责任，注重以社区为基础的福利国家主体角色，社区服务体系的组织具有高度的制度化特征。瑞典作为福利国家的典范，老年社会福利制度已有百余年的历史。在老年人照顾方面发挥主导作用。目前，瑞典养老服务涵盖老年保障、健康保障、社会参与、精神保障等全方位服务。1913年，瑞典颁布的《国民普遍年金保险法》，开启了老年社会福利发展的制度化进程。1983 年，瑞典实施《健康与医疗服务法案》使得老年人的健康保障水平不断提高，1997 年，瑞典《社会服务法修正案》的正式通过初步形成了较为健全的老年社会福利体系。2002 年，瑞典颁布

① Marta Szebehely, Gun - Britt Trydegård, "Home Care for Older People in Sweden: a Universal Model in Transition", *Health & Social Care in the Community*, Vol. 20, No. 3, 2011, pp. 300 - 309.

② Lindstrøm, B., "Housing and Service for the Elderly in Denmark", *Ageing International*, Vol. 23, No. 3, 1997, pp. 115 - 132.

③ Sundström, G., Tortosa, M. A., "The Effects of Rationing Home - Help Services in Spain and Sweden: A Comparative Analysis", *Ageing and Society*, Vol. 19, 1999, pp. 343 - 360.

了新的《社会福利法》，明确了瑞典老年福利的政策目标在于确保老年人能够平等而广泛地参与社会生活，充分实现社会融入，且享有高质量的社会福利服务和较高的社会福祉水平。

（三）养老服务资源互为补充与相互协作

近年来，北欧国家政府在实施公共服务中呈现"社会分担化"趋势，即鼓励市场、社会组织等多主体积极参与公共服务供给，形成了政府与社会组织相互协作的运作机制和多元化的治理体系，在真正意义上实现了全民参与老年福利供给。居家养老是瑞典老年人普遍享受的养老方式，不仅可在熟悉的家中、院舍里养老，又能够通过老年福利机构的专业护理团队提供居家照料服务和医疗护理服务，将护理课程等福利服务项目融入国民教育体系中。丹麦的老年政策面向全社会的所有老年人，不论经济状况、身体状况以及居住状况都能够享有均等化的公共服务。丹麦建立了24小时的家庭服务和医疗护理制度，服务内容主要包括家庭服务与医疗护理，其中，家庭服务主要包括日常家务、个人卫生和生活照顾等，鼓励老年人享受有利于身心健康的家庭生活，根据老年人的需要提供各种社会服务；医疗护理涵盖普通全科门诊、专科门诊和家庭护理，普通全科门诊是家庭式的，普通全科医生被称为家庭的"守护神"，并可视病人情况推荐选择专科门诊或家庭护士等。各市政府均设有专业服务机构，建立家庭呼叫系统，由市政府聘用护士和家庭服务人员昼夜值班，从事老年人服务的医护人员和家庭服务人员均是受雇于各市政府的统一整体，各项服务费用均来源于政府税收，从中央到地方政府形成了较为完整的运作体系，从组织、管理到服务提供实现了制度化的全方位保障。

三 美国建立社区健康照顾的多元治理机制

在西方国家，社会组织、社区和宗教慈善机构积极参与福利供给，政府促进公共部门和第三部门参与并提供社会福利服务，在家庭护理的内容和组织方面发挥着重要作用。在美国养老服务体系的发展历程中，美国养老社区可追溯至英国殖民地时期的社会慈善机构，从较早收容和照顾鳏寡孤独群体，到现代化的持续性养老服务社区，美国养老社区的规划、运营与管理日益专业化和标准化，进一步提升了美国社会养老服务的水平，满足老年人的养老服务需求。伴随着工业化和城市化的不断推进，美国农业人口显著下降，只有五十分之一的人口从事农业，近四分之一的人口生活在农村，美国农业劳动力平均年龄为 58 岁。[①] 目前，美国农村人口老龄化速度较快，农村社区中老年人的比重也在迅速增长。[②] 美国老年人的养老方式主要有居家养老和机构养老，通过政府、市场和社会组织等共同参与，为老年人提供多元化的社区健康养老服务，[③] 已成为美国社会保障体系的重要组成部分。

（一）政府部门对健康养老服务进行监督和指导

1961 年，美国白宫召开的第一次老龄问题会议，将养老保障问题提升至国家发展的战略高度，同年，美国政府颁布了《老年人住房法》，规定为老年人提供住房低息贷款，授权农村老龄非营利房租资助者的直接贷款，为农村地区的老龄租房者提供保险贷款。[④] 1965 年，《美国老年人法案》（the Older Americans Acts，OAA），规定了 60 岁及以上老年人有资格享受信息援助、营养服务、个人护理和日间托管等内容的 OAA 服务，建立了一个由联邦、州和地方机构组成的全国性老龄化网络，以规划和提供帮助老年人在其家庭和社区中独立生活的相互联系的组织性网络，该网络由老龄化管理局组织管理，包括 56 个州老龄问题机构、622 个地区老龄问题机构和 260 多个美国土著老龄项目，并向家庭护理人员提供支持。经过修订的 OAA 为美国老年人及其家庭提供、组织和协调基于社区的服务和机会创造了重要条件，老年人的养老

---

① JÖhr, H. , "Where Are the Future Farmers to Grow Our Food?", *International Food and Agribusiness Management Review*, Vol. 15, No. A, 2012, pp. 9 – 11.

② Glasgow, N. , et al. , *Rural Ageing in 21st Century America*, Berlin：Springer, 2013, pp. 195 – 209.

③ 王道鹏、荆涛、邢慧霞：《美国急症后照护模式对我国老年照护服务的启示》，《卫生经济研究》2021 年第 5 期。

④ United States Goverment Printing Office, Economic Report of the President：Transmitted to the Congress, Jannary 2009. Together With the Annual of the Council of Economic Advisers, Washington：United States Government Printing Office, 1963, pp. 181.

保障更加制度化和法制化。美国老年管理局（Administration of Aging，简称 AoA）出台的老年营养项目为全国的老年人提供款项，用以支持国家推行的营养服务。美国老年事务局的老年人营养服务计划旨在为高风险可能失去独立性的老年人提供便利的社区基础服务，[1] 提高老年人营养水平并为老年人创造建立友好与互助的社会关系，低收入群体及农村老年人也给予特殊照顾。该项目主要包括集中用餐服务（Title Ⅲ C1）、家庭送餐服务（Title Ⅲ C2）和营养服务激励项目（NSIP）。根据《美国老年人法案》和其他立法的授权，美国老龄协会与国家老龄网络合作促进老年人及其护理人员的家庭和社区护理协调系统的发展。1973年，美国国会通过了《美国健康维护组织法》，促进了美国管理型保健模式的产生和发展，美国健康维护组织（Health Maintenance Organization，以下简称 HMO），是美国运用较广泛的医疗管理规划和管理型保健模式之一。[2] 美国在医疗费用高涨、实施管理式医疗的背景下，实施以患者为中心的护理，包括姑息治疗和临终关怀，探索长期服务的项目结构和融资支持，能够促进以老年人的需求为目标导向的护理，[3] 促进了医疗机构与疗养机构的功能整合，逐步实现初级护理医生与专科医生、医生团队与医疗机构的"水平整合"与"上下统一"，从而形成医养结合型健康网络体系。

20 世纪 70 年代产生于美国的长期护理保险（Long－Term Care Insurance，简称 LT－CI）是对长期护理服务进行补偿的保险。长期护理与疗养院联系较为紧密，美国养老机构的护理制度和护理评估制度较为完善，目前主要采用的评估工具是由 30 多个国家的临床医生、研究者、卫生管理者共同研发的 Inter RAI 系统。在 Inter RAI 系统的评估工具中，长期照护评估工具（Inter RAI－LTCF）主要用于对入住机构老年人进行健康评估，而资源利用分组主要用于对长期护理机构老年人的分类，

---

① 中国发展研究基金会：《中国老年人营养与健康报告》，中国发展出版社 2016 年版，第 121 页。

② 陈颖、章依雯：《美国健康维护组织（HMO）模式对我国医养结合养老服务的启示》，《当代经济》2018 年第 17 期。

③ Terry Fulmer, David B. Reuben, John Auerbach, et al., "Actualizing Better Health And Health Care For Older Adults", *Health Affairs*, Vol. 40, No. 2, 2021, pp. 219－225.

RUG - IV 将老年人护理等级按照严重程度的差异分为康复与广泛服务、高水平特殊护理、低水平特殊护理、认知表现与行为症状等。[①] 此评估系统可依据老年人的照护需求内容和主要护理问题进行护理分级，并可对老年人的护理动态进行健康监测，根据老年人的健康需求制定相应的照护计划。[②]

　　美国政府积极加大对养老保障的财政支持力度，老年人居家和社区的养老服务均是通过《美国老年人法案》提供。1977 年—1987 年，美国居家养老服务机构增长了 45%，日托服务机构增长了 80%，多数护理服务主要在家庭中提供。[③] 居家护理服务的增长为契约化、竞争性购买服务的发展奠定了坚实基础，政府购买居家养老服务得益于基层社区提供养老服务的社会服务机构，美国的社区普遍建有老年人保健中心、老年人活动中心等服务机构和设施，且在社区能够提供包括日间照料、家政服务和健康管理等照顾服务，[④] 由社会团体或中介组织按商业化原则提供养老服务。1997 年，美国颁布了《平衡预算法案》，提出了 PACE 项目（The Program of All - inclusive Care for the Elderly）。PACE 项目以医疗保险制度为基础，为体弱多病的老年人提供包括疾病诊治、医疗护理和住院治疗等全面的医疗服务，[⑤] 在构建福利社会的道路上迈出了重要步伐。

（二）建立医疗照顾辅之以社区服务的运行机制

　　家庭护理被认为是长期护理连续体，称为"长期服务和支持"

　　① Melinda, G., Martin - Khan, Helen Edwards, et al., "Reliability of an Online Geriatric Assessment Procedure Using the Inter RAI Acute Care Assessment System Journal", *Journal of the American Geriatrics Society*, Vol. 65, No. 9, 2017, pp. 2029 - 2036.

　　② Leila S. H., Nancye M. P., Christopher R. F., Leonard C. Gray, "Using Telehealth to Enable Collaboration of Pharmacists and Geriatricians in Residential Medication Management Reviews", *International Journal of Clinical Pharmacy*, Vol. 41, No. 5, 2019, pp. 1256 - 1261.

　　③ ［美］莱斯特·M·萨拉蒙（Lester M. Salamon）：《公共服务中的伙伴—现代福利国家政府与非营利组织的关系》，田凯译，商务印书馆 2008 年版，第 66—67 页。

　　④ 邓大松、王凯：《国外居家养老模式比较及对中国的启示》，《河北师范大学学报（哲学社会科学版）》2015 年第 2 期。

　　⑤ 夏艳玲：《美国 PACE 整合型照护模式的特征及借鉴》，《卫生经济研究》2019 年第 4 期。

(LTSS)，提供给老年人和残疾人。[1] 1997 年，美国政府推行旨在为老年人提供社区居家养老的《全面医疗照顾》项目。目前，美国养老服务模式主要有：一是居家养老，居家服务的对象主要是 65 岁以上老年人，居家服务供给包括长期照料服务和短期照料服务，可分为专业性服务和非专业性服务（家庭成员、朋友、邻里提供的服务）。其中，专业性居家服务是一种机构服务，其提供主体是居家服务机构，专业性服务在长期照料服务中占据重要地位。政府积极制定政策促进养老服务向社区和家庭延伸，由社区或服务机构的家庭护理员上门服务，家庭护理员主要介于家政服务员和专业护士之间，主要照顾居家或机构的孤寡老人、伤残人士和老年病患者等。家庭护理员制度支持了包括物质保障、照料保障、医护保障和精神保障"四位一体"居家养老模式；二是集中养老，老年人居住在同一区域；三是护理院，通常分为中等护理和专业护理两类。在美国，政府干预资助计划是由政府财政支持的福利性居家养老服务，具有不同的服务对象和服务内容，呈现不同的项目特色，老年人在养老服务项目中根据健康状况和生活自理能力实际进行自主选择，由家庭保健护士为老年人提供服务。政府扶持照顾者（Caregiver）和服务协调员（Care Coodinator）等人力资源，协助生活机构和传统提供专业护士服务的养老机构来整合各类养老服务。2010 年，美国政府通过《患者保护与平价医疗法案》，新的医改法案在美国成为一项正式的法律，它将在美国建立一个接近全民医疗保障的体系。[2] 在照料制度改革中，基层医疗服务体系主要由护理院、私人诊所、县卫生局、地区卫生教育中心和志愿者团体等共同构成，不仅能够承担患者的初级医疗服务、康复治疗，而且能够为社区老年人提供健康教育、预防保健等综合性健康管理服务，致力于实现身心照料的有机整合，较为完善的基层医疗服务体系，为管理就医行为及实现基层就医奠定基础。

美国卫生服务利用综合考虑了社会和个人的影响因素，提出了卫生

① Herrera, Lucero, Waheed, Saba, Lehman, Jessica, et al., "Struggles and Support: Homecare Employers in California", IRLE Reports, 2017 年 5 月 1 日, https://escholarship.org/uc/item/5bt2s84f.

② 林闽钢：《社会保障国际比较》，科学出版社 2019 年版，第 53 页。

服务利用的各种影响因素效用的评估方法。美国卫生服务系统的框架结构体现了系统各要素之间的关系，[1] 美国卫生服务利用率的社会决定因素直接影响个体决定因素，并通过卫生服务系统间接影响个体决定因素。国家医疗保健体系由资源和组织两个子系统组成，该体系的资源主要由医疗保健的资金支持和人力资源构成，涵盖卫生人员、提供卫生保健机构以及提供卫生服务的设备和材料等要素。正式医疗保健产品和服务包括医生保健、医院保健、牙科保健以及其他医疗保健从业人员提供的医疗服务，共同构成了向居民提供医疗保健服务的框架体系。卫生保健系统阐释了医护人员和设施在提供医疗服务过程中的协调与控制方式，构建了社会医疗卫生保健服务与产品的提供模式（见图6.1）。针对不同类型的服务，该框架用以解释卫生服务利用的关键模式和趋势，对模型要素的相对重要性进行评估。

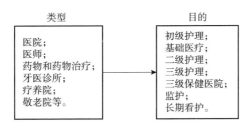

图 6.1　健康服务整合的特征

资料来源：Andersen，R.，Newman，J. F.，"Societal and Individual Determinants of Medical Care Utilization in the United States"，The Milbank Memorial Fund Quarterly，*Health and Society*，Vol. 51，No. 1，1973，pp. 95 – 124.

（三）多主体积极参与社区养老服务供给

与斯堪的纳维亚福利国家不同，美国作为典型商业保险型医疗保险模式，主要通过市场筹资并提供服务。20 世纪80 至90 年代，美国社区养老服务实现了社会化转型，美国的养老服务产业较为发达，私人企业和养老机构发育比较成熟，市场和社会力量在社区养老服务发展过程中发挥重要作用，在老年社区生活照料和老年住宅的提供中发挥了重要作

---

① Andersen，R.，Newman，J. F.，"Societal and Individual Determinants of Medical Care Utilization in the United States"，*The Milbank Memorial Fund Quarterly*（*Health and Society*），Vol. 51，No. 1，1973，pp. 95 – 124.

用，形成了美国独具特色的养老模式，已成为以市场为主导提供养老服务的国家，奠定了美国自由主义福利国家的地位。① 美国医疗保险制度呈现多元化的特征，健康保险计划的实施是美国健康保险发展历程中的重要里程碑。1965 年，美国政府通过制定老年和残障医疗保险计划（Medicare）和贫困者医疗救助计划（Medicaid）等来满足老年人多元化养老服务需求，通过基于医疗保险和医疗补助计划来资助社区老年人的家庭护理，② 医疗照顾制度（Medicare）作为全国相对统一的医疗保险制度，政府在医疗照顾项目中承担主要责任。医疗保健和医疗补助制度每月为符合条件的老年人提供补贴，照料费用主要源于联邦和州政府出资的医疗补助制度（Medicaid），是联邦政府和州政府对低收入者、失业者和残疾人等弱势群体所提供的医疗救助计划，由联邦政府支付5%，州政府支付45%，服务项目主要有门诊治疗、住院治疗和家庭保健等，项目运行和资金管理由地方政府的卫生局负责，由竞争性的公司为低收入老年人提供服务，其中，医疗补助制度（Medicaid）是以家计调查为基础，由联邦政府和州政府共同支持的社会保险计划，其目的是帮助低收入者支付医疗护理和照料费用。美国社区主要面向中低收入老年群体提供部分无偿或低偿服务，有偿服务项目根据法律规定由保险公司或个人负担。③ 美国养老服务支出主要源于公共医疗救助计划（Medicaid）、家庭和个人支出、商业长期照护保险和其他公共项目。④ 目前，非营利组织在美国社区养老服务中扮演着重要角色，美国拥有世界上较大的非营利性老年照顾机构"居家养老院"。⑤ 非政府组织、非营利性老龄服务机构是老年社会福利体系的有机组成部分之一，并受到政府财政预算和社会慈善捐赠的资金支持。全国护理联盟下属为消费者服务的

---

① ［英］苏珊·特斯特（S. Tester）：《老年人社区照顾的跨国比较》，周向红、张小明译，中国社会出版社 2002 年版，第 13—14 页。

② Sini, E., "Supporting Older People's Independent Living at Home through Social and Health Care Collaboration", Turku, Turun Yliopistouniversity of Turku, 2009, pp. 14.

③ 邓大松、王凯：《国外居家养老模式比较及对中国的启示》，《河北师范大学学报（哲学社会科学版）》2015 年第 2 期。

④ 王杰秀等：《发达国家养老服务发展状况及借鉴》，《社会政策研究》2018 年第 2 期。

⑤ 穆光宗：《美国社区养老模式借鉴》，《人民论坛》2012 年第 22 期。

独立机构——社区健康鉴定项目、联合委员会、居家照料和临终关怀协会等组织，也积极参与居家服务的质量监督过程。① 美国通过非营利组织之间的有效衔接在社区中形成社会治理合力，为社区低收入老年人等弱势群体提供养老服务，行政型、领导型和共享型网络治理在社会组织提供社区服务过程中得到富有成效的应用。② 各类营利和非营利组织的积极介入，特别是不同类型和作用的非营利机构有效弥补了政府力量的不足，美国政府允许私人基金介入社区养老服务的运营，其宗旨在于促进政府、企业、社区、家庭和老年人之间的协同与合作，促进公私资源之间的整合与平衡，形成更为健康的养老模式，从而提高老年人选择的可能性和自主权。

政府"购买服务合同"供给养老服务被称为"契约制"，政府与私营机构通过"购买服务"的方式发展养老服务业，其目的在于打破政府与民间机构在社会政策方面的平衡，它标志着美国以政府为主导的服务供给机制向以社区需求为导向的市场机制转变。政府与志愿者等非营利组织之间的权利平衡逐渐转变，社区养老服务逐步向专业化和社会化转型，营利机构与非营利机构并存，非营利的志愿者组织承担社会服务责任，③ 有效的治理体制和明确的责任分担是社会救助制度运行的关键，逐步形成了由政府补贴、私人保险公司和慈善事业等多种供给方式的多元化社会养老服务体系。

四　德国以护理保险发展老年护理服务

德国在经济社会政策领域分别被冠以"莱茵资本主义"和"俾斯麦模式"的称号，以社会市场经济体制、社会福利和社会保险制度著称于世，德国是现代社会保险的发源地，是社会型护理保险模式的典型国

---

① 民政部：《国外及港澳台地区养老服务情况汇编》，中国社会出版社 2012 年版，第 3—14 页。

② 徐晞：《社区精准救助中的社会组织参与——基于美国经验与启示》，《东南学术》2016 年第 5 期。

③ 杨思斌：《社会救助立法：国际比较视野与本土构建思路》，《社会保障评论》2019 年第 3 期。

家。福利市场和福利社会的有机结合和相互整合能够有效推动多元角色的平衡发展，从而使国家角色由直接干预者转变为立法监督者、协调者和组织者。

（一）贯彻健康管理理念，普及国民健康教育

1967 年，德国联邦政府卫生部成立了健康宣传中心，该中心具有先进的保健设施并且拥有内外科医生、心理咨询师和药剂师等专业人才，在各城市社区和城镇居民点设立健康宣传站，在偏远农村社区设立流动宣传点，健康宣传员为老年人提供健康教育服务，保证了健康教育在每个社区得到普及，健康宣传中心为德国全民健康教育的普及发挥了组织和指导作用。[①] 2002 年，德国政府通过立法将疾病管理纳入法定医疗保险体系范畴。2008 年，德国私人保险公司采用美国健康管理策略，实施以病人为中心的慢病管理方案，对全民进行健康管理，其目的是为了使更多的人获得高质量的健康服务。德国医疗保险主要有法定健康保险和私人健康保险，注重社会保险与商业保险融合，其基本诊疗服务机构以私立为主，德国初级保健机构具有一定的营利性。德国作为实行社会保险制度的典型国家，德国的健康管理与医疗保险体系紧密结合。积极开展健康教育，针对不同人群发放健康资料，开设健康课程，提供健康体检服务等，有的放矢地对投保人进行健康教育和行为干预。为提高教育效果，保险公司还以"积分"的形式对健康教育课程完成者、健康体检接受者、免疫接种者给予奖励，有效扩大了德国健康管理服务的覆盖面。

（二）保险机构介入全民健康管理服务

德国是世界社会保障史上最早实施社会保险制度的国家，1889 年，德国政府颁布的《养老保险法》规定，若因疾病或意外事故导致丧失劳动能力，则由养老保险为其支付失能年金，并由此引入"康复先于医疗退休"的原则。20 世纪 70 年代以来，德国面临人口老龄化的严峻挑战。1992 年，德国政府制定《联邦老年计划》，该计划已成为联邦政府

---

① 刘冬梅：《德国老年福利制度研究》，《社会政策研究》2018 年第 2 期。

老年工作的核心。为了有效应对老年护理救助支出的财政风险，1995年，德国实施《护理保险法》，明确规定了德国护理保险需要与医疗保险同步参保，确立了全民覆盖、由雇主和雇员共同缴费的长期护理保险制度。1995 年 4 月 1 日，照护保险待遇引入家庭照护待遇，1996 年 7 月 1 日，引入住院照护待遇。德国在世界上率先建立长期护理保险制度，老年福利制度由此进入了发展完善期，长期护理保险的对象覆盖除了国家公务员、职业军人以外的所有公民，将慢性病预防和管理纳入社会保障体系，疾病预防具有完善的资金保障。

（三）护理救助制度逐步完善

德国是欧洲老龄化程度较严重的国家之一。伴随着人口老龄化程度的日益加深，加之持续较低的生育率，而由女性提供护理服务的观念不断受到挑战。传统伦理上家庭承担的长期照护责任逐步转向社会救助制度，长期护理服务的供需结构失衡，德国老年人的长期护理需求愈加迫切，对社会护理和照顾的需求不断增大。

为了有效防范照护需求的社会风险，旨在为由于照护需求的强烈程度而请求获得互助支持的照护需求人提供的帮助，德国《社会法典》第十一册《照护保险法》（最新修订于 2014 年 12 月 23 日）规定，德国长期护理保险制度遵从"护理保险跟随医疗保险"的原则，医疗保险的投保者均需要参加护理保险，护理保险也设在医疗保险机构中，以避免建立新的组织和出现过高的管理费用。护理保险金由国家、雇主和雇员三方共同承担。社会照护保险的承担者是照护保险基金会，照护保险的支出由雇主的缴费以及照护保险成员共同承担，应缴金额根据照护保险成员的应缴费收入额来确定，对于家庭保险成员及其生活伴侣，不增加其缴费金额。德国长期护理责任范围包括家庭护理、门诊护理和住院护理院三个层次，[①] 按照需要程度可分为三类，即每周至少 90 分钟服务、一天至少不同时间提供三次服务和昼夜 24 小时需要提供服务。德国长期护理保险金的给付分为家庭护理按标准予以实物待遇给付和住院护理金以现金形式给付两类，以满足老年人多元化的护理照料需求，有

---

① 林闽钢：《社会保障国际比较》，科学出版社 2019 年版，第 82 页。

效解决了老年护理的筹资问题。

德国政府注重护理救助制度的建立与完善，并给予相应的财政经费支持。护理保险制度建立后，护理救助服务在老年护理领域发挥重要作用，护理救助涵盖居家护理、半机构护理、短期护理和机构护理等内容，能够满足护理照料需求和精神需求等，使居家护理、社区照顾、机构照料达到"三位一体"的综合平衡状态，从而促进老年人积极参与社会护理，不断提升养老服务质量。[①]

五　日本以介护保险制度推进整合照料发展

日本是世界上人口老龄化进程最快、全球老龄人口比例最高的国家，也是世界上公认的最严重的少子老龄化国家之一，也是亚洲国家中最先步入老龄社会的国家之一。[②] 伴随着生育率下降和预期寿命的上升，[③] 亚洲面临人口老龄化的挑战。[④] 在日本"医养结合"被称之为"医疗与介护的连携"（医療と介護の連携），[⑤] 政府与社会团体为此采取了诸多行之有效的举措。

（一）加快家庭医养保健一体化进程

日本采取国民健康保险制度的"地域保险"体制的政策措施，1938 年，国民健康保险法的实施是以市町村为单位设立的保险组合，至 1948 年从制度普及促进的角度出发，确立了"市町村公营原则"的保险制度。1956 年，《厚生白皮书》在专科医疗制度中强调家庭医生的重要性，1959 年，医疗保障委员会提倡建立家庭医生制度。[⑥] 1961 年，

[①] 刘涛、汪超：《德国长期护理保险 22 年：何以建成，何以可存，何以可行?》，《公共治理评论》2017 年第 11 期。

[②] 崔万有：《日本社会保障研究》，北京师范大学出版社 2009 年版，第 147 页。

[③] Donghyun Park, Sang - Hyop Lee, Andrew Mason., "Aging, Economic Growth, and Old - Age Security in Asia", Edward Elgar Publishing, 2012, pp. 13.

[④] Donghyun Park, Sang - Hyop Lee, Andrew Mason., "Aging, Economic Growth, and Old - Age Security in Asia", Edward Elgar Publishing, 2012, pp. 22.

[⑤] 张莹、刘晓梅：《结合、融合、整合：我国医养结合的思辨与分析》，《东北师大学报（哲学社会科学版）》2019 年第 2 期。

[⑥] ［日］岛崎谦治：《日本的医疗——制度与政策》，何慈毅、吴凯琳、瞿羽、巴梦玲译，南京大学出版社 2016 年版，第 110 页。

市町村统一建立了国民健康保险体制，从而实现了"国民皆保险"的目标。1973 年，老年人医疗费支付制度的实施使 70 岁以上的老年人实行免费医疗待遇，这就从制度上把医疗保险与老年福利统一起来。1987 年，日本政府颁布《社会福利与老年人护理士法》，建设了介于医疗机构和家庭之间的社区老年人保健设施，为老年人提供社区日间照料服务。

自 2000 年以来，介护保险制度的实施可能面临逆向选择和道德风险，具有规模"挤出效应"。2003 年，日本政府成立 "Caring for Older People in 2015" 研究小组，首次提出试图以社区为单位，建立以社区为基础的整合照料制度，联合私人企业、非营利机构和志愿者组织，共同提供家庭照料和社区照料，使健康照料从"家庭护理"走向"社会护理"，从"由社会来照料"转向"由社区来照料"。[1] 日本居家养老服务的类型主要包括日间护理服务、访问护理服务、短期托付服务和社区贴紧型服务等，其中，日间护理服务主要接送老年人到社区老年人护理中心，为老年人提供健康检查和康复训练等服务；访问护理服务主要为老年人提供上门做饭喂食、洗浴更衣、打扫卫生等服务；短期托付服务主要是在老年人家属临时外出时，将老年人托付由社区养老院照料，接受社区养老机构提供的短期护理服务；社区贴紧型服务提供失能失智老人日托护理、夜间上门服务和多功能居家护理等服务。2006 年，政府提出建设积极老龄化社会，实施预防性照料服务，提高服务可持续性，改变照料机构的酬金制度，整合并创新服务制度，促进了支援居家疗养诊疗机构的制度化发展。2008 年，日本建立了"后期高龄者医疗制度"（长寿医疗制度），该制度继承发展了老年人保健制度。同年，日本政府建立了以社区为基础的"整合照料研究委员会"，在社区中实现社会照料、医疗照护和长期照料的整合。[2] 2012 年，日本政府以介护保险制

① Tsutsui, Takako, "Challenges and Opportunities in the Development of the Community Based IntegratedCare System in Japan: Significance of Social Capital within Community - based Integrated Care System", *Journal of the National Institute of Public Health*, Vol. 61, No. 2, 2012, pp. 96 - 103.

② Tsutsui, Takako, "Implementation Process and Challenges for the Community - based Integrated Care System in Japan", *International Journal of Integrated Care*, Vol. 14, No. 20, January 2014, pp. 1 - 9.

度改革为契机，构建地域综合护理体系。在市町村主导下，日本逐步构建自助、互助、共助和公助相结合的社区综合护理体系，以市町村自治体为单位，由企业、非营利组织、志愿者等相互协同，提供综合性、可持续性的居家医疗与护理体系。[①] 2014 年，日本社区综合护理单位开始建立，2019 年，全国共有 2424 家医院，床位数为 84813 张，具有急性功能、亚急性功能和康复功能等，负责提供全面的医疗服务，使家庭医疗和护理服务能够可持续发展。[②]

日本政府给予养老服务政策支持和法律保障，地方政府积极探索新型社区养老服务模式。日本家庭普遍享有健康管理机构和保健医生的长期跟踪服务，包括为家庭建立健康档案，负责家庭健康管理和家庭服务人员派遣业务等，充分利用社会资源为老年人提供医疗保健等综合性福利服务。同时，日本政府积极创办资源整合较好、功能多样的社区养老服务机构，形成了医、养、康、护相结合的一体化社区养老服务体系，以满足不同健康状况老年人的上门服务、日托服务、短托服务、长期照护服务和老年保健服务需求，使老年人在不脱离家庭和社区的环境下基本实现了就地安养。

（二）推进家庭福利与护理保险相结合

日本社会保障体系中比较具有代表性的政策是老年人的介护保险制度，以介护的社会化为目标。2000 年，日本政府颁布的《介护保险法》规定，40 岁以上的人口强制性缴纳护理保险费，全国的农户、个体经营者等无固定收入的职业者也强制加入国民健康保险，用于 65 岁以上需要长期照护的老年人，介护保险的筹资来源以政府为主，其中，国家占比为 25%，都道府和市町村各占比为 12.5%。[③] 日本政府通过护理保障制度将老年患者的长期护理场所从医疗机构转移至老人福利院、疗养

---

① 田香兰：《日本社区综合护理体系研究》，《社会保障研究》2016 年第 6 期。

② Shimada Takaaki, Suzuki Yoshie, et al., "Community – Based Integrated Care Units: Intermediate Care Units for Older Adults in Japan", *Journal of the American Medical Directors Association*, Vol. 22, No. 8, 2021, pp. 1774 – 1775.

③ 尹文清、罗润东：《老龄化背景下日本养老模式创新与借鉴》，《浙江学刊》2016 年第 1 期。

型综合体和家庭，使老年人"脱离医院，回归社区，回归家庭"。① 各都道府县设有高龄福祉和护理保险资格认定、监督等机构，负责向社区派驻工作人员提供咨询等服务。老年人面临失能、失智风险时能够及时享受医疗护理，由服务机构派遣家庭援助者或被保险人利用护理服务设施提供专业服务等形式，通过专业人员上门提供医疗护理、康复指导和健康促进等服务，包括日间看护、日间照顾、短期生活照顾与居家疗养照顾等基础体系完备。介护保险制度以自立支援为基本，将老年福利与医疗保险制度相结合，调动了社会组织积极参与养老服务的积极性，提高了养老服务质量和服务效率，创建了方便、公平、高效的全社会支援的老年人护理体系，形成社会保险与财政风险共担的养老保障机制，为健全和完善社会养老服务体系奠定了坚实基础。

（三）鼓励多元供给主体参与社区居家养老服务

20世纪50年代末到70年代中期，日本逐渐实施了国民年金制度、老年医疗福祉制度，日本持续高速的经济增长为社会保障制度的发展奠定了坚实的物质基础。1958年通过的《国民健康保险法》，1959年通过的《国民年金法》使日本形成了国民皆保险、国民皆年金体制，实现了养老、医疗的全覆盖。② 1961年，日本实行全民性国民医疗健康保险。20世纪90年代，日本推行了护理保险等全民性福祉制度。③ 从1963年《老人福利法》的颁布至2000年《介护保险法》的实施，日本经历了半个世纪的探索，其社会养老保障制度实现了由传统家庭养老向现代居家养老服务的成功转型。日本政府从制度建设入手，不断健全和完善相关政策法律，为社区养老服务体系建设提供了制度保障，《老年福利法》《老年保健法》《高龄者保健福利推进10年战略计划》《介护保险法》等政策法律的颁布和实施，构成了相对完善的养老服务政策支

---

① 林娜：《日本"双重照护"现状及其对中国的启示》，《日本问题研究》2018年第2期。

② 林闽钢：《社会保障国际比较》，科学出版社2019年版，第146页。

③ 陈立行、柳中权：《向社会福祉跨越——中国老年社会福祉研究的新视角》，社会科学文献出版社2007年版，第10页。

持体系,① 对我国发展医养结合型养老服务具有重要的借鉴意义。

20 世纪末,日本政府放开养老服务市场的行政管制,允许各类营利组织和非营利组织参与照顾服务,实现了养老服务供给主体由行政管理向市场竞争的转变。② 日本政府在养老服务体系中承担福利供给主体角色,负责修订养老服务相关制度,逐步转变了重医疗轻预防的社会性住院现象,进而重视对健康养老的支持。1992 年,日本再次修订《老年人保健法》,完善老年人上门护理制度,由市町村对居家老年人提供上门护理服务,服务内容包括生活护理和医疗康复服务,进一步明确了市町村在居家护理服务中的供给主体责任。根据《日本健康增进法》(2002 年法律第 103 号) 第 26 条规定:病人用特殊食品上市前需要通过日本厚生省批准。2011 年 3 月,内阁会议通过了面向 2012 年的介护保险制度改革提出的《介护保险法》修改案,旨在为居家老年人提供更好的服务并控制保险费的增加,全面启动 24 小时居家访问等服务。政府通过降低介护保险费缴费年龄,扩大介护保险制度覆盖面等方式,促进介护保险制度的可持续发展。③

目前,日本健康养老服务体系主要有国家、地方和民间组织三大重要支柱,日本医疗保健福利的非营利组织发展迅速,已成为健康养老服务的重要依托,国家、地方和民间组织参与协同供给是养老服务体系建设的重要支撑。④ 在供给主体中,非营利组织是日本养老服务的主体,在日本居家"介护"服务中,非营利组织具有参与社区养老服务的独特优势,在养老服务供给中发挥重要作用。⑤ 日本的非营利组织可划分为社会福利协会、政府助手型、社团组织经营型和居民互助型四种类型。但由于日本政府沿袭东亚福利模式,对非营利组织的发展缺乏法律

---

① 王丹:《三农问题研究与生态文明建设》,辽宁大学出版社 2016 年版,第 76 页。

② 田香兰:《战后日本老年社会福利政策简析》,《东北亚学刊》2018 年第 2 期。

③ 詹祥等:《日本老龄介护保险的创新改革及挑战》,《中国卫生事业管理》2017 年第 2 期。

④ [日本]岛崎谦治:《日本的医疗——制度与政策》,何慈毅、吴凯琳、瞿羽、巴梦玲译,南京大学出版社 2016 年版,第 154 页。

⑤ 贾洪波、李继红:《日本长期护理保险制度中的家庭支持政策研究》,《保险理论与实践》2021 年第 4 期。

援助与政策支持，资金雄厚、规模较大的非营利福利组织体系相对较弱，而在社区中自发形成的小规模、贴近居民生活的小型非营利性福利组织较为发达。农村社区素有邻里互助的美德，居民互助所提供的福利服务已成为居民生活中不可或缺的一部分。它是生活在同一社区中的居民之间，本着邻里互助精神自发形成的一种福利服务供给主体，具有福利性和公益性，通过互帮互助营造较好的社区养老服务环境。

在国民健康保险制度创立之初，欧美日各国均实施劳动保险制度，日本是由佃农形式构成的小规模农业国家，农村社区较强地依存家族或封建制度形成的乡土团结。在农业从业人员占总人口半数的情况下，国民健康保险制度以乡土团结为基础划定保险区域，在国家和地方公共团体的监督指导下建立地域疾病保险。以农村共同体为单位的"地域保险"，在一定程度上能够避免逆向选择的风险，在其社会保障体系中被认为是最有特色的制度。日本国民健康保险基金来源于被保险人参保所缴纳的保险费，国家和地方政府对国民参保进行财政补贴。国民健康保险经办机构是"国民健康保险团体联合会"，是市町村联合举办的公营组织，负责国民医疗保险的实施运营。在管理上，全国共济联合会、县级共济联合会、基层农协相互分工、各司其职，形成了有效的三级风险防范机制。[①] 其中，农村互助保险组织的民间机构——即农业相互救济协会，举办的人身共济保险对农民养老及其他社会保障发挥着重要作用，这种共济保险与商业保险具有本质区别，它不以营利为目的，是一种互助性的风险共担保障机制，得到了政府的政策支持。由此，日本社区养老服务构建了相对完善的政策法律体系，形成了包括政府、企业和非营利组织等多中心治理体制，具有适应不同层次老年人需求的多元化服务，使社区老年人共享经济和社会发展的成果。

在农村医养结合型养老服务发展的过程中，英、美、日等国立足本国的经济、社会和文化等因素，发挥政府的政策聚合作用，积极推进社会组织的积极参与，推动形成第三部门的多元化组织格局，形成了国家福利型、社会保险型和商业保险型等不同的福利发展模式，医养结合型

---

① 吕学静：《日本社会保障制度》，经济管理出版社2000年版，第46—48页。

养老服务多中心供给机制的构建，对我国医养结合型养老服务体系的健全和完善具有重要借鉴意义。

六　新加坡健全和完善老年人健康照料体系

新加坡是西方市场经济制度与东方家庭价值观有机结合的典范，其老年人照料的服务模式具有东亚福利体制的特点。新加坡将老年人照料作为一个系统工程，社区需要协助和支持家庭承担照顾老年人的责任，着眼于构建政府、社区、家庭和个人"四位一体"的老年人照料体系。

（一）构建"四位一体"的老年人照料体系

新加坡养老服务供给起源于社会慈善组织为贫困老年人提供的具有济贫性质的社会救助服务。1953 年，英国殖民地政府制定了《中央公积金法》，1955 年开始正式实施中央公积金制度，中央公积金制度的建立促进了新加坡制度性老年社会保障的建立和发展，为老年人提供养老、医疗、住房等全方位保障。为了强化家庭的养老责任，新加坡政府还制定了《赡养父母法令》，设立了赡养父母仲裁法庭，通过法律形式确保家庭履行养老义务，积极引导和扶持社会力量参与养老事业。新加坡老年服务体系逐步建立，呈现多元化的特点。目前，新加坡已形成由私人提供，由机构、社区和居家构成的养老服务体系。同时，政府不断增强在养老服务事业中的财政投入力度，建立健全养老服务体系，通过制定养老服务制度，为老年事业发展创造良好的政策环境，为老年福利发展提供法律保障。政府、社会组织、社区、家庭、个人等供给主体形成的责任共担机制，能够有效缓解医养结合型养老服务发展面临的困境。为了缓解老年人家庭照料者的压力，社区中还提供持续性照顾。在社区中提供交友服务、社区个案管理服务、咨询服务、家务助理服务等项目，通过设立邻舍联系和老年人活动中心、日间护理中心供老年人使用。社会组织和私人机构是新加坡养老服务的主要提供者。[①] 从服务监督方面，社区养老服务和机构养老服务主要由志愿性福利机构或是私营

---

① 朱凤梅：《新加坡养老保障体系：制度安排、政府角色及启示》，《中国社会工作》2018 年第 35 期。

机构运营，志愿型福利机构也能够为无力支付护理费用的患者提供必要的资金和社会援助，在服务质量等方面接受政府监督。

（二）医疗保险模式为全民健康管理体系建立奠定基础

新加坡是储蓄基金型医疗保险模式的典型国家，主要通过强制性医疗储蓄满足居民的多元化医疗服务需求，该制度以个人责任为基础，政府负担部分费用并控制医疗费用的增长规模。[①] 新加坡医疗机构被称为健保集团和保健服务集团，集团所承担的医疗职责不仅在于治疗和抢救，也包括健康保护。新加坡医疗机构的集团化发展涵盖了不同规模、不同类型的医院和诊所，提供疾病治疗和康复指导等一体化服务，在集团中各级医疗机构均有不同分工，以健康保健为核心的相互密切合作，实现了系统化的疾病管理过程。新加坡政府为确保医疗保险制度的正常运转，在完善疾病管理、医疗费用得以有效控制的基础上，增强疾病风险管理，建立健康管理体系，通过健康促进等生活方式，强化个人的健康责任，增强全社会防范化解健康风险的意识，提升全民健康水平。

（三）逐渐完善全民健康管理体系

构建以国民健康为目标的健康照料服务体系，不仅需要依靠医疗卫生部门、机关学校和企事业单位、社区共同参与。科学甄别健康人群、患病高风险、亚健康群体，有针对性地进行健康教育与促进活动。倡导健康的生活方式，预防生活习惯病，有效防控养老风险的发生。新加坡医疗系统主要面向康复期需要进一步治疗和康复护理的患者以及日常生活需要健康监护的老年人，包含为具有需要的公民提供中长期护理服务（Intermediate and Long – Term Care Services），提供以社区为基础的中长期护理以及提供住宿的中长期护理。目前，新加坡提供的护理服务主要有三种：即上门访问的家居式护理、为护理中心老年人提供日间护理和为老年人提供机构式看护服务。新加坡以区域性医疗系统为主，开展医疗诊治和护理，配置有病痛舒缓小组和临终护理病床。新加坡社区设置大医院、社区医院、疗养院、护理中心和社区养老服务等不同层级的服

---

① 张恺悌、罗晓晖：《新加坡养老》，中国社会出版社2014年版，第60—63页。

务体系。新加坡社区医院是养老服务体系的重要组成部分。为了有效规避老龄化的社会治理风险，新加坡政府对入住社区医院的老年人按照家庭人均月收入情况均给予一定比例的床位补贴，政府根据家庭收入状况对于居家和在社区服务机构居住的老年人给予一定的护理补贴，主要适用于乐龄中心（如日间康复中心、老年精神障碍者的日间护理中心、日托中心和长者护理中心）、精神病日间康复以及居家服务，如家庭医疗、家庭护理、居家照护、居家护理、居家安宁护理、居家安宁疗护等，不断提高新加坡国民的健康保健能力。

第二节　发达国家发展医养结合型养老服务对我国的启示

他山之石，可以攻玉。农村社区以家为本位构成的家族谱系，在农村社会发展变迁中具有重要的战略地位。"家国同构"是我国优秀的传统文化，与"齐家""治国""平天下"视为同一视域。"孝道"是社会发展进程中最基本的伦理道德规范，也是传统家庭养老的伦理基石。积极融入全球健康发展战略，推进健康养老服务事业开放融合式发展，支持促进老年健康服务多元化发展。建设具有中国特色高质量社会保障体系，立足国情与地方实际，传承弘扬中华民族传统孝道精神，完善农村医养结合型养老服务供给体系，需要依靠政府、市场和社会力量的协同合作，政府、市场、非营利组织等多元协同供给机制是农村构建医养结合型养老服务供给体系的重要基础。将"整合照料"服务延伸至老年福利服务、残疾人照料服务、临时救助服务、精神健康服务等是增进农村社会福祉的必然要求。

一　注重农村医养结合型养老服务的公共性供给

世界上多数发达国家的医养结合型养老服务具有福利性、公益性和准公共服务性，政府在政策制定和监督引导方面发挥积极作用。我国农村医养结合型养老服务具有公益性，属于准公共服务范畴。因此，完善我国多层次、多元化养老服务体系，应注重体现农村医养结合型养老服务的福利性和公平性。文森特·奥斯特罗姆（Vincent A. Ostrom）指出，每一公民都不由一个政府服务，而是由大量的各不相同的公共服务产业所服务。① 在发展中国家，正规部门和非正规部门为老年人家庭提供广泛性的服务仍面临严峻挑战。② 对于农村老年人来说，他们最有可能患有慢性健康疾病，并需要医疗保健援助。③ 我国农村社区医疗卫生与养老服务需求具有广泛性、迫切性、地域性和非均衡性等特点，需要大力培育医疗卫生与养老服务多元供给主体，推动社会力量参与农村医养结合型养老服务供给，建立长期照料服务机构，切实满足农村老年人的多元化养老服务需求。④ 政府在制定相关法律政策的基础上，加强对农村医养结合型养老服务质量的监督与评估。在发达国家采取政府购买服务等方式降低农村失能、失智老年人的养老风险，政府购买服务主要采取公开竞标的方式来选择服务承接方，具有资质的社会组织均可参与购买服务，社会组织通过市场竞争积极参与政府购买养老服务，促使服务专业、质量较高的社会组织进入养老服务市场，政府购买养老服务有助于促进"政府—市场—社会"多元主体之间的服务实现整合。借鉴美国居家护理服务的经验，通过推进建设适合不同消费群体的老年公寓等形式满足老年人基本生活所需的医疗护理服务等，增强老年人的健康意识，以满足老年人的健康养老需求。

我国进入老龄化社会是典型的"未备先老"，农村老年人口规模大，为保障特殊困难老年人的养老服务需求，政府重点向农村失能失智老年人提供养老服务补贴，充分拓展政府投资、集体融资、慈善募捐、公私合营等多元化筹融资渠道，以满足农村老年人的生活照料、医疗护理和精神慰藉等需求，给予农村失能、失智老年人全方位的健康保障。

---

① ［美］文森特·奥斯特罗姆等（Vincent A. Ostrom, et al）：《制度分析与发展的反思——问题与抉择》，王诚等译，商务印书馆1992年版，第114页。

② Rajan S. Irudaya. , Social Security for the Elderly：Experiences from South Asia, Taylor and Francis, 2014, pp. 31.

③ Williams Doris K. , Residential Care Services for the Elderly：Business Guide for Home - Based Eldercare, Taylor and Francis, 2012, pp. 8.

④ 张志元、郑吉友：《我国农村失能老人居家养老服务多元供给思考》，《河北经贸大学学报》2018年第5期。

我国在制度设计上可借鉴日本经验，以社区为依托建立护理预防服务体系，依靠政府力量，动员民间资本和社会力量，建立由机构护理、社区护理和居家护理等多种护理模式构成的老年护理服务体系，在法律保障基础上构建由政府、社会、家庭和个人共同承担的长期护理保险制度。目前，我国应针对不同收入层次、不同健康状况的老年人依据财政负担能力制定照顾补贴政策，建立多元化、多层次的医疗卫生与养老服务体系，促进我国医养结合型养老服务的健康可持续发展。

二 积极调动多元主体参与协同供给

从 20 世纪末至今，世界各国为了有效应对照护需求的上升和服务费用的增长，保护老年人的健康，发展非正式照护已成为国际共识。[1]长期照护保险的给付可面向非正式照护，让具有照护需求的老年人获得自主选择权，依据生活自理能力和健康状况选择获得照护的途径和方式，提供照护主体可以是家庭、邻里或社区的其他成员。发达国家已普遍推行长期照护制度的改革方案，注重多部门共同参与合作监督与健康治理。我国可借鉴日本厚生省下设老健局的行政管理体制，通过设立高一级的统筹协调部门，以统筹协调区域间的医养资源，推动基层医疗卫生与养老机构、日间照料机构等多主体合作，提高医养资源的利用效率，[2]促进正式支持和非正式支持在老龄健康保障系统中的有效联动。

进入 21 世纪，伴随着家庭结构和社会结构的变迁，为积极应对人口老龄化带来的挑战，世界各国的养老服务逐渐呈现崭新的发展态势，政府将转移支付与政府购买服务相结合，积极培育家庭服务支持网络，并在竞争与合作中逐渐拓宽社会养老服务事业的发展空间，形成多元专业化的协作能力。[3]注重跨越专业领域的协同发展，强调跨领域的专业

---

① Nitz, J. C., Hourigan, S. R., Physiotherapy Practice in Residential Aged Care, Butterworth Heinemann, 2004, pp. 256.

② ［美］达尔默·D. 霍斯金斯（Dalmer D. Hoskins）等：《21 世纪初的社会保障》，侯宝琴译，中国劳动社会保障出版社 2004 年版，第 33—34 页。

③ Okamoto, Y., "Health Care for the Elderly in Japan: Medicine and Welfare in an Aging Society Facing a Crisis in Long Term Care.", British Medical Journal, Vol. 305, No. 15, 1992, pp. 403 –405.

知识和技能集聚，从老年教育和培训的角度，提供足够的培训使护理人员和医疗专业人员能够较好地应对影响老年人的复杂情况，[①] 进而实现协同合作的经济社会效益。在发达国家，医学技术和社会保护的发展使复合医疗制度与多元化专业照料供给主体得到较快发展，有助于生成崭新的跨越职域和专业领域的组织边界，为"整合照料"的协调发展奠定技术性基础。[②] 在"混合福利"供给方式下，医养结合型养老服务的供给主体主要包括政府、市场、社会组织、社区和家庭等，实现从"国家福利"向"混合福利"的转变。[③]

三　构建家庭—社区—医院联动网络运行机制

伴随着福利多元主义的兴起，世界各国养老服务体系在社会保障理论与实践的发展具有趋同性。福利多元主义理论认为，社会福利是多元福利的组合，福利是全社会的共同福祉，应由国家、市场、社会组织、社区和家庭协同供给，发挥市场、社会组织等主体各自的优势，探索农村医养结合型养老服务多主体协同供给的有效方式，充分调动多元主体参与农村医养结合型养老服务协同供给，逐步化解经济增长与福利支出之间的矛盾，从而减轻政府财政负担。家庭－社区－医院联动（Home－Community－Hospital Joint，HCHJ）是通过家庭、社区和医院各自功能的发挥，使慢性病患者得到家庭照顾、社区指导和医院诊治的新型康复治疗模式。HCHJ 通过家庭医生、社区首诊、双向转诊、急救中心等连接点将家庭、社区和医院相衔接，根据社区老年人的健康需求发挥各主体的功能使老年人得到家庭照顾、社区指导和医院诊治，充分利用家庭、社区机构和医院的资源优势，使健康教育、慢性病预防、治疗和康复形成联动运行的网络。在联动运行网络中，医院、社区卫生服务中心

[①] Pranitha Maharaj. , Health and Care in Old Age in Africa, Taylor and Francis, 2020, pp. 57.

[②] Sini Eloranta, "Supporting Older People's Independent Living at Home through Social and Health Care Collaboration", Turun Yliopistouniversity of Turku, 2009, pp. 60.

[③] 钟慧澜、章晓懿：《从国家福利到混合福利：瑞典、英国、澳大利亚养老服务市场化改革道路选择及启示》，《经济体制改革》2016 年第 5 期。

和家庭以"病患"为中心，实现资源互补与协同合作，为不同患者提供精准化的医疗卫生服务。[①] 家庭护理提供者在组织和服务提供中发挥重要作用。[②] 家庭医生作为家庭和社区卫生服务中心之间的联结点和社区居家健康的"守门人"，为社区居民提供基本的医疗卫生服务，建立健康档案，制定健康计划，进行健康综合护理，以需求驱动的医疗体系取代供给驱动的医疗体系，[③] 并根据居民需要提供上门服务。双向转诊是医院与社区卫生服务中心之间的联结点，医院与社区以家庭医生为纽带，居民凭借家庭医生开具的转诊单向上级医院转诊，上级医院根据转诊单通过绿色转诊通道优先安排预约检查和住院治疗。家庭医生定期到上级医院随访，完善患者健康档案。急救中心作为家庭和医院之间的联结点，家庭医生、双向转诊和急救中心是家庭、社区卫生服务中心和医院间的关键结点，促进家庭—社区—医院的联动管理。

家庭医生、社区首诊、双向转诊和急救中心促进家庭、社区卫生服务机构和医院之间的功能互补与有效衔接，形成家庭社区康复、健康教育、社会支持、紧急救援等的联动网络，充分发挥家庭、社区、医院在慢病防治过程中作用与优势。通过改变医疗服务提供方的诊疗行为，增强医院、社区和家庭在慢性病防治过程中的协调作用，转变患者的不合理流向，注重发挥社区卫生服务机构的作用，促进医疗卫生资源的优化配置，推动社区首诊制和双向转诊的有机契合，形成医院、社区和家庭间的优势互补，努力形成"小病在社区、大病到医院、康复到社区"的分级诊疗就医网络格局。加快城乡社区卫生服务体系建设，充分发挥社区卫生服务和中医药服务在医疗服务中的积极作用，落实分级诊疗制度。以政府为主导的社区居家养老服务，可将家庭养老与机构养老等合理要素有效整合，增强政府财政的支持力度。构建社区医防联合、点面结合、多网协同的社区医养结合模式。政府充分拓展社会慈善捐赠、社

---

① 李明星：《社区慢性病健康管理多部门合作：理论、实证与模式》，中国协和医科大学出版社 2017 年版，第 203 页。

② Kaye Lenard W. , New Developments in Home Care Services for the Elderly: Innovations in Policy, Program, and Practice, Taylor and Francis, 2013, pp. 5.

③ Andy M. Alaszewski. , Providing Integrated Health and Social Services for Older Persons, Taylor and Francis, 2019, pp. 23.

会投资等渠道，探索多元化供给模式，逐步化解老年福利支出与经济增长之间的矛盾，减轻政府财政压力，实现多部门联动，有效整合社区街道办事处、居民委员会、物业管理等资源，注重政府、市场、社会组织、社区和家庭邻里的福利供给功能，鼓励社区志愿者参与社区健康管理服务，增强多元主体间的协同效能，为完善我国多部门协同的医养结合型居家养老服务模式提供有益参考。

四　逐步完善农村医养结合型养老服务协同供给体系

目前，世界各国已形成多层级政府共担养老服务机制，且呈现赋权增能的趋势，即地方或区域层面被授予更多自主裁量权（Discretion）。中央政府和地方政府之间以及医疗和社会部门之间的协调尤为重要。[1]中央政府主要负责养老服务政策与法律制度的制定，而各级地方政府承担服务的管理与递送，央地政府的责任更加明确清晰，可因地制宜提高公共养老服务的资金使用效率。[2]发达国家政府通过政策引导为社区日间照料、医疗照护等农村医养结合型养老服务制定相应的政策法律，从而吸纳社会组织积极参与农村医养结合型养老服务供给，为健康照料制度的改革与发展提供选择性方案。[3]为老年人提供公平和全面的医疗保健系统，将老年人纳入广泛和深远的国家健康保险计划。[4]加强政府对农村医养结合型养老服务的财政支持和政策保障，是农村医养结合型养老服务健康可持续发展的前提。

为此，完善养老服务供给体系，应优先保障农村医养结合型养老服务供给，通过税费减免、信用社贷款等优惠政策，鼓励社会资本参与农村医养结合型养老服务供给，不断提升健康照料的质量和效率。发达国

①　Kerschbaumer Florentin et al. , *Options for Better Quality and More Accessible Long – Term Care Services for the Elderly in Poland*, World Bank, 2019, pp. 11.

②　杨立雄：《谁应兜底：相对贫困视角下的央地社会救助责任分工研究》，《社会科学辑刊》2021 年第 2 期。

③　Bernard Miriam et al. , *New Lifestyles in Old Age：Health, Identity and Well – being in Berryhill Retirement Village*, Policy Press, 2004, pp. 1.

④　Monk Abraham. , *Health Care of the Aged：Needs, Policies, and Services*, Taylor and Francis, 2014, pp. 18.

家在老年人健康促进与权益维护等方面给予了明确的制度保障，日本介护保险制度的发展历程对我国长期护理保险制度的建设和完善具有重要意义，日本"强化护理医院"的有效举措对我国二、三级医院改制为康复护理医院具有借鉴意义。英国综合照料项目的治理经验和德国护理保险制度的发展历程，对我国探索长期照护保险制度的建设和医养结合型养老服务体系的构建具有借鉴意义。美国社区 PACE 计划对我国发展以社区为依托的医养结合型养老服务具有一定的启示。在服务过程中，各国地方政府和基层社会长期形成的"自治"传统，政府、市场与非营利性组织之间的分工与合作较为明确，逐步形成由政府、企业和社会多元参与，协同生产和递送健康照料服务的供给机制。借鉴发达国家农村社区健康照料服务的有益经验，将为推动我国农村医养结合型养老服务的发展提供有益参考。农村医养结合型养老服务需要有效协同家庭养老与机构养老等积极作用，以政府为主导，提升政府、市场、非营利组织、社区和家庭邻里的福利供给功能，促进医养结合型养老服务供给主体的多元化发展，增强多元供给主体间的协同效用。

第七章　我国推进医养结合型养老服务的模式探索

伴随着医养结合型养老服务的不断发展，医养结合型养老服务已成为养老服务事业发展的主要方向。我国积极探索医养结合型养老服务模式，充分发挥政府主导作用，政府各部门建立部门协作、财政保障和人才培养机制，通过市场化竞争、资源整合等方式调动社会力量协同参与农村医养结合型养老服务。农村医疗卫生与养老服务政策的创新效应显著，以社区为平台，侧重社区和居家医养结合型养老服务供给，发挥家庭养老的基础功能，完善家庭医生签约服务，将成为未来老年人的主要养老方式。

第一节　我国推进医养结合型养老服务的主要模式

一　我国城市推进医养结合型养老服务模式概况

我国作为世界上老年人口最多的发展中国家，人口老龄化问题已引起社会各界的广泛关注。目前，我国已有北京、上海、辽宁、山东、湖北、湖南、河南、浙江、江苏、四川等省份和地区先后进行了医养结合型养老服务的实践探索，通过对国内各省市医养结合型养老服务模式的归纳和总结，我国医养结合型养老服务主要有合作模式（双向转诊模式）、内设模式、转化模式和输出模式四种模式（见表7.1）。

表 7.1　　　　我国医养结合型养老服务的主要模式及其作用

主要模式	主要形式	主要作用	典型案例
（一）合作模式（双向转诊模式）	医疗机构和养老机构的相互合作	促进双向转诊和集慢分治，提高医疗资源的利用效率。	郑州市第九人民医院联合郑州市 36 家养老机构成立河南省老年医养协作联盟。
	医疗机构和养老社区之间的合作	医疗机构为养老社区的老年人提供所需要的高质量医疗和照护服务。	沈阳市盛经合养老公寓与辽北中医院合作，开辟就医绿色通道，每年为老年人提供免费体检和社区巡诊服务。
	医疗机构增设养老床位或进行养老改造	公立医院通过引入医养模式，将医疗卫生与养老功能整合，是完善我国医疗卫生与养老保障制度体系的重要举措。	重庆青杠老年护养中心由重庆医科大学附属第一医院投资兴建，是全国第一家大型公立医院主办的养老机构，也是全国首个医养结合养老服务试点单位。
（二）内设模式	养老机构内设医疗机构	增强养老机构的医疗卫生服务能力和水平。	上海亲和源老年公寓；青岛市福山老年公寓内设二级康复专科医院；陕西省延安市宝塔区中心敬老院内设医疗机构，定期开展老年慢病管理等医疗护理服务；沈阳市天柱山老年公寓内设有沈阳市医保定点医院，专业护理员可为失能失智老年人提供专业化全方位护理康复服务。
	医疗机构内设养老机构	医疗机构的优质医疗卫生资源向养老领域溢出。	辽宁中置盛京老年病医院与中置盛京颐养老年公寓一体化运营。
	养老社区内设医疗机构	增强养老社区的医疗卫生服务能力和水平，实现养老社区和定点医院的双向转诊。	沈阳市五彩阳光城养老服务中心与中国医科大学附属盛京医院合作建设健康养老社区。
（三）转化模式	医疗机构转型为老年医疗和护理机构	加强区域性老年医疗中心的医疗和护理能力，优化整合医疗卫生资源。	山西省介休市二轻医院转型为养老康复中心。沈阳市松汇中医诊所改建为松汇康复中心，为社区老年人提供居家养老服务。

主要模式	主要形式	主要作用	典型案例
（四）输出模式	医疗机构向居家养老的老年人输出医疗和护理服务	通过社会和市场的力量增强居家养老服务功能。	沈阳市金星居家养老服务中心与245医院合作为居家老人提供家庭病床服务。

资料来源：廖芮.《我国健康老龄化背景下的医养结合：基本理念、服务模式》，《中国全科医学》2017年第1期，以及基于山西省和辽宁省等地的调研整理而得。

（一）合作模式

合作模式，又称为双向转诊模式，主要通过医疗卫生与养老机构的相互合作，鼓励以协议合作、对口支援、合作共建、建立医养联合体等形式加强合作，使老年人在医疗卫生与养老机构之间实现双向转诊，促进医疗卫生与养老资源的整合。合作模式主要有医疗机构和养老机构的合作、医疗机构和养老社区之间的合作、医疗机构增设养老床位或进行养老改造三种形式：

1. 医疗机构和养老机构的合作

医疗卫生与养老机构在规划、建设和运营过程中的合作，共同为老年人提供全方位、多元化的服务，主要集中在大型医院和高端养老机构之间开展合作，为养老机构的老年人提供专业老年病专科诊疗和紧急救援服务，为康复期的老年人提供定期巡访服务等。如河南郑州第九人民医院与郑州36家养老机构组建了河南省老年医养协作联盟，为养老机构开设老年病院、康复院、医务室等医疗卫生机构开辟就医绿色通道。如沈阳市德济养老中心依托德济医院，将老年人进行分层分类化管理，有针对性地给予医疗支持，定期派遣医护人员到养老中心提供医疗保健服务，沈阳市德济养老中心与医疗机构"无缝衔接"开辟就医绿色通道，提供全程陪伴服务。

2. 医疗机构和养老社区之间的合作

医疗机构和养老社区之间的合作能够整合社区医疗机构和照料机构资源，通过增设家庭病床、上门护理、上门探访等方式发展居家医养结合型养老服务，拓展社区医疗机构的功能，为社区老年人提供具有可及性的医养结合型养老服务。发挥中小型医疗机构的辐射作用，为中小型养老机构和居家养老的老年人提供医疗、康复与保健服务，促进养老社区和定点医院的双向转诊。在农村社区，积极推进乡镇卫生院和社区卫生机构发展养老服务，医疗资源较为丰富的养老机构以及社区日间照料机构，可通过签约服务方式引入医疗卫生服务，努力实现城乡医养结合型养老服务的统筹发展。

3. 医疗机构增设养老床位或进行养老改造

医疗卫生和养老机构之间相互合作建立有序的双向转诊，医疗机构通过服务外包、签约服务等形式向养老机构提供嵌入式医疗服务，通过机构之间的签约协议促进双向转诊与合作，使各级各类医疗卫生与养老机构的老年人能够方便、快捷地享受所需的高质量医疗护理服务，有助于医疗机构提升床位周转率，提高医疗资源的利用效能，是完善我国医疗保障制度体系的重要举措。在各省市的探索实践中，公立医院积极探索医养结合型养老服务模式，将医疗卫生与养老服务的功能相整合，重庆的青杠模式是较为典型的案例。青杠老年护养中心由重庆医科大学附属第一医院投资兴建，是全国第一家大型公立医院主办的养老机构，也是全国首个医养结合养老服务试点单位，是供给效果较好的医养结合型养老服务模式。

（二）内设模式

内设模式主要有医疗机构内设养老机构、养老机构内设医疗机构、养老社区内设医疗机构等方式，有力提升医疗机构、养老机构和养老社区的医疗卫生服务能力，努力实现医疗机构的优质医疗资源向养老领域的拓展。

1. 养老机构内设医疗机构

医养结合型养老服务的内设模式主要是在养老机构中设置老年病医院、康复医院、护理院以及医务室等医疗机构，护理院主要采用以养融医等形式在机构内实现医养服务的有机融合，不同运营主体试图通过跨行业准入以及合作等方式，由专业医疗机构管理和运营，探索医养结合型养老服务的有益模式。如沈阳市天柱山老年公寓是集医疗、护理和康复于一体的综合型养老机构，内设有沈阳市医保定点医院，自建有康复中心，专业护理员可为失能失智老年人提供专业化全方位护理康复服务。沈阳市大东区仁爱畅晚养老照护之家内设居家养老服务中心,以小型照护型机构为依托,面向养老机构、养老社区、日间照料中心、康复护理机构等,为机构、社区和居家的失能老年人提供服务,专注养老照护领域,与养老培训机构合作研发照护技术,探索机构、社区、居家三位一体"医养康护"融合式养老照护模式。

2. 医疗机构内设养老机构

医疗机构依托自身医疗资源内设养老机构,引导患者合理就医,辽宁中置盛京老年病医院与中置盛京颐养老年公寓一体化运营。在疾病治疗期的老年患者进入医院治疗,在康复期转入医疗机构内设的养老机构休养,患病老年人在养老机构中既能及时就医,又能享受专业化的生活照料和医疗护理服务。

3. 养老社区内设医疗机构

沈阳市五彩阳光城养老服务中心与中国医科大学附属盛京医院合作建设大型三级甲等医院,五彩阳光城养老社区已形成六位一体的全功能全龄化医养融合养老社区,老年宜居社区内医疗卫生服务资源及社会支持系统,形成了"居家式机构养老、托管式社区养老、机构式居家养老"的养老模式,为机构长者和居家长者提供科学化、专业化和个性化的优质服务。

(三) 转化模式

转化模式,主要是医疗机构转化为老年病医院、老年护理医院、养老机构、护理机构等方式,增强区域性医疗护理与养老服务能力,优化整合医疗资源配置,提高医养结合型养老服务资源的利用效率。如山西省介休市二轻医院转型为养老康复中心,沈阳市松汇中医诊所改建为松汇康复中心,积极为社区居家老年人提供医养结合型养老服务。

(四) 输出模式

输出模式,即通过医疗机构向居家老年人提供医疗护理和康复理疗服务,满足老年人医养康护服务需求。如沈阳市金星居家养老服务中心与245医院合作为社区老年人提供居家医养结合型养老服务,其中,主要包括提供家庭病床、家庭诊疗、家庭护理等医疗服务以及健康咨询、医院陪护、药品代购、定期巡诊等保健助医助急类服务，医疗机构通过社会力量为居家老年人提供上门服务等形式的居家医养结合型养老服务。沈阳市和平区惠万民居家养老服务中心是集居家养老、健康医疗、社区助老、互联网综合服务平台等为一体的民办非营利性质的社会组织，依托"互联网＋民生服务＋医养结合"的运营模式，通过社工进驻社区，开展连锁化、品牌化、规模化的整合服务，开启社区养老服务新模式。

二　我国农村推进医养结合型养老服务模式典示

近年来，浙江省、辽宁省、山西省、河北省、河南省、四川省等省份对农村医养结合型养老服务在供给主体、供给对象、资金来源和供给方式等方面进行了多元化探索。河北省、吉林省通过"集体建院、集中居住、自我保障、互助服务"等新型农村互助养老服务模式，构建以政府为主导的医养结合型养老服务体系，各省份和地区农村医养结合型养老服务均体现了一定的福利性和公益性。

伴随着城乡一体化进程的加快，我国医养结合型养老服务的发展由城市逐步向农村拓展，目前，农村医养结合型养老服务尚处于探索和起步阶段，农村已初步形成了具有乡土特征和农村社区特点的医养结合型养老服务模式。本书结合辽宁省和山西省等省份和地区的实地调研以及相关研究成果的借鉴，将农村医养结合型养老服务大致分为合作模式、内设模式和签约模式三种（见表7.2）。

表7.2　　　　我国农村医养结合型养老服务的主要模式

主要模式	主要形式	服务生产者	主要作用	典型案例
合作模式（双向转诊模式）	乡镇卫生院与乡镇敬老院合作	乡镇敬老院、村集体和其他社会组织（企业、慈善团体等）。	提升乡镇卫生院的床位利用率，提高基层医养资源的利用效率。	山西省张兰镇卫生院探索医养结合模式，探索乡镇敬老院与乡镇卫生院合作。河北省巨鹿县、广平县将乡镇卫生院与乡镇敬老院毗邻建设。辽宁省鞍山市宁远镇卫生院与乡镇敬老院合作，沈阳市康平县以乡镇卫生院为依托建设医养结合中心，整合医疗卫生与养老服务资源。

续表

主要模式	主要形式	服务生产者	主要作用	典型案例
合作模式（双向转诊模式）	农村互助幸福院与村卫生室合作	村"两委"、助老员、志愿者。	构建市—区—镇—社区（村）四级联动体系，为农村社区老年人提供所需要的高质量医疗和照护服务。	河北省探索农村卫生室托管幸福院，提供无偿或低偿的日间照料服务，重点保障高龄、失能和空巢老年人。
	农村卫生室与农村日间照料中心"两室联建"	村"两委"、村卫生室、老年协会、志愿者。	加强农村基层社区的医疗和护理能力，优化整合医养资源。	湖北随州市以"两室联建"方式探索农村医养结合型养老服务模式。山西省昔阳县安康苑医疗养老中心提供集生活照料、医疗护理、紧急救援、精神慰藉、临终关怀为一体的健康养老机构。①
内设模式	农村日间照料中心内设医务室	村"两委"、村卫生室、志愿者。	基层医疗机构的优质医疗卫生资源向社区养老机构溢出。	山西省探索村卫生室与老年照料中心融合发展，为身患重疾且有意入住乡镇敬老院的五保老年人提供无偿与低偿相结合的生活照料服务。
	农村互助幸福院内设医务室	村"两委"、老年协会。	增强农村养老机构的医疗卫生服务能力和水平。	沈阳市新民市农村社区探索农村互助幸福院内设医务室，政府或集体购买五保供养服务。
	农村日间照料中心内设大众食堂	村"两委"、老年协会。	通过自助、互助增强老年人的生活自理能力，提高老年人的生活质量。	山西省晋中地区农村社区探索大众食堂，提供低偿与有偿相结合的大众食堂服务，为五保老人提供无偿服务，为高龄、空巢的失能老年人提供低偿服务。
输出模式	家庭医生签约模式	乡镇政府、村集体、村卫生室。	通过市场和社会的力量增强居家养老服务功能。	沈阳市康平县农村中心敬老院设立家庭病房，开展家庭医生签约服务。

资料来源：据辽宁省、山西省、河北省、湖北省等省份和地区相关资料整理而得。

---

① 张文光等：《山西省医养结合养老服务模式探究》，《全科护理》2019 年第 33 期。

（一）合作模式

1. 乡镇卫生院与乡镇敬老院合作

农村地区可适时探索将乡镇敬老院与乡镇卫生院毗邻建设，乡镇卫生院可有效利用闲置的医疗护理床位转化为医养结合床位，以农村互助幸福院和家庭养老院为依托，在养老机构医护人员的照料下对老年患者提供日常护理、康复训练等服务，并开展健康巡诊和义诊活动，为五保、低保户老年人建立健康档案，提供慢病管理与健康促进服务。山西省平遥县段村镇敬老院与村卫生室毗邻建设，农村社区因地制宜在老年照料中心集中互助式养老，由乡村医生全天候为农村老年人提供医疗保健、康复护理等医养结合型养老服务，重点保障五保、失能、失智、空巢老年人的生活照料需要，为农村老年人提供医养结合型养老服务。增强乡镇卫生院和农村卫生室的托底功能，提高乡镇敬老院的服务外溢功能，提升农村养老服务的供给水平。

2. 农村互助幸福院与村卫生室合作

农村医养结合型养老服务主要是农村互助幸福院与村卫生室等社区医养结合机构的结合、融合与整合。有条件的农村社区可探索医疗卫生与养老服务的资源整合与服务衔接，重点为农村五保、失能、失智老年人提供医养结合型养老服务。农村社区可探索家庭敬老院、村卫生室与农村互助幸福院的统筹规划与毗邻建设，完善农村公共服务设施，实现自助与互助服务。河北省积极探索农村卫生室托管互助幸福院试点建设，农村卫生室托管互助幸福院试点探索在实践中取得了积极的成效。

3. 农村卫生室与农村日间照料中心"两室联建"

农村社区因地制宜以"两室联建"为契机，探索农村医养结合型养老服务的有益模式，村卫生室与老年人日间照料活动中心毗邻建设，农村老年人互助照料中心统筹规划日间照料室、健身康复室和老年活动中心。村两委在两室联建过程中，健全政府财政资金保障机制，通过自筹、村办和个人办等方式实现资金筹集多元化，促进医疗卫生与养老服务向社区和家庭延伸，最大限度地发挥农村社区医养结合型养老服务的兜底保障作用，实现医养资源的集约利用，提高了资源的利用效率，对两室联建进行绩效考核，将农村互助照料中心的医护人员待遇列入政府财政预算，提高村医、老龄协会、志愿者等服务人员的工资待遇水平和工作积极性，促进农村社会力量的多方联动。

（二）内设模式

1. 农村日间照料中心内设医务室

农村社区将农村日间照料中心的生活照料与医务室的医疗护理相结合，凸显农村医养结合型养老服务的福利性和公益性，乡村医生开展健康养生知识宣传，采集老年人的健康档案，有针对性地提供健康检查和健康管理服务，使农村老年人在社区可享受居家养老，更好地为慢病老年人提供便捷性、可及性的医疗卫生与养老服务，分散供养五保老年人委托乡村医生提供日间照料服务，努力实现自我管理与自我照顾，鼓励低龄老年人照顾高龄老年人努力实现自助与互助。

2. 农村互助幸福院内设医务室

目前，农村卫生室已基本覆盖全国农村社区，政府需要整合卫生、民政、社保等政府各部门资源，延伸农村卫生室的预防保健和医疗护理等服务功能，强化农村互助幸福院的老年人日间照料服务，将农村互助幸福院改建为"康复小屋"，努力实现农村互助幸福院的"医养结合"广覆盖。河北省邯郸市肥乡区积极整合医疗卫生与养老服务资源，积极探索推行医养结合型养老服务模式，给予乡村医生一定的政府财政补贴，为老年人购买较为全面的预防保健与医疗护理服务。

3. 农村日间照料中心依托大众食堂提供养老服务

农村老年人助餐服务已成为提升养老服务质量的关键举措，健全和完善农村助餐服务体系，探索构建市—区—镇—社区（村）四级联动体系。因地制宜、整合资源，在农村老年人需求强度高、基础条件较好的农村社区加以推广，建设农村社区日间照料站、大众食堂、农村老年餐桌，提供科学营养的膳食服务。[1] 山西省晋中农村社区大众食堂与日间照料中心、村卫生室毗邻建设，重点为分散供养的五保老人提供上门送餐和生活照料服务，有效解决老年人"一餐热饭"难题。

---

[1]　山东威海市民政局：《构建城乡助餐服务体系 破解老年人"一餐热饭"难题》，《社会福利》2020 年第 8 期。

（三）家庭医生签约模式

推进农村社区家庭医生签约服务是健康扶贫的一项重要举措，积极培养乡村医生和家庭医生团队，家庭医生签约服务主要通过乡镇卫生院、村卫生室的家庭医生团队与乡镇、农村社区的老年人家庭签订医养结合协议书，重点为五保供养对象、失能老年人提供可及性、优质的医疗卫生服务，家庭医生签约服务团队主要为签约老年人提供公共卫生、基本医疗等基础性签约服务以及个性化服务，对提高农村老年人的健康福祉具有重要意义。①

第二节　我国城市医养结合型养老服务模式的主要实践探索

一　上海市鼓励以家庭为中心的协同护理照料

上海市是我国较早进入老龄化社会的城市之一，也是我国老龄化程度较高的大型城市之一，上海市人口发展呈现人口深度老龄化、家庭核心化和少子化等特点。目前，上海市医养结合型养老服务的政策体系和体制机制不断完善，覆盖城乡、规模适度、功能合理、综合连续的医养结合服务网络已逐步健全，医疗卫生与养老服务资源有序共享、统筹融合的格局已基本形成。

（一）居家医疗护理

上海市医养结合型养老服务主要体现在居家医疗护理方面，居家护理试点由社会医疗保险基金支付，拟将80岁以上护理需求达到中度和重度失能老年人为服务对象，选择部分区县、街镇试点居家护理服务。经费补贴由医保基金和个人双方承担，其中，贫困老年人的个人负担部分由政府财政给予一定补助，开展"老年护理保障计划"，对一定年龄

---

① 袁祐琪等：《家家有医生，健康有保障——高签约率背景下农村家庭医生实效调研》，《统计与管理》2021年第4期。

以上因病或生理功能衰退致生活不能自理，经评估达到一定护理等级的城乡老年人，给予老年护理费用专项补贴。

近年来，上海市社区卫生服务中心深入推进家庭医生制度建设，主要针对具有医疗护理需求的高龄老年人实施"高龄老人医疗护理计划"，提供医疗护理服务、家庭医生签约服务和家庭病床服务。截至2018年，上海市社区卫生服务中心与社区托养机构已基本实现签约服务全覆盖，"长者照护之家"已成为社区嵌入式医养结合模式的典型模式。[①] 上海市在杨浦、闵行、浦东等三区六街镇试点，由医疗保险基金统筹支付80%。家庭医生签约服务属于基本公共卫生服务范畴，主要针对特殊需求的老年患者开展双向转诊和分级诊疗，建立老年人健康档案、老年常见病诊疗等延伸性健康管理服务，为65岁以上老年人提供健康评估和免费体检，促进老年人电子健康档案的全覆盖。上海市政府将家庭医生、家庭病床与居家护理服务相结合，通过全生命周期的健康管理，为社区老年人提供个性化的健康管理服务。

（二）社区医疗支持

近年来，地方政府探索利用社区医疗服务资源对社区日间照料中心等托养机构提供医疗服务，将社区医疗卫生服务机构与日间照料机构毗邻建设或统筹安排，鼓励以家庭为中心的协同护理照料，社区老年人可就近享受医疗服务。社区医生定期到社区养老服务机构，为老年人提供健康指导等医养结合型养老服务，切实满足了老年人对医疗卫生与养老服务的迫切需求，提高社区医养资源利用效率。上海市依托现有的社区老年人日间照料中心、社区生活服务中心等社区托养机构，由护理站或社区卫生服务中心提供慢病管理、医疗护理、健康教育等服务，推进社区医疗护理服务和养老照料服务的有机整合，为老年人提供包括社区生活照料、医疗护理等一站式照料和护理服务。上海市构建以健康医疗、健康服务、健康保险为重点、健康信息为支撑、健康养老服务业为新动能的医养结合型养老服务体系。

---

① 武玉、张航空：《我国大城市医养结合的实践模式及发展路径》，《中州学刊》2021年第4期。

二 浙江省以政府为主导推进医养护一体化签约服务

近年来，浙江省积极推动养老服务综合改革试点，促进养老服务改革与创新，在养老服务实践探索中成效显著，逐渐形成了以政府为主导、市场化运作、社会参与，市场和社会组织等供给主体的多元化、多层次的服务格局。

（一）推进养老服务机构质量提升

浙江省养老机构服务设施不断改善，以养老机构布局调整提高服务质量，全力推进养老机构服务质量提升。加快公建民营步伐，转变公办养老机构的运行机制，委托专业养老机构运营和管理，促进社区居家养老服务机构的社会化运营。将基础较好的乡镇养老机构升级改造为既可为特困供养人员提供养老服务，又面向社会人员提供养老服务的综合性养老机构，如德清县通过公开招投标等方式，委托专业服务机构进行运营管理和升级改造，形成机构连锁式发展的运营模式。浙江省海盐县、庆元县等地区通过连锁运营等方式，使服务质量得到显著提高。部分农村社区将传统村落保护与居家养老服务的协同发展，① 推广磐安县山区特色医养结合养老模式，有效提升了老年人的居家养老生活质量。

（二）探索建立长期护理保险制度

浙江省全面建立养老服务综合保险制度，以综合保险提高服务质量，使服务覆盖范围从养老机构和部分居家养老照料中心拓展至敬老院、养老院、老年公寓、居家养老照料中心和残疾人庇护中心等各类养老服务机构。浙江省实现了保费标准、赔付标准、保险经纪公司和承保公司、财政支持的统一化和标准化发展。省级和市县级财政对非营利性养老服务机构各按保费总额的一定比例发放补助资金，营利性养老服务机构补助酌减。浙江省制定《医养结合服务机构管理与服务规范》《护理型助养型居养型机构建设标准》等地方标准和行业标准，明确养老机

---

① 李跃亮、鲁可荣：《传统村落保护与居家养老服务的协同发展效应及路径分析——以浙江三村为例》，《福建论坛（人文社会科学版）》2018 年第 3 期。

构服务供给与递送等过程中的责任、权利和义务，进一步维护了养老机构和老年人双方的合法权益。积极落实基本养老服务制度，实施高龄老年人津贴制度。实施城乡统筹的养老服务补贴制度，通过需求评估为低收入的高龄、独居、失能、失智等特殊困难老年人提供居家或机构养老服务。实施残疾人补贴制度，全面启用浙江省残疾人两项补贴信息管理系统。各市积极探索长期护理保险试点，桐庐县颁布了长期护理保险政策，嘉兴市政府颁布《嘉兴市长期护理保险暂行办法》，积极建立长期护理保险制度。宁波市作为国家试点城市积极颁布实施方案，① 探索建立长期护理保险制度等养老服务综合性改革取得较好成效，为浙江省养老服务可持续发展奠定基础。

（三）全力推进全科医生签约服务模式

为积极推进健康中国战略，探索有效应对健康老龄化的实施路径，杭州市以老年人及其慢病患者家庭为试点，以政府为主导积极推进全科医生签约服务模式。家庭医生签约服务已成为杭州市健康老年服务的主要特色，政府在财政资金支持、全科医生培养、家庭医生签约服务等方面发挥主导作用，从制度、政策、运行和绩效考核等方面促进签约服务的可持续发展，为医养护一体化签约服务模式的发展奠定重要基础。杭州社区医养结合型养老服务的实施路径是搭建互联网信息平台发展智慧养老服务，② 使具有慢性病等医疗照护需求的老年人及其家庭，通过互联网、电视、手机等多媒体形式增强对家庭签约医疗服务的认知。通过集中培训和分批培训相结合、理论学习与岗位实习相结合，加快全科医生的培养与考核，稳步提高医疗签约服务质量。

三　江苏省以老年医疗服务推动社区医养结合发展

江苏省是全国最早进入人口老龄化的省份，人口老龄化、家庭空巢

---

① 潘淑慧等：《浙江省医养结合模式的现状及思考》，《健康教育与健康促进》2019 年第 5 期。

② 汪连新：《医养康护一体化社区养老服务：理念、困境及借鉴》，《学习论坛》2019 年第 4 期。

化问题日益凸显，截至 2020 年底，60 周岁及以上老年人口已达 2372 万人，占户籍总人口的 29.39%，江苏省人口高龄化趋势凸显。伴随着人口老龄化的不断加深，老年人的医疗卫生与养老服务需求日益多元化，满足老年人日益增长的医养结合型养老服务需求。近年来，江苏省多措并举提升老年人医养结合型养老服务水平，以老年医疗服务推动农村社区医养结合发展，是积极应对人口深度老龄化的重要举措。

（一）突出老年医疗服务特色，将机构照料延伸至社区和家庭

在老年医学方面，江苏省老年病医院进行了医养结合型养老服务的积极探索。江苏省老年医学学会以"关注老年健康，关爱老年生命"为宗旨，探索集"老年疾病预防、健康促进、临床诊疗、慢病管理、护理康复、健康评估、长期照护、安宁疗护"等为一体的医养结合型养老服务模式。围绕老年医学和健康维护领域，着力开展老年医学研究、人才培养、健康教育、慢病防控以及医养结合相关标准的制定。

据江苏省老年病医院负责人介绍，江苏省老年病医院结合老年生命周期的疾病特点提出多学科联合诊疗理念，推动江苏省老年医学学科建设，先后开设了老年特色专科门诊，注重老年专业护理和老年医学专业教育，以慢病管理模式为先导，创建糖尿病分阶段达标管理模式（SDTM），积极探索"医院-社区糖尿病一体化管理"模式，已得到国家疾病预防控制中心的高度认可。打造"一科一特色"老年护理一站式服务。面对人口老龄化带来的老年医疗照护和康复护理需求，江苏省老年病医院在省老年公寓内开设分院，积极与江苏省老年公寓合作，将优质医疗资源向社区和家庭延伸，通过大型义诊活动，为基层农村社区老年人提供医疗护理服务，加大基层医疗卫生机构的照料服务能力建设。江苏省老年病医院与沐春园护理院的医护人员共同为农村老年人提供健康咨询、疾病诊断、免费体检，组建医疗队分别对农村高龄老年人、家庭困难户进行入户义诊，进行心肺功能、肢体协调能力等项目检查，并提供免费药物，让老年人居家可享受免费医疗服务。江苏省老年病医院在老年医学上的突出成绩也使其获评江苏省三级老年病医院，也是江苏省首家探索医养结合型养老服务模式的医养结合机构，被江苏省民政厅、省发改委授予"江苏省示范养老机构"。

（二）创新"城乡联动"的医养结合型养老模式

江苏省老年病医院将医养结合型养老服务发展与美丽乡村建设相结合，探索"城乡联动"的医养结合型养老模式，将医疗机构的健康照护与农户的互助照料相结合，江苏省老年病医院的医养结合型养老服务模式产生了较好的经济社会效益。医疗卫生事业的高质量发展需要高质量的人才培养和高水平的医疗卫生服务质量。江苏省老年病医院加快老年医学人才培养和队伍建设，使之成为江苏省医疗卫生事业高质量发展和人才培养的重要基地。加大综合医院老年病科建设，建立健全医疗卫生与养老机构之间的协同合作机制，加强老年人慢病管理与康复护理，提升医疗机构为老年人提供便捷、优质医疗服务的能力。江苏省老年病医院与南京江宁谷里田园居家养老服务中心合作，提供集养老服务、健康管理、中医养生、医疗康复、休闲娱乐为一体的综合性多功能养老服务中心，为农村居家养老中心配备护理人员定期巡诊，为老年人提供老年综合评估、科学膳食、慢病随访、康复护理与用药指导等服务。江苏省老年病医院积极探索医疗卫生与养老服务融合发展模式，推动医疗卫生与养老资源的融合，努力满足老年人的医疗卫生与养老服务需求。

四 辽宁省健全医养结合型养老服务协同治理体系

截至 2019 年底，辽宁省 65 周岁以上户籍老年人口已超过 5382 万人，占总人口比例超过 15.9%。老年人的医疗卫生与养老服务需求尤为迫切。健全医养结合型养老服务协同治理体系是积极应对人口老龄化的重要举措之一，也是实现老有所养、健康养老的必要条件。其中，辽宁省沈阳市被确定为全国居家和社区养老服务改革试点地区、全国养老服务业综合改革试点城市和国家首批"医养结合"试点城市之一。

辽宁省政府积极推进医养结合型养老服务可持续发展，不断创新机构养老服务高质量发展的有效方式。辽宁省老龄产业协会开展"24 小时家庭医生服务站走进养老机构"，有效破解医养结合型养老机构以及居家养老中心的医养服务发展困境。沈阳市发挥政府主导作用，引导社会组织积极参与医养结合型养老服务。沈阳市红十字会医院与北京老年医院合作，使老年医院在老年医学的专科建设、人才培养、学科技术等方面得到较大提升，在老年健康管理、远程医养结合网络建设等方面进行深入合作。健全居家和社区养老服务网络，加强对居家老年人的健康管理，完善医疗服务配套支持政策，完善居家养老服务设施建设，提升各类医疗机构的养老服务水平，加强医养结合型养老服务体系建设，整合资源拓展医养结合型养老服务能力，探索实施长期照护保险制度。沈阳市建立居家养老服务信息化体系，推动养老服务信息化发展。探索农村居家养老服务发展路径，其中，2019 年，沈阳市康平县、法库县进行农村居家养老服务试点，并在省内逐步推广试点经验。

沈阳市以老年人健康为中心不断探索创新养老服务模式，旨在为老年人开辟就医绿色通道，提供优质的医疗服务，使医养结合机构能够以多种形式为老年人提供就医服务。沈阳市不断完善养老保障制度，增强政策扶持力度，扶持民办养老机构发展，初步形成建机制、搭平台、育人才的发展战略，推进了社会养老服务体系的建设与发展，在以居家为基础、社区为依托、机构为补充的"三位一体"养老服务体系基础上，积极健全和完善以居家、社区、机构和企事业参与补充的"四位一体"养老服务模式，积极推进"四世同堂"式养老社区、"保单＋实体"养老社区和公建民营等新型养老模式，为构建医养结合型养老服务奠定基础。

沈阳市积极推动区域性居家养老中心的发展与建设，以农村互助幸福院为依托，坚持集中服务与上门服务相结合，启动医养结合型养老服务试点，建设集生活照料、医疗康复、精神慰藉等服务的示范性社区日间照料站，为居家老年人提供生活照料、医疗护理和精神慰藉等多元化服务。推动老年精神关爱服务发展，加强精神关爱服务和养老服务志愿者队伍建设。强化养老服务专业人才培养，完善居家养老服务模式，引导社会力量广泛参与养老服务，健全和完善医养结合型养老服务政策，加快发展老年服务产业，有效缓解了医养结合型养老服务供给不足的问题，推动医养结合型养老服务城乡统筹发展。

沈阳市医养结合型养老服务主要有四种：即院中院模式、医养结合床模式、签约模式和伴随模式。

（一）院中院模式

沈阳市持续推进国家医养结合试点城市建设，在医疗机构开展以医为主的医养结合模式和以养为主的养医结合模式，主要有辽宁中置盛京老年病医院和颐养老年公寓合作的"医养结合院中院模式"，沈阳市红十字会医院棋盘山院区与沈阳市养老服务中心合作的"养医结合院中院模式"。

（二）医养结合床模式

沈阳市在医疗机构开设医养结合床位，为老年人提供多元化的医养结合服务，提高了医养结合机构的资源利用效率，鼓励各级、各类医疗机构合理配置医疗资源，转型为老年病医院、老年护理院、老年康复医院。沈阳市鼓励支持二级以上医疗卫生与养老机构建立医疗服务协作关系，鼓励有条件的二级以上综合医院开设老年病科，鼓励有条件的企事业单位的职工医院向以老年康复为主的社区卫生服务机构转型，为老年人提供慢病防治、康复护理等多元化医养结合服务。沈阳市大东区医养中心作为"公立医院医养病房试点机构"，收住失能失智、失独和高龄老年人。沈阳市黎明养老院与沈阳市"二〇一"医院联合开设家庭病房。沈阳市安宁医院通过探索医养结合服务，为失能失智和老年常见病患者开辟就医绿色通道，协调推进具有引领示范作用的医养结合机构和健康养老产业项目，以创建国家级老年友善医院为契机，探索慢病管理、长期照护、临终关怀和安宁疗护等特色医养护理模式。

（三）签约模式

目前，沈阳市积极推进医养结合型养老服务试点探索，为协调各类资源共同推进医养结合，成立沈阳市医养结合人才培训中心，与法国勒阿弗尔医疗集团开展签约合作关系，加强国际交流与合作。沈阳市联合各类培训机构开展人才培养与养老护理职业培训，为医养结合事业的发展提供可持续的人力资源保障，充分发挥辽宁省金秋医院、沈阳医学院等医疗机构的专业优势，促进医疗卫生与养老机构签订医疗服务协议，其中，沈阳 245 医院与大东区金星居家养老服务中心签约合作，将医疗机构优质医疗资源引入养老中心，使医疗卫生与养老机构的医养功能相结合，使医疗卫生与养老机构的资源相整合。为社区老年人提供定期坐诊、专家约诊、入户巡诊、网络问诊和危重急诊等医养康护一体化的健康保障服务，开设家庭病房，开辟就医绿色通道，打通老年人"从医到养、从养到医"的双向转诊渠道，提高医养结合型养老服务效能，有效推进医疗卫生与养老服务的结合、融合与整合。

(四) 伴随模式

沈阳市探索居家医养结合型养老服务的"伴随模式"，为居家养老的老年人提供便捷有效的医疗结合型养老服务。沈阳惠万民居家养老服务中心与沈阳市盛京华侨医院合作提供居家医养结合型养老服务。

沈阳市以医院为中心的医养结合模式为推进医疗机构实现医养结合创新发展开辟了新的实施路径，沈阳市以红十字会医院、沈阳市安宁医院、沈阳市第四人民医院、沈阳市精神卫生中心等三级医院为龙头，以网络信息技术为平台，联合各级各类医养结合机构，使医养结合资源得到拓展与整合，形成完整的医养结合型养老服务链，充分整合和利用基层医养结合资源，提高医疗护理服务质量，实现医养结合资源共享，促进各级各类医养结合机构的协同发展，形成集疾病预防、医疗照护、康复护理、安宁疗护为一体的医养结合型养老服务体系，推动医养结合型养老服务的可持续健康发展，为老年人提供优质的健康服务。沈阳市搭建医养结合联盟平台，成立医养结合管理控制中心，探索医养结合型养老服务指标体系、标准体系和管理体系等制度框架，为建立健全医养结合型养老服务协同治理体系奠定了基础。

表 7.3　　　　　　　　沈阳市医养结合试点机构

序号	医疗机构	医养结合状况
1	沈阳市红十字会医院	与沈阳市社会福利院合作设立康复医院沈阳市红十字会医院。
2	辽宁省肿瘤医院中西医结合大东医院	设置老年病医院、康复医院、护理院及安宁疗护院，开展医养结合服务，成功实现二级公立医院转型。

续表

序号	医疗机构	医养结合状况
3	辽宁中置盛京老年病医院	中置盛京养老产业股份有限公司下设老年病医院和颐养老年公寓两大产业体系。集医疗、护理、康复、临终关怀与普通养老为一体，实现医疗机构与养老机构二者的互通合作与一体化运营。辽宁中置盛京养老产业集团被评为"国家级医养结合示范基地"和辽宁省医养结合新模式示范基地等。
4	沈阳市安宁医院	勇于创新医养结合工作的方式，作为公立精神卫生医疗机构积极承担社会职责，缓解精神疾病老年人家庭的养老负担。
5	沈阳市德济医院 沈阳市大东区德济养老中心.	沈阳市德济养老中心以德济医院为依托，推行涵盖医疗、养护、康复、心理、膳食、娱乐等为一体的服务体系。是以人文关怀、临终关怀、医养结合为特色的专业养老机构。
6	沈河区新北老年医疗养护中心	实行"社区卫生服务中心＋养老院"模式，既满足了老年人的医疗需求，又提高了社区医疗资源的利用效能。
7	沈阳市盛京华侨医院 沈阳惠万民居家养老服务中心	沈阳惠万民居家养老服务中心与沈阳市盛京华侨医院的居家养老医养结合的"伴随模式"。

资料来源：根据作者的调研数据整理。

五　四川省积极推进"互联网＋"医养结合型养老服务

伴随着我国人口老龄化程度的加深，四川省人口结构呈现老龄化、高龄化和空巢化的态势，四川省是西部人口大省，也是老年人口大省。截至 2019 年底，四川省农村人口 3870 万人，65 岁及以上老年人口约 1.03 万人，位居全国第二。四川省以成都为核心科学合理布局医养结合型养老服务，健全与完善健康养老服务体系，政府部门协同联动，推动社区养老服务可持续发展。四川省积极关注农村老年人的健康保障需求，有助于提高农村老年人的健康水平，增强老年人健康意识，提升老年人健康素养，构建健康友好型社会。

(一) 构建"2+3+N"的政策法律体系

四川省政府为推进老龄事业的健康发展，以"政府保障基本、市场满足需求、社会增加供给"为核心，不断深化社会养老服务的改革与发展，破除制约养老服务发展的体制机制障碍，统筹发展社会化养老服务体系。政府不断完善购买养老服务制度，增强政府在土地保障、财政税收、筹资融资等方面的扶持力度，为社会养老服务的发展提供了政策支持与制度保障。激发养老服务市场发展的活力，充分发掘社会资本的发展潜力，鼓励社会力量参与养老服务事业。四川省政府积极推进公办养老机构改革试点，支持社会资本建设非营利性养老机构，持续推进新型民办公助机制。积极拓宽投资渠道，多层次多维度吸引社会投资。政府积极引导社会关注健康老龄化，为 65 岁及以上老人提供健康体检、健康咨询、健康教育等健康管理服务，建立了面向 80 周岁及以上老年人的高龄津贴制度，促进老年人形成健康的生活方式，提升老年人的健康素养。成都青羊区创新打造"10 分钟助老服务圈"，崇州市引进具有影响力的养老服务企业对社区养老机构进行专业化运营，金堂县开展社区医养结合试点探索等。[①] 成都市居家和社区养老服务通过国家试点改革绩效考核，攀枝花市和遂宁市也被纳入全国第二批居家和社区养老服务改革试点城市。创新"2+3+N"养老服务体系，不断完善社会化养老服务体系，逐步构建以居家为基础、社区为依托、机构为支撑、医养康养相结合的社会化养老服务体系，持续推进养老服务事业高质量发展。

(二) "互联网+养老" 推进医养结合模式

四川省积极深入推进"互联网+"养老服务，为老年人提供生活照料、健康管理、紧急救援和精神慰藉等服务。成都市积极发展"互联网+"智慧养老，建立健康服务业统计监测报表制度，通过"幸福养老关爱地图"建立高龄和空巢老年人的电子健康档案以及日间照料中心等社会化养老服务机构的基本信息，建立医养结合服务的就医绿色通道，不断提升健康养老服务质量，医养结合的发展成效显著。成都市政

---

① 贺文军：《成都市：努力争创"老有颐养"的典范》，《中国社会报》2017 年 12 月 21 日第 4 版。

府积极为老年人提供生活照料、医疗护理、精神慰藉和文化娱乐等多元化智慧养老服务，通过"云数据"平台实现信息化服务的网络融合式发展，实时掌握老年人的健康能力评估、养老服务需求以及服务设施分布等信息，有效打通"互联网＋智慧养老"服务的"最后一公里"。目前，成都市积极推进医养结合试点城市和长期护理保险制度国家级试点城市建设，长期照护服务大致分为机构服务和居家服务两种形式，其中，居家服务由专业居家照护机构提供的上门服务和由非正式照料者提供的服务。① 成都市长期照护服务涵盖生活照料、护理照护、风险防范和功能维护等服务项目。其中，生活照料包括口腔清洁、协助如厕、协助进食等服务，由重度失能老年人根据个人需要自主选择。据四川省民政厅数据统计，四川省开展养老服务职业技能培训，实施"百千万养老人才队伍建设工程"，四川省已建设省级养老示范实训基地，推动普通高等学校和各级职业院校加强养老服务相关专业建设，积极培养健康养老服务人才。

四川省在提供基本养老服务、护理补贴和高龄津贴基础上，进一步健全和完善养老服务设施建设标准、养老服务评估标准和养老服务监管标准，推进养老护理智能化、医疗一体化建设，提高医疗卫生与养老服务可及性，使老年人能够享受城乡统筹的医养结合型养老服务。积极探索长期照护体系，开展长期照护保险试点。四川省通过养老机构内设医疗、护理机构等方式开展医疗卫生与养老机构的双向协同与合作，积极推动医养结合型养老服务可持续发展，为老年人提供多元化的养老服务。

第三节　我国农村医养结合型养老服务模式的主要实践探索

我国医养结合型养老服务模式主要产生在城市，城乡一体化进程的

---

① 覃可可、唐钧：《建立长期照护保障的制度框架——以成都市为例》，《开发研究》2019 年第 1 期。

加快，城市医养结合型养老服务模式不断向农村拓展，在农村社区形成具有乡土特征的模式，各省市因地制宜进行了农村医养结合型养老服务的实践探索。

一　浙江省构建多主体协同参与的农村养老服务体系

近年来，浙江省政府创新养老服务机制，突出"城乡一体、全域覆盖"理念，促进养老服务的社会化、产业化和信息化发展，逐步试点发展农村社会养老服务事业，已取得较好的经济社会效益。

（一）多元主体协同参与的新型农村养老模式

浙江省政府将实现农村居家养老服务照料中心全覆盖列为重要的民生工程，自 2007 年以来，浙江省率先推行农村居家养老服务试点，宁波市将城市社区居家养老模式逐渐向农村社区延伸，逐步形成以建立居家养老服务专业人才和居家养老服务中心以及农村老年协会等构成的"1＋1＋x"农村居家养老服务网络。农村"星光老年之家"逐步转型为居家养老服务照料中心，主要满足农村老年人生活照料、医疗保健和文化娱乐等多元化养老服务需求。嘉善县试点"医养护一体化"机制，县域范围内的大部分养老服务照料中心与村（社区）卫生服务站毗邻建设，公办养老机构和日间照料中心与社区的医疗机构签署合作协议，全面推进医养结合服务模式。[①] 浙江省金华市金东区不断加强城乡居家养老服务照料中心建设，通过试点建立农村居家养老服务中心，建设兼具日间照料、全托服务、暂托服务与小微照料功能的街道（乡镇）级照料机构，探索由多元主体协同参与的新型农村养老模式，[②] 有效缓解了政府的财政压力，增强了"医养结合"功能，满足了空巢和独居老年人的基本生活照料需求，拓宽了健康保障服务的覆盖范围，实现了医

[①]　诸萍：《城乡统筹视角下农村养老服务体系建设探析——基于嘉善县农村地区的调查研究》，《江南论坛》2020 年第 9 期。

[②]　鲁可荣、金菁：《农村居家养老何以可行及可持续——基于浙江"金东模式"的实证分析》，《中国农业大学学报（社会科学版）》2015 年第 6 期。

养资源的优化配置和有效利用，[1] 推动了社区居家养老照料服务的城乡统筹发展。

（二）以政府为主导多中心治理的养老服务体系

浙江省利用政府财政补贴建设农村居家养老服务中心，宁波市镇海区老年协会试点"拼家养老"和"企业认养"，老年协会成立高血压老年人俱乐部和单身老年人俱乐部等老年互助组织加强老年人之间的情感交流。通过安装爱心门铃、建设没有围墙的爱心敬老院等为孤寡、生活困难的老年人提供服务，通过组建由老年人、青少年、儿童组成拟家庭促进代际沟通。浙江宁波市以政府为主导的多中心治理的养老服务体系，为孤寡、空巢等农村老年人购买养老服务，通过敬老协会、社区居委会等搭建服务网络平台，并通过专兼职服务员为老年人提供上门服务，已成为推动农村养老服务协同供给的生力军。浙江省以老年人服务需求为导向，以线上线下相结合的互动模式，推动养老服务转型升级，打造 15 分钟居家养老服务圈，医养结合型养老服务有效供给在一定程度上为缓和社区矛盾，促进社区和谐和民生保障发挥积极作用，社区治理正逐步从"自治"走向"善治"，吸纳社会力量协同推动养老服务业可持续发展的"数智民政"。[2] 坚持培养和引进相结合，促进社会养老服务的规模化、品牌化和连锁化发展，推进养老服务业发展，顺应积极老龄化的发展趋势，实现养老服务供需平衡。

二　辽宁省以健康扶贫推进农村医养融合发展

辽宁省积极整合和优化养老服务资源，不断完善无障碍设施改造，支持和引导社会力量参与居家和社区养老服务发展。探索农村医养结合型养老服务的有效路径，完善基本医疗服务的社会支持政策，加强对农村老年人的健康管理，积极推动医疗卫生与养老服务的社会化和信息化

---

① 赵帅：《浙江金华金东区新型农村居家养老模式的实践与思考》，《统计科学与实践》2016 年第 2 期。

② 吴波：《以数字化改革为驱动让养老服务更智能、更高效、更暖心——以浙江省杭州市萧山区为例》，《中国民政》2021 年第 14 期。

发展，建立和健全农村医养结合型养老服务信息化体系。

（一）推进农村中心敬老院医养服务融合发展

沈阳市积极探索农村医养结合型养老服务试点建设，新民市依托乡镇卫生院，提高农村中心敬老院基本医疗服务能力。康平县以乡镇卫生院为依托开展医养结合型养老服务的探索，初步形成服务内容广覆盖、社会力量积极参与的医养结合型养老服务体系。加快推进医养结合型养老服务改革与试点。自2017年以来，沈阳市在公办养老机构实施医养结合型养老服务模式，推进以农村中心敬老院为依托发展医养结合型养老服务。农村中心敬老院设立家庭病房，设置医务室并配备专业医护人员，大力推进家庭医生签约服务，在试点地区引入社会资本参与家庭医生签约服务，提高农村特困人员的就医可及性。提高农村中心敬老院的基本医疗服务能力，缓解医疗卫生与养老服务人才不足，减少农村敬老院的医疗资金支出等困境，为农村老年人提供基本医疗卫生与养老服务，完善农村养老服务体系建设，构建多层次医养结合型养老服务体系，满足老年人多元化的社会养老服务需求。

（二）以健康扶贫提高农村健康保障水平

健康扶贫是农村医养结合型养老服务的重要依托，是农村健康保障政策的重要组成部分，在全面建设社会主义现代化国家的新征程中，保障农民的健康权益是提高农村医疗保障水平的重要途径，为农村贫困老年人提供慢病管理、健康管理服务，有助于提高农村老年人的健康福祉。

2000年，辽宁省铁岭市西丰县被确定为省级贫困县，全县共有120个贫困村，41564名建档立卡贫困人口。近年来，铁岭市西丰县以习近平总书记扶贫开发重要论述为指引，认真落实"六个精准""五个一批""两不愁三保障"等总要求，扎实推进脱贫攻坚工作，着力解决"两不愁三保障"突出问题。据西丰县调研数据，截至2018年年底，西丰县共有建档立卡贫困人口15378户、34566人脱贫，100个贫困村销号，基本实现了贫困县摘帽。2019年，铁岭市西丰县已有3622户6998名贫困人口实现脱贫，共有20个贫困村退出。在未脱贫人口中，因病致贫 5357 人，占比 76.5%；因残致贫 482 人，占比 6.9%；因学致贫 183 人，占比 2.6%；因缺少技术致贫 273 人，占比 3.9%；因缺少资金致贫 327 人，占比 4.7%；其他致贫人口 376 人，占比 5.4%。在农村居民"健康卡"建设中，西丰县对全县 26.5 万农村人口发放"健康卡"，实现了农村居民健康保障的全覆盖，西丰县全力推动"三保障"工作已取得初步成效。2019 年，铁岭市西丰县共有 3383 人在定点医疗机构住院治疗，就诊 99833 人次，共减免各项医疗费用 3042 万元；将大病救助范围扩大至 21 种，大病保险起付线降低至普通居民的 50%，支付比例提高至 70%，不设封顶线，现已完成对罹患大病的 799 人的精准识别；开展"光明扶贫工程"，现已对 60 岁以上建档立卡贫困人口救治 51 例；建立健康扶贫档案，开展健康义诊。识别患病贫困人口 13220 人，共为高血压、糖尿病等患者送药 252 次，送药金额 4834 元，在健康扶贫领域实现了全县建档立卡贫困人口医疗保障全覆盖。通过逐步扩大基本医疗保险覆盖率，开辟绿色就医通道等途径，提高了贫困人口的医疗保障水平和医疗服务效率。

（三）完善农村养老机构的托管服务功能

辽宁省鞍山市农村社区为有效破解老年人的养老服务困境，推进公办养老机构改革，充分调动社会力量积极参与养老服务事业发展，促进医养结合型养老服务的可持续发展，提升医养结合型养老服务人才素质，加强养老机构服务监管，支持社会力量参与养老服务事业发展等。鞍山市政府颁布《提高养老院服务质量四年滚动计划（2017—2020年)》指出，推进社区居家养老服务，加强养老机构的基础设施建设，加强社会化养老服务的支持政策，对新建非营利性养老机构的建设用地，应采用政府划拨方式优先供地。鞍山市在实施公办示范性养老机构建设的基础上，健全和完善农村老年人的托管服务功能，实现城乡社会养老服务的网络化发展，初步建立城乡社区社会化养老服务网络。2019年，鞍山市被确定为全国居家和社区养老服务改革试点城市，打造"一对接五融合"的服务新格局，即实现供需相对接、机构与家庭相融合、线上与线下相融合、普惠与特惠相融合、保障与发展相融合、医疗卫生与养老相融合。

鞍山市城乡社区已建设一批具有居家养老功能的示范性养老服务中心，每个县（市）区建一所集养护、康复、托管于一体的示范性、综合性福利机构，使日间照料服务基本覆盖城市社区和大部分农村社区。鞍山市在农村社会化养老服务发展过程中，确立了老年人无偿或低偿享受服务的宗旨，积极支持以购买服务、公建民营和民办公助等方式支持社会养老服务机构的发展，引入激励和竞争机制，鼓励和支持不同所有制的单位和个人以联营、合资或独资等方式建设养老机构。鼓励民间资本为老年人提供生活照料等养老服务，通过选拔、招标等方式，将信誉高、服务好、实力强的社会养老服务和家政服务等机构引入居家养老服务中来。鞍山市宁远镇农村社区养老服务资源较为丰富，多数农村社区设有小型养老机构，农村社区养老服务机构运行良好，养老护理服务人员定期参与专业培训。少数农村养老机构以接收介助、介护型养员为主，农村养老院可提供日托服务或暂托服务，涵盖助餐、助浴、助洁和长期照护服务等，部分家庭敬老院可提供临时托管服务，按天计费，在一定程度上发挥了乡镇和社区养老机构的辐射效应。鞍山市宁远镇建立养老金社会化发放制度，已投资建成国家级模范敬老院，实现了"老有所养"；建立医疗补贴制度，投资扩建乡镇卫生院，为全镇农民参加新型农村合作医疗保险，实现"病有所医"；不断完善社会救助体系，每年筹集资金用于扶贫救助，实现"困有所助"；为全镇农民投保"和谐家园"治安保险，实现"难有所帮"。鞍山市千山区托老中心与鞍山市慈善部门合作为老年人提供医疗救助、健康护理、精神慰藉等服务，并可提供日托式养老照料服务，有效发挥了乡镇养老机构的区域性辐射功能，已逐步为农村医养结合型养老服务提供支撑，也是农村医养结合型养老服务研究的现实样本。

（四）以分级诊疗促进医疗资源下沉至农村社区

辽西地区优质医疗资源相对匮乏，锦州医科大学附属第一医院作为辽西区域最大的综合性三级甲等医院，发挥人才和技术优势使区域医疗中心优质医疗资源下沉至农村社区，健康服务辐射偏远农村地区，实现了地域之间医疗卫生健康服务全覆盖，农村贫困地区的医疗服务能力得到不断提升。分级诊疗服务模式的逐渐形成，医联体建设的加快发展，提供了辽西偏远地区的贫困老年人享受医疗服务的便捷性和可及性，逐渐实现"大病在大医院，小病在基层医院"的就医理念，大力扶持基层医疗卫生机构的发展，"互联网＋"医疗发展的优势凸显。

　　锦州医科大学附属第一医院拥有专业的技术优势，医院每年为来自辽宁、吉林、内蒙古、河北等省份的门诊患者近百万人次实施医疗救治，年手术约 2.5 万人次。充分发挥三甲医院的特色专科优势，使城乡基层医疗机构与三甲医院协同合作。锦州医科大学附属第一医院依托临床特色专科，建成了 4 个专科联盟，拓展优势资源辐射基层，其中，辽西区域脑血管病专科联盟共有成员单位 48 家，锦州医科大学附属第一医院呼吸专科联盟共有成员单位 91 家；辽西地区低位直肠癌专病联盟共有成员单位 17 家；辽西地区胸痛中心专科联盟共有成员单位 46 家。专科共建与联盟的发展有效提升了基层联盟单位的专科医疗服务能力，实现了分级诊疗与资源共享，促进了优质医疗资源下沉。专科联盟的建设与发展推进了医联体整体医疗服务能力的提高，有效满足了农村老年人多层次的健康保障需求，为实现"大病不出县"的诊疗目标提供了有力技术支撑。

　　近年来，锦州医科大学附属第一医院已建成多学科会诊（MDT）中心，依托多学科会诊（MDT）中心建成锦州医科大学附属第一医院远程多学科会诊（远程 MDT）中心。2021 年，锦州医科大学附属第一医院已建设联盟单位 7 家，院内诊治患者达 5000 余例，积极开展线上诊疗服务，使患者足不出村，即可享受到省级医疗专家的诊疗方案。为解决基层医疗卫生机构老年人的就医难题，锦州医科大学附属第一医院已建成远程心电技术服务中心和远程影像技术服务中心。远程心电技术服务中心以社区卫生院等基层卫生机构为合作单位，已发展远程心电分站 101 家，开展常规 12 导联心电图、动态 12 导联心电图，共诊断基层医疗单位上传常规心电图 58708 例，其中，诊断动态心电图 5654 例，急性心肌梗死 100 余例。远程医疗服务项目的建设和实施，为辽西基层农村老年人提供了优质的医疗资源。2019 年，"远程心电技术服务中心项目"获"中国智慧健康医疗优秀成果奖"。2020 年，该项目在 CHI-MA2020 医院新兴技术创新应用典型案例评选中获"互联网医疗优秀奖"。

锦州医科大学附属第一医院开辟胸痛中心就医"绿色通道",远程会诊不仅让偏远地区患者与大医院专家实施"面对面"问诊,也提高了紧急救援效率和能力。锦州医科大学附属第一医院分批次向省际对口帮扶单位、省内对口帮扶单位和医联体单位派驻普外科、呼吸科等20余个专科医护人员2231人次,协助开展新技术和新项目54项。医院与基层医疗服务机构建立了紧密合作关系,举办义诊服务108次,派出义诊人员1600人次,接受基层医疗单位进修人员211人次,为基层医务人员技术能力的提升奠定了较好的基础。① 优质医疗资源共享提高了基层乡镇卫生院的诊疗服务水平,医联体建设让三级医院与基层医疗机构线上线下,融为一体。

三 山西省以红十字精神融入农村长期照护服务发展

伴随着山西省人口老龄化程度进一步加深,农村社区空心化、空巢化问题严峻。山西省积极应对人口老龄化,2016年,山西省太原市、大同市、吕梁市被列为国家级医养结合试点城市。山西省以此为契机,加快养老服务专业人才培养,大力推动医养结合型养老服务健康可持续发展。

(一)有效融入红十字精神文化为老年人提供长期照护

2019年,山西省被红十字总会确定为红十字养老服务工作试点省份,山西省积极探索"五种模式"确保红十字养老服务适应新时代发展需要,省首批红十字养老服务基地建设中有效融入红十字精神文化、志愿服务等理念,加强山西省红十字福寿安康养老服务基地与国内一流养老服务机构的沟通与合作,强化服务理念与水平提升,推动全省养老服务与国际先进理念和模式接轨。目前,山西省红十字会将持续扩大"红十字福寿安康养老服务基地"覆盖范围,为老年人等提供养老服务。据山西省太原市比家美养老服务有限公司负责人介绍,该公司是全

---

① 崔治:《分级诊疗将医疗实惠送达偏远地区——锦州医科大学附属第一医院医联体建设纪实》,《辽宁日报》2021年10月20日第9版。

国爱心护理工程示范基地、中国生命关怀协会医养融合机构联盟会员单位、长期照护全国联盟百家无虐老机构、中国社会福利协会理事单位、太原市养老产业促进会理事单位、中国老龄事业发展基金会全国爱心护理工程建设基地等。红十字福寿安康养老服务基地是太原市养老服务质量一级养老机构，其管理及照护体系受中华慈善总会长期照护专业委员会认证，符合长期照护机构的适用范围，为机构和社区老年人提供长期照护服务。

（二）将传统村落保护与老年人居家养老服务有机融合

山西省作为全国历史文化名镇村较多的省份，基于晋商文化自觉视域，将古村落保护发展与农村居家养老服务相融合。目前，山西省在古村落保护中主要以项目制等形式开展农村日间照料服务设施建设，凸显以老年人为主体参与的乡村多元性价值传承，促进了传统古村落保护的可持续发展。农村居家养老服务基本满足生活照料的"老有所养"需求，逐步向"老有所为"和"老有所乐"等多元化养老服务拓展。山西省晋中地区农村社区将旅游产业与古村落保护相结合，将传统村落保护与农村老年人的养老服务有机融合，产生了经济社会协同发展的双重效应。乡镇政府积极探索多元主体协同开展传统村落保护与居家养老服务的创新路径，促进了传统古村落的生态保护与可持续发展，提高了农村老年人的晚年生活质量。

四　河北省以农村互助养老推动医养护融合发展

近年来，河北省、吉林省、辽宁省等省份对农村医养结合型养老服务进行了多元化探索。其中，农村互助幸福院养老模式是我国农村基层自发探索形成的应对农村家庭养老功能弱化的新型养老模式，兼具家庭保障与机构保障的双重优势，实现了"抱团互助养老"，通过多元社会力量的共同推动，使农村老年人从传统的家庭养老迈向团结凝聚的互助养老。

（一）医养结合，让老年人享受医疗、护理、安养三位一体式服务

河北省广平县刘景芳爱心敬老院在乡镇卫生院毗邻建立医养结合养

老机构，让老年人患病后实现双向转诊，医养结合养老机构主要依据老年人的生活自理能力和健康状况，设置五保区、特困区和托老区等，实施区域化差异化管理，其中，五保区主要保障农村五保老年人，农村五保老年人的养老服务费用由民政部门承担，重点保障五保老年人的基本生活需求；特困区主要为低保户和特困户的老年人提供服务，依靠民政部门的财政补贴形式运营，特困老年人中的低保户由县民政局提供基本的政府补贴，剩余的资金缺口由养老机构承担；托老区主要面向社会接受慢性病患者和空巢老人等，兼顾养老机构的福利性和公益性，积极发挥乡镇养老机构的辐射功能，为农村社区老年人提供服务。农村医养结合养老机构，结合老年人的生理特点和营养膳食需求，实现合理营养和科学膳食，不仅为失能老年人提供生活照料服务，又能够提供医疗卫生与养老服务，促进老年人的身心健康，满足不同层次老年人的医疗卫生与养老服务需求。医养结合型养老机构由专业医护人员为老年人提供医疗保健、疾病诊治、康复护理、健康管理等专业化的医疗服务，尤其是针对患有慢性病、大病恢复期以及重症晚期的老年人，能够及时给予康复护理，为老年人测血压、测体温，提供心理健康咨询等，享受基本生活照料和专业医疗护理服务。[①]

（二）以农村互助幸福院为依托提供医养结合服务

目前，河北省巨鹿县整合医疗卫生与养老服务资源，推动医疗卫生与养老机构协同合作，满足老年人多层次的养老服务需求。目前，巨鹿县以乡镇卫生院为依托建设医养结合中心，为入住老年人建立健康档案，辐射了多数乡镇农村贫困人口，巨鹿县积极探索重点保障重度失能老年人的长期护理保险制度，长期护理保险制度进一步增加了居家护理服务，使特困、失能等老年群体能够享受专业居家照护，巨鹿县医养结合模式促进了县级医院、乡镇卫生院以及农村养老机构实现医养融合，促进了医养资源整合与无缝链接。河北省巨鹿县南大韩村菘乐敬老院积极探索农村医养结合型养老服务。河北馆陶县采用社区养老服务模式，

---

① 秦振江：《医养结合，开创农村养老新路子》，《中国农村卫生》2015 年第 19 期。

村集体提供无偿服务，老年人可在互助幸福院享受集体生活照料。河北省邯郸市肥乡区积极建设互助幸福院发展农村互助式养老服务，肥乡区互助幸福院与农村社区卫生所等医疗卫生机构有机结合，基本实现了农村互助养老服务全覆盖，为老年人健康提供保障，初步形成了机构养老、居家养老和农村互助养老相结合的新型农村养老服务体系。① 河北省邯郸市广平县南阳堡村乡村医生依托乡镇卫生院的医疗资源，探索集医疗护理、康复保健、健康养老"三位一体"的农村医养结合型养老服务体系，开创了农村养老服务新路径。

河北省农村医养结合型养老服务，不仅提供生活照料服务，将传统生活照料与互助养老、医疗照护、康复保健、健康管理等服务相结合，拓展了乡镇卫生院的医疗服务功能，使乡镇敬老院与乡镇卫生院有机融合，实现了医养资源的优势互补，降低了社会化养老服务的成本，促进了乡镇卫生院的医疗资源得到有效利用。农村医养结合型养老服务的优势在于促进医养资源的整合，为老年人提供"1 + 1 > 2"的专业化、人性化的养老服务。

五 河南省以农村日间照料为核心完善智慧养老服务网络

河南省是我国农业人口大省，也是老年人口大省。河南省自 2000 年已步入老龄化社会，并且老龄化程度呈逐年加深的态势。河南省积极创新以农村日间照料中心为核心的农村养老服务供给方式，在实践中尝试构建农村医养结合型养老服务体系。

（一）探索以政府为主导的普惠型养老服务模式

河南省深入推进农村养老服务发展，在政府的政策指导和激励机制作用下，以农村社区日间照料和互助养老服务为重点，为农村社区养老服务机构（站）发放政府财政补贴，通过福彩公益金等形式建立"先

---

① 王静、马晓东：《新时代农村互助养老模式路径优化研究——以河北省邯郸市肥乡区幸福院为例》，《山东行政学院学报》2020 年第 5 期。

建后补、以奖代补"等激励机制，逐步完善农村养老服务功能，形成具有农村特色的"机构运作、互助服务、医养结合、智慧养老"等服务供给模式。2021 年，河南省投入 3000 万元支持智慧养老服务平台建设，逐步健全和完善互联互通的智慧养老服务网络，[①] 构建以政府主导的普惠型养老服务模式。如宁陵县依托各乡镇民政部门，建立 12349 居家养老服务中心，对全县 60 岁以上老年人集中信息采集，为农村老年人提供生活照料和紧急救援等服务。安阳市滑县建立村级养老服务组织机构，即有条件的村级托老院，老年人可在托老院享受全托或半托服务，以村级帮扶服务站为支撑，试点村建立帮扶服务、医疗救护、法律维权和文体活动等服务中心，成立党员义务助老队、团员青年义务助老队和红领巾义务助老队，并组建老年互助组，根据老年人家庭经济情况，对自愿接受服务的老年人提供无偿、低偿或有偿服务，充分发挥农村社会力量参与社会养老服务的积极性。新乡县积极组织低保老年人参与养老服务，通过村推荐、乡审核、县培训的方式，筛选身体健康、具有劳动能力的低保老年人组成服务团队，按照"相对熟悉、就近安排、方便双方生活、不跨自然村"的原则组织开展居家养老服务。通过"养老积分"鼓励社会力量参与志愿服务，通过整合社会资源为老年人提供多层次、多样化的优质服务，不断满足老年人口服务需求，逐步提高养老服务质量和水平。[②]

（二）增强医养融合发展力度

2019 年，河南省将加强养老服务设施建设纳入老旧小区提质改造的重点，财政转移支付 9.4 亿元，已完成 1 万个城镇老旧小区的改造提质，营造共建共享的社会治理新格局。河南省不断增强医养融合发展力度，鼓励养老机构提供医疗、护理、康复一体化的医养结合型养老服务，全省已有 2406 家医疗卫生与养老机构签订医养合作协议，76.6% 的养老机构能够为入住老年人提供医疗卫生与养老服务，为老年人开辟

---

① 凌文豪、王又彭：《构建城乡统一社会养老服务体系的路径探寻——基于河南省9市553份调研问卷的分析》，《河北大学学报（哲学社会科学版）》2019年第1期。
② 冯大鹏：《河南新乡探索"积分养老"》，《瞭望》2017年第8期。

就医便利服务绿色通道的一级以上医疗机构为 7028 家，开通率为 86%，① 已确定 103 个医养结合试点县（市、区）和 50 家医养结合试点机构，共投入财政资金 1000 万元，积极推进城乡统筹发展的医养结合型养老服务。郑州市、洛阳市、濮阳市被确定为国家医养结合试点城市，洛阳市被列为全国安宁疗护试点城市，郑州市、濮阳市为河南省首批安宁疗护试点，为老年人提供临终照料关怀，为老年人健康体检 1006.8 万余人，全面开展老年人健康管理服务，健康管理率达到 87%，推动了河南省医养结合型养老服务体系的不断健全和完善。

六 四川省以农村区域性养老服务推动医养融合发展

四川省在国家级养老服务业综合改革试点、医养结合试点和长期照护保险试点进程中取得积极进展，已完成首批 14 个国家级养老服务和社区服务信息惠民工程试点。在农村养老服务改革中，提出实现"四个转变"的改革举措，在养老服务标准化建设、社区和居家养老、养老服务人才培养等方面开展省级试点工作。截至 2019 年底，四川省医疗卫生机构总数 83757 个，医疗卫生人员总数达 79.36 万人，养老服务资源供给不断优化，全省养老服务机构 3512 个、每千名老人床位数达 31 张。农村区域性养老服务中心 405 个，城乡居家养老服务覆盖率分别达 90% 和 50%。②

（一）大力推进农村养老服务全覆盖

近年来，四川省宜宾市以推进养老服务体系建设为契机，推动农村养老服务可持续发展，逐步实现社会养老服务的城乡全覆盖。宜宾市农村社区依托行政村、较大自然村等，加强建设农村互助型养老服务设施，逐步提高农村敬老院服务质量，不断拓展多元化养老服务内容。整合和完善农村养老机构的服务功能，维修和改造农村敬老院床位，满足农村特困供养人员的互助式养老需求，有效缓解了农村老年人互助养老

---

① 霍振昂等：《河南省医养结合机构补偿机制研究》，《卫生经济研究》2021 年第 6 期。
② 熊伟、吴芊慧：《四川创建医养结合示范省》，《中国农村卫生》2021 年第 5 期。

服务设施缺乏等问题。条件较好的农村敬老院可通过建设农村区域性养老服务中心，为农村低收入老年人和失能老年人提供具有便捷性和可及性的养老服务。健全农村特殊困难家庭失能老人和 80 周岁以上高龄老年人健康养老服务支持机制，通过政府向社会组织购买服务等方式，健全和完善农村养老服务机制，为老年人提供助餐、助洁、助医、助急等居家养老服务。①

（二）构建"半小时健康服务圈"

四川省平武县位于四川盆地西北山区，受区域基础医疗设施短缺、医疗卫生服务人才缺乏、地理环境等因素制约，因病致贫、因病返贫的贫困户占比较高。据平武县调研数据，截至 2018 年底，全县 7363 户建档立卡贫困户中，因病因残致贫占比为 52%。近年来，平武县通过系统整合优质医疗卫生资源，健全和完善医疗基础设施建设，构建"半小时健康服务圈""三张处方，三条准线"的"三三制"医疗保障体系实现了健康扶贫。平武县作为四川省成功脱贫示范县，积极探索创新健康扶贫治理模式。县城医疗机构资源分布相对合理，县城内共有三家县级机构和 25 家乡镇卫生院，该县乡镇卫生院配有救护车，各村均建有标准化村卫生室，医疗服务可及性有较大提高。县域内各贫困户的基本医疗保险报销比例提高至 90%，所有贫困户每年均可享受到一次免费体检，贫困户家中持有扶贫帮扶手册指导，其中，帮扶卡内标注了对点帮扶的县级干部以及技术指导员和家庭签约医生，明确规定了健康扶贫的帮扶措施及帮扶达标情况。贫困户异地就医结算后，县级人民政府为其报销医疗费用及其他可报销补贴费用，使贫困户仅支付医疗费用的 30%。同时，县级政府部门对县域内贫困户家庭实施定期巡访，开展健康政策宣讲等扶贫措施，使健康扶贫政策得到较好的贯彻和落实，多数贫困户家庭医疗支出负担降低，医疗卫生条件得到较大改善，县域的健康促进和医疗服务质量不断提升。

---

① 王小琴：《宜宾市强化"三个统筹"补齐农村养老服务短板》，《中国社会工作》2020年第 5 期。

（三）"三路共进"开辟农村养老新路径

目前，四川省梓潼县以农村养老服务体系建设为契机，积极探索居家养老、公办养老和民办养老"三路共进"的农村养老模式，着力破解农村社会养老服务发展的困境，已取得积极的发展成果。政府加大财政资金的投入力度，发挥政府财政资金对区域养老、公办床位改造和消防专项补助等的社会效用，推进养老服务机构的转型与升级，增强养老机构的服务和保障能力。建立城乡辖区散居五保老人、"三无"老人和低收入家庭分失能、残疾、独居和高龄老年人的信息服务台账，推进养老服务精细化管理。梓潼县定期组织养老机构医护人员的技能培训和岗位培训，增强养老机构的医疗护理能力，探索建立养老机构创新实施敬老机构"民主管理、院民自治"，实施管理人员岗位责任制和财务管理制度等，由供养对象参与院务管理，有效保障了供养对象的权益。

积极推动社会养老服务的改革与发展，探索建立以需求为导向的服务供给机制，积极探索养老机构发展院内经济的有效途径，文兴、石牛等乡镇敬老院通过发挥老年养员特长，开展院内养殖、农作物种植和手工艺品拍卖等形式，提高了乡镇敬老院养老服务的供给能力，有效缓解了公办养老机构资金不足等难题。梓潼县积极探索公建民营、民办公助和公私合营等养老机构服务方式，鼓励社会资本参与社会养老服务事业。充分利用生态环境优势和厚重的传统文化底蕴，建立健康产业投资基金，探索政府和社会资本合作（PPP）的筹融资模式，支持医养结合型养老服务发展。有效整合生态资源、中医文化等资源禀赋优势，努力实现旅居产业和养老产业的联合互动发展。

梓潼县不断完善居家养老服务体系，探索建立农村区域性养老服务中心，逐步满足区域内"五保"老人、高龄、失能等老年群体的养老服务需求，通过建立农村社区日间照料中心，充分发挥区域性养老中心的功能优势，为农村老年人提供无偿或低偿的日间照料服务，满足不同群体老年人的多元化养老服务需求。养老机构通过政府购买服务等方式，依托社区服务机构和专业人才，为困难家庭失能、独居和高龄老年人提供上门服务，在生活照料和医疗保健等基本养老服务基础上，定期为农村老年人提供专业服务。为老年人配备"一键呼叫"服务设备，提供紧急救援服务，满足老年人的紧急救援需求。发挥家庭邻里之间邻里相恤的优势，为行动不便的老年人提供存取款、收发邮件、物品代买和农产品代卖等"代办"服务。积极组织和引导农村志愿者、剩余劳动力、低保户家庭等组建志愿互助服务队，① 充分发挥专业理发师、退休教师、退休医生等专业技术水平人才的职业技能优势，组建志愿服务团队和家庭成员服务团队，建立和完善家庭赡养的激励机制，对赡养高龄老年人的家庭给予政策支持和制度保障，努力实现农村医养结合型养老服务的可持续发展。

---

① 《梓潼县"三路共进"打造农村养老新模式》，《中国社会报》2017 年 12 月 20 日第 A2 版。

第八章　农村医养结合型养老服务体系构建的对策建议

健康是人类的永恒追求，也是享受幸福的基本前提。农村医养结合型养老服务以为老年人提供健康照料服务为宗旨，以贯彻健康管理理念为目标，从传统诊疗模式向以慢病管理、健康管理为重点的健康照护和医养结合型养老服务模式转型，推动形成现代医疗卫生与养老服务相结合的新型养老模式。

第一节　健全多层次农村医养结合型养老服务保障体系

我国加快推进城乡基本医疗卫生与养老服务的均等化发展，以农村老年人需求为导向实施精准供给，以社区为依托提升农村医养结合型养老服务能力，以县域医共体为核心发展农村医养结合型养老服务。积极推进农村医养结合型养老服务的标准化建设，全面提升农村医疗卫生与养老服务水平。

一　以农村老年人需求为导向实施精准供给

人民群众的生命安全和身体健康是实现中华民族伟大复兴的重要基础。生命安全和身体健康是个人幸福的起点，是立身之本、是强国之基。党的十八大以来，以习近平总书记为核心的党中央统揽全局、系统谋划，不断为实现中华民族伟大复兴夯实安全与健康之基。

其一，保护人民群众生命安全和身体健康，需要健全基本公共服务体系，促进基层公共医疗卫生服务的精准供给，提升基层公共医疗卫生服务的共建共享水平。[①] 国家卫生健康委指出，要求各地做好村级医疗卫生巡诊派驻服务工作，确保农村居民使用当地常用交通工具或步行不超过 30 分钟就可以享受基本医疗卫生服务。加强基层社区卫生服务网络建设，以需求为导向使农村老年人就近可享受优质的诊疗服务。2019 年，国务院印发《国务院关于实施健康中国行动的意见》（国发 [2019] 13 号）指出，"要动员各方广泛参与，凝聚全社会力量，形成健康促进的强大合力"。[②] 要落实个人健康责任，养成健康生活方式。各社区（村）要积极开展健康细胞工程建设，创造健康支持性环境。[③]

其二，积极应对人口老龄化，加快建设居家社区机构相协调、医养康养相结合的养老服务体系。[④] 伴随着数字经济的发展和人工智能等科学技术的进步，积极老龄化对经济社会、科技创新和技术进步等均具有重要影响。数字技术和人工智能技术的综合运用有助于精准识别积极老龄化与慢性病、健康贫困的关系。农村医养结合型养老服务应以农村老年人需求为导向，政府为农村医疗卫生与养老服务资源匮乏的地区应优先实施供给，为农村医疗卫生与养老服务资源充裕的地区适度扶持，逐步提高农村老年人的晚年生活质量，逐渐满足农村老年人多元化的医养结合型养老服务需求，农村医养结合型养老服务亟待政府、企业、非营利组织、社区、家庭邻里等多主体的协同合作，通过实施精准供给促进农村老年人养老服务由潜在需求向有效需求的转化，完善农村老年人医养结合型养老服务需求表达与反馈机制，提升农村医养结合型养老服务的供需适配度，创新农村社会化养老服务的协同发展机制，稳步有序提升农村老年人的健康保障水平。[⑤]

其三，健全社区卫生服务管理组织和体系，农村基层医疗卫生服务

---

① 郑吉友：《始终把人民群众生命安全和身体健康放在首位》，《辽宁日报》2020 年 2 月 11 日第 5 版。

② 《国务院关于实施健康中国行动的意见》，《光明日报》2019 年 7 月 16 日第 3 版。

③ 郑吉友：《始终把人民群众生命安全和身体健康放在首位》，《辽宁日报》2020 年 2 月 11 日第 5 版。

④ 《中共中央关于坚持和完善中国特色社会主义制度 推进国家治理体系和治理能力现代化若干重大问题的决定》，人民出版社 2019 年版，第 28 页。

⑤ 郑吉友：《农村居家养老服务需求水平的影响因素分析——基于 WLS 模型的视角》，《当代经济管理》2019 年第 1 期。

机构应积极为老年人建立电子健康档案，科学规范老年慢病患者的健康管理服务，加强老年人健康监测与健康管理制度建设。健全老年人医疗照护体系，推动农村医养结合型养老服务逐步向家庭和社区延伸。有条件的农村社区定期为老年人提供健康管理服务，建立包括生活方式与健康评估、健康体检、健康教育等健康管理制度。健全和完善农村居民健康评估体系，加强健康促进与干预，推进以治病为中心向以人民健康为中心转变，不断提升人民健康水平。[①]

其四，医养结合型养老服务以政府为主导，以签约合作为主要形式，家庭医生签约服务的深入开展促进了分级诊疗就医格局的形成。[②]通过家庭医生团队的签约服务为居家老年人提供医疗照护与健康管理服务，完善社区和家庭的医疗保健与护理服务功能，努力实现社区居家养老与机构养老之间的无缝衔接。我国农村需要形成"家庭—社区—机构"的持续性医养照护模式，涵盖需求评估、健康监测、照护监管和智慧养老等方面，形成以乡镇卫生院为支撑，不断构建规模适度、功能互补、安全便捷，集"医养康护"为一体的农村医养结合型养老服务体系。[③]

二　以社区为依托提升农村医养结合型养老服务能力

其一，农村医养结合型养老服务有助于促成"医疗型社区"与照料社区建设，亟待通过社区公共卫生的慢性病管理，倡导连续性护理（Continuity of Care），[④]使传统反应式向预防式健康照护方式转型，通过提供个性化的健康管理服务，对不同专业背景、不同照料领域的医护人员加以整合，弥合传统分门别类的照料隔阂。加强基层医疗卫生与养老

---

① 孙春兰：《推进健康中国建设，增进人民健康福祉》，《人民日报》2019 年 7 月 19 日第 4 版。

② 李珍：《迈向高质量全民统一覆盖的医疗保险制度》，《中国卫生政策研究》2020 年第1 期。

③ 郑吉友、娄成武：《我国农村医养结合型养老服务体系构建研究》，《改革与战略》2021 年第 2 期。

④ 戴卫东：《老年慢性病患者"社会性住院"的经济风险》，《中国医疗保险》2017 年第 10 期。

服务体系建设，适时对基层医疗卫生与养老服务机构加以整合，促进医疗卫生与养老服务标准化，加快村卫生室标准化建设，保障农村老年人享有基本医疗卫生与养老服务。

其二，以社区为依托，推进多元供给主体参与协同合作。以"医养结合"为契机，积极推进乡镇卫生院和村卫生室一体化管理，实现基层医疗卫生与养老服务机构的无缝对接。政府积极支持基层医疗卫生机构开展医养结合型养老服务，充分发挥乡镇卫生院和村卫生室的托底保障功能，发挥医养资源的整合与互补优势，为县域老年人提供健康教育、基础护理、家庭病床、健康管理以及紧急救援等医疗卫生服务，依托各类社区服务机构和数字信息网络平台，不断完善社区居家养老的紧急救援系统，为农村失能、失智等特殊困难老年人提供健康体检、健康咨询和持续性照顾等服务。在农村社区，积极培育农村志愿服务组织，以村民互助组织、农村老年协会为依托，尤其对"老、少、边、穷"欠发达地区的农村社区，迫切需要实施农村医养结合型养老服务的精准供给，在农村社区市场作用不显著时，发挥低龄老人照顾高龄老人的优势，调动农民自助互助，共担风险。同时，推进多元供给主体参与合作，切实提高农村老年人的生活质量。在农村医养结合型养老服务供给中，社区通过与企业、社会养老服务机构、家庭等多主体协同合作，使农村老年人能够享受到既优质又便捷的服务，优先发展需求强度较高的社会化养老服务事业，注重发展疾病预防、康复理疗和紧急救援等服务，帮助老年人贯彻健康管理理念，以便于更好地实现积极老龄化和健康老龄化。[①]

其三，推行嵌入式医养结合模式，政府逐步增强对基层医疗卫生与养老服务的财政投入力度，系统整合农村医养服务资源，促进农村医疗卫生与养老机构协同合作。社区资源嵌入养老服务需要将农村互助幸福院和村卫生室等医养资源与功能进行整合，支持行政村、较大自然村利用既有资源依托农村敬老院建设互助幸福院、日间照料中心、老年活动

[①] 张志元、郑吉友：《我国农村失能老人居家养老服务多元供给思考》，《河北经贸大学学报》2018年第5期。

站、托老所等农村养老服务机构和设施。农村社区充分发挥日间照料机构的承接功能，促进中小养老机构新建医疗机构，支持各类养老机构规模化、连锁化运营，提高农村医养结合型养老服务的供给能力和水平。完善农村留守老年人关爱服务体系，支持农村多层次养老事业发展，努力满足农村老年人尤其是失能、失智、高龄和空巢老年人的养老服务需求。

三　以县域医共体为核心发展农村医养结合型养老服务

一是农村社区可探索乡镇卫生院与乡镇敬老院、村卫生室、农村互助幸福院等的毗邻建设、统筹规划。有条件的基层社区卫生服务中心可设置老年养护、安宁疗护病床、增设特护区，为二级以上医院下转患者提供必要的医疗卫生条件。乡镇卫生院、村卫生室亟待与乡镇敬老院之间签订医疗服务协议，为入住乡镇敬老院的老年人提供定期巡诊和健康咨询服务，促进医疗服务与康复护理相融合，从而使服务功能和服务范围得到拓展与提升。推进县级医院通过兼并、重组等方式与乡镇卫生院、社区医疗卫生机构之间进行资源的整合与融合，有助于提高医疗资源利用效率，进而降低医疗成本，从而促进医养结合整体社会效能的发挥。[①]

二是大力发展家庭医生签约服务，不断提升家庭医生签约服务质量。在基础性签约服务基础上，鼓励拓展涵盖健康评估、家庭护理、家庭病床、康复指导、远程健康监测、中医药服务等不同类型的个性化健康管理服务，从而提高老年人对签约服务的认同感和满意度。加强乡镇卫生院服务能力建设，乡镇卫生院作为农村"三级预防保健网络"的中枢，逐步提升乡镇卫生院和村卫生室的基层医疗服务能力，着力提升乡村医生对老年慢性病患者的健康管理能力，为农村老年人提供具有可及性和便捷性的医养结合型养老服务。根据分级诊疗的需要，统筹发展机构护理、社区护理和居家护理服务，基层住院服务逐步向社区护理、

---

① 赵曼：《农村社会保障制度研究》，经济科学出版社 2012 年版，第 401 页。

医疗康复服务拓展，增加护理服务供给，不断满足老年人多层次、多元化的健康需求。

三是加强县级公立医院对乡镇卫生院的支持与指导。加强县、乡、村人才培养与培训。统筹县域卫生人力资源，加强县级综合医院医学教育基地建设，推进县域医共体建设，使县域医联体和医共体能够承担罹患慢性病老人和失能失智老人的治疗、护理和康复职能。农村社区探索形成以县级医院为龙头、以乡镇卫生院为枢纽、以村卫生室为依托的三级联动的县域医疗服务体系。2019 年，我国在 100 多个城市实施了城市医疗集团建设试点，在医疗集团内部建立以信息化为支撑的远程医疗系统、远程会诊系统、远程教育系统和双向转诊系统。健全和完善医联体、医共体等服务供给体系，完善双向转诊制度，畅通双向转诊通道，将急性恢复期患者、亚急性期患者和危重症稳定期患者等及时转诊至基层医疗机构。加强县级医院能力建设，通过分级诊疗与双向转诊使基层医疗卫生服务能力明显提升，患者就医流向趋近合理化。[①] 县域医疗资源逐步实现共享，双向转诊和分级诊疗制度成效已初步显现，有助于提高县级医疗机构的服务能力与水平，使县级医疗机构门诊和住院人次大幅提升。以县域医共体为核心发展农村医养结合型养老服务，促进医疗服务同质化和基层医疗服务能力的提升，探索基层医疗卫生机构与家庭病床、居家护理和老年医疗照护等相互融合、相互促进和协同发展。

四是加强"县乡一体、乡村一体"机制建设，探索构建涵盖医疗联合体在内的多元化分工协作模式。目前，医疗领域中的组织联盟已成为世界医疗卫生服务体系改革的发展趋势，我国医联体改革与发展过程中已初步形成远程医疗协作网络、跨区域专科联盟、城市医疗集团、县域医共体四种模式。我国医联体建设已全面推开，医疗集团和医共体共同为网格内居民提供包括疾病预防、医疗护理和社区康复等一体化、持续性的医疗保健服务，医共体的核心是建立以居民健康管理为重点，网格化布局城市医疗集团与县域医共体等医联体，其中，远程医疗协作网

----

① 白剑峰：《我国医联体建设全面推开 双向转诊成效初步显现》，《人民日报》2019 年 4 月 6 日第 1 版。

络和专科联盟等重点发挥国家级和省级医疗机构专科优势，城市医疗集团和县域医共体积极发挥地市级和县级医疗机构的引领作用，各级医疗机构均参与医联体和医共体建设，基层社区医疗卫生机构通过与大型公立三甲综合医院间建立协作与支援关系，努力实现信息互联、互通与共享，以"病患"为中心提供持续性、一体化的诊疗服务。

第二节　推动形成农村医养结合型养老服务协同联动机制

全民健康是全面小康的基本前提。协同推进"三医联动改革"，健全高效运行的全民医疗保障制度，构建农村医养结合型养老服务人才培养体系，系统整合农村多层次医养服务资源，构建农村多层次健康保障服务联动机制，有助于农村医养结合型养老服务供给效能的提升。

一　构建农村医养结合型养老服务人才培养体系

实施乡村振兴战略是我国解决人民日益增长的美好生活需要和不平衡、不充分发展之间的矛盾，是全面建设社会主义现代化国家的重要历史任务，是实现全体人民共同富裕和中华民族伟大复兴的必然要求和有效途径。[1] 人才振兴作为乡村振兴战略的"五个振兴之一"，在城乡融合发展、推进乡村善治、质量兴农等方面发挥重要作用。

一是完善医养结合型养老服务人才支持体系。坚持政府教育培训和财政补贴相结合，政府对老年护理人才培训给予财政补贴，积极开展老年健康教育培训，医养结合机构可通过与辐射区域的医疗机构合作共享专业人力资源，从而为老年人提供助医助药、康复训练和健康管理等医养结合型养老服务。积极推进养老机构从业人员的职业化和专业化进程，鼓励高等院校和职业技术学院等开设养老服务和健康管理等相关专业课程。政府鼓励医疗机构、养老机构为家政服务人员和老年人家庭成员等提供专业医疗照护和应急救援培训。积极培育医养结合型养老服务

---

① 蒋大国：《乡村振兴的途径与对策研究》，人民日报出版社 2020 年版，第 1 页。

的专业医护人才，加强老年医学研究和人才培养，健全中医医院老年病科，推动老年医学、康复护理、老年护理等与医养结合相关的专业学科建设，培养健康管理人才、护理人才以及老年社会工作人才等专业人才，提倡多学科综合能力培养，将中医药学、护理学、社会医学等交叉学科专业人才纳入长期照护服务专业人才培养计划，加快培养管理学、护理学、老年医学、营养学以及老年心理学等方面的专业人才，提升从业人员在老年医学、康复护理、营养学、心理学和社会工作等方面的综合性专业素养。

二是健全和完善全科医生人才培养与教育体系。加强全科医生的专业化培养，从高等教育的医学专业设置等方面全方位培养全科医生。鼓励全科医学人才深入基层，实施全科医生特岗计划，以岗位培训和转岗培训需求为导向，鼓励一医多能，打破专业壁垒，着力培养具有多学科临床经验的全科医生。搭建高等院校、医疗机构和养老机构的教育和培训平台，加强养老机构护理人员的专业培训，增强养老护理人员的职业吸引力，调动养老服务人员提升业务技能和专业素养的积极性。加快建设医德高尚、专业精湛的全科医生人才培养梯队，加快全科医生和老年护理专业人才的培养。

三是健全农村基层医疗护理人才培养的长效机制。[1] 统筹城乡基本医疗卫生与养老服务融合发展机制，建立城乡医疗卫生与养老服务人才保障和交流机制，促进城乡医疗卫生与养老服务的有机整合、优势互补和信息互通。鼓励引导医务人员到基层社区服务，促进医护专业人才逐步向基层流动。贫困地区每个乡镇卫生院至少设立一个全科医生特岗。支持地方免费培养农村高职（专科）医学生，经助理全科医生培训合格后，补充到贫困地区村卫生室和乡镇卫生院。[2] 加大乡村医生培训力度，通过开展集中培训、定期进修、远程医疗培训等方式，提升农村医务人员的服务能力和职业技能，提高乡村医生专业技术水平和综合素

---

[1] 汪连新：《医养康护一体化社区养老服务：理念、困境及借鉴》，《学习论坛》2019 年第 4 期。

[2] 中共中央党史和文献研究院：《十九大以来重要文献选编（上）》，中央文献出版社 2019 年版，第 488 页。

质。健全和完善乡村医生参与农村医养结合型养老服务的激励机制，建立专业技术等级与薪酬挂钩的绩效激励机制，不断提高乡村医务人员待遇。政府应增强对农村社区医养结合型养老服务的政策扶持，逐步建立农村医养结合型养老服务的遴选准入制度、养老护理人才长效培养和服务质量保障机制。加强医德医风建设，加强基层医疗卫生机构医护人员培养和服务能力建设，培育全心全意为村民服务、全科医学人才、全天候服务的"三全医生"。农村社区通过签约家庭医生团队等方式提高农村老年人的就医可及性。提高分级诊疗、双向转诊和家庭医生签约服务质量，发展社区中医药健康养老服务，提升农村医养结合型养老服务供给水平。农村医养结合型养老服务有助于调动乡镇卫生院医护人员与乡村医生的积极性，提升医养结合型养老服务的效能，逐步提高农村医养结合型养老服务的效益和水平。

二　系统整合农村多层次医养服务资源

实施健康中国战略是一个系统工程，注重推进健康中国的整体性、系统性和协同性。加快构建医养结合型养老服务体系，我国医养结合型养老服务体系的构建需要资源整合，涵盖社会资本、人力资本以及各种服务模式和技术整合等。[①]

其一，构建三级联动的医疗服务和健康管理平台，为贫困群众提供基本健康服务。[②] 各级各类医疗卫生和养老机构要积极为老年人提供高质量的医养结合型养老服务。农村社区以乡镇为中心，建立具有综合服务功能、医养相结合的养老机构，与农村基本公共服务，农村特困供养服务、农村互助养老服务相互融合，形成农村基本养老服务网络。[③] 政府、企业和社会组织等主体应为现有养老机构开办老年病医院、康复医

① 王浦劬、雷雨若、吕普生：《超越多重博弈的医养结合机制建构论析——我国医养结合型养老模式的困境与出路》，《国家行政学院学报》2018 年第 2 期。

② 中共中央党史和文献研究院：《十九大以来重要文献选编（上）》，中央文献出版社 2019 年版，第 488 页。

③ 陈勇、唐洪兵、毛久银：《乡村振兴战略》，中国农村科学技术出版社 2018 年版，第 167 页。

院、护理院、中医医院以及临终关怀机构等提供护理型养老服务，加强为农村贫困地区群众提供疾病预防、老年保健、健康管理、老年常见病的防治与护理、慢性病治疗、急诊救援和安宁疗护等服务。大力发展医养结合型养老服务事业，政府将医养结合型养老服务资金列入财政年度预算，通过政府转移支付或财政补贴等方式增强对农村医养结合型养老服务的政策支持及资金保障，鼓励地方政府采取政府补贴、协作共建和公私合营等方式整合社区医疗卫生服务资源参与养老服务。鼓励社会资本投资社区医院、护理院和康复医院，支持开发性金融重点支持医养结合领域，享受财税和电水气热等优惠政策，拓宽筹融资渠道。政府鼓励具有资质的民办医疗卫生与养老机构、社区日间照料机构拓展医养结合型养老服务，提升农村基层医疗卫生服务的效率和能力。

其二，完善医疗卫生与养老机构协作网络，促进基层医疗卫生与养老机构建立紧急救援与双向转诊合作机制。鼓励有条件的养老机构承接医疗机构积极吸纳具有长期照护服务需求的失能老年人，鼓励有条件的医疗机构开设老年病门诊，满足老年人的医疗、护理与康复等多层次服务需求。养老机构内设卫生所（室）、医务室、护理站应与周边医疗机构建立转诊协作关系。积极探索建立护理转介机制，开通预约就医绿色通道，并协同医疗机构做好老年患者的慢病管理和康复护理，有条件的机构可采取家庭病床和上门巡诊等服务方式，形成医疗卫生与养老服务机构间的转介机制。政府财政投入向基层医疗卫生机构以及经济欠发达地区倾斜，不断提高基层医疗机构的服务能力和质量。医养结合型养老服务的健康持续发展为二级医院的转型创造了良好契机，积极促进闲置医养资源向医养结合机构转型，支持一、二级医院和专科医院发挥人才优势和专业技术优势，利用其现有资源向老年康复机构转型，不断提升二级医院的床位利用率。鼓励二级以上综合医院应通过开设老年病科等方式，增强在老年病管理、慢性病管理等方面的服务能力，支持二级以上公立医疗卫生与养老机构建立医疗服务协作关系，通过定期巡诊义诊等方式，逐步提高医养结合型养老机构的康养服务能力。

其三，完善社区卫生服务机构的激励补偿机制，对社区提供日间照料、康复护理、助医助急等服务机构给予资金支持、税费减免、土地保障等政策扶持。鼓励有条件的医疗卫生与养老机构增设老年健康照料等服务，引导部分非建制镇卫生院建立护理院，激励乡镇卫生院、社区卫生服务中心建设和发展老年医疗护理服务、中医药服务等特色科室。乡镇卫生院可探索"政府投资、社会化运营"等方式，为养老机构合作提供科学膳食、生活照料、医疗保健、康复理疗、健康咨询等养老服务。提升乡村基层医疗卫生机构为老年人提供医疗保健服务的能力，为居家、社区和养老机构的老年人提供医养康护服务。系统整合农村医养服务资源，适时将乡镇卫生院、农村互助幸福院、村卫生室、家庭养老院等，整合为农村医养结合型养老服务共建共享平台。政府鼓励和支持乡镇敬老院、家庭养老院等养老机构开展延伸性服务，为农村医养结合型养老服务提供技术支持和人力支撑，不断提高农村医疗卫生与养老服务的标准化水平。农村医养结合型养老服务能够充分调动乡镇卫生院和村卫生室医护人员的积极性，既有助于提升基层医疗卫生服务机构的就诊率和病床使用率，增强社区卫生服务机构的医疗康复功能，也有助于减轻农村老年人的就医压力，实现双方的"互促共赢"。

三　构建农村多层次健康保障服务联动机制

《2021 年国务院政府工作报告》指出，"加强全科医生和乡村医生队伍建设，提升县级医疗服务能力，加快建设分级诊疗体系。坚持中西医并重，实施中医药振兴发展重大工程。支持社会办医，促进'互联网＋医疗健康'规范发展。"党的十九届五中全会将"民生福祉达到新水平"作为"十四五"时期经济社会发展主要目标之一，提出健全多层次社会保障体系的重大任务。①

一是通过完善分级诊疗服务与双向转诊制度，推动农村医疗卫生与养老服务高效协同、无缝衔接。健全和完善基层首诊、双向转诊、上下联动、急慢分治的分级诊疗制度，是我国医药卫生体制改革的重点。构建"1＋X"医疗联合体制度，纵向和横向双重整合医疗资源，形成资源共享、分工协作的健康管理模式，提升社区医养资源存量，夯实健康

---

① 胡静林：《推动医疗保障高质量发展》，《学习时报》2021 年 3 月 5 日第 A1 版。

管理的分级转诊基础。积极应对人口老龄化，加快建设居家社区机构相协调、医养康养相结合的养老服务体系。① 我国以积极老龄化为取向，努力实现共建、共融和共享，重构风险共担的应急响应机制，从应急性救助迈向普惠式保障，促使健康保障制度沿着公平、普惠、可持续的方向稳步迈进。构建农村多层次医养结合型养老服务联动机制，逐步完善农村医养结合型养老保障体系，促进农村医养资源优化配置，让广大人民群众享有公平可及、系统连续的健康服务。

二是政府应加强对社会资本进入健康养老服务领域的政策支持与引导。政府应鼓励民间资本积极参与农村医养结合型养老服务体系，促进政府、市场和社区等主体形成融合发展的新格局。社区作为机构照料和家庭照顾有机衔接的纽带和平台，是农村健康养老服务的重要依托。伴随着城乡基本公共服务均等化进程的加快，我国农村社区依托信息网络平台逐步实现对医疗卫生与养老服务资源的整合。② 农村社区可将农村五保供养机构转型为农村区域养老服务中心，使老年人能够在熟悉的社区环境中享受家庭赡养和居家照料，在提升农村老年人养老生活质量方面发挥了积极作用，努力实现多元主体治理的协同联动效应。③

三是积极推进医疗救助、医疗保险和长期护理保险等制度的有效衔接。④ 在我国现有的医疗卫生服务体系中，医疗救助与医疗保险、大病保险、长期护理保险之间积极开展协同联动，既包括府际之间的横向联动，又包括多层次健康保障制度之间的纵向联动。⑤ 构建多层次的医疗

---

① 《中共中央关于坚持和完善中国特色社会主义制度 推进国家治理体系和治理能力现代化若干重大问题的决定》，人民出版社2019年版，第28页。
② 郑吉友、娄成武：《我国农村医养结合型养老服务体系构建研究》，《改革与战略》2021年第2期。
③ 顾昕：《"健康中国"战略中基本卫生保健的治理创新》，《中国社会科学》2019年第12期。
④ 郑功成：《多层次社会保障体系建设：现状评估与政策思路》，《社会保障评论》2019年第1期。
⑤ 郑吉友、娄成武：《我国农村医养结合型养老服务体系构建研究》，《改革与战略》2021年第2期。

保障制度和贫困救助制度，协同发挥反贫困效应。[1] 增强大病医疗救助的托底保障功能，完善家庭经济状况的信息甄别机制。厘清医疗卫生服务和养老服务的支付边界，基本医疗保险基金仅限于支付符合基本医疗保障范围的疾病诊治、医疗护理、医疗康复等医疗卫生服务费用，不得用于支付生活照护等养老服务费用。如在发达省份和地区，可根据老年人的家庭经济状况确定其可部分或全部享受政府提供的长期照护服务。聚焦农村医养结合型养老服务事业的长期稳步发展，应积极探索推进农村医养结合型养老服务的协同联动机制，充分展现农村健康治理的伦理情怀，[2] 切实增进我国农村老年贫困人口的健康福祉。

四是健全和完善医养结合型养老服务的财政保障长效机制。政府将医养结合型养老服务资金列入政府财政预算，政府要加大对农村医疗卫生与养老服务基础设施的资金投入和财政支持，在服务资金筹集领域加强监管，充分发挥福彩公益金的福利效应。各级政府部门积极动员红十字会、基金会等社团组织、慈善机构和各类企事业单位等社会力量，多渠道筹集资金，努力构建甄别精准、筹资稳定、给付适度的多层次健康养老服务体系，逐步整合养老服务资源有助于为农村老年人提供经济支持、生活照料、医疗护理、精神慰藉和临终关怀等全方位全生命周期的健康服务，以促进我国健康养老服务由以经济救助为主向经济救助和健康保障服务并重的方向发展。

第三节　完善农村医养结合型养老服务制度保障体系

建立健康友好型社会，健全和完善农村医养结合型养老服务体系，协调推进医疗救助、医疗保险和大病保险制度之间的有效衔接。探索建立农村长期照护保险制度，在农村社会保障制度体系中予以扶持，有效提升农村医养结合型养老服务的供给效能。

---

① 景正月：《农村空巢老年家庭健康贫困测度及动态变化研究—以山东省为例》，博士学位论文，山东大学，2021 年，第 6 页。

② 高进、娄成武：《公共健康危机治理的伦理构建》，《东北大学学报（社会科学版）》2016 年第 3 期。

一 协调推进医疗保障制度之间的有效衔接

推进健康中国战略是深化医药卫生体制改革的必然要求,[1] 坚持"创新、协调、绿色、开放、共享"的发展理念,打造健康社会、生态社会,构建绿色医疗卫生服务体系。通过政策理念创新、体制机制创新、发展方式创新和科技文化创新,持续推进医疗卫生服务体制改革。我国农村医养结合型养老服务供给体系,需要努力实现政府、企业、非营利组织、社区和家庭邻里等多主体之间的优势互补与功能融合。构建多元联动的健康保障体系,不断健全和完善农村健康保障制度,依据农村老年人的照护类型完善医疗照护服务,以满足农村老年人医、养、康、护等多元化需求。

一是建立和完善城乡居民基本医疗保险制度和大病保险制度的衔接机制,实现基本医保异地就医结算,完善社会医疗保险的筹资机制和待遇调整机制,通过与医疗救助对象的资助参合,以及在医疗服务机构进行医疗费用回补等路径与城乡居民医疗保险进行衔接。[2] 推动防治结合和急慢分治,将高血压、糖尿病等慢病用药纳入门诊报销范围,有助于减轻慢病患者的经济负担。增强大病医疗保险的筹资力度。加强医疗救助与基本医疗保险、大病保险和其他救助制度的衔接。充分发挥基本医疗保险、疾病应急救助、医疗救助、大病保险与重特大疾病医疗救助等制度的协同互补作用,从而形成政策保障合力。

二是将现有的医疗救助拓展为"基础健康服务救助",进一步完善大病补充救助制度,通过医疗救助基金支持老年人参加大病补充保险。全面建立针对高龄、失能老年人的医疗补助制度,针对农村贫困人口的因病致贫、因病返贫问题,突出重点地区、重点人群、重点病种,进一步加强统筹协调和资源整合,有效提升农村贫困人口的医疗保障水平和

---

① 方鹏骞、陈江芸:《国家战略:健康中国的挑战与应对》,《光明日报》2017 年 2 月 16 日第 11 版。

② 童星、林闽钢:《中国农村社会保障》,人民出版社 2011 年版,第 222 页。

贫困地区的医疗卫生服务能力，贫困治理能力明显提升。[1] 为满足困难群众的基本健康需要，城乡社区卫生服务机构应重点提供如健康体检、传染病防疫、癌症和重大疾病的早期筛查和健康管理等服务。[2] 加强社区居家养老信息网络建设和服务能力提升，从而全面提高农村老年人的健康水平，不断优化农村医养结合型养老服务供给体系，增强农村医疗卫生与养老服务的可及性，为农村老年人织密健康保障网。

三是构建城乡居民基本医疗保险和基本养老保险的动态缴费调整机制，完善健康评估和疾病预防控制机制。在现行政府财政体制内，完善政府财政转移支付制度和风险分担机制，拓宽健康保障资金的筹融资渠道，充分发挥福彩公益金的经济社会效应。完善现代医疗制度体系，将医疗财政制度、医疗提供制度、医疗产业制度和公共健康制度有机整合。[3] 加快推进"三医联动"改革，鼓励社会力量参与农村医养结合型养老服务的"三社联动"机制。[4] 健全和完善基本医疗卫生制度，健全县、乡、村三级农村医疗卫生服务网络，农村的三级医疗卫生服务网络不仅具有了比较完整的组织结构，更强调各级之间要建立联动互助的机制，促使整个网络形成有机整体。完善分级诊疗制度建设，将深化医保支付方式改革与分级诊疗制度相结合，提升卫生筹资的公益性和公平性。积极推动社区卫生服务形成预防保健、医疗诊治、康复理疗、健康教育等系统化健康保障服务体系，推行双向转诊和急慢分治，[5] 维护健康服务的公平性和福利性，使农村医疗卫生与养老服务体系逐步健全，促进农村老年人健康保障水平的不断提升。

---

① 中共中央党史和文献研究院：《十九大以来重要文献选编（中）》，中央文献出版社2021年版，第459页。

② 关信平：《相对贫困治理中社会救助的制度定位与改革思路》，《社会保障评论》2021年第1期。

③ 蔡江南：《医疗卫生体制改革的国际经验——世界二十国（地区）医疗卫生体制改革概览》，上海科学技术出版社2016年版，第5页。

④ "三社联动"机制是以政府购买服务为牵引，以社区为平台，以社会组织为载体，以社工为骨干，以满足居民需求为导向，通过社会组织引入外部资源和社会力量，由社工提供专业化服务，将矛盾化解在社区的新型社会治理模式、社会服务供给方式和全新社会动员机制。

⑤ 邓大松、李玉娇：《医养结合养老模式：制度理性、供需困境与模式创新》，《新疆师范大学学报（哲学社会科学版）》2018年第1期。

二 健全农村医养结合型养老服务供给机制

农村医养结合型养老服务的重心在于，以疾病预防为主的预防保健与健康照护服务，农村医疗卫生条件的不断改善将有助于降低因病致贫和因病返贫的风险，不断提高农村居民的健康意识。①搭建农村医疗卫生与养老服务信息共享平台，医养结合型养老服务的递送原则由"同质固化"向"情境适应"转型，推动我国医养结合型养老服务生产的决策机制由"政府主导"向"按需定供"转型，供给机制由"层级管理"向"社会治理"转型。②

其一，健全和完善农村医养结合型养老服务需求评估机制。医养结合型养老服务需求评估主要针对具有生活照料与护理服务需求的老年人进行评估，通过对老年人的生活自理能力、经济支付能力和家庭照料能力等进行评估分级，将评估结果作为考量政府购买服务以及对医养结合机构质量评估的客观依据。目前，由于我国老年人的健康评估体系尚不健全，积极借鉴英国老年综合功能评估制度（Comprehensive Geriatric Assessment，CGA），健全养老机构分级护理制度，对老年人的生活自理能力、经济状况、营养状况、健康状况、认知状况、社会支持以及老年人综合征等进行筛查，完善老年人综合能力评估体系。政府探索建立医养结合型养老服务需求评估机制，不断完善失能老人能力评估标准，政府通过委托第三方机构对老年人及其家庭照护者进行需求评估，推动政府委托代理的医养结合型养老服务组织参与决策。农村家庭老年人通过赋权增能，加强老年人权益保护，重点保障特殊贫困老年人的长期护理需求，关注身心障碍者的健康照护，提高农村居家养老和机构养老的生活照料和医疗护理服务能力。通过政府购买服务的方式以及第三部门的积极参与，形成政府委托省、市、县（区）各级民政部门和乡镇（街

---

① 张献政、边恕：《我国农村社会保障体系存在的问题及对策研究》，《农业经济》2021年第2期。
② 鲁迎春、徐玉梅：《技术服务：基于数据驱动的养老服务供给模式创新》，《行政论坛》2020年第3期。

道）、村（社区）联动机制。①

　　其二，健全和完善农村医养结合型养老服务的绩效考核和激励约束机制，重点将医养结合型养老服务机构的覆盖率、标准化水平、整合程度、服务质量和满意度等主要指标纳入考核评估体系。为提高医养结合型养老服务质量，政府建立服务质量评估制度，积极培育和发展第三方机构和组织，对医养结合型养老服务的质量进行综合评估，促使综合管理部门和行业监管部门协同协作。政府对医养结合型养老服务发展的科学性与合理性进行评估，医养结合型养老服务呈现多元化的供给格局，各部门各司其职，职能相互交叉融合。② 政府打破条块分割，形成相互协调的综合监管机制，实现规范服务和有效监管。

　　其三，逐步建立服务评估的监督管理制度。政府建立健全集中、专业、高效的综合监管制度，对我国医养结合型养老服务的改革与发展具有重要的现实意义。③ 政府鼓励社会组织参与社会福利评估，并对服务质量进行有效监管。发展非营利性评估组织，逐步使评估人才纳入国家职业发展规划，促进医养结合型养老服务评估向专业化与职业化方向发展，建立服务监管长效机制。④ 政府在评估过程中充分尊重评估伦理，⑤以使参与者的权益得到充分的尊重与保护，确保农村老年人享受优质高效的服务，持续推进医养结合型养老服务的城乡区域协调发展。

三　探索建立农村长期照护保险制度

　　习近平总书记强调，要"建立相关保险和福利及救助相衔接的长期

---

　　① 张志元、郑吉友：《我国农村失能老人居家养老服务多元供给思考》，《河北经贸大学学报》2018 年第 5 期。

　　② 李黎明、祝国红：《健康中国战略下医养结合养老服务质效提升路径》，《中国社会科学报》2021 年 1 月 5 日第 11 版。

　　③ 汪连新、黄秀莲：《医养结合视角下社区养老服务对策》，《学术交流》2020 年第 11 期。

　　④ Poe, J. L., Hermer L., Cornelison L., et al., "Does Person – Centered Care Improve Residents' Satisfaction with Nursing Home Quality?". *J. Am. Med. Dir. Assoc.*, Vol. 18, No. 11, 2017, pp. 1 – 6.

　　⑤ Fonseca, D. E., Oliveira, W. I., Saturno, H. P. J., et al., "Quality of Care in Nursing Homes in Brazil". *J. Am. Med. Dir. Assoc.*, Vol. 18, No. 7, 2017, pp. e1 – . e7.

照护保障制度"。① 建立长期护理保险制度是积极应对人口老龄化的重要举措，也是医养结合型养老服务可持续发展的制度保障。发挥中国特色社会主义的制度优势，积极鼓励和支持地方政府因地制宜创新养老服务筹融资机制，探索建立农村多层次长期照护保障制度，加快推进长期照护服务的健康可持续发展。

一是城乡统筹长期护理保险制度应向农村"五保"和失能失智老人倾斜，在资金筹集、服务递送和人才培养过程中兼顾效率与公平。② 积极鼓励和引导商业保险、慈善事业等社会力量发展农村养老服务，鼓励探索老年护理补贴制度，并形成与长期护理保险制度相衔接。政府部门进一步放宽准入机制，积极引入社会力量统筹发展康复护理、长期照护等养老服务，实施普惠性服务和个性化服务相结合，增强农村医养结合型养老服务需求的精准供给，积极推进社区养老服务模式。政府与养老服务各提供者之间应形成一种自愿、平等、互惠的公共治理框架，努力实现政府、市场与社会组织等多元供给主体间的动态平衡。农村社区亟待完善以政府为主导的长期照护保障制度，为市场等多元主体积极参与养老服务发展给予支持和引导。政府与多元供给主体之间基于多层次的沟通，鼓励多元供给主体间通过积极引入嵌入联动模式，共享资源和效益来实现有效合作与协同，不断满足农村老年人多元化的养老需求、全面提升农村老年人生活质量，③ 进一步增强养老服务供给能力。

二是积极发展家庭健康护理和社区健康护理。目前，家庭护理是农村老年人主要的长期护理服务方式，社区护理是介于家庭护理和机构护理之间的护理模式。④ 建立农村长期护理保险制度，加快社区护理服务社会化。社区护理为我国农村老年人的长期护理服务提供了有益补充，

---

① 马昌、曹昆：《习近平：推动老龄事业全面协调可持续发展》，《人民日报》2018 年 11 月 9 日第 4 版。

② 姚洋、[美] 杜大伟、黄益平：《中国 2049：走向世界经济强国》，北京大学出版社 2020 年版，第 82 页。

③ 张志元、郑吉友：《我国农村失能老人居家养老服务多元供给思考》，《河北经贸大学学报》2018 年第 5 期。

④ 荆涛：《长期护理保险理论与实践研究：聚焦老龄人口长期照料问题》，对外经贸大学出版社 2015 年版，第 138 页。

将以乡镇为中心的机构式护理向农村社区延伸，建立志愿服务者和自助互助组织，由机构护理逐渐向家庭和社区延伸。发展社区护理能够有效降低服务成本，社区护理服务以生活照料服务为主，健康护理和精神慰藉等服务项目有待完善，亟待培育社区养老服务的特色和优势，促进养老服务转型升级，① 提高长期护理服务的供给效能，满足农村老年人多元化的医养结合型养老服务需求。

三是加快建立长期护理制度的政策供给体系和筹融资体系，探索建立保险、福利和救助相衔接的农村长期护理保险制度。增强农村失能失智老年人医疗护理服务的支付能力，缓解失能老年人护理费用的支出压力，不断增强长期护理保险制度的健康保障功能。加快建立农村长期护理保险制度。完善农村基层医疗卫生服务网络，增强社会医疗保险对低收入家庭的社会支持，适度将农村社区养老机构提供的医疗护理服务纳入长期护理保险制度统筹范畴。② 健全和完善医养结合型养老服务政策支持体系，积极协同人社部、卫健委、民政部和财政部等部门，探索农村长期护理保险制度的有益经验。推进社会医疗保险与商业健康保险之间的协同运行，促进医疗保险制度与长期照护保险制度的有效衔接，形成政府、企业、社会组织和个人等共担风险的合力，发挥长期护理保险制度的经济社会效益，推动长期护理保险制度的健康发展。③

第四节　构建农村医养结合型养老服务数字信息系统

目前，数字化技术在我国医养结合型养老服务领域的应用主要在于老年人电子健康档案的普及和区域化信息云平台的建设。搭建医养结合信息共享平台，探索智慧健康养老的新型技术开发与应用，整合社区医养结合型养老服务平台和人口健康平台的电子信息资源。

---

① 易湘东：《补短板、推转型、促平衡，加快养老服务业发展》，《中国社会报》2017年12月22日第4版。

② 李红梅：《健康是可以"管"出来的》（人民时评），《人民日报》2019年4月8日第5版。

③ 席恒：《养老服务的逻辑、实现方式与治理路径》，《社会保障评论》2020年第1期。

一 运用数字化技术发展农村医养结合型养老服务

伴随着数字技术与云服务能力的不断提升，远程医疗、康复护理、电子健康和移动健康等技术的广泛应用，健康热线、医疗警报、远程保健等服务应得到优化。[①] 面向世界科技前沿、面向经济主战场、面向国家重大需求、面向人民健康，加快技术新产品、新方案落地，打造领航国家医学发展的国之重器。[②] 积极探索构建供给方式多元化的农村医疗卫生与养老服务体系，通过激发多元主体活力，创新多种服务方式，进而推动农村医养结合型养老服务的精准化、均等化、高效化和便捷化，使农村老年人具有获得感和幸福感。

一是通过移动互联网、云计算、区块链和传感网络等数字技术推动信息系统功能和要素的创新。科学技术的发展，使新形式的诊断、治疗和提供卫生保健成为可能。[③] 辅助社交机器人被认为对老年人具有功能性和情感性，并通过提供服务帮助提高老年人的生活质量。[④] 区块链技术是分布式数据存储、点对点传输、共识机制、加密算法等信息技术的新型综合应用模式。区块链具有去中心化、完全透明的分布式技术，用以记录所有参与者的数据事件，参与者一旦加入区块链，信息便会向网络公开，防止篡改，永久可追溯，提供实时的信息资源共享。[⑤] 区块链技术以点对点的方式有效降低了系统运作的复杂性，从而提高运作效率，[⑥] 将成为医养结合型养老服务资源优化配置的有力技术支撑。[⑦] 健

---

① Karl Theodore, Stanley Lalta, Althea La Foucade, et al., "Financing Health Care of the Elderly in Small Societies: The Case of the Caribbean", *Ageing Int.*, Vol. 42, 2017, pp. 324 – 334.

② 吴沛新、张抒扬：《在实施健康中国战略中发挥主力军作用》，《人民日报》2021 年 8 月 13 日第 9 版。

③ Bernike Pasveer, Oddgeir Synnes, Ingunn Moser, *Ways of Home Making in Care for Later Life*, Springer Nature Singapore Pte. Ltd., 2020, p. 2.

④ Marja T., Eveliina S., Human – Centered Digitalization and Services, Springer Nature Singapore Pte. Ltd., 2019, pp. 17 – 36.

⑤ 张楠迪扬：《区块链政务服务：技术赋能与行政权力重构》，《中国行政管理》2020 年第 1 期。

⑥ 白维军：《区块链 + 社会救助服务：创新前景、核心问题与推进方略》，《社会科学辑刊》2021 年第 2 期。

⑦ 席恒：《在社会关系网络中不断提升养老服务质量》，《中国社会工作》2019 年第 8 期。

康数据的共建共享、多主体的协同推进、递送流程的优化再造、信任机制的构建能够为有效解决健康治理过程中的公信力和透明度、公平和效率、信息共享和协同治理提供崭新思路和有力支撑。

二是提高农村社区养老服务的适老化能力和智能化水平。政府对既有乡镇养老机构、社区养老服务中心以及五保户家庭逐步实施适老化改造。新型农村社区养老服务设施的适老化建设中，重点对农村特困供养老年人家庭实施适老化改造。目前，适老化改造主要体现在对农村卫生室、家庭养老院、农村互助幸福院等无障碍设施的防滑减震，以满足农村老年人安全性和便利性的医养结合型养老服务需求。农村养老服务提供者可依据农村老年人的经济能力、健康状况和服务需求等信息，以社区托养机构为依托，与农村老年人家庭建立医疗契约服务关系。积极引导 IT 企业、电信运营商、金融机构等共同推进信息进村入户，不断完善以 12316 为核心的公益服务体系，推进电子商务的迅速发展。支持各省（区、市）建设区域性数据平台，协调推动社会治理、医疗保险等领域的信息化建设和应用。[1] 政府、企业、社会组织等多主体通过信息采集、人机互动和智能化技术的综合应用，以实施远程医疗和"互联网＋护理服务"为契机，努力实现医养结合型养老服务的远程精准供给。

三是积极探索新型智能信息技术发展"互联网＋"居家养老服务。发达国家已通过健康信息采集的智能终端，如非侵入性穿戴式传感器，[2] 被动遥测监控装置，老年人生命体征的实时储存和健康信息的动态监测等。[3] 智能养老企业可通过物联网、影像传输、可穿戴设备和床旁护理等先进技术的广泛应用，在社区或家庭内安装智能监控系统、

---

① 张禧、毛平、朱雨欣：《乡村振兴战略背景下的农村基本公共服务问题研究》，中国农业出版社 2020 年版，第 171 页。

② Solar, H. , Fernandez, E. , Tartarisco, G. , etal，"A Non Invasive, Wearable Sensor Platform for Multiparaetric Remote Monitoring in CHF Patients"，*Health and Technology*，Vol. 3, No. 2, 2013, pp. 99 – 109.

③ Rantz, M. J. , Skubic, M. , Popescu, M. , etal. , "A New Paradigm of Technology—Enabled 'Vital Signs' for Early Detection of Health Change for Older Adults"，*Gerotology*，Vol. 61, No. 3, August 2014, pp. 281 – 290.

GPS 智能定位系统以及 SOS 紧急报警系统等数字信息技术，为居家和机构老年人提供远程医疗、复诊送药、慢病管理、照护指导、人才培训、科普讲座等远程协同服务。同时，智能数字企业等协助家庭照顾者或养护人员实时掌握老年人的电子健康信息，为健全和完善医养结合型养老服务的数字信息系统提供技术支撑，以实现对农村老年人的远程健康照顾。

二　搭建医养结合型养老服务的信息共享平台

伴随着 5G 技术的广泛应用，实施数字乡村战略，加快物联网、地理信息、智能设备等现代信息技术与农村生产生活的全面深度融合，深化农业农村大数据创新应用，推广远程教育、远程医疗、金融服务进村等信息服务，建立空间化、智能化的新型农村统计信息系统。[①] 远程医疗具有即时性、普适性和多级性等特征。[②] 远程医疗与远程护理已覆盖大部分医疗联合体和县级医院，并逐步向基层社区卫生服务机构、乡镇卫生院和村卫生室延伸。

一是完善省、市、县、乡、村五级远程医疗服务网络。实施远程卫生干预是向农村社区提供卫生服务的有效途径，对卫生保健服务的质量、协调和组织产生了积极的影响。[③] "互联网＋"智慧养老服务以医养结合为先导，以 5G 等信息技术为支撑，强化区域养老服务信息平台建设，促进信息资源共享。增强远程医疗协作网在医联体建设中对农村社区的支持，目前，全国三级甲等医疗机构已全面开展远程医疗服务，覆盖了全国大部分贫困县，逐步向乡村和社区延伸。全国 963 家三级医院与 832 个贫困县的 1180 家县级医院结对帮扶。加强贫困地区乡镇卫

---

① 中共中央、国务院：《乡村振兴战略规划（2018—2022）》，《人民日报》2018 年 9 月 27 日第 1 版。

② 赵宁、王建昌、张慧杰等：《面向远程医疗的分级诊疗流程管理与优化研究》，《中国数字医学》2019 年第 1 期。

③ Susann May, Kai Jonas, Georgia V. Fehler, Thomas Zahn, Martin Heinze and Felix Muehlensiepen, "Challenges in Current Nursing Home Care in Rural Germany and How They Can be Reduced by Telehealth – an Exploratory Qualitative Pre – Post Study", *BMC Health Services Research*, Vol. 21, 2021, pp. 925.

生院和村卫生室能力建设。深入实施医院对口帮扶，为贫困县医院配置远程医疗设施设备，全面建成从三级医院到县医院互联互通的远程医疗服务网络。[①] 政府通过搭建基层社区卫生信息网络平台，以医疗机构的健康管理和电子健康档案建设为重点，推动远程医疗服务覆盖医联体，不断推进乡镇卫生院和农村基层医疗卫生服务机构的信息化建设。在医联体内，远程医疗网络以远程数据传输技术为基础，推动互联网信息技术以及远程医疗技术的应用。推进"互联网＋"智慧养老服务，努力实现医养资源的信息共享、上下互通与高效协同，从而更好地满足农村失能老年人医养结合型养老服务需求，切实提升老年人的获得感和满足感。

二是推动区域人口健康信息平台与社区养老服务信息平台的有效对接。促进医疗卫生与养老信息系统的衔接与整合，整合老年人电子信息档案、电子健康档案等实现信息资源共享，探索信息共享平台与智能手机相结合的居家智能和健康监测技术，为发展医养结合服务提供信息技术支持。智慧养老应使老年人在居家和社区环境中享受医疗服务，为农村养老机构提供电子健康档案、健康管理、康复理疗等功能的信息平台系统，减少机构照料的诊疗频次和等候时间，不断提高远程医疗、分级诊疗和双向转诊等服务的可及性与便捷性，增强社区基层医疗服务机构的利用率，实现远程医疗和护理技术的应用和升级。

三是提高农村社区的数字化健康治理水平。深入实施健康扶贫工程，完善农村最低生活保障制度、社会保险制度、社会福利制度等，保障农村居民的基本生活，完善农村社会救助制度，提高对农村地区留守老人和失能老人的保障水平。[②] 加强高龄、失能、独居和空巢老年人等重点人群的健康管理，增强农村老年人对智能通讯技术的适应能力，[③] 逐步提升农村社区医疗卫生与养老服务质量与服务能力，有效提升医养

---

① 中共中央党史和文献研究院：《十九大以来重要文献选编（上）》，中央文献出版社2019年版，第488页。

② 厉以宁、程志强、赵秋立：《中国道路与人口老龄化》，商务印书馆2018年版，第269页。

③ 张驰：《农村劳动力转移对子女赡养行为及父母健康福利影响研究》，博士学位论文，中国农业科学院，2020年，第2页。

结合型养老服务的专业化水平，如虚拟养老院可通过建立区域信息服务云平台，将老年人的服务需求通过智能网络平台努力实现信息共享，重点为农村失能失智老年人提供多元化服务。

三　健全和完善"互联网＋"医养结合型养老服务

农业农村部、中央网信办印发的《数字农业农村发展规划（2019—2025 年）》指出：农业农村数字化是生物体及环境等农业要素、生产经营管理等农业过程及乡村治理的数字化。数字农业农村发展将迎来难得机遇。数字农业农村建设、乡村数字治理体系深刻改变了农村老年人的生产生活方式。伴随着农村老年人医疗护理需求的增加，智慧养老以物联网、大数据、云计算、GIS 技术等高新技术的综合应用为基础，基于老年人需求提供照护服务，倡导多技术组合、多元化服务方式的新型养老模式。

一是智慧养老和远程医疗将创新科技融入医养结合型养老服务产业体系。提高医养结合型养老服务的便捷性和有效性，能够合理优化配置医养资源，创造健康养老服务业的崭新增长点，以实现服务的专业化和精准化，已成为医养结合型养老服务的发展趋势。加强慢病防控、精准医学、智慧医疗等关键技术突破，重点部署创新药物开发、医疗器械国产化、中医药现代化等任务，显著增强重大疾病防治和健康产业发展的科技支撑能力。[1] 智能技术利用互联网技术搭建传感系统与智能平台，在预防保健、医疗护理、康复理疗等方面发挥更为重要的作用。人工智能运用科学智能的评估体系，根据老年人的多元化需求，采取信息采集、人机互动和智能化运营等，精准细致地评估老年人的生活自理能力、医疗健康状况、心理健康水平和社会参与程度等，为居家、社区以及养老机构老年人提供个性化的医养结合型养老服务。

二是积极支持"互联网＋"医养康护的发展。[2] 政府加强对"互联

---

① 《中共中央国务院印发〈"健康中国 2030"规划纲要〉》，《光明日报》2016 年 10 月 26 日第 1 版。

② 胡静林：《推动医疗保障高质量发展》，《学习时报》2021 年 3 月 5 日 A1 版。

网＋"医养结合型养老服务的政策支持与引导。"互联网＋"护理服务主要指医疗机构依托互联网信息技术，以高龄、失能老年人、康复期患者和终末期老年人为重点服务对象，将"互联网＋"护理服务与家庭医生、家庭病床和延续性护理等服务有机结合，完善线上和线下服务相结合的制度保障体系，努力促进智慧养老产业发展与老年人的养老服务需求的有效对接。[1] 借助"互联网＋"护理服务，将O2O模式纳入智慧养老平台建设领域。人工智能顺应传统医疗照护模式向现代医疗照护的转型，通过液压床传感器、Kinect深度图像、运动传感器、雷达等传感器实时测量人体体征，与电子病历进行整合和存储，并进行健康状况恶化的探测和识别，通过警报管理器连接到门户网站与移动通信设备，从而连接到老年人、家庭、健康管理服务提供人员和机构，实现技术驱动的人体体征测量新模式，早期发现老年人的健康变化（见图8.1）。"互联网＋"护理服务促进智能机器人与医疗护理服务相结合，减轻老年医疗照护者的工作压力，缓解医疗护理人才短缺的问题，[2] 使护理机器人从机构延伸至家庭和社区，为老年人提供标准化、智能化的照护服务。

三是健全和完善医养结合型养老服务的风险分担机制。积极应对医养结合型养老服务发展带来的严峻挑战。[3] 完善对居家社区医护人员的人身安全保护与服务监管制度，加强老年人的信息安全与隐私保护。落实医师多点执业政策，医务人员上门诊疗服务应视同在医疗机构提供服务，鼓励医生、护士、健康管理师等专业人才多点执业。为提供上门服务的医养结合机构投保责任险、医疗意外险和人身意外险等，有效防范与化解医疗风险。完善家庭签约医生团队上门巡诊服务制度，政府通过政策引导支持"互联网＋"护理服务的发展，鼓励家庭医生团队为老年人提供上门居家护理服务，明确家庭医生通过签约服务发展家庭病床

---

① 祝国红：《提升智慧健康养老服务的路径》，《中国社会科学报》2020年7月1日第7版。

② 韩振秋：《老龄化问题应对研究——基于科学与社会的视角》，知识产权出版社2018年版，第167—187页。

③ 黄跃师等：《"互联网＋护理服务"的发展现状》，《护理研究》2020年第8期。

模式，逐步提高"互联网＋"护理服务质量。① 利用"互联网＋"平台提高医养结合型养老服务能力，不断增强医养结合型养老服务体系的韧性，已成为积极应对老龄化，引领和推动健康中国建设，促进经济社会和人民健康和谐发展，满足农村失能失智老年人养老照护需求的有效途径。

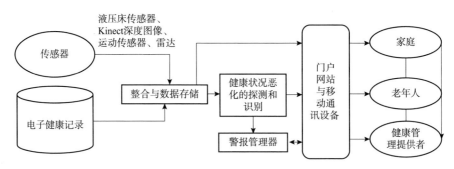

图 8.1 传感器系统

资料来源：Rantz, M. J., Skubic, M., Popescu, M., etal., "A New Paradigm of Technology—Enabled 'Vital Signs' for Early Detection of Health Change for Older Adults", *Gerotology*, Vol. 61, No. 3, August 2014, pp. 281 – 290.

健康中国战略下，构建农村医养结合型养老服务体系需要大力培育多元供给主体，农村老年人医养结合型养老服务需求增长迅速且更趋多元化，为农村失能失智老年人提供专业化、可持续的医养结合型养老服务。政府积极促进农村社会医疗保险与医疗救助制度间的有效衔接与有机融合，将医疗机构的延伸性护理功能向社区和家庭拓展，通过向农村失能、高龄老年人提供疾病预防、医疗照护、健康管理等全方位全周期服务，为农村老年人提供生活照料、医疗护理、紧急救援等多层次的健康服务保障，使农村医养结合型养老服务供给能够兼顾社会经济效益，不断增进农村老年人健康福祉。②

---

① 童星：《重视养老服务中的风险防范与化解》，《中国社会工作》2019 年第 8 期。
② 郑吉友、娄成武：《我国农村医养结合型养老服务体系构建研究》，《改革与战略》2021 年第 2 期。

第九章 结 论

本书以协同治理理论和福利多元主义理论为基础，综合运用访谈法、问卷调查法、参与式观察法和计量分析法等研究方法，重点研究农村医养结合型养老服务体系的构建，将医养结合型养老服务的研究范畴拓展为机构照料的服务功能外溢、乡镇卫生院、农村家庭养老院和农村互助幸福院等研究载体。从体系构建方面分析农村医养结合型养老服务供给效率、供给能力、供给机制等供给体系以及需求能力等需求体系，对农村医养结合型养老服务体系进行研究。既对农村医养结合型养老服务供给与需求进行了系统性分析，又对农村医养结合型养老服务的供给主体与效用、目标与方式、效率与能力、协同供给的优势与动力机制等方面进行了系统阐释，既有定性研究又有定量的数理统计分析，本书的主要结论如下：

第一节 农村医养结合型养老服务应以需求为导向实施精准供给

农村医养结合型养老服务以为老年人提供健康照料服务为宗旨，以贯彻健康管理理念为目标，从传统诊疗模式向以慢病管理、健康管理为重点的健康照护和医养结合型养老服务模式转型，推动形成现代医疗卫生与养老服务相结合的新型养老模式。本书运用扩展线性支出模型（ELES），以农村家庭生活基本消费支出为依据，考察农村居民消费结构的变化特征，进而分析近年来农村老年人医疗保健的支出水平及其健康状况的改善程度，运用"标准消费人"算法衡量农村老年人医养结合型养老服务的支付能力。

构建中国特色农村医养结合型养老服务体系，政府积极吸纳和挖掘社会慈善福利资源注入农村社区服务，农村基层医疗卫生服务机构应为老年人建立健康档案，加强老年人健康监测与健康管理，健全社区卫生服务组织和体系。我国农村社区依托网络平台，侧重社区居家养老服务供给，加强基层社区卫生服务网络建设，使农村老年人就近可享受优质的诊疗服务，逐步实现对医养资源的整合，社区作为机构照料和家庭照顾有机衔接的平台和纽带，是农村医养结合型养老服务的重要依托，发挥家庭在养老服务中的基础功能，使老年人能够在熟悉的社区环境中享受居家照料服务，在提升农村老年人养老服务质量过程中发挥积极作用。我国农村需要形成"家庭—社区—机构"持续性医养结合照护模式，涵盖需求评估、健康监测、照护监管和智慧养老等方面，将医养结合延伸至社区家庭，将农村特困人员供养机构转型为农村养老服务中心，将机构养老中的专业康护服务有效融入医养结合型养老服务，将医养结合嵌入居家、社区和机构养老模式中，形成以乡镇卫生院为支撑，不断构建安全便捷、规模适度、功能互补，集"医养康护"为一体的农村医养结合型养老服务体系，有助于促进医养结合型养老服务的健康可持续发展。

第二节 健全多层次农村医养结合型养老服务保障体系

农村医养结合型养老服务协同供给是源于对农村社区老年人社会真实需求和美好期待的有效回应，协同供给的优势在于分散老龄社会的健康治理风险，进一步发挥政府财税政策的杠杆作用，发挥协同供给主体的竞争与合作效应，优化整合健康养老资源提供优质服务。在研究方法的综合运用上，将访谈法、参与式观察法、问卷调查法和计量分析法综合运用于农村医养结合型养老服务供需状况的调查与研究。采用随机前沿方法（DEA）分析农村医养结合型养老服务的供给效率及其影响因素，运用结构方程模型（SEM）分析农村医养结合型养老服务的供给能力的内在机理，得出农村医养结合型养老服务供给能力及其各影响因素之间具有内在关联性，将系统动力学的仿真实验（SD）等计量分析法运用于农村医养结合型养老服务供给系统的模型构建，主要论证了我国农村医养结合型养老服务的供给效能及其影响因素，为系统构建农村医养结合型养老服务协同供给体系提供实证支撑。

健全和完善医养结合型养老服务政策体系，协同推进"三医联动改革"，健全高效运行的全民医疗保障制度，协调推进医疗保障制度之间的有效衔接，使更多疾病从"无药可医"变为"可医可控"，健全多层次农村医养结合型养老服务体系。构建农村医养结合型养老服务人才培养体系，提倡多学科综合能力培养，将中医药学、护理学、社会医学等交叉学科人才纳入长期照护服务人才培养计划。健全和完善农村医养结合型养老服务制度保障体系，探索构建农村医养结合型养老服务协同供给机制，健全和完善农村医养结合型养老服务的需求评估机制、绩效评估机制和激励约束机制，逐步完善服务需求评估的监督管理制度。探索建立社会救助、社会保险和社会福利相衔接的农村长期护理保险制度，重点向农村"五保"老人和失能失智老人倾斜。推进农村基层医疗卫生机构的服务能力建设，落实分级诊疗制度，提升县域医疗机构为老服务能力，并通过签约医生团队等方式提高农村老年人就医可及性，提升农村医养结合型养老服务供给水平。我国以积极老龄化为取向，逐步实现共建、共融和共享，重构医养结合型养老服务的风险共担机制，从应急救助走向适度保障，促进健康保障制度沿着公平、普惠、可持续的方向稳步迈进。

第三节　推动形成农村医养结合型养老服务协同联动机制

本书系统论证了农村医养结合型养老服务供给的新路径——协同供给。从既有研究来看，探讨农村医养结合型养老服务协同供给能够弥补目前学界研究的不足，农村医养结合型养老服务供给需要形成政府、企业、非营利组织、社区、家庭等多元主体的优势互补与功能融合，努力提升农村医养结合型养老服务的供给能力和水平。

　　健康中国战略下，健全农村多层次健康保障的协同联动机制，通过完善分级诊疗与双向转诊制度，进一步完善农村基层医疗卫生与养老保障体系，推动农村医疗卫生与养老服务无缝衔接与高效协同，构建农村多层次健康保障服务联动机制，促进农村医养结合型养老服务资源的优化配置。政府努力为医养结合型养老服务的发展提供筹融资支持、财税政策、土地保障、人才培养和信息支撑等支持体系，有助于提升农村医养结合型养老服务的供给效能。从全民健康覆盖的角度构建医养结合型养老服务体系，创新农村医养结合型养老服务供给机制。农村医养结合型养老服务供给包括"有效供给"和"协同供给"，"有效供给"是"农村医养结合型养老服务"实现协同供给的重要目标，是在多元供给主体基础上实现协同供给，是推动供需均衡进而实现养老服务协同供给的重要保障。农村医养结合型养老服务从生活照料等基本生活需求向精神慰藉、社会参与等发展型、享受型高层次需求拓展，推动政府、市场、社会组织各主体在农村医养结合型养老服务供给中的竞争与合作。政府根据农村老年人的生活照顾需要及其对家庭的依赖程度、离家距离由近及远，毗邻建设农村敬老院、互助幸福院、乡镇托管中心、社区医疗服务中心、乡镇卫生院等社区医养结合型养老服务机构。构建农村医养结合型养老服务体系，需要厘清农村医养结合型养老服务协同供给的内在逻辑，农村医养结合型养老服务供给需要从内部协同向外部协同拓展，从低度协同向高级协同拓展，争取得到外部其他供给系统，如农村医疗卫生服务供给系统、农村社会救助系统等的有效支持与衔接，以促进政策系统在健康保障领域的协同推进。农村医养结合型养老服务有效供给应以协同供给为目标，推动农村医养结合型养老服务多元供给主体间由分散化、封闭性的低度协同向互动性、开放性的高度协同迈进。协同供给机制促进了公共服务跨部门、跨层次的联动与协同，增强了各主体之间的联动性与多部门间合作的协同性，努力创新"有病治病、无病康养"的养老保障模式，以进一步增进农村老年人的健康福祉。

附　　录

附录 A　医养结合型养老机构访谈提纲

1. 养老机构的基本情况，服务人员的构成情况，服务对象的入住情况。

2. 了解养老机构提供的服务内容，入住老人的服务需求，如中医药浴、中药理疗以及临终关怀等。

3. 在养老机构提供服务方式上，是否提供居家上门服务或短期暂托服务？

4. 养老机构能否解决常见病，有没有定期体检，分析、解决与治疗方案，养老机构的医疗设施利用率。

5. 老年病医院的康复作用。哪种老年常见病基本医疗保险应该提高报销比例，老年人的医疗保险和医疗服务利用情况，拥有医疗资源情况（远程会诊中心，与养老机构合作的定点医院）。

6. 养老机构的运营状况，是否有政府、企业、社会组织等的支持？养老服务、医疗服务志愿者和社会组织等如何定期提供医疗卫生和养老服务？

7. 辽宁省医保局、沈阳市人社局、沈阳市卫健委、沈阳市保险协会、沈阳市老年服务协会等部门如何对医院提供帮助与支持。

8. 如何解决不同老年群体的看病难、看病贵问题？

（1）目标定位

（2）如何满足老年人医疗服务的潜在需求（有支付能力的服务——税收补贴；支付能力不足——政府补贴；无支付能力——政府购买）

9. 在农村养老服务的提供中，如何化解人力资源的不足，是否有志愿者和义工的参与，是否有公益团体、村集体的支持？

10. 贵机构在医养结合型养老服务发展中，存在的问题、原因有哪些？如何实现可持续发展。如何降低民营机构的投入成本（税收优惠、土地划拨、财政补助），医疗机构的多层次护理，医院如何向康复、护理和疗养转型。

附录 B　调研单位名单

（一）城市医养结合机构

辽宁中置盛京老年病医院

春晖养老集团

沈阳市文安路社区万家宜康养老服务中心

沈阳市五彩阳光城社区

沈阳市怡园养老院

沈阳市沈河区乐居养老服务中心

沈阳市南湖街道社区卫生服务中心

沈阳市金星居家养老服务中心

沈阳市和平区中电瑞鼎居家养老服务中心

沈阳市正良博爱之家老年养护中心

沈阳市松汇养老院

铁岭市老龄产业集团

江苏省老年病医院

河北正定县塔元庄互助幸福院

山西省太原市比家美养老院

山西省介休市如家养老院

山西省介休市群众活动阅览室

山西省介休市中医医院

山西省介休市福兴轩老年公寓

山西省介休市二轻医院

山西省介休市福源老年康复服务中心

（二）农村

山西介休市张兰镇 Z 村日间照料中心

山西介休市张兰镇农村社区大众食堂

辽宁省鞍山市宁远屯北地号诊所

辽宁省鞍山市宁远屯双楼台村诊所

辽宁省鞍山市宁远镇张忠堡村卫生室

辽宁省辽阳县前杜村

陕西省宁陕县皇冠镇八宝村

辽宁省沈阳市鸭绿江街道观音社区（村）

附录 C　农村医养结合型养老服务供需调查问卷

——老年人问卷

尊敬的老年朋友：

您好！为了更好地关注您所在社区老年人的养老生活状况，特作此次问卷调查。本次调查仅作科学研究。请在所选项目上注明√。非常感谢您的支持和配合！

被调查者的户籍地址：　　　省　　　市　　　区（县）

街道（村）

入户调研时间：　　年　　月　　日

第一部分：农村老年人的养老生活现状调查

A. 个人基本特征

A1. 请问您的年龄：＿＿．请注明出生年份：＿＿．

0. 60－69 岁；1. 70－79 岁；2. 80－89 岁；3. 90 岁及以上；

A2. 性别：＿＿

1. 男；0. 女

A3. 受教育程度：＿＿＿

0. 未上学；1. 私塾；2. 小学；3. 初中；4. 高中、中专及以上；

A4. 婚姻状况：＿＿＿

1. 未婚；2. 已婚；3. 离婚；4. 丧偶；

A5. 住房情况：＿＿＿

5. 自有私房；4. 已购房；3. 租住房屋；2. 借住亲戚、朋友的住房；1. 其他；

A6. 家庭年收入：

0. 4000 元以下；1. 4000 元 – 1 万元；2. 1 万 – 2 万元；3. 2 万元以上

A7. 收入来源：＿＿＿

0. 五保供养；1. 子女供养；2. 政府低保；3. 新农保；4. 务农收入；

5. 经营收入；

B. 家庭特征

B8. 居住状况：＿＿＿

1. 在养老院居住；2. 与孙子女同住；3. 与子女同住；4. 与配偶同住；

5. 独居；

B9. 家庭成员关系：＿＿＿

5. 好；4. 较好；3. 一般；2. 较差；1. 差

B10. 子女数量：＿＿＿

1. 无子女；2. 1 – 3 个；3. 3 个以上；

B11. 家庭地位：＿＿＿

1. 受尊敬；0. 不受尊敬

B12. 子女月探望或电话问候次数：＿＿＿

1. 三次及以上；0. 三次以下

C. 经济供养

C13. 您是否享有新农保：＿＿＿

1. 是；0. 否

C14. 子女是否给钱花：＿＿＿

1. 是；0. 否

D．生活照料

D15. 您的日常生活自理能力：

1. 完全依赖；2. 相对依赖；3. 相对自理；4. 完全自理；

D16. 您的日常生活照料由谁帮助您：＿＿＿

10. 配偶；9. 儿子；8. 儿媳；7. 女儿；6. 女婿；5. 孙子女；4. 其他亲属；3. 朋友邻里；2. 社会服务；1. 无人帮助；0. 其他

E. 医疗护理

E17. 健康状况：＿＿＿

4. 很好；3. 较好；2. 较差；1. 很差；

E18. 您生病时主要由谁照料：＿＿＿

10. 配偶；9. 儿子；8. 儿媳；7. 女儿；6. 女婿；5. 孙子女；4. 其他亲属；3. 朋友邻里；2. 社会服务；1. 其他；

E19. 您是否患有疾病：＿＿＿

1. 是；0. 否

E20. 您一年看几次病：＿＿＿

1. 一次；2. 两次及以上；0. 无；

E21. 如果看病，首先选择去哪儿看病：＿＿＿

1. 村卫生室；2. 乡镇卫生院；3. 二级医院；4. 三级医院；5. 如果在养老院居住，养老机构定点医院；6. 本机构内设医务室；7. 其他

E22. 您对农村社区的医疗服务水平是否满意：＿＿＿

1. 不满意；2. 不太满意；3. 一般；4. 满意；5. 非常满意

F．精神慰藉

F23. 您心情不愉快时向谁倾诉［可多选］？＿＿＿

3. 老伴儿；2. 子女；1. 邻里；0. 村干部；

F24. 您是否感觉孤单寂寞：＿＿＿

0. 无；1. 偶尔有；2. 经常有；

G. 社会参与

G25. 您所在的农村社区是否组织老年人参与志愿服务：＿＿＿

1. 是；0. 否；

G26. 您所在的农村社区是否为老年人提供法律维权服务：＿＿＿

1. 是；0. 否；

G27. 从养老服务提供者的角度，您希望的养老方式是：＿＿＿

2. 家庭养老；1. 居家养老；0. 机构养老；

G28. 就养老居住地来说，您倾向于哪种养老方式：＿＿＿

2. 家庭养老；1. 居家养老；0. 机构养老；

G29. 您觉得社会化的居家养老服务有必要吗？＿＿＿

1. 有；0. 无；

G30. 您认为社会化养老服务是否能够替代您的儿女养老：＿＿＿

1. 是；0. 否；

G31. 您对居家养老服务及相关政策是否听说过：＿＿＿

1. 是；0. 否；

G32. 您是否愿意享受居家养老服务：＿＿＿

1. 是；0. 否；

G33. 您所在的村或社区有哪些养老服务机构或医疗机构？＿＿＿

0. 养老院；1. 老年食堂；2. 老年活动站；3. 日间照料中心；4. 互助幸福院；5. 老年托管中心；6. 卫生室；7. 乡镇卫生院；8. 二级医院；9. 三级医院；

G34. 您所在的村或社区提供过哪种养老服务：＿＿＿

1. 上门做家务；2. 上门护理；3. 上门看病；4. 聊天解闷；5. 紧急救援；6. 日间照料；7. 法律援助；8. 社会娱乐；9. 志愿服务；0. 培训讲座；

G35. 社区（村）诊所与乡镇卫生院或乡镇敬老院是否有合作：＿＿＿

1. 是；2. 否；

如果有合作，请注明合作形式：＿＿＿

1. 签约合作；2. 嵌入式合作；3. 其他

G36. 如果在养老院居住，贵机构周边及内部医养服务设施主要有：____

1. 养老机构的自有医院；2. 与社区卫生院合作；3. 与乡镇卫生院合作；4，与三级医院合作；

G37. 您对农村养老服务政策实施效果的满意程度：____

5. 非常满意；4. 满意；3 一般；2. 不太满意；1. 不满意；

G38. 您希望所在村或社区提供哪些养老服务项目：____

1. 上门做家务；2. 上门护理；3. 上门看病；4. 聊天解闷；5. 紧急救援；6. 日间照料；7. 法律援助；8. 社会娱乐；9. 志愿服务；0. 培训讲座；

第二部分　农村医养结合型养老服务供给的满意度调查

K39. 服务预约与提供方便性的满意程度：____

5. 非常满意；4. 满意；3. 一般；2. 不太满意；1. 不满意；

K40. 上门服务等待时间的满意程度：____

5. 非常满意；4. 满意；3. 一般；2. 不太满意；1. 不满意；

K41. 社会工作人员责任心和态度的满意程度：____

5. 非常满意；4. 满意；3. 一般；2. 不太满意；1. 不满意；

K42. 服务质量的满意程度：____

5. 非常满意；4. 满意；3. 一般；2. 不太满意；1. 不满意；

K43. 医养服务设施配置的满意程度：____

5. 非常满意；4. 满意；3. 一般；2. 不太满意；1. 不满意；

K44. 服务内容多样化的满意程度：____

5. 非常满意；4. 满意；3. 一般；2. 不太满意；1. 不满意；

K45. 服务内容专业化水平的满意程度：____

5. 非常满意；4. 满意；3. 一般；2. 不太满意；1. 不满意；

K46. 养老服务收费的满意程度：____

5. 非常满意；4. 满意；3. 一般；2. 不太满意；1. 不满意；

K47. 社会养老服务在提高您生活质量的满意程度：____

5. 非常满意；4. 满意；3. 一般；2. 不太满意；1. 不满意；

K48. 社会养老服务规范化的满意程度：____

5. 非常满意；4. 满意；3. 一般；2. 不太满意；1. 不满意；

K49. 您能够享受的养老服务项目应该是：____

1. 免费的；2. 10 元/小时及以下；3. 11 – 20 元/小时；4. 21 元/小时及以上；

K50. 您希望由谁提供医养结合型养老服务？

1. 政府；2. 企业；3. 非营利组织（老年协会，志愿者）；4. 社区；

5. 家庭邻里；

非常感谢您的配合，祝您及家人幸福安康！

参考文献

一　中文参考文献

（一）中文著作类

[美] 埃弗里特·M. 罗吉斯（Everett M. Rogers），拉伯尔·J. 伯德格：《乡村社会变迁》，王晓毅、王地宁译，浙江人民出版社1988年版。

[丹] 哥斯塔·埃斯平·安德森（Gosta Esping‑Andersen）：《转型中的福利国家：全球经济中的国家调整》，杨刚译，商务印书馆2010年版。

[美] 爱利克·埃里克森（Erik H. Erikson）：《童年与社会》，高丹妮、李妮译，世界图书出版有限公司北京分公司2017年版。

[美] 安索夫（Ansoff）：《新公司战略》，西南财经大学出版社2009年版。

[英] 安东尼·哈尔（Anthony Hall），[美] 詹姆斯·梅志里（James Midgley）：《发展型社会政策》，罗敏、范酉庆等译，社会科学文献出版社2006年版。

[英] 齐格蒙特·鲍曼（Zygmunt Bauman）：《共同体》，欧阳景根译，江苏人民出版社2003年版。

[美] 彼得·德鲁克（Peter Ferdinand Drucker）：《非营利机构的管理》，吴振阳等译，机械工业出版社2009年版。

[美] 朱乔（Joe Zhu）：《数据包络分析：让数据自己说话》，公彦德、李想译，科学出版社2016年版。

［日本］岛崎谦治：《日本的医疗——制度与政策》，何慈毅、吴凯琳、瞿羽、巴梦玲译，南京大学出版社 2016 年版。

［美］戴维·奥斯本（David Osborne）等：《改革政府——企业精神如何改革着公营部门》，周敦仁译，上海译文出版社 1996 年版。

［美］福罗拉（C. B. Flora，J. L. Flora）：《农村社区资本与农村发展》，肖迎译，民族出版社 2011 年版。

［德］斐迪南·滕尼斯（Ferdinand Tönnies）：《共同体与社会》，林荣远译，商务印书馆 1999 年版。

［美］格罗弗·斯塔林（Starling, G.）：《公共部门管理》，陈宪等译，上海译文出版社 2003 年版。

［德］H. 哈肯（Haken, H.）：《高等协同学》，郭治安译，赵忠芝校，科学出版社 1989 年版。

［英］哈耶克（Friedrich August Hayek）：《自由秩序原理》，邓正来译，生活·读书·新知三联书店 1997 年版。

［美］L. 贝塔兰菲（L. V. Bertalanffy）：《一般系统论》，秋同、袁嘉新译，社会科学文献出版社 1987 年版。

［美］W. 理查德·斯科特（W. Richard Scott）：《制度与组织——思想观念与物质利益》，姚伟、王黎芳译，中国人民大学出版社 2010 年版。

［法］卢梭（Jean‐Jacques Rousseau）：《社会契约论》，何兆武译，商务印书馆 1979 年版。

［美］莱斯特·M. 萨拉蒙（Lester M. Salamon）：《全球公民社会：非营利部门视界》，社会科学文献出版社 2002 年版。

［美］莱斯特·M. 萨拉蒙（Lester M. Salamon）：《公共服务中的伙伴—现代福利国家政府与非营利组织的关系》，田凯译，商务印书馆 2008 年版。

［澳］欧文·E. 休斯（Owen E. Hughes）：《公共管理导论》，彭和平等译，中国人民大学出版社 2001 年版。

［美］E. S. 萨瓦斯（E. S. Savas）：《民营化与公私部门的伙伴关系》，周志忍等译，中国人民大学出版社 2003 年版。

［挪威］斯坦恩·库恩勒（Stein Kuhnle）、［中国］陈寅章，［丹麦］克劳斯·彼得森（Claus Peterson）［芬兰］保利·基杜伦（Pauli Kettunen）：《北欧福利国家》，许晔芳、金莹译，复旦大学出版社 2010 年版。

［美］达尔默·D. 霍斯金斯（Dalmer D. Hoskins）等：《21 世纪初的社会保障》，侯宝琴译，中国劳动社会保障出版社 2004 年版。

［英］苏珊·特斯特（S. Tester）：《老年人社区照顾的跨国比较》，周向红、张小明译，中国社会出版社 2002 年版。

［美］唐纳德·凯特尔（Donald F. Kettl）：《权力共享：公共治理与私人市场》，孙迎春译，北京大学出版社 2009 年版。

［美］文森特·奥斯特罗姆等（Vincent A. Ostrom et al）：《制度分析与发展的反思——问题与抉择》，王诚等译，商务印书馆 1992 年版。

［美］约翰·斯科特（John Scott）：《社会网络分析法》，刘军译，重庆大学出版社 2007 年版。

［美］史蒂文·N. 杜尔劳夫（Steven N. Durlauf）、劳伦斯·E. 布卢姆（Lawrence E. Blume）：《新帕尔格雷夫经济学大词典（中文版）第二卷》，经济科学出版社 1996 年版。

［美］詹姆斯·M. 布坎南（James M. Buchanan）：《自由、市场与国家》，平新乔等译，上海三联出版社 1989 年版。

［美］詹姆斯·N. 罗西瑙（James N. Rosenau）：《没有政府的治理》，张胜军、刘小林等译，江西人民出版社 2001 年版。

［美］威廉·科克汉姆（William C. Cockerham）：《医学社会学》，杨辉、张拓红译，北京大学出版社 2000 年版。

蔡江南：《医疗卫生体制改革的国际经验——世界二十国（地区）医疗卫生体制改革概览》，上海科学技术出版社 2016 年版。

蔡仁华：《中国医疗保障制度改革实用全书》，中国人事出版社 1998 年版。

陈立行、柳中权：《中国老年社会福祉研究的新视角》，社会科学文献出版社 2007 年版。

陈佳贵、吕政、王延中：《中国社会保障发展报告》，社会科学文献出版社 2001 年版。

陈勇、唐洪兵、毛久银：《乡村振兴战略》，中国农村科学技术出版社 2018 年版。

崔万有：《日本社会保障研究》，北京师范大学出版社 2009 年版。

陈立行、柳中权：《向社会福祉跨越——中国老年社会福祉研究的新视角》，社会科学文献出版社 2007 年版。

丁煌：《西方行政学说史》，武汉大学出版社 2004 年版。

董维真：《公共健康学》，中国人民大学出版社 2009 年版。

国家卫生健康委员会编：《2020 中国卫生健康统计年鉴》，中国协和医科大学出版社 2020 年版。

高鉴国：《中国农村公共物品的社区供给机制》，山东人民出版社 2009 年版。

高鸿业：《西方经济学（微观部分）》，中国人民大学出版社 2000 年版。

郭治安：《协同学入门》，四川人民出版社 1988 年版。

郭清：《健康管理学》，人民卫生出版社 2015 年版。

韩央迪：《第三部门视域下的中国农民福利治理》，上海三联书店 2014 年版。

韩俊等：《中国农村改革（2002—2012）：促进"三农"发展的制度创新》，上海远东出版社 2012 年版。

韩振秋：《老龄化问题应对研究——基于科学与社会的视角》，知识产权出版社 2018 年版。

蒋大国：《乡村振兴的途径与对策研究》，人民日报出版社 2020 年版。

荆涛：《长期护理保险理论与实践研究：聚焦老龄人口长期照料问题》，对外经贸大学出版社 2015 年版。

李子奈：《计量经济学》，高等教育出版社 2000 年版。

李培林、魏后凯：《中国扶贫开发报告（2016）》，社会科学文献出版社 2016 年版。

李旭：《社会系统动力学：政策研究的原理、方法和应用》，复旦大学出版社 2013 年版。

李未柠、王晶：《互联网＋医疗——重构医生生态》，中信出版社 2016 年版。

李友梅：《中国社会治理转型（1978—2018）》，社会科学文献出版社 2018 年版。

李明星：《社区慢性病健康管理多部门合作：理论、实证与模式》，中国协和医科大学出版社 2017 年版。

李荣时：《中国民政统计年鉴（1994）》，中国统计出版社 1994 年版。

厉以宁、程志强、赵秋立：《中国道路与人口老龄化》，商务印书馆 2018 年版。

林闽钢：《社会保障国际比较》，科学出版社 2019 年版。

连鸿凯、郝义彬、丁凡：《国内外医疗服务体系及分级诊疗管理现状》，郑州大学出版社 2016 年版。

刘远立：《中国老年健康研究报告》，社会科学文献出版社 2019 年版。

吕学静：《日本社会保障制度》，经济管理出版社 2000 年版。

民政部计划财务司：《中国民政统计年鉴》1994 年版。

民政部：《国外及港澳台地区养老服务情况汇编》，中国社会出版社 2012 年版。

潘屹：《中国农村福利》，社会科学文献出版社 2014 年版。

世界卫生组织：《积极老龄化政策框架》，中国老龄协会译，华龄出版社 2003 年版。

世界卫生组织：《中国老龄化与健康国家评估报告》，世界卫生组织出版处 2016 年版。

童星、林闽钢：《中国农村社会保障》，人民出版社 2011 年版。

童星：《社会保障理论与制度》，江苏教育出版社 2008 年版。

汪应洛：《系统工程理论、方法与应用》，高等教育出版社 1998 年版。

邬沧萍、杜鹏、姚远等：《社会老年学》，中国人民大学出版社

1999 年版。

吴明隆：《结构方程模型：Amos 的操作与应用》，重庆大学出版社2009 年版。

魏宏森、曾国屏：《系统论——系统科学哲学》，清华大学出版社1995 年版。

王丹：《三农问题研究与生态文明建设》，辽宁大学出版社 2016年版。

王莉莉：《英国老年社会保障制度》，中国社会出版社 2010 年版。

王思斌：《中国社会工作研究（第一辑)》，社会科学文献出版社2002 年版。

王浦劬、［美］莱斯特·M. 萨拉蒙（Lester M. Salamon）：《政府向社会组织购买公共服务研究：中国与全球经验分析》，北京大学出版社2016 年版。

夏学銮：《社区管理概论》，中共中央党校出版社 2005 年版。

徐永祥：《社区工作》，高等教育出版社 2004 年版。

姚远：《中国家庭养老研究》，中国人口出版社 2001 年版。

姚洋、［美］杜大伟、黄益平：《中国 2049：走向世界经济强国》，北京大学出版社 2020 年版。

杨燕绥：《社会保障法》，人民出版社 2015 年版。

杨菊华：《人口转变与老年贫困》，中国人民大学出版社 2011 年版。

杨贞贞：《医养结合——中国社会养老服务筹资模式构建与实证研究》，北京大学出版社 2016 年版。

叶响裙：《公共服务多元主体供给：理论与实践》，社会科学文献出版社 2014 年版。

易丹辉、尹德光：《居民消费学》，中国人民大学出版社 1994 年版。

俞可平：《治理与善治》，社会科学文献出版社 2000 年版。

俞可平：《全球化：全球治理》，社会科学文献出版社 2003 年版。

俞可平等：《中国的治理变迁（1978—2018)》，社会科学文献出版社 2018 年版。

赵曼：《农村社会保障制度研究》，经济科学出版社 2012 年版。

周国雄:《博弈:公共政策执行力与利益主体》,华东师范大学出版社 2008 年版。

周文、方茜:《当代中国马克思主义政治经济学研究》,上海人民出版社 2020 年版。

郑杭生:《社会学概论新修》,中国人民大学出版社 2001 年版。

中国发展研究基金会:《中国老年人营养与健康报告》,中国发展出版社 2016 年版。

张康之:《合作的社会及其治理》,上海人民出版社 2014 年版。

张金马:《政策科学导论》,中国人民大学出版社 1992 年版。

张恺悌,罗晓晖:《新加坡养老》,中国社会出版社 2014 年版。

张润清:《计量经济学》,中国农业出版社 2017 年版。

张禧、毛平、朱雨欣:《乡村振兴战略背景下的农村基本公共服务问题研究》,中国农业出版社 2020 年版。

《中华人民共和国宪法》,人民出版社 1954 年版。

《中共中央关于坚持和完善中国特色社会主义制度 推进国家治理体系和治理能力现代化若干重大问题的决定》,人民出版社 2019 年版。

《中华人民共和国老年人权益保障法》,中国法律出版社 2020 年版。

中共中央党史和文献研究院:《十九大以来重要文献选编(上)》,中央文献出版社 2019 年版。

中共中央党史和文献研究院:《十九大以来重要文献选编(中)》,中央文献出版社 2021 年版。

(二) 中文期刊类

[芬兰] 安内莉·安托宁:《北欧福利国家遭遇全球化:从普遍主义到私有化和非正式化》,《社会保障研究》2010 年第 1 期。

[英] 理查德·莫理斯·蒂特马斯(Richard Titmuss):《福利的社会划分:对追寻公平的一些反思》,刘继同译,《社会保障研究》2007 年第 2 期。

白剑峰:《我国医联体建设全面推开 双向转诊成效初步显现》,《人民日报》2019 年 4 月 6 日第 1 版。

白维军：《区块链＋社会救助服务：创新前景、核心问题与推进方略》，《社会科学辑刊》2021 年第 2 期。

白列湖：《深刻理解新时代乡村振兴战略的理论价值》，《中国社会科学报》2019 年 10 月 30 日第 6 版。

包先康：《农村养老服务协同供给模式建构研究》，《社会科学辑刊》2016 年第 5 期。

边恕：《老龄群体：不可忽视的社会生产力》，《理论与改革》2021 年第 5 期。

曹锦清、张贯磊：《道德共同体与理想社会：涂尔干社会理论的再分析》，《中南民族大学学报（人文社会科学版)》2018 年第 1 期。

曹海军、陈宇奇：《社会网络分析在医疗和公共卫生中的应用》，《中国公共卫生》2020 年第 3 期。

陈功、赵新阳、索浩宇：《"十四五"时期养老服务高质量发展的机遇和挑战》《行政管理改革》2021 年第 1 期。

陈靖：《从"人生任务"看农民的生命价值》，《西北农林科技大学学报》2017 年第 1 期。

陈利等：《我国城镇居民消费结构研究——基于扩展线性支出系统模型的计量分析》，《中国物价》2008 年第 6 期。

陈立梅：《基于扩展线性支出系统模型的我国农村居民信息消费结构分析——来自 1993—2009 年的经验数据》，《管理世界》2013 年第 9 期。

陈颖、章依雯：《美国健康维护组织（HMO）模式对我国医养结合养老服务的启示》，《当代经济》2018 年第 17 期。

陈友华、庞飞、曾伟：《老年人居住意愿满足问题与社会工作介入策略》，《社会发展研究》2018 年第 4 期。

陈欣欣、陈燕凤、龚金泉、贾媛、孟琴琴、王格玮、王亚峰、颜力、杨鹏、赵耀辉：《我国农村养老面临的挑战和养老服务存在的突出问题》，《中国农业大学学报（社会科学版)》2021 年第 4 期。

程姝、张程程、张康喆、任婕：《冲刺，向着全面小康》，《瞭望新闻周刊》2019 年第 39—40 期。

崔红志：《城镇化进程中失地农民的生计状况、成因与对策》，《中州学刊》2019 年第 2 期。

崔香芬、李放、赵光：《农村社区居家养老服务需求影响因素实证研究——基于江苏省的调研分析》，《江苏大学学报（社会科学版）》2019 年第 3 期。

崔治：《分级诊疗将医疗实惠送达偏远地区——锦州医科大学附属第一医院医联体建设纪实》，《辽宁日报》2021 年 10 月 20 日第 9 版。

戴卫东：《老年慢性病患者"社会性住院"的经济风险》，《中国医疗保险》2017 年第 10 期。

戴卫东、余洋：《中国长期护理保险试点政策"碎片化"与整合路径》，《江西财经大学学报》，2021 年第 2 期。

邓大松、王凯：《国外居家养老模式比较及对中国的启示》，《河北师范大学学报（哲学社会科学版）》2015 年第 2 期。

邓大松、李玉娇：《医养结合养老模式：制度理性、供需困境与模式创新》，《新疆师范大学学报（哲学社会科学版）》2018 年第 1 期。

狄金华：《"权力—利益"与行动伦理：基层政府政策动员的多重逻辑——基于农地确权政策执行的案例分析》，《社会学研究》2019 年第 4 期。

丁建定：《推进居家养老服务健康发展的几个问题》，《中国社会工作》2019 年第 23 期。

丁煜、王玲智：《基于城乡差异的社区养老服务供需失衡问题研究》，《人口与社会》2018 年第 3 期。

杜鹏、王雪辉：《"医养结合"与健康养老服务体系建设》，《兰州学刊》2016 年第 11 期。

杜鹏、王永梅：《乡村振兴战略背景下农村养老服务体系建设的机遇、挑战及应对》，《河北学刊》2019 年第 39 期。

段美枝：《我国民族地区农村医养结合的困境及发展路径研究-——基于内蒙古农牧区的调查》，《卫生经济研究》2021 年第 6 期。

方律颖、宋阳：《上海市医养整合系统的人力与床位供需仿真模拟——基于因果关系模型构建》，《中国初级卫生保健》2020 年第 9 期。

费孝通：《家庭结构变动中的老年赡养问题——再论中国家庭结构的变动》，《北京大学学报（哲学社会科学版）》1983 年第 3 期。

冯梦成：《推进居家社区机构养老融合发展》，《学习时报》2020 年 12 月 2 日第 7 版。

封铁英、邓晓君、高鑫：《养老机构医疗护理服务需求潜在类别及其影响因素——陕西省调查实例》，《管理评论》2020 年第 5 期。

冯大鹏：《河南新乡探索"积分养老"》，《瞭望》2017 年第 8 期。

方鹏骞、陈江芸：《国家战略：健康中国的挑战与应对》，《光明日报》2017 年 2 月 16 日第 11 版。

傅辉煌：《我国居民消费结构的区域差异研究》，《消费经济》2020 年第 4 期。

傅昌：《中国老年人社会参与和健康的相关性研究》，博士学位论文，武汉大学，2018 年。

付舒：《我国养老服务政策行为者行动特征及其协同治理挑战——基于政策网络视角的文本量化分析》，《南通大学学报·社会科学版》2019 年第 4 期。

《国务院关于实施健康中国行动的意见》，《光明日报》2019 年 7 月 16 日第 3 版。

高和荣、夏会琴：《托底型民生保障水平的测度》，《社会保障研究》2020 年第 8 期。

高和荣：《人工智能时代的社会保障：新挑战与新路径》，《社会保障评论》2021 年第 3 期。

高荣：《健康老龄化背景下医养结合养老服务模式的实践探索与建构》，《社会福利（理论版）》2019 年第 9 期。

高梦阳等：《农村卫生服务网络连续性存在的问题及对策》，《医学与社会》2016 年第 4 期。

高明华：《早期社会心理风险对健康的影响效应———基于中国健康与养老追踪调查数据》，《中国社会科学》2020 年第 9 期。

高进、娄成武：《公共健康危机治理的伦理构建》，《东北大学学报（社会科学版）》2016 年第 3 期。

顾昕：《"健康中国"战略中基本卫生保健的治理创新》，《中国社会科学》2019 年第 12 期。

顾昕：《医疗卫生健康治理现代化的挑战与解决路径》，《公共行政评论》2018 年第 6 期。

关信平：《相对贫困治理中社会救助的制度定位与改革思路》，《社会保障评论》2021 年第 1 期。

郭赞、宋凤轩：《河北省医养结合模式问题探讨》，《经济研究参考》2018 年第 46 期。

郭瑜、张寅凯：《代际关系、养老保险与中国城镇养老新图景》，《社会学研究》2021 年第 2 期。

葛延风、王列军、冯文猛等：《我国健康老龄化的挑战与策略选择》，《管理世界》2020 年第 4 期。

何文炯：《医疗保障深化改革与健康保险加快发展》，《中国保险》2020 年第 3 期。

何文炯：《老年照护服务：扩大资源并优化配置》，《学海》2015 年第 1 期。

何文炯、杨一心：《失能老人照护服务补助制度研究》，《社会政策研究》2020 年第 2 期。

何文炯、王中汉：《论老龄社会支持体系中的多元共治》，《学术研究》2021 年第 8 期。

何佳馨：《新中国医疗保障立法 70 年——以分级诊疗的制度设计与进步为中心》，《法学》2019 年第 9 期。

胡宏伟、蒋浩琛；《多维脆弱与综合保护：困难家庭老年人群体比较与反贫困政策迭代》，《社会保障研究》2020 年第 4 期。

胡钊源、靳小怡：《中国养老政策供给的地区差异性研究》，《中国人口·资源与环境》2020 年第 7 期。

侯琳良：《公共法律服务中心年内各市县全覆盖》，《人民日报》2017 年 2 月 23 日第 11 版。

胡静林：《推动医疗保障高质量发展》，《学习时报》2021 年 03 月 05 日第 A1 版。

霍振昂等：《河南省医养结合机构补偿机制研究》，《卫生经济研究》2021 年第 6 期。

黄佳豪、孟昉：《"医养结合"养老模式的必要性、困境与对策》，《中国卫生政策研究》2014 年第 6 期。

黄国武、仇雨临：《医疗保险治理现代化：内在逻辑和路径推演》，《四川大学学报（哲学社会科学版）》2019 年第 2 期。

黄俊辉：《农村养老服务供给变迁：70 年回顾与展望》，《中国农业大学学报（社会科学版）》2019 年第 5 期。

黄黎若莲、张时飞、唐钧：《比较优势理论与中国第三部门的研究》，《江苏社会科学》2007 年第 4 期。

黄跃师等：《"互联网 + 护理服务"的发展现状》，《护理研究》2020 年第 8 期。

贺文军：《成都市：努力争创"老有颐养"的典范》，《中国社会报》2017 年 12 月 21 日第 4 版。

贾洪波、李继红：《日本长期护理保险制度中的家庭支持政策研究》，《保险理论与实践》2021 年第 4 期。

姜晓萍、许丹：《新时代乡村治理的维度透视与融合路径》，《四川大学学报（哲学社会科学版）》2019 年第 4 期。

景正月：《农村空巢老年家庭健康贫困测度及动态变化研究—以山东省为例》，山东大学博士学位论文 2021 年。

康晓光：《行政吸纳社会的"新边疆"》，《南通大学学报（社会科学版）》2020 年第 2 期。

康蕊、朱恒鹏：《养老服务投入对经济发展的影响研究——基于 PPP 模式的分析》，《财政研究》2019 年第 5 期。

孔栋、王艳丽：《我国农村社区居家养老研究综述：需求、供给与匹配》，《信阳师范学院学报（哲学社会科学）》2021 年第 1 期。

李斌：《实施健康中国战略》，《人民日报》2018 年 1 月 12 日第 7 版。

李长远、张会萍：《医养结合养老服务供给主体角色定位及财政责任》，《当代经济管理》2020 年第 7 期。

李放：《持续深入推进医养结合 提高居家养老服务水平》，《北京人大》2019 年第 6 期。

李华、徐英奇：《分级诊疗对居民健康的影响——以基层首诊为核心的实证检验》，《社会科学辑刊》2020 年第 4 期。

李丽清、赵玉兰、袁诗懿、张红丽：《系统动力学在我国卫生服务领域中的应用及动态演进分析》，《中国卫生经济》2020 第 3 期。

李黎明、祝国红：《健康中国战略下医养结合养老服务质效提升路径》，《中国社会科学报》2021 年 1 月 5 日第 11 版。

李星辉：《上海市医养整合人力与床位供需仿真模拟——基于系统动力学模拟干预研究》，《中国初级卫生保健》，2020 年第 9 期。

李玉玲、胡宏伟：《京津冀养老服务协同发展研究——基于 SWOT 框架的分析》，《人口与发展》2019 年第 5 期。

李兆友：《一种颇为有益的思维方法——竞争协同法》，《党政干部学刊》1997 年第 4 期。

李军、杨荣升：《推进医养结合构建良好养老环境》，《人民之声》2017 年第 12 期。

李建民：《老年人消费需求影响因素分析及我国老年人消费需求增长预测》，《人口与经济》2001 年第 5 期。

李迎生：《论我国农民养老保障制度改革的基本目标与现阶段的政策选择》，《社会学研究》2001 年第 5 期。

李珍：《迈向高质量全民统一覆盖的医疗保险制度》，《中国卫生政策研究》2020 年第 1 期。

李培林：《"十四五"如何增进民生福祉?》，《人民日报》2021 年 1 月 12 日第 9 版。

李红梅：《健康是可以"管"出来的》（人民时评），《人民日报》2019 年 4 月 8 日第 5 版。

李跃亮、鲁可荣：《传统村落保护与居家养老服务的协同发展效应及路径分析——以浙江三村为例》，《福建论坛（人文社会科学版)》2018 年第 3 期。

李想俣：《农村养老 医养结合推进难》，《科学大观园》2020 年第

21 期。

李海荣、李兵：《"整合照料"：理论框架、国家实践及政策意义》，《中共福建省委党校学报》2019 年第 1 期。

林闽钢：《"十四五"时期社会保障发展的基本思路与战略研判》，《行政管理改革》2020 年第 12 期。

林卡：《百年变迁与新时代：中国社会转型的阶级基础和社会环境》，《社会发展研究》2021 年第 2 期。

林娜：《日本"双重照护"现状及其对中国的启示》，《日本问题研究》2018 年第 2 期。

林琴等：《成都市社区居家老年人医养结合服务需求现状及其影响因素》，《医学与社会》2020 年第 10 期。

凌文豪、王又彭：《构建城乡统一社会养老服务体系的路径探寻——基于河南省 9 市 553 份调研问卷的分析》，《河北大学学报（哲学社会科学版）》2019 年第 1 期。

廖芮：《我国健康老龄化背景下的医养结合：基本理念、服务模式》，《中国全科医学》2017 年第 1 期。

刘世爱、张奇林：《中老年家庭灾难性医疗支出的测度及影响因素——基于 CHARLS 数据的实证》，《南方人口》2020 年第 2 期。

刘妮娜：《中国农村互助型社会养老的定位、模式与进路》，《云南民族大学学报（哲学社会科学版）》2020 年第 3 期。

刘桂海、范雨琪等：《医养结合如何影响民营养老机构的服务效率？——来自北京市的证据》，《管理评论》2020 年第 12 期。

刘春梅：《农村养老资源供给能力的区域差异分析》，《农业经济》2015 年第 12 期。

刘冬梅：《德国老年福利制度研究》，《社会政策研究》2018 年第 2 期。

刘涛、汪超：《德国长期护理保险 22 年：何以建成，何以可存，何以可行?》，《公共治理评论》2017 年第 11 期。

吕炜、郭曼曼、王伟同：《教育机会公平与居民社会信任：城市教育代际流动的实证测度与微观证据》，《中国工业经济》2020 年第 4 期。

吕国营：《新时代中国医疗保障制度如何定型?》，《社会保障评论》2020 年第 7 期。

陆杰华：《新时代积极应对人口老龄化顶层设计的主要思路及其战略构想》，《人口研究》2018 年第 1 期。

卢金钟、王晶、方英：《拉巴波特模型与三阶段 DEA 方法在商业银行效率分析中的应用》，《统计与决策》2019 年第 20 期。

鲁可荣、金菁：《农村居家养老何以可行及可持续——基于浙江"金东模式"的实证分析》，《中国农业大学学报（社会科学版）》2015 年第 6 期。

鲁迎春、徐玉梅：《技术服务：基于数据驱动的养老服务供给模式创新》，《行政论坛》2020 年第 3 期。

罗晓辉：《乡土公共性建构：破解农村互助养老发展困境之道》，《长白学刊》2021 年第 4 期。

马志雄、丁士军：《精准扶贫、人情支出与农村家庭医疗负担》，《中国人口科学》2018 年第 3 期。

穆光宗：《论政府的养老责任》，《社会政策研究》2019 年第 4 期。

穆光宗：《低生育时代的养老风险》，《华中科技大学学报（社会科学版）》2018 年第 1 期。

穆光宗：《美国社区养老模式借鉴》，《人民论坛》2012 年第 22 期。

米红、叶岚：《中国农村最低生活保障标准的模型创新与实证研究》，《浙江社会科学》2010 年第 5 期。

米红、刘悦、冯广刚：《中国老年人口健康状态变动的辨识及影响因素的评估分析——基于 SSAPUR 2015—2016 年面板数据》，《人口学刊》2020 年第 4 期。

潘淑慧等：《浙江省医养结合模式的现状及思考》，《健康教育与健康促进》2019 年第 5 期。

彭华民：《福利三角：一个社会政策分析的范式》，《社会学研究》2006 年第 4 期。

彭华民、黄叶青：《福利多元主义：福利提供从国家到多元部门的转型》，《南开学报（哲学社会科学版）》2006 年第 6 期。

彭青云、赵向红、魏思佳：《老年人走失及其社会支持系统构建》，《中州学刊》2019 年第 12 期。

彭丹丹：《健康老龄化、医养结合及其投资问题研究》，博士学位论文，中央财经大学，2019 年。

青连斌：《积极应对人口老龄化要"两手抓"的战略选择和政策建议》，《西北大学学报（哲学社会科学版）》2021 年第 2 期。

青连斌：《"互联网＋"养老服务：主要模式、核心优势与发展思路》，《社会保障评论》2021 年第 1 期。

覃可可、唐钧：《上海、成都和南通长期照护试点的调查报告》，《民主与科学》2019 年第 2 期。

覃可可、唐钧：《建立长期照护保障的制度框架——以成都市为例》，《开发研究》2019 年第 1 期。

仇雨临、王昭茜：《从有到优：医疗保障制度高质量发展内涵与路径》，《华中科技大学学报（社会科学版）》2020 年第 4 期。

秦智颖、李振军：《我国农村养老服务供给主体多元化研究——基于协同治理理论视角的分析》，《中国集体经济》2016 年第 1 期。

秦振江：《医养结合，开创农村养老新路子》，《中国农村卫生》2015 年第 19 期。

人民日报评论员：《把人民健康放在优先发展战略地位——论学习贯彻习近平总书记在教育文化卫生体育领域专家代表座谈会上重要讲话》，《人民日报》2020 年 9 月 26 日第 1 版。

石人炳、王俊、梁勋厂：《从"互助"到"互惠"：经济欠发达农村地区老年照料的出路》，《社会保障研究》2020 年第 3 期。

石智雷、顾嘉欣、傅强：《社会变迁与健康不平等——对第五次疾病转型的年龄—时期—队列分析》，《社会学研究》2020 年第 6 期。

司明舒：《老年人医养结合机构模式选择与服务供需研究》，博士学位论文，山东大学，2019 年。

司建平等：《政策工具视角下我国医养结合政策文本书》，《中国卫生政策研究》2020 年第 6 期。

世界卫生组织网站：《世界卫生组织发布〈关于老龄化与健康的全

球报告〉》，《中国卫生政策研究》2015 年第 8 期。

申曙光、马颖颖：《新时代健康中国战略论纲》，《改革》2018 年第 4 期。

宋学勤、肖平：《中国共产党社会保障思想的百年演进》，《河北学刊》2021 年第 4 期。

孙春兰：《推进健康中国建设，增进人民健康福祉》，《人民日报》2019 年 7 月 19 日第 4 版。

孙鹃娟：《新健康老龄化视域下的中国医养结合政策分析》，《中国体育科技》2020 年第 9 期。

孙薇薇、景军：《乡村共同体重构与老年心理健康———农村老年心理干预的中国方案》，《社会学研究》2020 年第 5 期。

史云桐：《"政府造社会"：社区公共服务领域的"社会生产"实践》，《社会发展研究》2016 年第 4 期。

山东威海市民政局：《构建城乡助餐服务体系 破解老年人"一餐热饭"难题》，《社会福利》2020 年第 8 期。

唐钧：《关于医养结合和长期照护服务的系统思考》，《党政研究》2016 年第 3 期。

唐钧：《"最基本的养老服务"就是长期照护》，《中国人力资源社会保障》2019 年第 5 期。

唐钧、李军：《健康社会学视角下的整体健康观和健康管理》，《中国社会科学》2019 年第 8 期。

唐钧：《健康社会政策视域中的老年服务、长期照护和"医养结合"》，《中国公共政策评论》2018 年第 1 期。

唐钧，覃可可：《县域老年照护体系：概念框架与方案设计》，《中国社会工作》2021 年第 17 期。

汤少梁、龚颖：《"互联网＋"医联体背景下分级诊疗的系统动学分析》，《卫生经济研究》2020 年第 9 期。

童星：《重视养老服务中的风险防范与化解》，《中国社会工作》2019 年第 8 期。

童玉芬、廖宇航：《健康状况对中国老年人劳动参与决策的影响》，

《中国人口科学》2017 年第 6 期。

同春芬、王珊珊：《老龄社会转型背景下老龄服务社会化的推进——基于福利社会范式的视角》，《求实》2017 年第 11 期。

田香兰：《日本社区综合护理体系研究》，《社会保障研究》2016 年第 6 期。

田香兰：《战后日本老年社会福利政策简析》，《东北亚学刊》2018 年第 2 期。

王静、马晓东：《新时代农村互助养老模式路径优化研究——以河北省邯郸市肥乡区幸福院为例》，《山东行政学院学报》2020 年第 5 期。

王蕾等：《农田水利设施供给水平、农户需求意愿与供给效果研究》，《中国管理科学》2015 年第 1 期。

王立剑等：《新中国 70 年中国农村社会保障制度的演进逻辑与未来展望》，《农业经济》2020 年第 2 期。

王飞鹏、白卫国：《农村基本养老服务可及性研究——基于山东省17 个地级市的农村调研数据》，《人口与经济》2017 年第 4 期。

王家合、赵喆、和经纬：《中国医疗卫生政策变迁的过程、逻辑与走向——基于 1949—2019 年政策文本的分析》，《经济社会体制比较》2020 年第 5 期。

王金营、马志越、李嘉瑞：《中国生育水平、生育意愿的再认识：现实和未来——基于 2017 年全国生育状况调查北方七省市的数据》，《人口研究》2019 年第 3 期。

汪连新、黄秀莲：《医养结合视角下社区养老服务对策》，《学术交流》2020 年第 11 期。

王浦劬、雷雨若、吕普生：《超越多重博弈的医养结合机制建构论析——我国医养结合型养老模式的困境与出路》，《国家行政学院学报》2018 年第 2 期。

王其藩、李旭：《从系统动力学观点看社会经济系统的政策作用机制与优化》，《科技导报》2004 年第 5 期。

王名：《共建共治共享格局下多元主体的权利边界及公共性之源》，《国家治理》2019 年第 28 期。

王辉：《老年人参与和乡村治理有效：理论建构与实践机制》，《农业经济问题》2021 年第 5 期。

王莉莉、吴子攀：《英国社会养老服务建设与管理的经验与借鉴》，《老龄科学研究》2014 年第 7 期。

王永梅、吕学静：《收入水平对老年人养老服务利用的影响与机制研究——以北京数据为例的调节效应》，《人口与发展》2019 年第 5 期。

王增文：《社会保障家庭要素融入及政策的演进考量》，《东岳论丛》2020 年第 2 期。

王杰秀等：《发达国家养老服务发展状况及借鉴》，《社会政策研究》2018 年第 2 期。

王道鹏、荆涛、邢慧霞：《美国急症后照护模式对我国老年照护服务的启示》，《卫生经济研究》2021 年第 5 期。

王小琴：《宜宾市强化"三个统筹"补齐农村养老服务短板》，《中国社会工作》2020 年第 5 期。

汪锦军：《公共服务中的政府与非营利组织合作：三种模式分析》，《中国行政管理》2009 年第 10 期。

汪锦军、王凤杰：《激发乡村振兴的内生动力：基于城乡多元互动的分析》，《浙江社会科学》2019 年第 11 期。

汪杰贵：《村庄治理现代化进程中农民自组织公共参与逻辑与进路——基于 3 个典型案例的研究》，《农业经济问题》2020 年第 4 期。

汪连杰：《老年贫困多元主体协同治理：理论阐释与实证研究——基于家庭禀赋、社会资本维度的考察》，博士学位论文，武汉大学，2019 年。

汪连新：《医养康护一体化社区养老服务：理念、困境及借鉴》，《学习论坛》2019 年第 4 期。

邬沧萍：《积极应对人口老龄化理论诠释》，《老龄科学研究》2013 年第 1 期。

武玉、张航空：《我国大城市医养结合的实践模式及发展路径》，

《中州学刊》2021 年第 4 期。

吴波：《以数字化改革为驱动让养老服务更智能、更高效、更暖心——以浙江省杭州市萧山区为例》，《中国民政》2021 年第 14 期。

吴沛新、张抒扬：《在实施健康中国战略中发挥主力军作用》，《人民日报》2021 年 8 月 13 日第 9 版。

吴炳义：《机构养老情境下老年人卫生服务利用及路径分析》，《人口与发展》2018 年第 6 期。

吴炳义、董惠玲、武继磊、乔晓春：《社区卫生服务水平对老年人健康的影响》，《中国人口科学》2021 年第 4 期。

吴宏洛、刘莉：《福建省医养护结合模式的实践探索》，《中国社会工作》2019 年第 5 期。

卫生部：《关于深化卫生改革的几点意见［卫办发（1992）第 34 号]》，《中国农村医学》1993 年第 12 期。

习近平：《决胜全面建成小康社会 夺取新时代中国特色社会主义伟大胜利——在中国共产党第十九次全国代表大会上的报告》，《人民日报》2017 年 10 月 28 日第 1 版。

席恒：《在社会关系网络中不断提升养老服务质量》，《中国社会工作》2019 年第 8 期。

席恒：《养老服务的逻辑、实现方式与治理路径》，《社会保障评论》2020 年第 1 期。

夏艳玲：《美国 PACE 整合型照护模式的特征及借鉴》，《卫生经济研究》2019 年第 4 期。

肖云芳、何宇、杨小丽：《医养结合发展热潮的冷思考》，《卫生经济研究》2017 年第 8 期。

肖云芳、杨小丽：《论医养结合模式下的过度医疗》，《医学与哲学》2017 年第 11A 期。

项继权：《论我国农村社区的范围与边界》，《中共福建省委党校学报》2009 年第 7 期。

向运华、王晓慧：《国内老年健康的研究现状与反思——基于 CNKI 的文献计量分析》，《华中科技大学学报（社会科学版）》2019 年第

5 期。

徐晞：《社区精准救助中的社会组织参与——基于美国经验与启示》，《东南学术》2016 年第 5 期。

徐勇、石健：《社会分工、家户制与中国的国家演化》，《中共杭州市委党校学报》2021 年第 6 期。

熊尧、徐程、习勇生：《中国卫生健康政策网络的结构特征及其演变》，《公共行政评论》2019 年第 6 期。

熊伟、吴芊慧：《四川创建医养结合示范省》，《中国农村卫生》2021 年第 5 期。

杨宝强、钟曼丽：《农村养老服务供给能力的测度与提升策略——基于海南省 18 个市县的实证研究》，《湖北民族大学学报（哲学社会科学版)》2020 年第 4 期。

杨思斌：《社会救助立法：国际比较视野与本土构建思路》，《社会保障评论》2019 年第 3 期。

杨博维、杨成钢：《社会化机构养老：要素集成与协同的系统工程》，《社会科学研究》2013 年第 6 期。

杨翠迎：《我国社会养老服务发展转变与质量提升——基于新中国成立 70 年的回顾》，《社会科学辑刊》2020 年第 3 期。

杨翠迎：《我国农村社会保障制度的演变及评价》，《西北人口》2001 年第 4 期。

杨立雄：《谁应兜底：相对贫困视角下的央地社会救助责任分工研究》，《社会科学辑刊》2021 年第 2 期。

杨力萌、梁峰、陈伟涛、王谦：《分级诊疗背景下双向转诊机制的演化博弈及仿真分析》，《工业工程与管理》2020 年第 7 期。

杨俊、陆宇嘉：《基于三阶段 DEA 的中国环境治理投入效率》，《系统工程学报》2012 年第 27 期。

杨团：《农村社会健康治理的思路》，《中国卫生政策研究》2008 年第 3 期。

杨贞贞、米红：《城乡社会养老服务需求预测研究——医养结合的视角》，《公共治理评论》2017 年第 1 期。

杨贞贞：《医养结合的社会养老服务筹资模式构建与实证研究》，博士学位论文，浙江大学，2014 年。

姚远：《我国老年人生活质量研究的创新性成果——读老龄蓝皮书《中国老年人生活质量发展报告（2019）》，《老龄科学研究》2020 年第1 期。

姚远：《老年群体更替：积极应对人口老龄化必须考虑的问题》，《西南民族大学学报（人文社科版）》2016 年第 11 期。

乐章、梁航：《社会资本对农村老人健康的影响》，《华南农业大学学报（社会科学版）》2020 年第 6 期。

严成樑：《老年照料、人口出生率与社会福利》，《经济研究》2018 年第 4 期。

尹栾玉：《社区融合与社区抗风险能力》，《社会治理》2020 年第9 期。

尹文清、罗润东：《老龄化背景下日本养老模式创新与借鉴》，《浙江学刊》2016 年第 1 期。

余央央、封进：《家庭照料对老年人医疗服务利用的影响》，《经济学（季刊)》2018 年第 4 期。

余央央、邹文玮、李华：《老年照料对家庭照料者医疗服务利用的影响——基于中国健康与养老追踪调查数据的经验研究》，《劳动经济研究》2017 年第 6 期。

袁妙彧、杨佳婧：《社区居家养老与机构养老整合模式探索——基于 11 家养老机构资料的质性分析》，《人口与社会》2020 年第 1 期。

袁妙彧：《养老机构选址、规模及功能定位对医养结合模式选择的影响——基于扎根理论的探索性分析》，《南方人口》2018 年第 5 期。

袁祐琪等：《家家有医生，健康有保障——高签约率背景下农村家庭医生实效调研》，《统计与管理》2021 年第 4 期。

于长永：《农村老年人的互助养老意愿及其实现方式研究》，《华中科技大学学报（社会科学版)》2019 年第 2 期。

叶飘、鲍捷：《不同医养结合方式养老机构老年人卫生服务利用比较分析》，《中国医院》2019 年第 2 期。

易湘东:《补短板、推转型、促平衡,加快养老服务业发展》,《中国社会报》2017 年 12 月 22 日第 4 版。

《梓潼县"三路共进"打造农村养老新模式》,《中国社会报》2017 年 12 月 20 日第 A02 版。

张献政、边恕:《我国农村社会保障体系存在的问题及对策研究》,《农业经济》2021 年第 2 期。

张勇杰:《多层次整合:基层社会治理中党组织的行动逻辑探析——以北京市党建引领"街乡吹哨、部门报到"改革为例》,《社会主义研究》2019 年第 6 期。

张晔、程令国、刘志彪:《"新农保"对农村居民养老质量的影响研究》,《经济学(季刊)》2016 年第 2 期。

张晓杰:《医养结合养老创新的逻辑、瓶颈与政策选择》,《西北人口》2016 年第 1 期。

张晓山:《实施乡村振兴战略,确保经济持续健康发展》,《经济纵横》2019 年第 1 期。

张莹、刘晓梅:《结合、融合、整合:我国医养结合的思辨与分析》,《东北师大学报(哲学社会科学版)》2019 年第 2 期。

张楠迪扬:《区块链政务服务:技术赋能与行政权力重构》,《中国行政管理》2020 年第 1 期。

张志元、郑吉友:《我国农村失能老人居家养老服务多元供给思考》,《河北经贸大学学报》2018 年第 5 期。

张文光等:《山西省医养结合养老服务模式探究》,《全科护理》2019 年第 33 期。

张思锋:《中国养老服务体系建设中的政府行为与市场机制》,《社会保障评论》2021 年第 1 期。

张驰:《农村劳动力转移对子女赡养行为及父母健康福利影响研究》,博士学位论文,中国农业科学院,2020 年。

赵定东、卢瑶玥:《农村医养结合养老服务的"供需错配"及政策可及性问题》,《长安大学学报(社会科学版)》2020 年第 6 期。

赵晓芳:《健康老龄化背景下"医养结合"养老服务模式研究》,

《兰州学刊》2014 年第 9 期。

赵成根：《经济人假设在公共领域的适用性论析》，《中国行政管理》2006 年第 12 期。

赵帅：《浙江金华金东区新型农村居家养老模式的实践与思考》，《统计科学与实践》2016 年第 2 期。

赵宁、王建昌、张慧杰等：《面向远程医疗的分级诊疗流程管理与优化研究》，《中国数字医学》2019 年第 1 期。

赵艳：《健康老龄化背景下我国农村养老服务供给多元合作模式研究》，博士学位论文，内蒙古农业大学，2021 年。

《中共中央关于制定国民经济和社会发展第十四个五年计划和二·三五年远景目标的建议》，《光明日报》2020 年 11 月 4 日第 1 版。

《中共中央国务院印发〈"健康中国 2030"规划纲要〉》，《光明日报》2016 年 10 月 26 日第 1 版。

中共中央、国务院：《乡村振兴战略规划（2018—2022）》，《人民日报》2018 年 9 月 27 日第 1 版。

钟仁耀、王建云、张继元：《我国农村互助养老的制度化演进及完善》，《四川大学学报（哲学社会科学版）》2020 年第 1 期。

钟慧澜、章晓懿：《从国家福利到混合福利：瑞典、英国、澳大利亚养老服务市场化改革道路选择及启示》，《经济体制改革》2016 年第 5 期。

朱铭来、胡祁：《医疗卫生支出与经济增长——基于医疗保障制度调节效应的实证研究》，《上海经济研究》2020 年第 5 期。

朱墨蕤、严明义：《人口老龄化与财政支出结构——基于中国经验的 SD 分析》，《统计与信息论坛》2019 年第 11 期。

朱汉平、廖梓添：《政府购买居家养老服务中服务人员的 SWOT 分析》，《经济研究导刊》2017 年第 30 期。

朱凤梅：《新加坡养老保障体系：制度安排、政府角色及启示》，《中国社会工作》2018 年第 35 期。

祝国红：《提升智慧健康养老服务的路径》，《中国社会科学报》2020 年 7 月 1 日第 7 版。

诸萍：《城乡统筹视角下农村养老服务体系建设探析——基于嘉善县农村地区的调查研究》，《江南论坛》2020年第9期。

郑刚、梁欣如：《全面协同：创新致胜之道——技术与非技术要素全面协同机制研究》，《科学性研究》2006年第8期。

郑功成：《多层次社会保障体系建设：现状评估与政策思路》，《社会保障评论》2019年第1期。

郑功成：《中国社会保障70年发展（1949—2019）：回顾与展望》，《中国人民大学学报》2019年第5期。

郑功成、桂琰：《中国特色医疗保障制度改革与高质量发展》，《学术研究》2020年第4期。

郑功成：《实施积极应对人口老龄化的国家战略》，《学术前沿》2020年第11期。

詹祥等：《日本老龄介护保险的创新改革及挑战》，《中国卫生事业管理》2017年第2期。

郑吉友：《辽宁省农村养老服务模式的历史演进》，《党政干部学刊》2019年第1期。

郑吉友：《农村居家养老服务协同供给体系构建研究》，《广西社会科学》2019年第6期。

郑吉友、李兆友：《基于结构方程模型的农村居家养老服务供给水平分析》，《西北人口》2017年第5期。

郑吉友：《农村居家养老服务需求水平的影响因素分析——基于WLS模型的视角》，《当代经济管理》2019年第1期。

郑吉友：《始终把人民群众生命安全和身体健康放在首位》，《辽宁日报》2020年2月11日第5版。

郑吉友、娄成武：《我国农村医养结合型养老服务体系构建研究》，《改革与战略》2021年第2期。

联合国：《联合国大会第二次老龄问题世界大会第197/9号决议》，2002年4月8日，https：//www. un. org/zh/documents/treaty/files/A - CONF - 197 - 9. shtml。

二 英文参考文献

(一) 英文著作类

Angel, R. J. , Angel, J. L. , Who Will Care Us?: Aging And Long – Term Care In A Multicultural America, New York: New York University Press, 1997.

Alcock, P. , Powell, M. A. , Welfare Theory and Development, SAGE Publications Ltd. , 2011.

Andy M. Alaszewski. , Providing Integrated Health and Social Services for Older Persons, Taylor and Francis, 2019.

Barbar a Da Roit. , Strategies of Care Changing Elderly Care in Italy and the Netherlands, Amsterdam University Press, Amsterdam, 2010.

Bell, D. , Bowes, A. M. , Financial Care Models in Scotland and the UK, York: Joseph Rowntree Foundation, 2006.

Bernard Miriam et al. , New Lifestyles in Old Age: Health, Identity and Well – being in Berryhill Retirement Village, Policy Press, 2004.

Bernike Pasveer, Oddgeir Synnes, Ingunn Moser, Ways of Home Making in Care for Later Life, Springer Nature Singapore Pte. Ltd. , 2020.

Evashwick, C. , The Continuum of Care (3rd ed.) . Clifton Park, NY: Thomson Delmar Learning, 2005.

Elder, G. H. , Conger, R. D. , Children of the Land: Adversity and Success in Rural America, Chicago: University of Chicago Press, 2000.

Glasgow, N. , et al. , Rural Ageing in 21st Century America, Berlin: Springer, 2013.

Gori C. , Fernandez, J. L. , Long – term Care Reforms in OECD Countries. Policy Press, 2015.

Hatch, I. , Mocroft, S. , Components of Welfare Voluntary Organisations, Social Services and Politics in Two Local Authorities, London: Bedford

Square Press, 1983.

Johnson, N. , The Welfare State in Transition: The Theory and Practice of Welfare Pluralism, Amherst: University of Massachusetts Press, 1987.

Jones, et al. , Principles of Insurance: Life, Health, and Annuities, Life Office Management Association, 1997.

Linsk, N. L. , Keigher, S. A. , Simon – Rusinowitz L , et al. , Wages for Caring: Compensating Family Care of the Elderly. New York: Praeger Publishers, 1992.

Kaye Lenard W. , New Developments in Home Care Services for the Elderly: Innovations in Policy, Program, and Practice, Taylor and Francis, 2013.

Kerschbaumer Florentin et al. , Options for Better Quality and More Accessible Long – term Care Services for the Elderly in Poland, World Bank, 2019.

Marja T. , Eveliina S. , Human – Centered Digitalization and Services, Springer Nature Singapore Pte. Ltd. , 2019.

Marsh, David & Rhodes, R. A. W. , Policy Networks in British Government , Oxford: Clarendon Press, 1992.

Means, R. , Community Care: Policy and Practice, New York: Palgvwe Macmillan, 1998.

Midgley, J. , Social development: The Developmental Perspective in Social Welfare ", California: Sage Publications , 1995.

Monk Abraham. , Health Care of the Aged: Needs, Policies, and Services, Taylor and Francis, 2014.

Nitz, J. C. , Hourigan, S. R. , Physiotherapy Practice in Residential Aged Care, Butterworth Heinemann, 2004.

Phillipson, C. , Family Care of the Elderly in Great Britain, Sage Publications. Inc. , 1992.

Pranitha Maharaj. , Health and Care in Old Age in Africa, Taylor and Francis, 2020.

Rajan S. Irudaya. , Social Security for the Elderly: Experiences from

South Asia, Taylor and Francis, 2014.

Ronald, S. B., Structural Holes: The Social Structure of Competition. Cambridge, MA: Harvard University Press, 1992.

Susan, M. H., Georgia, M. B., Aging, the Individual and Society, Wadsworth Publishing Company, 1999.

Sini Eloranta, "Supporting Older People's Independent Living at Home through Social and Health Care Collaboration", Turun Yliopistouniversity of Turku, 2009.

Solar, O., Irwin A., "A Conceptual Framework for Action on the Social Determinants of Health", Social Determinants of Health Discussion Paper 2 (Policy and Practice), Geneva, World Health Organization, 2010.

Schweda Mark et al., "Planning Later Life: Bioethics and Public Health in Ageing Societies", Taylor and Francis, 2017.

United States Goverment Printing Office, Economic Report of the President: Transmitted to the Congress, Jannary 2009. Together With the Annual of the Council of Economic Advisers, Washington: United States Government Printing Office, 1963.

Williams Doris K., Residential Care Services for the Elderly: Business Guide for Home – Based Eldercare, Taylor and Francis, 2012.

Zukin, S., Dimaggio, P., "Structures of Capital : the Social Organization of the Economy", Cambridge: Cambridge University Press, 1990.

(二) 英文期刊类

Andersen, R., Newman, J. F., " Societal and Individual Determinants of Medical Care Utilization in the United States", *The Milbank Memorial Fund Quarterly (Health and Society)*, Vol. 51, No. 1, 1973, pp. 95 – 124.

Asplund, B., Bonita, R., " Sweden's Service House Concept", *World Health*, Vol. 47, No. 4, 1994.

Beil M., Flaatten H., Guidet B., et al., "The Management of Multi – Morbidity in Elderly Patients: Ready yet for Precision Medicine in Intensive

Care?", *Critical Care*, Vol. 25, No. 1, 2021, pp. 330 – 330.

Bujnowska – Fedak, M. M. , Grata – Borkowska U. , "Use of Telemedicine – Based Care for the Aging and Elderly: Promises and Pitfalls", *Smart Homecare Technology and Telehealth*, Vol. 20, No. 3, 2015, pp. 91 – 105.

Caroline, G. , "Breaking Down Barriers: Integrating Health and Care Services for Older People in England", *Health Policy*, Vol. 2, 2003, pp. 139 – 151.

Chaves, C. , Santos, M. , "Patient Satisfaction in Relation to Nursing Care at Home", *Procedia – Social and Behavioral Sciences*, Vol. 217, 2016, pp. 1124 – 1132.

Connell, B. O. , "What Voluntary Activity Can and Cannot Do for America", *Public Administration Review*, Vol. 49, No. 5, 1989, pp. 487 – 491.

Connidis, I. A. , Campbell, L. D. , "Closeness, Confiding and Contact among Siblings in Middle and Late Adulthood", *Journal of Family Issues*, Vol. 16, No. 16, 1995, pp. 722 – 745.

Cutler, D. M. , "The Incidence of Adverse Medical Outcomes Under Prospective Payment", *Econometrica*, Vol. 63, No. 1, 1995, pp. 29 – 50.

Davidsson, P. , Honig, B. , "The Role of Social and Human Capital among Nascent Entrepreneurs", *Journal of Business Venturing*, Vol. 18, No. 3, May 2003, pp. 301 – 331.

Dwayne, B. , Loren, B. , Jia, Z. F. , "Ceaseless Toil? Health and Labor Supply of the Elderly in Rural China", *William Davidson Lnstitute Working Paper Series*, 2003, pp. 1 – 4.

Darton, R. , Knapp, M . , "The Cost of Residential Care for the Elderly: the Effects of Dependency, Design and Social Environment", *Aging and Society*, Vol. 4, No. 2, 1984, pp. 157 – 183.

Evers, A. , Svetlik, I. , "Balancing Pluralism: New Welfare Mixer in Care for the Elderly", *Journal of Social Policy*, Vol. 23, No. 3, July 1994, pp. 446 – 448.

Faith, H. , "Analyzing High – Profile Panel Discussion on Global

Health: An Exploration with MAXQDA", *Qualitative Social Research*, Vol. 16, No. 1, 2015, pp. 1 – 20.

Fiona, G. , "Integrated Care is What We All Want", *British Medical Journal*, Vol. 344, June 2012, pp. e3959.

Fidler, A. H. , "The role of the Private Sector in Health Financing and Service Delivery", *European Journal of Public Health*, Vol. 19, No. 5, 2009, pp. 450 – 451.

Fonseca, D. E. , Oliveira, W. I. , Saturno, H. P. J. , et al. , "Quality of Care in Nursing Homes in Brazil". *J Am Med Dir Assoc*, Vol. 18, No. 7, 2017, pp. e1 – . e7.

Francesc, O. , Montserrat, C. S. , Marta , C. , Francisco, C. L. , et al. , "Family Caregiver Mistreatment of the Elderly: Prevalence of Risk and Associated Factors", *BMC Public Health*, Vol. 18, No. 167, 2018, pp. 2 – 14.

Geri Rosen Cramer, et al. , "Evidence that collaborative action between Local Health Departments and Nonprofit Hospitals Helps Foster Healthy Behaviors in Communities: a Multilevel Study", *BMC Health Services Research*, Vol. 21, No. 1, Dec 2021, pp. 1 – 12.

Gilbert, N. , "Remodeling Social Welfare", *Society*, Vol. 35, No. 5, July 1998, pp. 8 – 13.

Ghasem, T. N. , Reza, K. B. , Alireza, H. , "The Challenges of Rural Family Physician Program in Iran: a Discourse Analysis of the Introduction to Criticizing Power Imbalance between Rural Health and Mainstream Urban Health", *Social Theory & Health*, January 2021, pp. 1 – 27.

Graefe, P. , "Personal Services in the Post – Industrial Economy: Adding Nonprofits to the Welfare Mix", *Social Policy & Administration*, Vol. 38, No. 5, August 2004, pp. 456 – 469.

Grindle, M . , Hilderthbrand, M . , "Building Sustainable Capacity in the Public Sector: What Can Be Done? ", *Public Administration and Development*, Vol. 15, No. 5, 1995, pp. 144 – 163.

Gross, D. L. , et al. , "The Growing Pains of Integrated Health Care for the Elderly: Lessons from the Expansion of PACE", *The Milbank Quarterly* , Vol. 82, No. 2, 2004, pp. 257 – 282.

Grossman, M. , "On the Concept of Health Capital and the Demand for Health", *Journal of Political Economy*, Vol. 80, No. 2, 1972, pp. 223 – 235.

Garcia, B. M. , "Trends in Integrated Care: Reflections on Conceptual Issues", *Nature*, Vol. 332, No. 6166, 1988, pp. 695 – 699.

Harriett E. Jones, Dani L. Long, "Principles of Insurance: Life, Health, and Annuities", *The Journal of Risk and Insurance*, Vol. 64, No. 4, 1997, pp. 769 – 770.

Herro A. , Lee K. Y. , Withall A. , et al. : "Elder Mediation Services Among Diverse Older Adult Communities in Australia: Practitioner Perspectives on Accessibility", *The Gerontologist*, Vol. 61, No. 7, 2021, pp. 1141 – 1152.

Haley, M. LaMonica1, Tracey A. Daven, et al. , "Optimising the Integration of Technology – Enabled Solutions to Enhance Primary Mental Health Care: a Service Mapping Study", *BMC Health Services Research*, Vol. 21, No. 1, Dec 2021, pp. 1 – 12.

Henk, N. , Philip, C. B. , "Integrating Services for Older People: A Resource Book for Managers", *International Journal of Integrated Care*, Vol. 5, No. 20, 2005, pp. 1 – 2.

Herrera, Lucero, Waheed, Saba, Lehman, Jessica, et al. , "Struggles and Support: Homecare Employers in California", IRLE Reports, 2017 年 5 月 1 日, https: //escholarship. org/uc/item/5bt2s84f.

Hom, N. C. , "Depression among Elderly Living in Briddashram (Old Age Home)", *Advances in Aging Research*, Vol. 3, No. 1, 2014, pp. 6 – 11.

Holzmann, R. , Jorgensen, S. , "Social Risk management: A New Conceptual Framework for Social Protection and Beyond", *International Tax and Public Finance*, Vol. 8, 2001, pp. 529 – 556.

Huber, M., Knotnerus, J. A., Green, L., et al, "How Should We Define Health?", *BMJ*, Vol. 343, No. 4163, 2011, pp. 235 – 237.

Jaime, C. H., Sol, D. A., "Community Mental Health Care in Mexico: a Regional Perspective from a Mid – income Country", *International Journal of Mental Health Systems*, Vol. 15, No. 1, Dec 11 2021, pp. 1 – 10.

JÖhr, H., "Where Are the Future Farmers to Grow Our Food?", *International Food and Agribusiness Management Review*, Vol. 15, No. A, 2012, pp. 9 – 11.

Karl Theodore, Stanley Lalta, Althea La Foucade, et al., "Financing Health Care of the Elderly in Small Societies: The Case of the Caribbean", *Ageing Int*, Vol. 42, 2017, pp. 324 – 334.

Kodner, D. L., Spreeuwenberg, C., "Integrated Care: Meaning, Logic, Applications, and Implications—a Discussion Paper", *International Journal of Integrated Care*, Vol. 2, No. 14, February 2002, pp. 1 – 6.

Leila S. H., Nancye M. P., Christopher R. F., Leonard C., "Gray-Using Telehealth to Enable Collaboration of Pharmacists and Geriatricians in Residential Medication Management Reviews", *International Journal of Clinical Pharmacy*, Vol. 41, No. 5, 2019, pp. 1256 – 1261.

Lluch, M., Abadie, F., "Exploring the role of ICT in the provision of integrated care – evidence from eight countries", *Health Policy*, Vol. 111, 2013, pp. 1 – 13.

Lindstrøm, B., "Housing and Service for the Elderly in Denmark", *Ageing International*, Vol. 23, No. 3, 1997, pp. 115 – 132.

Liu P. Y., Combs A., Breland J., et al., "Patient Race or Ethnicity, Health Care System Characteristics, and Community Factors Associated with Quality of Antidepressant Medication Management (AMM)", *Health Services Research*, Vol. 56, 2021.

Leisse, M., Kallert, T. W., "Social Intergration and the Quality of life of Schizophrenic Patients in Different Types of Comlementary care", *European Psychiatry*, Vol. 15, No. 8, 2000, pp. 450 – 460.

Leichsenring, K., "Developing Integrated Health and Social Care Services for Older Persons in Europe", *International Journal of Integrated Care*, Vol. 4, No. 3. 2004, pp. 1 – 15.

Magazines E., Review E., "World Development Report 1993 – Investing in Health", *Communicable Disease Report Cdr Weekly*, Vol. 3, No. 30, 1993.

Mahiben Maruthappu, Ali Hasan & Thomas Zeltner., "Enablers and Barriers in Implementing Integrated Care", *Health Systems & Reform*, Vol. 1, No. 4, July 2015, pp. 250 – 256.

Marianna Fotaki, Alan Boyd, "From Plan to Market: A Comparison of Health and Old Age Care Policies in the UK and Sweden", *Public Money&Management*, Vol. 25, No. 4, 2005, pp. 237 – 243.

Marta Szebehely, Gun - Britt Trydegård, "Home Care For Older People in Sweden: a Universal Model in Transition", *Health & Social Care in the Community*, Vol. 20, No. 3, 2011, pp. 300 – 309.

McCarthy, S., Moore, D., S., W. A., et al., "Impact of Rural Hospital Closures on Health - Care Access", *Journal of Surgical Research*, Vol. 258, Feb 2021, pp. 170 – 178.

Melinda, G., Martin - Khan, Helen Edwards, et al, "Reliability of an Online Geriatric Assessment Procedure Using the Inter RAI Acute Care Assessment System Journal", *Journal of the American Geriatrics Society*, Vol. 65, No. 9, 2017, pp. 2029 – 2036.

Michalos, A. C., Hubley, A. M., Zumbo., B. D., "Health and other Aspects of the Quality of Life of Older People", *Social Indicators Research*, Vol. 54, 2001, pp. 239 – 274.

Moon S., Park H. J., Sohn M, "The Impact of Long - Term Care Service on Total Lifetime Medical Expenditure among Older Adults with Dementia", *Social Science & Medicine*, Vol. 280, 2021.

Mui, Ada C., "The Program of All – Inclusive Care for the Elderly (PACE): an Innovative Long – Term Care Model in the United States", *Journal of Aging & Social Policy*, Vol. 13, No. 2 – 3, 2002, pp. 53 – 67.

Mydin F. H. M., Yuen C. W., Othman S: "The Effectiveness of Educational Intervention in Improving Primary Health – Care Service Providers' Knowledge, Identification, and Management of Elder Abuse and Neglect: A Systematic Review", *Trauma, Violence, & Abuse*, Vol. 22, No. 4, 2021, pp. 944 – 960.

Naruse T, Matsumoto H, Fujisaki – Sakai MA, et al., "Measurement of Special Access to Home Visit Nursing Services among Japanese Disabled Elderly People: Using GIS and Claim Data", *BMC Health Services Research*, Vol. 17, No. 1, 2017.

Nicholas Dowhaniuk, "Exploring Country – Wide Equitable Government Health Care Facility Access in Uganda ", *International Journal for Equity in Health*, Vol. 20, No. 1, 2021, pp. 1 – 19.

Nonglak P., Thinakorn N., Penapa H., et al., "From Village Health Volunteers to Paid Care Givers: the Optimal Mix for a Multidisciplinary Home Health Care Workforce in Rural Thailand", *Human Resources for Health*, Vol. 19, No. 1, Jan 2021, pp. 1 – 10.

Okamoto, Y., "Health Care for the Elderly in Japan: Medicine and Welfare in an Aging Society Facing a Crisis in Long Term Care.", *British Medical Journal*, Vol. 305, No. 15, 1992, pp. 403 – 405.

Orsini C., "Changing the Way the Elderly Live: Evidence from the Home Health Care Market in the United States", *Journal of Public Economics*, Vol. 94, No. 1 – 2, 2010, pp. 142 – 152.

Orfila, F., Comasole, M, Cabanas, M., et al., "Family Caregiver Mistreatment of the Elderly: Prevalence of Risk and Associated Factors", *BMC Public Health*, Vol. 18, No. 1, 2018.

O "Toole, B. L. J., Jr., "The Selection of Policy Instruments: a Network – based Perspective", *Journal of Public Policy*, Vol. 18, No. 3,

1998, pp. 213 – 239.

Poe, J. L., Hermer L., Cornelison L., et al., "Does Person – Centered Care Improve Residents' Satisfaction with Nursing Home Quality?". *J. Am. Med. Dir. Assoc.*, Vol. 18, No. 11, 2017, pp. 1 – 6.

Pedro, G. H., Ignacio A. A., "The Health Care Sector in the Economies of the European Union: an Overview Using an Input – Output Framework", *Cost Effectiveness and Resource Allocation*, Vol. 19, No. 1, 2021, pp. 1 – 22.

Pestoff, V., "Citizens and Co – production of Welfare Services: Childcare in Eight European Countries", *Public Management Review*, Vol. 8, No. 4, Dec. 2006, pp. 503 – 519.

Puts, M. T. E., Lips, P., Ribbe, M. W., et al., "The Effect of Frailty on Residential Nursing Home Admission in the Netherlands Independent of Chronic Diseases and Functional Limitations", *European Journal of Ageing*, Vol. 2, No. 4, 2005, pp. 264 – 274.

Oishi M. M., Momany E. T., Collins R. J., et al., "Dental Care in Programs of All – Inclusive Care for the Elderly: Organizational Structures and Protocols", *Journal of the American Medical Directors Association*, Vol. 22, No. 6, 2021, pp. 1194 – 1198.

Rantz, M. J., Skubic, M., Popescu, M., et al., "A New Paradigm of Technology—Enabled 'Vital Signs' for Early Detection of Health Change for Older Adults", *Gerotology*, Vol. 61, No. 3, August 2014, pp. 281 – 290.

Raechel, A., Damarell, et al., "Integrated Care Search: Development and Validation of a PubMed Search Filter for Retrieving the Integrated Care Research Evidence", *BMC Medical Research Methodology*, Vol. 20, No. 1, Jan 21, 2020, pp. 1 – 16.

Saidel, J., "Resource Interdependent: The Relationship Between State Agencies and Nonprofit Organizations", *Public Administration Review*, Vol. 51, No. 6, 1991, pp. 543 – 553.

Satka, Mirja, Pilvi Hämeenaho, "Finnish Eldercare Services in Crisis: the Viewpoint of Rural Home Care Workrs.", *Current Genomics*, Vol. 5, No. 1, November 2014, pp. 1 – 14.

Shimada Takaaki, Suzuki Yoshie, et al., "Community – Based Integrated Care Units: Intermediate Care Units for Older Adults in Japan", *Journal of the American Medical Directors Association*, Vol. 22, No. 8, 2021, pp. 1774 – 1775.

Smith, S. M., Allwright S., O' Dowd T., "Effectiveness of Shared Care across the Interface between Primary and Specialty Care in Chronic Disease Management", *Cochrane Database of Systematic Reviews*, Vol. 3, 2007, pp. 10 – 31.

Swan, J. H., Benjamin, A. E., "Medicare Home Health Utilization as a Function of Nursing Home Market Factors", *Health Services Research*, Vol. 25, No. 3, 1990, pp. 481 – 500.

Solar, H., Fernandez, E., Tartarisco, G., et al, "A non Invasive, Wearable Sensor Platform for Multiparaetric Remote Monitoring in CHF Patients", *Health and Technology*, Vol. 3, No. 2, 2013, pp. 99 – 109.

Sue Yeandle, Teppo KrÖger, Bettina Cass, "Voice and Choice for Users and Carers? Developments in Patterns of Care for Older People in Australia, England and Finland", *Journal of European Social Policy*, Vol. 22, No. 4, 2012, pp. 432 – 445.

Sundström, G., Tortosa, M. A., "The Effects of Rationing Home – Help Services in Spain and Sweden: A Comparative Analysis", *Ageing and Society*, Vol. 19, 1999, pp. 343 – 360.

Susann May, Kai Jonas, Georgia V. Fehler, Thomas Zahn, Martin Heinze and Felix Muehlensiepen, "Challenges in Current Nursing Home Care in Rural Germany and How They Can be Reduced by Telehealth – an Exploratory Qualitative Pre – post Study", *BMC Health Services Research*, Vol. 21, 2021.

Tsutsui, Takako, "Challenges and Opportunities in the Development of the Community Based Integrated Care System in Japan: Significance of Social Capital within Community – based Integrated Care System", *Journal of the National Institute of Public Health*, Vol. 61, No. 2, 2012, pp. 96 – 103.

Tsutsui, Takako, "Implementation Process and Challenges for the Community – based Integrated Care System in Japan", *International Journal of Integrated Care*, Vol. 14, No. 20, January 2014, pp. 1 – 9.

Timmer, C. P. , "Using a Probabilistic: Frontier Production Function to Measure Technical Efficiency", *Journal of Political Economy*, Vol. 79, No. 4, 1971, pp. 776 – 794.

Umberson, D. , "Gender, Marital Status, and the Social Control of Health Behaviors", *Social Science and Medicine*, Vol. 34, No. 8, 1992, pp. 907 – 917.

Umberson, D. , "Family Status and Health Behaviors: Social Control as a Dimension of Social Integration", *Journal of Health and Social Behaviors*, 1987, Vol. 28, No. 3, pp. 306 – 319.

Wager Richard, William Creelman, "A New Image for Long – Term Care: the Professional Liability Crisis Affecting Nursing Homes Threatens to Make Long – Term Care Ownership a Bad Bet for Hospitals and Health Systems", *Healthcare Financial Management*, Vol. 4, 2004, pp. 70 – 74.

Waterson, J. , "Redefining Community Care Social Work: Needs or Risks Led? ", *Health and social care in the community*, Vol. 7, No. 4, 1999, pp. 276 – 279.

Wong, L. , "Community Social Services in the People's Republic of China", *International Social Work*, Vol. 35, No. 4, 1992, pp. 455 – 470.

World Health Organization: "Towards an International Consensus on Policy for Long – term Care of the Ageing", Geneva: WHO, 2000. https://apps. who. int/iris/bitstream/handle/10665/66339/WHO _ HSC_ AHE_ 00. 1_ eng. pdf? sequence = 1.

World Health Organization: "China Country Assessment Report on Ageing and health. World Health Organization ", Geneva: WHO, 2015. https://apps. who. int/iris/handle/10665/194271.

Yunjeong Yang, "The Role of NGOs in Enabling Elderly Activity and Care in the Community: a Case Study of Silver Wings in South Korea", *J Cross Cult Gerontol*, Vol. 33, 2018, pp. 217 – 228.

后　记

经过三年多的学术耕耘和不断修改,《农村医养结合型养老服务体系构建研究》这部书稿终于完成并付梓出版。该著作是国家社会科学基金一般项目"健康中国战略下农村医养结合型养老服务体系构建研究"(项目批准号：18BSH165) 的最终研究成果。

首先,感谢匿名专家提出的宝贵评审意见,并紧密结合评审专家的修改意见进行了认真细致的修改完善。其次,在本书撰写过程中,衷心感谢沈阳师范大学管理学院王海燕教授和索柏民教授的鼎力支持与悉心指导,衷心感谢浙江大学何文炯教授、南京大学林闽钢教授、上海财经大学李华教授和辽宁大学边恕教授在书稿修订过程中提出的宝贵修改意见,衷心感谢东北大学娄成武教授、刘武教授、孙萍教授、李坚教授、李兆友教授、魏淑艳教授、杜宝贵教授、张平教授、张志元教授、李月娥副教授、高进副教授等在书稿撰写过程中给予的指导和帮助,再次,衷心感谢沈阳师范大学各位领导和同事们给予的帮助与支持。最后,特别感谢中国社会科学出版社宋燕鹏老师在书稿编校过程中给予的鼎力支持与热情帮助。

本著作将为本领域学者研究农村医养结合型养老服务供给提供新的素材,可以为国家党政机关、企事业单位更好地把握健康中国战略的实施动态提供有益借鉴和理论参考,相关政策建议可以为我国改善农村养老服务供给质量提供新的路径。期盼该研究成果可以为我国健康产业政策的实施和优化提供重要依据和帮助,增强产业政策的精准度,为加快实现我国健康养老产业转型升级、推动农村医养结合型养老服务体系的构建等目标提供有力的理论支撑和实践素材。

我们坚信,伴随着健康中国战略的稳步推进,在全面建设社会主义现代化国家的新征程上，我国农村医养结合型养老服务体系将不断完善，进而推动实现我国老年人口幸福安康和亿万家庭和谐美满。最后，谨以此书的出版为契机，为推动健康中国战略贡献绵薄之力。

同时，该著作也是国家社科基金一般项目"人口老龄化背景下农村空巢老人健康服务供需匹配机制研究"（项目批准号：22BGL254）的阶段性研究成果。

由于时间、精力有限，作者水平有限，书中存在不足之处，恳请各位前辈和专家学者批评指正。

郑吉友
2022 年秋日于沈阳